城市轨道交通信号与通信

主　编　孙文杰　张浩然
副主编　陆　琳　张　冰
　　　　李　明　曹文杰

北京理工大学出版社
BEIJING INSTITUTE OF TECHNOLOGY PRESS

内容提要

本书系统地探讨了城市轨道交通信号系统的核心概念与技术应用。开篇对城市轨道交通的总体特征进行了概述,随后深入剖析了信号系统在其中所扮演的关键角色及其在满足轨道交通运输需求方面的重要性。书中不仅揭示了城市轨道交通信号系统的构成要素,包括联锁系统、车辆段信号控制系统等核心部分,而且详细梳理了该领域的发展脉络和未来趋势,从历史沿革至前沿发展均有详尽阐述,并特别介绍了我国信号系统发展历程及下一代信号系统的主要特点。

本书可作为高等院校、高职院校相关专业的教材,也可作为从事通信行业一线专业技术人员,特别是从事轨道交通通信维护和检修的人员,开展岗位能力提升培训的参考书。

版权专有　侵权必究

图书在版编目(CIP)数据

城市轨道交通信号与通信 / 孙文杰,张浩然主编
.--北京:北京理工大学出版社,2024.2
ISBN 978-7-5763-3668-9

Ⅰ.①城… Ⅱ.①孙… ②张… Ⅲ.①城市铁路-交通信号-信号系统-高等职业教育-教材 Ⅳ.①U239.5

中国国家版本馆CIP数据核字(2024)第048309号

责任编辑: 高雪梅	**文案编辑:** 高雪梅
责任校对: 周瑞红	**责任印制:** 李志强

出版发行 / 北京理工大学出版社有限责任公司
社　　址 / 北京市丰台区四合庄路6号
邮　　编 / 100070
电　　话 / (010)68914026(教材售后服务热线)
　　　　　　(010)68944437(课件资源服务热线)
网　　址 / http://www.bitpress.com.cn
版 印 次 / 2024年2月第1版第1次印刷
印　　刷 / 河北鑫彩博图印刷有限公司
开　　本 / 787 mm×1092 mm　1/16
印　　张 / 16.5
字　　数 / 399千字
定　　价 / 79.00元

图书出现印装质量问题,请拨打售后服务热线,负责调换

前 言

城市轨道交通系统的运行离不开精密的信号系统和高效的通信技术。这些系统不仅确保列车安全运行，更为乘客提供舒适、可靠的出行体验。本书致力于深入探讨城市轨道交通中的信号与通信技术，旨在为学习者提供全面、系统的学习资源。在现代城市轨道交通系统中，信号与通信系统扮演着至关重要的角色。它们不仅是列车行驶中必不可少的部分，更是确保乘客安全、提高运输效率的关键组成部分。良好的信号与通信系统可以确保列车之间的安全距离，协调列车的运行，减少事故风险，并使乘客在旅途中获得舒适的体验。

本书涵盖了轨道交通信号基础设备、联锁系统、城市轨道交通通信系统等方面的内容。同时也将探讨未来技术发展对轨道交通系统的影响和可能的趋势。从具体设备和技术层面，本书细致介绍了信号机、信号继电器、转辙机、计轴器、应答器，以及轨道电路等基础设备的功能原理、结构分类及其在城市轨道交通信号系统中的关键作用。同时，针对联锁系统这一核心技术，深度挖掘了其发展历程、结构形式和控制模式，对比分析了电气集中联锁和计算机联锁两种不同类型的联锁系统在演变过程中的安全冗余体系、转型优化措施等内容。此外，还就闭塞系统的基本概念、运作方式，以及固定闭塞、准移动闭塞和移动闭塞等多种闭塞制式的实际案例进行了讲解，并结合ATC系统和城市轨道交通通信系统的研究，全面展示了当前轨道交通信号系统与通信技术的发展状况及未来创新方向。希望本书能够激发学习者的兴趣，启发他们在这个领域探索、创新和发展，为城市轨道交通系统的发展贡献自己的力量。

本书严格依据国家标准和行业规范进行撰写，并结合最新的行业发展趋势和技术前沿，确保内容的前瞻性和实用性。为响应新时代教育改革要求，本书特别融入了思政元素，将专业知识与社会主义核心价值观相结合。在知识传授的同时，引导读者思考技术应用中的社会责任，培养读者的社会责任感和职业道德观念。本书的另一个显著特点是其立体化的呈现方式，书中配备了大量的二维码视频资源，读者可以通过扫描二维码，观看相关知识点的详细讲解视频和实际操作演示。这种多媒体结合的教学方式，不仅增强了学习的互动性和趣味性，还能够帮助读者更直观、更全面地理解和掌握复杂的技术内容。

本书由重庆工程职业技术学院孙文杰、张浩然担任主编；重庆轨道交通(集团)有限公司高级工程师陆琳、张冰，重庆江跳线轨道交通运营管理有限公司李明，常州铁道高等职业技术学校（中车集团）曹文杰担任副主编。孙文杰负责全书统稿。再次感谢所有为本书提供支持和帮助的人，以及致力于城市轨道交通发展的工程师和专家们。希望本书能成为学习者学习和研究的有益指南，使您在学习轨道交通信号与通信的过程中获得丰富的知识和启发，并能为未来的创新做出贡献。

由于编者水平有限，书中难免存在不当之处，望读者批评指正。

编 者

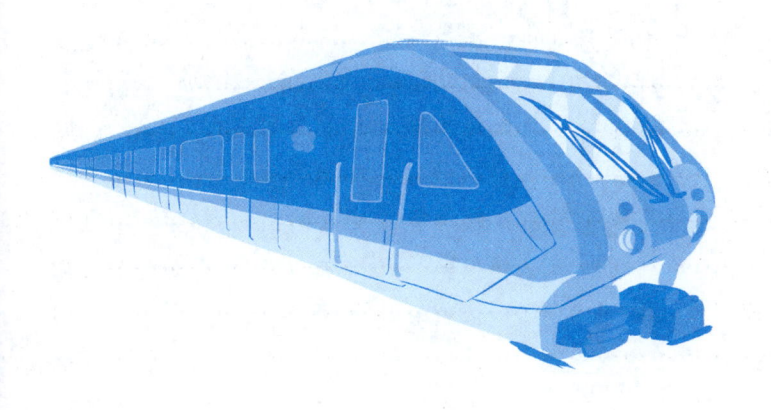

目 录

模块 1　认识城市轨道交通 ･･･････････････････････････････････ 001

　任务 1.1　城市轨道交通认知 ････････････････････････････････ 002
　任务 1.2　了解城市轨道交通信号系统的作用及要求 ･･････････ 005
　　1.2.1　城市轨道交通信号系统的作用 ････････････････････ 005
　　1.2.2　城市轨道交通运输对信号系统的要求 ･･････････････ 006
　任务 1.3　了解城市轨道交通信号系统的组成及特点 ･･････････ 008
　　1.3.1　ATC 系统 ･･ 008
　　1.3.2　联锁系统 ･･ 009
　　1.3.3　车辆段信号控制系统 ･･････････････････････････････ 011
　任务 1.4　了解城市轨道交通信号系统的发展趋势 ････････････ 012
　　1.4.1　城市轨道交通信号系统的发展阶段 ･･････････････････ 013
　　1.4.2　国内信号系统发展历程 ･･････････････････････････････ 014
　　1.4.3　未来信号系统的发展趋势 ････････････････････････････ 014

模块 2　基础设备的应用 ･･･････････････････････････････････････ 018

　任务 2.1　认识城市轨道交通信号机的分类及作用 ････････････ 019
　　2.1.1　信号系统 ･･ 019
　　2.1.2　信号继电器 ･･････････････････････････････････････ 020
　　2.1.3　信号机的分类及构造 ･･････････････････････････････ 020
　　2.1.4　信号机的基本原理 ････････････････････････････････ 021
　　2.1.5　信号机在城市轨道交通信号系统中的作用 ･･････････ 022
　任务 2.2　了解常见的转辙机及其安装方式 ････････････････････ 029
　　2.2.1　转辙机的概念 ････････････････････････････････････ 029
　　2.2.2　转辙机的类型 ････････････････････････････････････ 030
　　2.2.3　转辙机的安装方式 ････････････････････････････････ 030
　　2.2.4　常见的转辙机 ････････････････････････････････････ 033

任务2.3　认识计轴器的工作原理、结构及常见的故障 ······················· 036
  2.3.1　计轴器的概念与特征 ·· 037
  2.3.2　计轴器的结构 ·· 038
  2.3.3　计轴器的工作原理 ·· 039
  2.3.4　计轴器的应用 ·· 041
  2.3.5　计轴器的常见故障 ·· 042

任务2.4　了解应答器的工作原理及故障 ··· 043
  2.4.1　应答器的概念 ·· 043
  2.4.2　应答器的分类 ·· 044
  2.4.3　应答器的工作原理 ·· 045
  2.4.4　应答器的常见故障 ·· 046

任务2.5　了解轨道电路的组成及常见故障 ·· 049
  2.5.1　轨道电路的概念 ·· 050
  2.5.2　轨道电路的组成部分 ··· 051
  2.5.3　轨道电路的种类 ·· 051
  2.5.4　轨道电路的工作原理 ··· 053
  2.5.5　ATP知识延伸 ··· 056
  2.5.6　轨道电路的常见故障 ··· 059

模块3　联锁系统的介绍 ·· 063

任务3.1　掌握联锁系统的结构及控制方式 ·· 064
  3.1.1　联锁系统 ·· 064
  3.1.2　联锁系统的发展 ·· 065
  3.1.3　联锁系统的结构和形式 ·· 067
  3.1.4　联锁系统的控制方式 ··· 070

任务3.2　了解6502电气集中联锁的操作及常见故障 ·························· 072
  3.2.1　6502电气集中联锁的发展 ·· 073
  3.2.2　6502电气集中联锁的组成 ·· 073
  3.2.3　6502电气集中联锁的操作 ·· 075
  3.2.4　6502电气集中联锁的常见故障与方案 ··························· 078

任务3.3　了解计算机联锁自动化运维及标准化 ·································· 084
  3.3.1　计算机联锁的发展 ·· 084
  3.3.2　计算机联锁的组成 ·· 088
  3.3.3　计算机联锁系统的安全与冗余体系 ······························· 093
  3.3.4　二乘二取二型计算机联锁系统 ······································ 095
  3.3.5　计算机联锁系统与功能 ··· 097

3.3.6　计算机联锁自动化运维 …………………………………………… 112

　　3.3.7　计算机联锁标准化 ……………………………………………… 116

模块 4　闭塞的认识 ……………………………………………………… 121

任务 4.1　了解闭塞的概念及方式、制式 ……………………………… 122

　　4.1.1　闭塞的概念 ……………………………………………………… 122

　　4.1.2　闭塞的方式 ……………………………………………………… 122

　　4.1.3　闭塞的制式 ……………………………………………………… 123

　　4.1.4　闭塞区间的功能 ………………………………………………… 124

任务 4.2　了解固定闭塞 ………………………………………………… 125

　　4.2.1　固定闭塞的概念 ………………………………………………… 126

　　4.2.2　固定闭塞的案例 ………………………………………………… 127

任务 4.3　了解准移动闭塞 ……………………………………………… 127

　　4.3.1　准移动闭塞的概念 ……………………………………………… 128

　　4.3.2　准移动闭塞的案例 ……………………………………………… 129

任务 4.4　了解移动闭塞 ………………………………………………… 131

　　4.4.1　移动闭塞的概念 ………………………………………………… 132

　　4.4.2　移动闭塞的工作原理及特点 …………………………………… 132

　　4.4.3　移动闭塞系统的节能 …………………………………………… 133

　　4.4.4　典型的移动闭塞系统 …………………………………………… 134

任务 4.5　了解电话闭塞法 ……………………………………………… 136

　　4.5.1　电话联系法 ……………………………………………………… 137

　　4.5.2　电话闭塞法 ……………………………………………………… 137

任务 4.6　了解多元复杂闭塞 …………………………………………… 139

　　4.6.1　闭塞协同应用 …………………………………………………… 139

　　4.6.2　山地轨道交通闭塞 ……………………………………………… 143

模块 5　认识城市轨道交通 ATC 系统 …………………………………… 148

任务 5.1　认识 ATP 系统组成及功能 ………………………………… 149

　　5.1.1　ATP 系统的构成 ………………………………………………… 150

　　5.1.2　车载 ATP 系统 …………………………………………………… 150

　　5.1.3　地面 ATP 系统 …………………………………………………… 151

　　5.1.4　ATP 系统的功能 ………………………………………………… 152

任务 5.2　认识 ATO 系统组成及功能 ………………………………… 156

　　5.2.1　ATO 系统基本概念 ……………………………………………… 156

5.2.2　ATO 系统的组成 …………………………………………………………… 156
   5.2.3　ATO 系统的主要功能 ………………………………………………………… 157
   5.2.4　ATO 系统基本原理 …………………………………………………………… 159
任务 5.3　了解 ATS 系统组成及主要功能 ………………………………………………… 162
   5.3.1　ATS 系统的基本概念 ………………………………………………………… 163
   5.3.2　ATS 系统的组成 ……………………………………………………………… 163
   5.3.3　ATS 系统的功能 ……………………………………………………………… 164
   5.3.4　ATS 系统基本原理 …………………………………………………………… 166
   5.3.5　ATS 系统的运行 ……………………………………………………………… 168
任务 5.4　认识 CBTC 系统组成及功能 …………………………………………………… 171
   5.4.1　西门子 CBTC 系统 …………………………………………………………… 171
   5.4.2　Alstom 的 CBTC 系统 ………………………………………………………… 175
   5.4.3　USSI 的 CBTC 系统 …………………………………………………………… 178
   5.4.4　LCF-300 型 CBTC 系统 ……………………………………………………… 179
   5.4.5　CITYFLO650 型 CBTC 系统 ………………………………………………… 181
   5.4.6　CBTC 系统车地无线通信 …………………………………………………… 183

模块 6　城市轨道交通通信系统介绍 ………………………………………………… 193

任务 6.1　了解城市轨道交通通信系统的发展与构成 …………………………………… 194
   6.1.1　城市轨道交通通信系统的发展历程和概况 ………………………………… 194
   6.1.2　城市轨道交通通信系统构成 ………………………………………………… 195
   6.1.3　我国城市轨道交通通信系统的发展趋势 …………………………………… 199
任务 6.2　了解电话系统的构成与功能 …………………………………………………… 202
   6.2.1　轨道交通电话系统概述 ……………………………………………………… 203
   6.2.2　轨道交通电话系统的原理与构成 …………………………………………… 203
   6.2.3　轨道交通电话系统的功能 …………………………………………………… 212
   6.2.4　专用电话调度系统的应用 …………………………………………………… 213
任务 6.3　了解广播系统的构成与功能 …………………………………………………… 216
   6.3.1　广播系统概述 ………………………………………………………………… 216
   6.3.2　广播系统的功能 ……………………………………………………………… 217
   6.3.3　广播系统的原理 ……………………………………………………………… 217
   6.3.4　广播系统的应用 ……………………………………………………………… 219
任务 6.4　了解时钟系统的构成与运用 …………………………………………………… 221
   6.4.1　时钟系统概述 ………………………………………………………………… 222
   6.4.2　地铁时钟系统构成 …………………………………………………………… 222
   6.4.3　时钟系统工作原理 …………………………………………………………… 223

6.4.4　时钟系统的应用 ……………………………………………………………… 226

任务6.5　了解闭路电视监控系统 …………………………………………………… 228
6.5.1　CCTV系统概述 ………………………………………………………………… 229
6.5.2　监视范围及功能 ………………………………………………………………… 230
6.5.3　综合监控集成要求 ……………………………………………………………… 230
6.5.4　闭路电视监控系统应用 ………………………………………………………… 233

任务6.6　了解无线调度通信系统 …………………………………………………… 234
6.6.1　无线调度通信系统功能 ………………………………………………………… 235
6.6.2　城市轨道交通无线调度系统原理 ……………………………………………… 236
6.6.3　几种主流制式的无线调度通信系统比较 ……………………………………… 240

任务6.7　了解乘客信息系统 ………………………………………………………… 243
6.7.1　乘客信息系统概述 ……………………………………………………………… 243
6.7.2　乘客信息系统结构 ……………………………………………………………… 243
6.7.3　标准地铁列车乘客信息系统工作原理 ………………………………………… 245

后记 …………………………………………………………………………………… 251

专业术语规范表 ……………………………………………………………………… 252

参考文献 ……………………………………………………………………………… 253

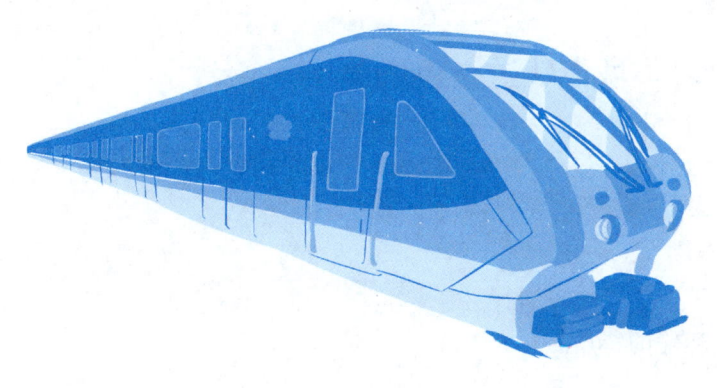

模块 1

认识城市轨道交通

引 言

　　城市轨道交通是一个大中型城市公共交通的重要组成部分，它的出现有效地缓解了城市交通出行拥挤的问题，每个城市轨道交通的建设及运营都别具特色。随着城市现代化发展脚步的不断加快，城市轨道交通作为解决城市公共交通的一项有力手段，不仅具有运量大、节能环保、安全等特点，同时还可以促进城市土地资源综合利用，促进城市科学规划布局，推动区域经济发展。

　　是否思考过，城市轨道交通如何运行？是什么保障了轨道交通不出错，高效运行的呢？以重庆网红轻轨为例，地下、地上穿楼而行，在复杂的城市地形下，如何保证车辆正常运行？轨道信号系统在其中起到什么样的作用？

　　带着这些问题，一起进入下面的学习吧！

任务 1.1　城市轨道交通认知

【学习目标】

知识目标：
（1）了解城市轨道交通概念；
（2）了解城市轨道交通线路与运输的特点。

能力目标：
（1）能够系统性地了解城市轨道交通运输的特点；
（2）提升对城市轨道交通基础知识的理解能力。

素养目标：
（1）增加知识储备、提高综合分析能力；
（2）增强民族自豪感；
（3）培养严谨的工作态度。

【任务描述】

城市轨道交通是一种重要的城市交通方式，对于改善城市交通状况、提高出行效率和保护环境都具有重要意义。随着城市化进程的加快，城市轨道交通在未来将继续发挥重要作用。通过学习本任务的内容，学习者应了解城市轨道交通的概念，了解城市轨道交通线路特点，提升对城市轨道交通基础知识的理解。

【知识链接】

城市轨道交通，被定义为一种以电能为主要驱动力、运用轮轨运输技术的大容量快速公共交通系统之总称。广义而言，它涵盖了所有主要依赖轨道运输技术的城市公共客运体系中，具备较高运载能力的交通子系统。当前，城市轨道交通已成为各大中型城市缓解道路交通压力的关键手段之一，在我国，至 2019 年年底已有 39 个城市开通运营了城市轨道交通线路，累计运营里程突破 6 426 km。

信号系统作为城市轨道交通系统的中枢神经，不仅肩负着整合并联通整个系统内各分散设备的重任，更在列车运行的有效调度与控制方面起到至关重要的作用，确保城市轨道交通系统的顺畅运作。随着我国城市对轨道交通依赖性的日益增强，信号系统应当积极引入计算机网络技术及各类新型科技元素，持续推动技术创新与升级，以适应不断增长的城市交通运输需求和未来发展的挑战。

城市轨道交通具有高速度、高密度、不间断运营的特点。信号系统作为行车指挥和列车运行的控制设备，尽管其投资额在城市轨道交通的整个工程中所占比例甚低，但在保证行车安全、提高通过能力、节能及改善运输人员的劳动条件等方面却起着至关重要的作用。城市轨道交通信号系统，是一种可以实现轨道交通自动化控制的系统建设类型，用以保证轨道交通线路上的行车安全，并能够实现轨道交通线路行车的指挥与运输的现代化发展，是切实提升城市公共交通运输效率的关键系统。城市轨道交通信号系统主要包括运行中的自动控制系统及线路段的信号控制系统两大部分，其中自动控制系统又包含车辆运行的自动监控系统、车辆运行的自动防护系统及车辆的自动运行系统三个子系统。城市轨道交通信号系统能够实现的具体功能，主要包括车辆进入轨道线路的启动控制、列车或单车之间间隔距离的控制、行车全天候调度的控制、线路设备运行情况的监测与日常维护管理及线路运行中的数据信息管理等。此外，城市轨道交通信号系统还包括数据传输系统、后台支持维护系统及联锁设备系统等配套的子系统建设。其中，联锁设备系统主要用于对轨道交通线路运行过程提供实时监控，并在获取第一手监控资料后第一时间传输反馈至城市轨道交通信号系统的运行自动控制系统中，在通过自动化处理后再上传至轨道交通线路的主控制系统，转化为具体的线路运行指令，对车辆发出具体的运行操作指挥行为。与城市道路交通运输不同，城市轨道交通属于轮轨导向、车辆编组运行的轨道交通运输系统，并且一般采取封闭式运行。

与城市道路交通运输相比，城市轨道交通运输在运输行为方面具有以下特点：

（1）城市轨道交通具有更为严格的运营计划。由于城市轨道交通运输系统采用封闭式专用线且有严格的运营计划和强有力的执行力度，因此，城市轨道交通运输比传统的公共汽车运输具有更高的准时性。

（2）城市轨道交通具有严格的区间行车组织方式。为了提高城市道路的利用率，城市道路被划分为若干个车道。车辆在道路上行驶时，在遵守交通规则的情况下，驾驶员可以根据实际情况通过变更车道和控制车速来保持车距，避免追尾事故的发生。

城市轨道交通的区间行车组织方式和封闭式线路使得城市轨道交通运输比传统的公共汽车运输具有更高的安全性。

（3）城市轨道交通需要变更线路的设备。在城市道路上，驾驶员可在遵守交通规则和保证安全的前提下，按照自己的意愿变更车道，实现超车或会车，道路上无须设置任何变更线路的设备。城市轨道交通是轮轨导向的交通系统，列车驾驶员无法按照自己的意愿将车辆由一条线路转移到另一条线路。为了实现车辆在线路间的转移，线路上必须安装相应的设备，如道岔和转辙机等。

从运输效果方面来看，城市轨道交通具有以下特点：

（1）运营速度高、节省出行时间。城市轨道交通系统具有专用行车道，与其他交通系统相隔离，属于全封闭的交通系统。同时，轨道车辆具有较高的加/减速度，能在较短时间内达到最高速度，有利于提高其平均速度。另外，由于轨道交通系统对全线的车辆进行统一指挥，使得线路上的车辆具有良好的运行秩序，可以按列车运行计划安排列车运行，能实现快速、准时运输。

（2）运输能力大。城市轨道交通与常规道路交通系统不同的是，其运载工具可以编组运行（通常有6编组、8编组），而且由于轨道交通系统采用先进信号装置，可以采用较短的列车间隔时间。因此，轨道交通系统的运输能力较大，能满足大中型城市大客流量的需要。另外，列车编组辆数及行车间隔可以根据需要调整，能够满足不同时间段的客流量需求，使系统经济运行。

（3）综合经济效益较高。城市轨道交通多数建设在地下，不占用地面土地资源，即使在地面其占地也有限，充分利用了城市空间，节省了日益宝贵的城市土地资源。另外，城市轨道交通系统的发展能带动沿线及地区产品的价格提高，增加服务行业投资，促进沿线区域的发展，还使城市道路交通拥挤状况得到缓解，改善城市布局，减少城市交通事故。

（4）安全、舒适性较高。城市轨道交通系统采用专用行车道，能为乘客提供更为安全的乘车条件，比其他交通工具的安全性更高，有利于减少公共交通事故次数和伤亡人数。轨道交通系统车辆较宽敞，总体设计中座席占总载客量的比重较大，为乘客提供舒适的乘车空间。为使乘客较快上下车，车辆设有较宽敞的车门，车站站台设计为高站台，方便乘客跨步上车，加快上下车的速度。

（5）对环境影响小。轨道交通系统采用电气牵引，没有空气污染，噪声也较小。同时，由于该系统载客多，可减少汽车交通量，使城市中汽车排放的废气和噪声降低，有利于改善城市环境。由于轨道交通系统具有上述特点因而在众多大中型城市得到了广泛建设，成为大中型城市缓解交通拥挤、减少交通污染和降低能耗的主要措施之一。

中泰版：城市轨道交通概述　　中文版：城市轨道交通概述　　中英版：城市轨道交通概述

【任务实施】

背景描述	城市轨道交通是一个大中型城市公共交通的重要组成部分，它的出现有效地缓解了城市交通出行拥挤的问题，因此，其成为交通运输中重要且不可或缺的组成部分	
任务步骤	步骤一	复习本节内容认识轨道交通
	步骤二	根据本节内容，罗列轨道交通线路、运输行为及效率的特点
	步骤三	简述轨道交通线路的特点
任务反思	1. 在该任务中学到了哪些轨道交通知识？ 2. 在该任务中有哪些不足，以后怎样改进？	

【任务评价】

序号		任务达成要素	分值	个人自评	小组评价	教师评价
专业能力	1	了解轨道交通的概念	15			
	2	了解轨道交通的线路特点	25			
	3	简述轨道交通的运输特点	30			

续表

序号		任务达成要素	分值	个人自评	小组评价	教师评价
职业素养	4	通过多途径完成任务	5			
	5	具有责任与服务意识	10			
	6	积极完成该任务	10			
	7	在任务实施中有团队协作体现	5			
效果评估总结（对自己学习效果的评估和反思）						

任务1.2　了解城市轨道交通信号系统的作用及要求

【学习目标】

知识目标：

（1）了解城市轨道交通信号系统的作用；

（2）了解信号系统在轨道交通中的要求。

能力目标：

（1）提升在城市轨道交通中的运营能力；

（2）提升工作中的安全管理能力与系统优化能力。

素养目标：

（1）培养当前与长远意识；

（2）增强社会生活幸福感。

【任务描述】

城市轨道交通信号系统的作用是确保轨道交通的安全、高效和准时运行。它是轨道交通运营的重要保障，对于提供便捷、可靠的交通服务具有重要意义。通过学习本任务的内容，学习者应了解交通信号系统的作用及要求，在实际工作中能够提出优化方案。

【知识链接】

1.2.1　城市轨道交通信号系统的作用

为保证旅客的安全以及准点将旅客运输至目的地，城市轨道交通的线路设备、车辆、供电、通信、信号、环控、售检票等系统，在运营管理人员的组织协调下，共同完成旅客输送任务。其中，信号系统担负着保证行车安全、指挥列车运行的重要任务，其主要作用如下：

1. 保证列车的安全运行

城市轨道交通信号系统通过监控与控制、信号指示、自动化控制、故障监测与应对以及数据记录与分析等方式，确保列车的安全运行。其在轨道交通系统中发挥着至关重要的作用，保障乘客和工作人员的生命财产安全，主要体现在以下方面：

（1）信号指示：信号系统提供明确的信号指示，告知列车驾驶员前方的轨道状况。这些信号可以显示前方的道岔位置、是否有其他列车占用轨道等信息，使驾驶员能够做出正确的驾驶决策。

（2）自动化控制：现代的城市轨道交通信号系统通常配备自动控制系统，如列车自动监控（ATS）系统和列车自动控制（ATC）系统。这些系统通过先进的传感器和计算机技术，实时监测列车的位置和状态，并自动控制列车的运行。它们能够减少人为错误，提高运行的安全性。

（3）故障监测与应对：轨道信号系统还具备故障监测和应对机制。一旦系统检测到故障或异常情况，就会立即采取相应的安全措施，如减速或停车，以确保列车的安全。同时，信号系统会将故障信息发送给控制中心，以便及时进行维修和恢复。

（4）数据记录与分析：轨道信号系统记录并存储大量的运行数据，包括列车的位置、速度、信号状态等。这些数据可用于分析潜在的安全隐患和事故原因，帮助运营单位改进安全措施和培训驾驶员。

2. 提高运输效率

在运输过程中，如何提高运输效率，达到高速度、高密度运行，提高线路、车辆等设施设备的利用率，在尽可能短的时间内将旅客安全、准时运送到目的地，也是城市轨道交通管理部门必须解决的问题。与铁路信号系统类似，城市轨道交通信号系统对于提高列车运行密度和运输能力具有重要的作用。例如，先进的列车控制技术可大大缩短列车的追踪间隔，达到提高列车运行密度和线路利用率的目的。

从作用上看，城市轨道交通信号系统是应用于城市轨道交通系统中实现行车指挥和列车运行安全间隔控制技术的总称，其功能是保证行车安全和提高运输效率。

1.2.2 城市轨道交通运输对信号系统的要求

城市轨道交通系统，以地铁为例，其对信号系统的要求主要体现在以下几个方面：

（1）通过能力要求。城市轨道交通车站一般只设正线，不设侧线，进站列车均停在正线上。前行列车在站内的停车时间会对相邻的后行列车的进站产生影响。因此，为满足大运量需求，要求城市轨道交通信号系统必须能满足高密度（通过能力大）的要求，尽量提高通过能力。

（2）安全性和可靠性要求。城市轨道交通线路采取地下铁路运输或高架桥线路运输，若发生事故将难以救援，损失会非常严重。另外，地下线路的隧道空间一般比较狭小，并且装有带电的第三轨或接触网，若设备故障，不便于维修，所以要求信号系统必须具有更高的安全性和可靠性。

（3）抗干扰能力要求。城市轨道交通均为直流电力牵引，再加上城市内部的许多电磁干扰，因此要求城市轨道交通信号系统具有较强的抗电气化干扰能力。

（4）自动化程度要求。城市轨道交通的站间距比较短、列车密度大，若仅依靠人工，行车组织难以满足安全和高运输效率的要求。所以，城市轨道交通信号系统应尽可能采用自动化程度高的先进技术设备，以减轻工作人员的劳动强度，降低人为操作失误，提高运输效率。

中泰版：城市轨道交通信号系统　　中文版：城市轨道交通信号系统　　中英版：城市轨道交通信号系统

【任务实施】

背景描述	为保证旅客的安全以及准点将旅客运输至目的地，在运营管理人员的组织协调下，共同完成旅客输送任务。其中，城市轨道交通信号系统担负着保证行车安全、指挥列车运行的重要任务	
任务步骤	步骤一	复习本节内容了解城市轨道交通信号系统的作用及要求
	步骤二	根据本节内容，列出城市轨道交通信号系统的作用及要求
	步骤三	简约阐述城市轨道交通信号系统的要求
任务反思	1. 在日常运行中，有哪些轨道交通信号能被旅客感知到？ 2. 在该任务中有哪些不足，以后怎样改进？	

【任务评价】

序号		任务达成要素	分值	个人自评	小组评价	教师评价
专业能力	1	能理解轨道交通信号系统的意义	15			
	2	能较全罗列轨道交通信号系统作用及要求	25			
	3	能理解城市轨道交通运输对信号系统的要求	25			
职业素养	4	对轨道交通信号系统有自己的想法	10			
	5	具有责任与服务意识	10			
	6	积极完成该任务	10			
	7	在任务实施中有团队协作体现	5			

续表

序号	任务达成要素	分值	个人自评	小组评价	教师评价
效果评估总结（对自己学习效果的评估和反思）					

任务 1.3　了解城市轨道交通信号系统的组成及特点

城市轨道交通信号系统是保证城市轨道交通安全和提高运输效率的重要设备。随着计算机技术、通信技术和控制技术（简称 3C 技术）的发展，城市轨道交通信号系统已发展成为具有列车自动防护、列车自动运行和列车运行监督等功能的综合自动化系统，其由列车运行自动控制系统和车辆段信号控制系统组成。

【学习目标】

知识目标：
（1）了解城市轨道交通信号系统的组成；
（2）掌握 ATC 系统与联锁系统的组成与特点。

能力目标：
（1）在实际工作中有处理信号系统故障的能力；
（2）提高故障处理中安全管理的能力；
（3）提升工作中解决实际问题的能力。

素养目标：
（1）培养任务实施中的创新精神；
（2）增加社会责任感。

【任务描述】

城市轨道交通信号系统由信号设备、轨道电路、控制中心、通信系统和车载设备等组成，通过这些组成部分的协调和配合，实现对轨道交通运行的监控、调度和控制，确保列车的安全、高效和准时运行。通过学习本任务的内容，学习者应了解轨道交通信号的组成，掌握 ATC 系统的特点。

【知识链接】

1.3.1　ATC 系统

ATC 系统是城市轨道交通信号系统的重要组成部分，从实现的功能方面可分为 ATP 子系统、ATO 子系统和 ATS 子系统（简称"3A"系统）。

1. ATP 子系统

ATP 子系统是城市轨道交通信号系统中的安全子系统。其主要功能是实现对列车的速度防护，保证列车以安全速度行驶。若列车的实时速度超过安全速度，ATP 子系统会给出报警，必要时进行紧急制动。另外，ATP 子系统也负责安全停车点的防护和列车车门的控制。ATP 子系统是 ATC 系统最重要的部分。由于城市轨道交通列车运行速度高，在高峰期列车密度大，而且运输对象为乘客，发生行车事故后果严重，依靠运行人员防止运行事故远不能满足运行安全要求，因此必须使用 ATP 系统。ATP 系统根据故障—安全原则，执行列车间安全间距的监控、列车的超速防护、安全开关门的监督和进路的安全监控等功能，确保列车和乘客的安全。

2. ATO 子系统

ATO 子系统的主要功能是实现对列车的自动运行，实现列车在站间的自动运行、在站内的定点停车和程序停车，对车门和屏蔽门进行控制；接受运营控制中心（Operation Control Center，OCC）的调度命令，实现站台扣车、站台跳停等。ATO 子系统可以使列车处于最佳的运行状态，减轻驾驶员的劳动强度，降低能耗。ATO 系统以列车自动防护系统为基础，配置车载计算机系统及必要的辅助设备，主要执行站间自动运行、列车在车站的定点停车、在终点的自动折返等功能。它对于列车运行规范化、减少人为影响，在高密度、高速度运行条件下保证运行秩序有很大好处，在节约列车能耗方面也有一定作用，同时还可以减轻司乘人员的劳动强度。

3. ATS 子系统

ATS 子系统是城市轨道交通的"大脑"，在 ATP、ATO 子系统的支持下对全线列车进行监督和控制。其主要功能包括列车运行图管理、列车运行调度、仿真培训、旅客向导等。城市轨道交通信号的另一要求是必须实行统一指挥调度，才能充分发挥其运输快捷、准时的特点，在列车运行发生偏差时也容易通过集中调度使之恢复正常。ATS 子系统便是实现这一目的的系统。它的主要作用是实现对列车运行的监督和控制，辅助行车调度人员对全线列车进行管理。它为行车调度人员显示出全线列车的运行状态、监督和记录运行图的执行情况，在列车偏离运行图时及时做出反应（提出调整建议或自动修整运行图），从而保证列车按时刻表正点运行。

1.3.2 联锁系统

通常，城市轨道交通的车站分为集中联锁站和非集中联锁站。集中联锁站是指具有联锁设备的车站。如果具有道岔的车站由临近的集中联锁站控制，则该车站为有道岔的非集中联锁站；无道岔的车站则为无道岔的非集中联锁站。有道岔的非集中联锁站和无道岔的非集中联锁站统称非集中联锁站。集中联锁站设有车站联锁设备，对车站的进路进行控制。非集中联锁站设有轨道电路的耦合单元，在有道岔的非集中联锁站设有防护信号机和转辙机，但是信号机和转辙机由临近集中联锁站的联锁设备进行控制。当前广泛应用的轨道交通信号自动控制设备仍然是传统的计算机联锁系统，是用计算机进行选路、选岔和联锁运算，并通过动态输出控制命令动作信号设备的系统。虽然联锁逻辑完全由计算机完成，但在执行环节保留大部分继电器进行指令动作，受站场形电路网络层次和结构、继电器数量及网络线的多少等限制，在功能及功能扩展方面均受到限制。

目前，在研的全电子化计算机联锁系统已有多家单位，从系统推出至今，已在全国多城市地铁中得到广泛而成功的应用，具有极高的可靠性、安全性及性价比，其应用也日趋分布于各城市轨道交通。全电子化计算机联锁系统多数是基于二乘二取二的全自主化计算机联锁系统，相较于目前在用的联锁系统采用的继电器组合接口方式，其执行部分已经实现了全电子化。

1. 全电子计算机联锁系统特点

（1）系统采用全电子执行单元以后，一个道岔执行模块就可以替代一个道岔组合，一个信号执行模块可以替代4架调车信号机的组合，因而室内设备配置相较于既有设备将有效精简，在有限的设备房面积下可进一步提高信号楼信号设备房设备安全性，降低建设及维护成本。

（2）施工简单。现场施工执行单元部分的施工只需要布置地线、电源线、分线盘的接口电缆就可以，施工非常简单而且不容易出错。避免了组合架内部和架间的复杂的配线，大大减轻了施工的工作量。

（3）维护简便。由于减少了组合架的使用，减少了电缆的数量，因此减少了接地、混线的故障概率。执行单元本身带自检功能，当发生故障时能指示故障状态，现场维护可以根据状态指示进行维修维护。

2. 全电子计算机联锁系统安全性

全电子化计算机联锁系统从技术安全角度，采用二取二的安全冗余结构，二取二的两个处理单元和执行单元采用完全差异化的结构，避免由于共模故障产生的危险输出。如果不采用差异化的设计，如在极端环境中的雷击、牵引电流异常时，经常会造成两个相同的执行元件同时出现击穿等故障，造成危险的输出结果。从可靠性来说，二乘二取二计算机联锁系统有联锁Ⅰ系和联锁Ⅱ系，如图1-1所示，它们与两系电子终端交叉并联，当其中一个系统发生故障而不能输出时，由另一个系进行输出，来确保系统工作正常进行。同时，各设备间通信采用光缆双通道的冗余结构，传输速率和可靠程度都高。驱动和采集电路也是双冗余，且自诊断能力非常强，工作时检测系统若有故障则停止系统的运行或报警。从安全性来说，二乘二取二联锁系统的联锁两重系，每一系都有双套CPU，共用同一个时钟，对从轨道继电器采集的信息进行同步比较，当两路信号比较结果一致时，输出结果；当发生错误或信号比较不一致时使输出导向安全，自动切换到备机输出，具备了"故障—安全"性能。

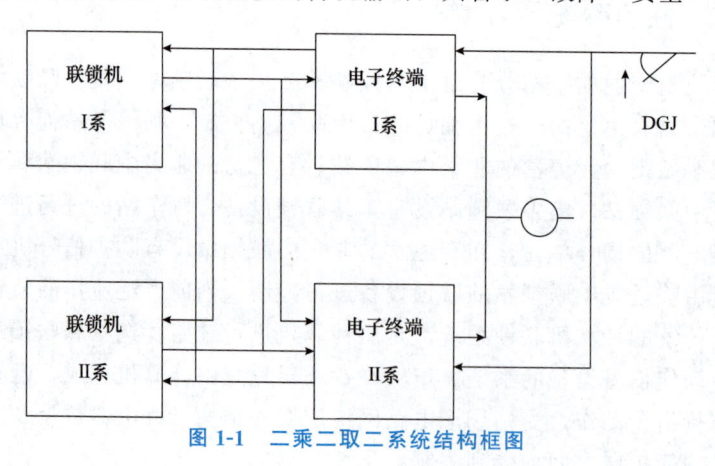

图1-1 二乘二取二系统结构框图

1.3.3 车辆段信号控制系统

城市轨道交通信号系统的控制方式分为对列车速度的控制方式、闭塞方式和车地信息传输方式三方面。

1. 列车速度的控制方式

信号系统对列车速度的控制方式主要有按阶梯式速度曲线控制和按速度－距离模式曲线控制两种。阶梯式速度曲线是对列车运行线路进行多区段的划分，在每个区段都设置了最大行驶速度，当运行速度超过该区段的最大值时，ATP 发出制动命令，制动系统使列车运行速度在规定时间内降至允许速度，若在规定时间范围内无法使列车速度降至允许值，则在超过规定时间后 ATP 对列车采取紧急制动措施，使列车尽快停车，避免事故的发生。

2. 闭塞方式

按照闭塞方式划分，信号系统可分为以下三种。

（1）固定闭塞，线路被固定划分为多个闭塞分区且有相应的速度限制，速度控制模式采用阶梯式。

（2）准移动闭塞虽然也将线路划分了若干个闭塞区间，但它和固定闭塞不同的是，每个分区没有设速度限制，准移动闭塞计算制动距离时两个端点中的追踪目标点以前方列车闭塞分区的始端为基准，是固定点；而制动点根据后方列车的性能计算，是非固定点，其控制模式采用速度－距离曲线模式。

（3）移动闭塞是行车效率最高的一种闭塞方式，取消了固定闭塞区间的划分，追踪目标点和制动点都是非固定点，信号系统根据车地双向通信确定前方列车位置，再依据后方列车自身性能动态计算列车制动距离，由于前后列车都处于动态运行中，因此列车制动距离也处于动态变化中，这种闭塞方式没有固定的间隔距离，极大地缩短了行车间隔时间，为行车效率提升了保障。

3. 车地信息传输方式

在信号系统中，车地之间信息的传输方式主要有点式和连续式两种，点式传输是指在线路的固定点利用车地之间的电磁耦合作用传递列车运行信息，如在进站信号机外方 400 m 处向列车传递减速信息，这种方式只在固定点显示信息，无法保证列车在全线的安全运行。连续式车地信息传输方式可以持续反映列车在全线的运行状态和条件，被广泛应用在自动闭塞中。城市轨道交通信号系统是轨道交通信息传递、列车安全运行的重要保障。

【任务实施】

背景描述	城市轨道交通信号系统是保证城市轨道交通安全和提高运输效率的重要设备。随着计算机技术、通信技术和控制技术的发展，城市轨道交通信号系统已发展成为具有列车自动防护、列车自动运行和列车运行监督等功能的综合自动化系统	
任务步骤	步骤一	列出 ATC 系统的组成及特点
	步骤二	列出联锁系统的组成及特点
	步骤三	简述车辆段信号控制的方式

续表

任务反思	在该任务中有哪些不足，以后怎么改进？

【任务评价】

序号		任务达成要素	分值	个人自评	小组评价	教师评价
专业能力	1	熟练掌握 ATC 系统的组成	25			
	2	理解联锁系统的组成	25			
	3	简述车辆段信号控制系统的控制方式	20			
职业素养	4	具有责任与服务意识	10			
	5	积极完成该任务	10			
	6	在任务实施中有团队协作体现	10			
效果评估总结（对自己学习效果的评估和反思）						

任务1.4　了解城市轨道交通信号系统的发展趋势

【学习目标】

知识目标：

（1）了解城市轨道交通信号系统的发展阶段；

（2）掌握未来信号系统的趋势及特征。

能力目标：

（1）培养在交通信号线路设计中的规划能力；

（2）提升项目实施中的团队合作能力、分析和解决问题能力。

素养目标：

（1）提高工作中的创新意识；

（2）培养技术技能素养。

【任务描述】

自动化、智能化、通信和联网、数据驱动的运维和维护，以及安全和防护成为城市轨道交通信号系统的发展趋势。这些趋势将进一步提高城市轨道交通的运行效率、安全性和舒适度,为乘客提供更好的出行体验。通过学习本任务的内容,学习者应了解目前信号系统的现状,并了解未来发展趋势。

【知识链接】

城市轨道交通信号系统的发展与 5G 技术的发展以及轨道交通系统的需求紧密相关。轨道交通信号技术的发展大致可分为四个阶段。

1.4.1 城市轨道交通信号系统的发展阶段

随着城市现代化进程明显加快,城市轨道交通系统作为解决大城市公共交通的重要手段和有效措施,具有运量大、快捷安全、绿色环保等优点,并且能够带动城市土地资源综合开发利用,引导城市合理规划和布局,惠及民生,因此日益得到重视和发展。

从世界范围来看,截至 2018 年年底,全球有 72 个国家和地区开通了城市轨道交通系统,里程超过 2.6 万 km。其中,地铁总里程超过 14 219 km;轻轨总里程超过 1 293 km;有里程数据来源的 236 个城市有轨电车总里程超过 10 609 km。中国总运营里程排名世界第一,占全球总里程的 22.09%。在全球已开通城市轨道交通的 493 座城市中,上海、北京、广州运营里程分居世界排名第一、第二和第五位。

1. 基于轨旁信号设备的列车控制系统

该阶段的列车控制系统主要包括检测列车位置的轨道电路、提供行车凭证的轨旁信号设备和当列车冒进信号时保护列车的制动杆(Trip Stop)。信号系统的所有控制逻辑和设备几乎都位于轨旁,车上设备仅限于制动杆。列车只能由驾驶员驾驶并且运输效率和灵活性完全受限于固定闭塞、轨道电路的配置和轨旁信号设备。

2. 基于速度码的列车控制系统

基于速度码的列车控制信号系统在结构上由轨道电路和机车信号两大部分组成。与前一阶段的信号系统不同,该阶段的信号系统通过轮轨之间的通信、地面信号(速度码)传输给列车形成机车信号。该阶段的信号控制系统将一部分控制逻辑和控制设备转移到机车上,形成了初期的车载设备。车载设备接收速度码并对其做出反应,向驾驶员显示行车许可凭证。车载设备根据地面不同的速度码实时对列车的速度进行防护。编码化的轨道电路在 19 世纪中期由美国的信号设备供应商进行开发,突破了轨道电路只能进行列车位置检测的局限性,在信号系统的发展史上具有重要的意义。

3. 基于速度曲线的列车控制系统

数字轨道电路可以向列车传输更多的信息,不再局限于有限的速度码。根据地面传输的大量信息,车载设备可以计算出速度-距离曲线,列车可以得到更精确的控制和监督,而不是简单对速度码做出反应,这种控制技术称为目标距离(Distance To Go,DTG)控制技术。DTG 控制技术支持列车自动驾驶,可提供更高的运输效率,其局限性是行车凭证仍然依赖于轨道电路。

4. 基于通信的列车控制系统

基于通信的列车控制(Communication Based Train Control,CBTC)系统支持自动驾

驶和对列车的控制、监督。与以前的信号控制系统相比，行车凭证不再受轨道电路的约束，而是由相邻列车的位置决定。相邻列车之间的距离构成一个"虚拟分区"或"移动分区"，CBTC系统将大部分控制逻辑置于车载设备中，且车地之间的双向实时连续通信可以使列车与地面之间进行大量的数据交换，使得控制精度进一步提高。CBTC系统进一步缩短了列车追踪间隔时间，提高了运输能力。在使用CBTC系统的情况下，运输能力主要受制于车辆性能和线路的几何形状（曲线半径、坡度等）。

CBTC系统有三个特点：①采用通信技术实现车地之间的双向通信。通信技术主要包括无线通信、感应环线、漏泄电缆等。②采用比轨道电路精度更高的列车定位技术。③采用计算机技术实时对信息进行处理，确定列车的安全速度并对列车速度进行防护。CBTC系统的设备主要由ATS设备、轨旁设备、车载设备、数据通信设备四部分组成。

1.4.2 国内信号系统发展历程

我国的城市轨道交通信号系统的发展历程与国内的城市轨道交通建设历程紧密相关，相对于国外而言，发展比较晚，大致可以分为以下三个发展阶段：

第一阶段，自主研发设备阶段。此阶段研发的信号系统主要应用在北京地铁1号线一期工程和二期工程中。一期工程的主要设备包括自动闭塞、调度集中、列车自动驾驶和继电集中。在二期工程中（20世纪70年代），国内又相继研发了ATP和ATO等列车控制系统。限于当时国内的电子工业整体水平落后，此阶段研发的信号系统的可靠性和安全性达不到运营的要求，未能得到全面使用和推广。

第二阶段，设备改造和ATP的研制阶段。20世纪80年代，对北京地铁1号线苹果园车站到复兴门车站段进行技术改造。1990年对环线（北京地铁2号线）调度集中设备进行改造，研制微机调度集中系统。1998年对环线的车载设备进行改造，研发了ATP车载系统，一定程度上提高了列车运行的安全性，减轻了工作人员的劳动强度。

第三阶段，引进国外技术、消化吸收创新阶段。进入21世纪以来，我国进入城市轨道交通建设高潮阶段，信号系统也开始快速发展。北京、上海、广州、重庆等城市的轨道交通建设引入了法国阿尔卡特、美国US&S公司、德国西门子（Siemen）、法国阿尔斯通（Alstom）等先进的信号系统，但同时也面临众多问题，如价格高、设备维护费用高等。针对此情况，我国众多信号厂商采取了消化吸收、创新等措施，取得了明显效果。未来我国的城市轨道交通的发展将逐步趋于智能化、自主化，而且城市轨道交通的建设也从刚性需求逐步向多元化需求转型。

1.4.3 未来信号系统的发展趋势

轨道交通信号系统的发展与控制技术、电子技术、计算机技术、通信技术等高新技术的发展息息相关。随着这些技术的发展和其在轨道交通行业的应用，轨道交通信号技术已经从传统的继电逻辑、模拟电路、分散的控制模式向数字化、网络化、智能化和综合化方向发展。城市轨道交通信号系统在这些技术的支持下，也正在走向系统化、信息化和智能化，从单纯的保障行车安全扩展到提高运输效率、改善管理、改进服务及向业务综合管理方向发展。根据现有技术和技术发展趋势，城市轨道交通信号系统未来的发展趋势应具有以下几个特征。

1. 功能和作用综合化

随着信息技术的发展及在轨道交通信号领域中的应用，城市轨道交通信号系统的功能得到进一步扩展，信号系统的作用由指示驾驶员安全行车、控制现场设备发展到实现车辆、供电、运营等各部门之间高效协作，实现信息采集、传输、处理和管理等功能。

2. 信号设备的数字化和智能化

计算机技术和电子技术的快速发展使得信号设备自动化、数字化和智能化成为可能，信号显示由无特定速度的颜色信息向允许速度、目标距离转化；列车运行由以人为主确认信号和操作向实现车载设备的智能化转化；列车的驾驶由以人工为主向以信号设备为主、人工监督甚至无人驾驶方向转化。现阶段，5G通信技术在城市轨道交通领域中主要应用在车地通信系统内，用于提升列车与地面设备的通信效果，拓展车地通信容量，实现列车与地面通信间的双向数据传输，确保地面控制中心可实时掌握列车位置信息。稳定、可靠的通信技术可提升城市轨道交通运营安全性，且可提高城市轨道交通领域自动化程度，确保列车工作效率。5G通信技术在城市轨道交通中主要应用于通信业务。城市轨道交通中的通信业务主要包括列车运行通信业务、生产通信业务、维修通信业务三大类。其中，列车运行通信业务又包括列车通信控制、列车应急对话、紧急文本下发、集群调度语音等；生产通信业务包括乘客信息系统、闭路电视监控等；维修通信业务包括集群调度视频、接触网检测等。城市轨道交通通信业务的最低需求详见表1-1。

表1-1 城市轨道交通通信业务的最低需求

通信业务	上行速率/(bit·s^{-1})	下行速率/(bit·s^{-1})	优先级
列车通信控制	4×512 k	4×512 k	1
列车应急对话	64 k	64 k	2
紧急文本下发	—	4×1 024 k	3
集群调度语音	512 k	512 k	2
乘客信息系统	—	4.0 M	5
闭路电视监控	3.5 M	—	4
集群调度视频	1 M	1 M	7
接触网检测	0.21 M	0.1 M	6

3. 通信信号一体化

通信技术的快速发展使得城市轨道交通信号与通信信号形成了一体化，如CBTC系统采用无线通信、裂缝波导管、感应环线或漏泄电缆，使得车地之间的实时双向通信成为现实，采用光纤通信的主干网使得运营控制中心与车站之间的通信成为现实，无线通信与主干网之间的网络集成使得运营控制中心与车辆之间的通信成为现实。尤其是5G技术逐步成熟，更是在通信信号一体化的应用中体现出了巨大的作用。

城市轨道交通在应用5G通信技术时，为保障整个业务功能稳定性，应运用两个物理完全隔离的网络承载最关键的通信业务，即列车通信控制，按照LTEM技术规范，将通信中断时间控制在2 s以内，以此保障5G通信技术网络运行效果。这些成功应用进一步推动了城市轨道交通通信信号的技术进步，加快了通信信号一体化的进程。

【任务实施】

背景描述	随着城市现代化进程明显加快，城市轨道交通系统作为解决大城市公共交通的重要手段和有效措施，具有运量大、快捷安全、绿色环保等优点，并且能够带动城市土地资源综合开发利用，引导城市合理规划和布局，惠及民生，因此日益得到重视和发展		
任务步骤	步骤一	简述城市轨道交通信号系统的发展	
	步骤二	描述国内信号系统的发展历程	
	步骤三	畅想未来信号系统的发展特征	
任务反思	在该任务中有哪些不足，以后怎么改进？		

【任务评价】

序号		任务达成要素	分值	个人自评	小组评价	教师评价
专业能力	1	熟练简述城市轨道交通信号系统的发展	25			
	2	掌握国内信号系统的发展历程	25			
	3	能描述未来信号系统的发展特征	20			
职业素养	4	具有责任与服务意识	10			
	5	积极完成该任务	10			
	6	在任务实施中有团队协作体现	10			
效果评估总结（对自己学习效果的评估和反思）						

【课后练习】

简述题：
1. 什么是城市轨道交通？
2. 城市轨道交通信号系统的作用有哪些？
3. 城市轨道交通信号系统的组成有哪些？最新的城市轨道交通信号技术是什么？
4. 未来城市轨道交通信号系统的发展趋势是什么？

论述题：
论述 5G 甚至 6G 技术在未来城市轨道交通信号系统的应用。

模块 2

基础设备的应用

引　言

　　基础设备是城市轨道交通信号系统中的核心组成部分，其承担着信号传输、控制和监测等重要功能。本模块将重点介绍城市轨道交通信号系统中基础设备的应用。

　　在城市轨道交通信号系统中，基础设备包括信号机、轨道电路、道岔控制设备、列车检测设备等。这些设备通过互联互通的方式，实现对列车运行状态的监测、控制和调度，确保列车的安全运行。

　　信号机是城市轨道交通信号系统中最常见的基础设备之一，能够发射列车的速度信号，以及检测轨道上的故障和异常情况。道岔控制设备则用于控制道岔的转换，确保列车能够正确地进入不同的轨道。此外，列车检测设备也是轨道交通信号系统中非常重要的基础设备，它们通过传感器和探测器，对列车的位置、速度和长度等信息进行监测和检测。这些信息对于列车的调度和运行管理至关重要。

　　带着这些问题，一起进入到下面的学习中吧！

中泰版：道岔（上）　　中文版：道岔（上）　　中英版：道岔（上）

中泰版：道岔（下）　　中文版：道岔（下）　　中英版：道岔（下）

任务 2.1　认识城市轨道交通信号机的分类及作用

【学习目标】

知识目标：
（1）认识城市轨道交通信号系统、信号机分类及构造；
（2）了解信号机的基本原理和作用。

能力目标：
（1）能够掌握信号机的组成及原理的基础知识；
（2）培养实际工作中的工程设计和规划能力。

素养目标：
（1）具备系统创新意识；
（2）保持严谨的工作作风。

【任务描述】

城市轨道交通信号机用于列车运行和调车的控制；臂板信号机装有红、黄、绿、白四种颜色的臂板，用于指示列车运行和调车作业。这些信号机的作用是保证列车运行安全，提高运输效率，防止事故发生。通过学习本任务的内容，学习者应了解信号机的分类和构造，掌握其基本原理。

【知识链接】

2.1.1　信号系统

信号系统的第一使命是保证行车安全，相关系统必须满足"故障—安全"的原则，即故障导向安全。传统的故障—安全技术是指设备或系统发生故障时，不是错误地给出危险侧输出，而是使设备或系统导向安全侧的技术。狭义的故障—安全技术主要以设备或系统本身具有的性能为特点。

1. 安全侧分配法

对涉及行车安全的信号器件或设备，选取安全或相对安全的状态为安全侧，故障以后导向安全侧。例如，信号机的禁止信号为安全侧（区间的通过信号机除外），道岔以维持现有的密贴状态为安全侧。

2. 排除法

利用自然法则或特殊材质制造非对称性信号器材，或利用特殊结构电路排除一些故障。例如，安全型信号继电器在构造上采用重力原则，其接点材料采用不粘连材质。

3. 闭环法

利用闭环原理使电路或设备形成完整系统，并具有自监测功能，以便及时发现故障。如数字轨道电路信息的发送和检测形成一个闭环，能够及时发现故障。

4. 联锁法

利用逻辑处理及时发现故障，并使单个故障能导向安全状态。如联锁系统对进路进行解锁时，采用三点检查法，要求前方区段解锁、本区段空闲并出清、下区段占用三个条件都具备，才能正常解锁本区段。

❋ 2.1.2 信号继电器

信号继电器是一种当控制参数变化时，能引起被控制参数突然变化的电气元件。它能够以小功率的电信号来控制执行电路中的大功率对象，能控制数个对象或数个回路，在自动控制与远程控制系统中得到了广泛应用。轨道交通信号系统中大量使用各种类型的安全型信号继电器，来完成各种复杂的逻辑运算。

信号继电器一般由铁芯、线圈、衔铁、触点簧片等组成。只要在线圈两端加上一定的电压，线圈中就会流过一定的电流，从而产生电磁效应，衔铁就会在电磁力吸引的作用下克服返回弹簧的拉力吸向铁芯，从而带动衔铁的动触点与静触点（常开触点）吸合。当线圈断电后，电磁的吸力也随之消失，衔铁就会在弹簧的反作用力下返回原来的位置，使动触点与原来的静触点（常闭触点）释放。这样吸合、释放，从而达到了在电路中的导通、切断的目的。对于继电器的"常开、常闭"触点，可以这样来区分：继电器线圈未通电时处于断开状态的静触点，称为"常开触点"；处于接通状态的静触点，称为"常闭触点"。继电器一般有两股电路，为低压控制电路和高压工作电路。

❋ 2.1.3 信号机的分类及构造

1. 按显示方式分类

按显示方式可分为透镜式色灯信号机和 LED 色灯信号机。

（1）透镜式色灯信号机。透镜式色灯信号机又称为多灯型信号机。其主要原理是通过凸透镜作为集光器而显示不同颜色的色灯信号机。机构的不同颜色分别由不同的灯位来显示，并且每一个灯位只固定显示一个颜色。

透镜式色灯信号机的机构有很多不同的类型，如高柱信号机、矮型信号机。这些机构通过排列组合方式形成不同用途的信号机。因为其操作简单、可靠性高、节约材料等独特优点，目前在实际应用中得到了大范围的使用。

高柱信号机由机柱、托架、梯子、机构等组成，信号机安装在机柱上，因此高柱信号机可以适用于要求显示距离较远的信号机，如进站、接车进路、通过、接近、驼峰调车时、正线出站时。与此不同的是，矮型信号机适用于显示距离要求不远的信号机，如发线出站、发车进路、调车信号。它的组成没有托架与梯子，直接用螺栓固定在信号机基础之上。

（2）LED 色灯信号机。LED 色灯信号机是采用 LED 作为信号显示光源，可以显示红、黄、绿、蓝、白五种颜色，具有小巧美观、操作简单、安装方便、节约能耗、使用寿命长等优点。信号机结构中采用的高强度发光二极管，让 LED 散射光聚焦等问题不复出现；采用铸铝外壳的密封拼装组合结构，实现了 LED 色灯信号机的小巧方便；采用新型材料制造的特殊透镜，实现了 LED 现实距离的远程化。也正是因为如此，LED 色灯信号机才能在众多信号机中脱颖而出，成为当之无愧的佼佼者。

2. 按信号机功能分类

按信号机功能可分为禁止信号和进行信号。在铁路运输系统中，铁路信号的组成包括信号显示、信号设备、信号系统。

（1）禁止信号：要求停车的信号。

（2）进行信号：要求注意或减速的信号、准许按规定速度运行的信号。我国铁路视觉信号的基本颜色是红色、黄色、绿色。其中，红色表示停车，绿色表示注意或减速运行，黄色表示按规定速度运行。

3. 按安装方式分类

按安装方式分为高柱信号机和矮型信号机。

（1）高柱信号机：其信号机安装在信号机柱上，一般用于显示距离要求较远的信号机。高柱信号机具有显示距离远、观察位置明确等优点。

（2）矮型信号机：直接用螺栓固定在信号机基础上，一般用于显示距离较近的信号机。

❄ 2.1.4 信号机的基本原理

LED 色灯信号机采用 LED 作为信号显示光源，外形如图 2-1 所示。由于如上所述的种种优点，LED 色灯信号机经过不断的完善与发展，如今已形成系列产品。

LED 色灯信号机电路原理如图 2-2 所示。

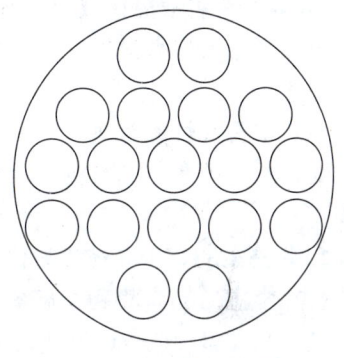

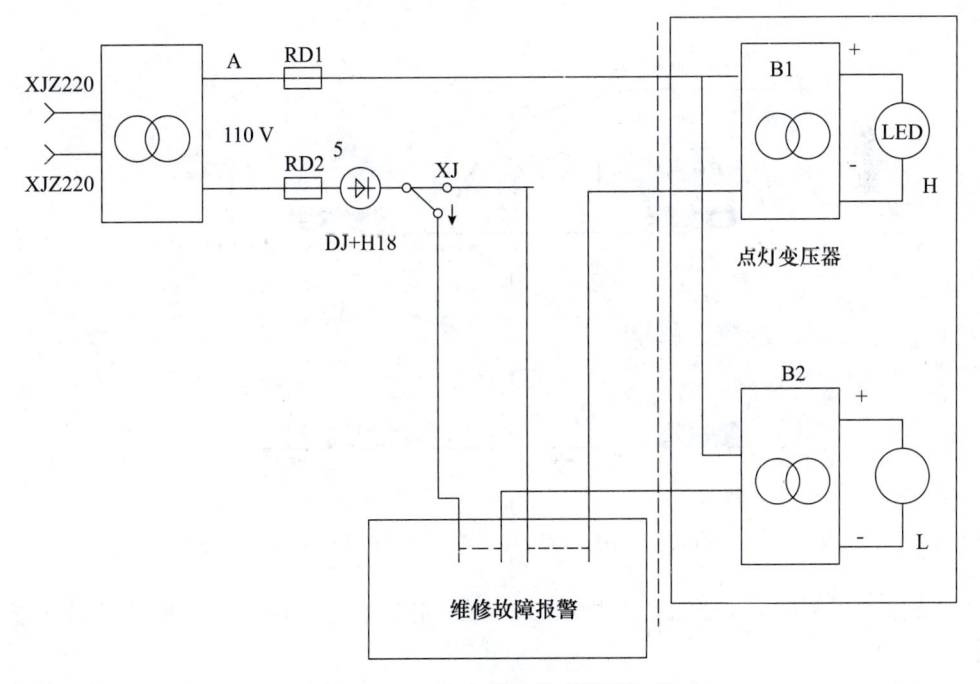

图 2-1　LED 色灯信号机

图 2-2　LED 色灯信号机电路原理图

2.1.5 信号机在城市轨道交通信号系统中的作用

车辆段内的信号机常态点灯,正线信号机主要分为常态点灯和常态灭灯两种形式,本书将信号机显示方案与运营模式结合,对现存信号显示方案作如下分析。

1. 常态 CBTC 运营模式与信号机灭灯

城市轨道 CBTC 是一种基于无线通信技术,实现车地信息实时交互、动态移动闭塞控制、结合 ATO 自动驾驶、ATP 防护及 ATS 监控调度功能的高效安全自动化运行系统。正常情况下,列车在 CBTC 模式下运行时,正线信号机为灭灯状态,列车凭车载信号行车;而当非 CBTC 列车接近信号机且满足开放联锁条件时,信号机自动点亮允许灯光;当轨旁 ZC 故障,联锁将故障区域内的所有信号机转为点灯模式。

(1) 常态灭灯方案优点:一是可解决驾驶员正常驾驶的干扰问题;二是满足绿色环保的设计理念。

(2) 常态灭灯方案缺点:一是驾驶员长期在灭灯状态下驾驶 CBTC 列车,容易产生思维定式;在驾驶非 CBTC 列车时,存在冒进信号的可能。二是信号机点灯故障无法被及时发现。

2. 常态 CBTC 运营模式与信号机点灯

(1) 常态 CBTC 模式,后备和 CBTC 均点灯。计算机联锁根据 ZC(区域控制器)传送的信息(列车是"CBTC 模式"还是"后备模式"),来判断信号机点灯方式。列车运行在后备模式下,联锁需要检查进路内的区段空闲条件,以确定是否开放信号机,而 CBTC 模式下,凭车载信号行车,被列车移动授权覆盖的信号机亮相对应的允许灯光,如图 2-3 所示。

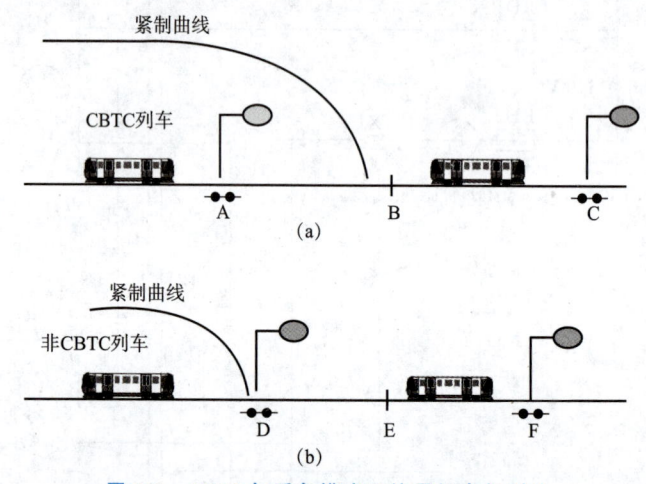

图 2-3 CBTC 与后备模式下信号机点灯对比

1) 优点:一是可实时监测信号机状态;二是正常情况下可实现车地信号显示意义的统一。

2) 缺点:一是后备模式下与 CBTC 模式下受红灯或其他灯位故障影响不同,前者将红灯故障视为禁止行车信号,后者以车载为主体信号,即使地面红灯,也不影响列车运行。二是系统设计较复杂,在后备模式时,联锁是依据计轴信息和其他联锁逻辑,判断是否驱动信号机;在 CBTC 模式时,联锁通过与轨旁 ATP 设备的实时交互、自身逻辑判断来驱动信号机点灯,计算机联锁软件相对复杂。三是不符合节能环保的设计理念。

(2) 常态 CBTC 模式,随移动授权灭灯。CBTC 模式下,信号机常态点灯,当列车接近信号机时,随着移动授权覆盖,使范围内的信号机灭灯,列车凭车载信号行车,列车越过信号机后,信号机自动再次点亮红灯;后备模式下的列车或非 CBTC 列车视地面信号的显示运行。

1) 优点:一是正常情况下,可以解决车地信号显示不一致问题;二是可以实时监测信号机状态;三是相对于一直亮灯的显示方案,节能环保。

2) 缺点:系统设计较为复杂。

(3) 常态 CBTC 模式,信号点蓝灯。信号机在原有基础上增加一个蓝灯位,信号机常态点蓝灯,表示列车运行在 CBTC 模式下,凭车载信号行车,当蓝灯故障时,信号机改点红灯,灯丝监测装置对故障蓝灯进行报警提示;后备模式下,蓝灯为禁止信号,联锁设备根据计轴区段占用信息,实时动态控制列车运行前方和后方各两架信号机,点亮相应灯光,此时蓝灯为灭灯状态。

1) 优点:一是正常情况下,解决车地信号显示不一致问题;二是可实时监测信号机状态。

2) 缺点:一是相对灭灯方案,不符合节能环保设计理念;二是相对于三灯位的信号机而言,增加了信号机构和室外电缆费用。

(4) 常态 CBTC 模式,信号点红色 M 灯。信号机在原有基础上增加一个灯位(自上而下的灯光配列通常为 M 红、黄、绿、红),M 红灯位的底色为白色,字母为红色,常态 CBTC 模式下,M 红灯亮灯,表示信号机所防护进路为锁闭状态,CBTC 列车凭车载信号运行,非 CBTC 列车需视 M 红灯为禁止信号;后备模式下,M 红灯灭灯,联锁控制信号机点亮相应灯光;自动进路中的计轴区段故障也会将入口信号机转换为 M 红灯。

1) 优点:一是正常情况下,可解决车-地信号显示不一致问题;二是可实时监测信号机状态。

2) 缺点:一是远距离时,存在驾驶员将 M 红灯误认为红灯的可能;二是不符合节能环保设计理念;三是相对于三灯位而言,增加了信号机构和室外电缆费用。

3. 常态为后备运营模式

(1) 常态为后备运营模式,CBTC 灭灯。在常态后备模式下,信号机点红灯;当满足信号开放的联锁条件时,信号机开放允许信号(绿、黄、红黄)。当列车运行在 CBTC 模式下,室外信号机灭灯,当列车运行接近信号机时,信号机保持灭灯。

(2) 在常态后备模式下,信号机点红灯;当满足信号开放的联锁条件时,信号机开放允许信号;在 CBTC 模式下,信号机常态点亮红灯,当 CBTC 列车接近信号机且满足开放条件时,信号机点亮蓝灯。

在城市轨道交通中,由于地铁设计规范未对信号机显示作出统一规范,致使各城市轨道交通的信号机显示略有不同,信号机点灯电路也存在差异。由于信号机的点灯状态直接影响行车安全,因此,研究信号机显示方案及信号机点灯电路问题具有重要意义。

4. 信号机点灯电路逻辑

为了区分正线不同的运营模式,在传统点灯电路中增加 DDJ(点灯继电器),ZC(区域控制器）将运营模式信息发送给联锁，联锁控制 DDJ 的状态，当 DDJ 落下（DDJ＝0）时，表示信号机应该处于后备模式。当 DDJ 吸起，（DDJ＝1）时，表示信号机应该处于 CBTC 模式。

为简洁叙述，下文中"↑"表示继电器、控制器等电器元件吸起，"↓"表示继电器、控制器等电器元件落下。

(1) 常态 CBTC，点灯电路分析及设计。图 2-4 所示为典型的正线信号机点灯电路。

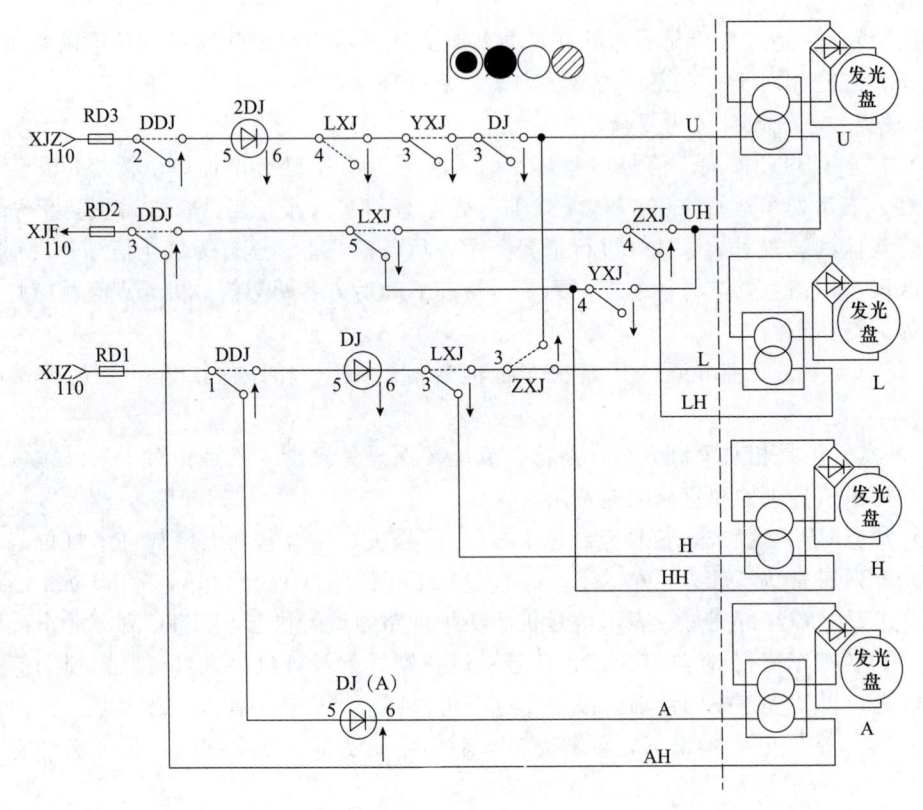

图 2-4 常态 CBTC 点蓝灯（后备正常）点灯电路

1) 常态 CBTC 运营模式下，DDJ↑，信号机点蓝灯。
2) 后备模式下，DDJ↓，联锁根据计轴状态，控制信号机点亮相应灯光。
3) 灯亮条件。

红灯点亮条件：DDJ↓ & LXJ（列车信号机继电器）↓ & YXJ（引导信号继电器）↓；
绿灯点亮条件：DDJ↓ & LXJ↑ & ZXJ↑；
黄灯点亮条件：DDJ↓ & LXJ↑ & ZXJ↓；
引导信号点灯条件：DDJ↓ & LXJ↓ & YXJ↑。对于常态 CBTC 模式、信号机灭灯的情况（后备模式信号机正常点灯），可将图 2-4 所示的信号机点灯电路作如下变动：去掉蓝灯机构、灯丝继电器及电缆。而对于常态 CBTC 模式，后备和 CBTC 均点灯的情况，可将图 2-4 所示的信号机点灯电路作如下变动：去掉蓝灯机构、灯丝继电器及电缆；同时去掉电路中的 DDJ，在 DDJ 继电器插座后面，用导线分别封连第 1～3 组的后接点和中接点。

(2) 常态后备模式，点灯电路分析及设计。

1）对于常态后备模式，CBTC 灭灯情况下（后备模式信号机点灯，CBTC 模式信号机灭灯），信号机点灯电路可在图 2-4 所示的基础上作如下改动：去掉蓝灯机构、灯丝继电器及电缆；将 DDJ 的前接点换成后接点，串接在继电电路中。

2）对于常态后备模式，CBTC 亮蓝灯情况（后备模式下，信号机亮红灯；CBTC 模式下，信号机常态红灯，列车接近信号机后，信号机亮蓝灯）的点灯电路如图 2-5 所示。

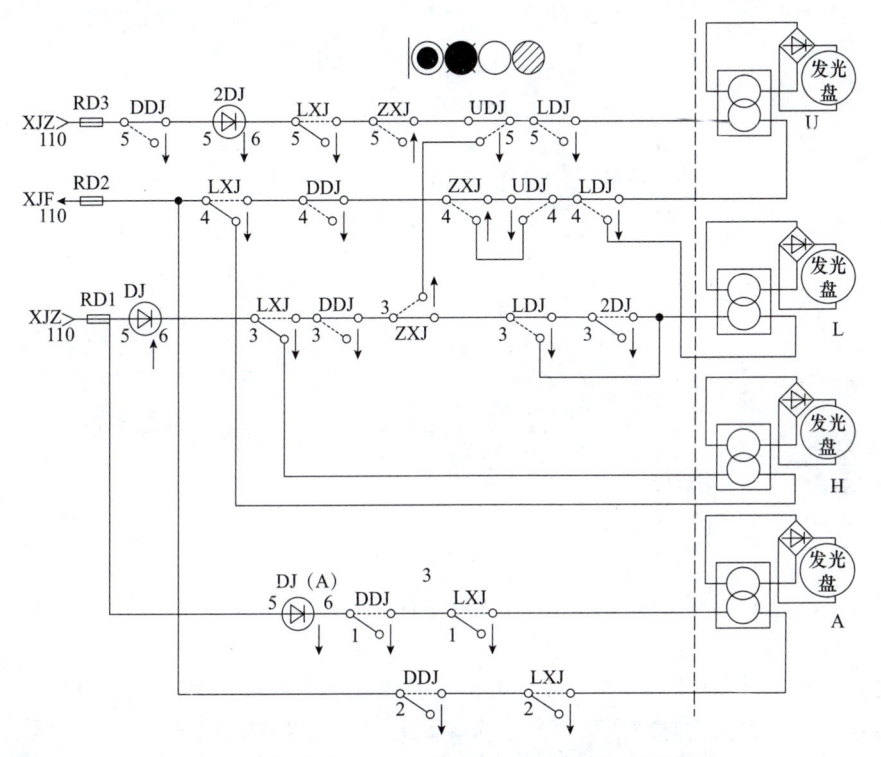

图 2-5 常态后备，CBTC 点蓝灯的点灯电路（无引导）

①后备模式下的点灯逻辑红灯点亮条件：LXJ↓；

绿灯点亮条件：DDJ↓&LXJ↑&ZXJ↑&LDJ（绿灯继电器）↑&UDJ（黄灯继电器）↓，表示系统在联锁模式下，进路内道岔锁闭在直向位置且次架信号机已开放；

黄灯点亮条件：DDJ↓&LXJ↑&ZXJ↓&LDJ↓&UDJ↑，表示进路内至少有一组道岔锁闭在侧向位置；

绿黄灯点亮条件：DDJ↓&LXJ↑&ZXJ↑&LDJ↓&UDJ↓，表示在进路内的道岔锁闭在直向位置且次架信号机未开放。

②CBTC 模式下的点灯逻辑红灯点亮条件：LXJ↓；

蓝灯点亮条件：DDJ↑&LXJ↑，表示运行在 CBTC 模式下。

车辆段内以调车信号机居多，DXJ 常态落下，信号机亮禁止灯光（蓝或红），当以调车信号机为始端排列进路时，联锁系统检查相关联锁条件，如联锁条件（进区段空闲、道岔位置正确且锁闭、敌对进路未建立等）满足后，DXJ 被驱动吸起，信号机开放白色允许灯光。

5. 信号机点灯电路故障分析处理

段内调车信号机点灯及驱采电路如图 2-6 所示。

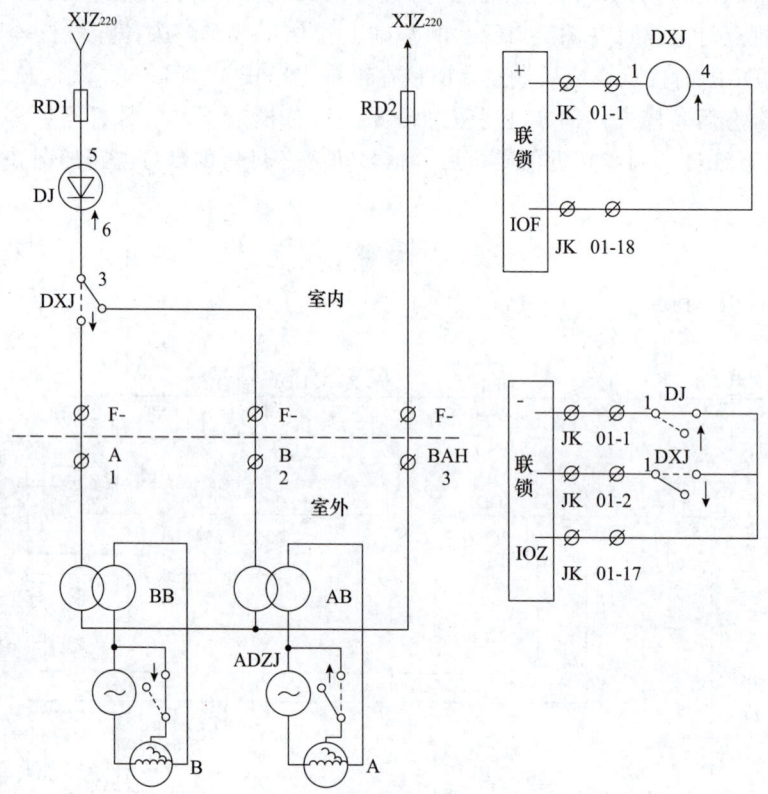

图 2-6　段内调车信号机点灯及驱采电路

结合图 2-6 分析，平时蓝灯的主丝工作，当主丝熔断后，灯丝转换继电器两端失去电压，其接点落下，沟通副灯丝点灯回路，如果副灯丝也发生断丝故障，则变压器二次侧回路断开，一次侧失去电流，导致 DJ 落下，联锁无法采集到 DJ 的前接点状态，则控制台上的信号机会出现"蓝闪"的现象，代表灯丝双断。

如果采用了主灯丝报警装置，则可以及时发现断丝故障，就不会出现"蓝闪"的现象，故障原因通常为灯丝继电器故障、采集电路开路、室内开路、室外开路等，但在运维过程中，需要快速精准判断故障点。

（1）首先根据图纸，到分线架测量（A、BAH）电压值，如测得电压值为 210 V 左右且蓝灯正常点亮，则需要进一步判断（DJ 被击穿或 DJ 采集电路开路）故障原因，通过对 DJ 的测试可判断其是否被击穿，如未被击穿，则可采用"借电源法"查找采集电路，如图 2-4 所示，万用表黑表笔可在其他组合侧面端子借用 IOF 电源，红表笔沿采集电路逐点测量，电压值从有到无，则代表出现断点，红表笔测试到 DJ 的 12 接点时有正常电压值，当移动到 DJ 的 11 接点时，电压消失，则说明 11～12 接点接触不良；虽测到 210 V 电压，但蓝灯不能点亮，说明室外点灯电路开路，由于室外点灯变压器和灯丝转换继电器被集成为一个点灯单元，室外结构简单，按照电路逐点查找故障即可。

（2）如测得电压小于 10 V，需要甩掉分线架至室外的电缆后，重新测量电压，若电压仍小于 10 V，则说明室内点灯电路开路，采用"借电源法"按图查找故障；若电压测得为 210 V，说明室外开路故障，需要按图逐点查找点灯电路。

如果控制台出现断丝报警，以该信号机为始端排列进路，白色灯位开放后，如故障消除，则可判断蓝色灯位故障。故障具体排查步骤、方法简介如下：

（1）拔出灯泡，检查灯泡（主灯丝是否断丝），如断丝，则更换灯泡。

（2）若灯泡工作正常，则检查灯丝转换按钮是否损坏，如已损坏，则更换信号机灯座。

（3）若灯座正常，应检查灯丝变压器及相关配线、绝缘是否异常，发现问题及时处理。

当出现允许信号无法开放及开放信号故障时，应测试分线架电压，根据所测得电压值进一步判断故障处所及原因。其具体步骤与方法如下：

（1）当所测电压值小于 10 V 时，查看 DXJ 状态，若吸起后稍后落下，则室内 DXJ31 至分线架有开路现象，可采用"借电源法"并根据点灯电路逐点查找；继续查看 DXJ 状态，若未吸起，则 DXJ 驱动电路有开路，查看维修机记录，根据驱动电路查找。

（2）当所测电压值为 210 V 时，可针对可能出现的下面故障现象分别进行处理：

1）故障现象①：室外信号机灭灯几秒后继续点蓝灯，控制台信号机显示白灯点亮后变为"蓝闪"状态，持续几秒后点蓝灯。

故障原因分析：导致此故障的主要原因一是由于 DXJ 吸起，联锁可同时采集到 DXJ 和 DJ 的前接点，控制台上的白灯点亮；二是由于白色灯位室外开路，当超过 DJ 的缓放时间后，DJ 因无电流通过而落下，此时联锁无法采集到 DJ 的前接点，故该信号机标志在控制台上出现"蓝闪"现象；三是联锁无法采集到 DJ 后，也停止对 DXJ 的驱动，DXJ 落下后，蓝灯点亮，此时 DJ 再次吸起，联锁采集到 DJ 前接点后，使该信号机标志在控制台上出现稳定蓝灯。

根据现象可判断室外部分有开路，按照电路逐点查找故障即可。

2）故障现象②：室外信号机白灯点亮几秒后跳转蓝灯，控制台信号机显示持续"蓝闪"。

故障原因分析：导致此故障的主要原因是开放允许信号的瞬间 DJ 被击穿，联锁无法采集到 DJ 的前接点，控制台信号机显示持续蓝闪，联锁停止对 DXJ 的驱动，DXJ 落下，信号机点蓝灯，此种情况需更换 DJ。

中泰版：信号机（上）　　中文版：信号机（上）　　中英版：信号机（上）

中泰版：信号机（下）　　中文版：信号机（下）　　中英版：信号机（下）

中泰版：信号继电器　　中文版：信号继电器　　中英版：信号继电器

中文版：计轴器　　　　　中英版：计轴器

【任务实施】

背景描述	城市轨道交通信号系统是一种用于管理和控制城市轨道交通运行的系统。它通过信号机、轨道电路、通信设备等组成，实现对列车的运行、停车和调度的控制。城市轨道交通信号系统的主要作用是保证列车的安全运行，提高运行效率，减少事故风险，提供乘客的舒适和便利	
任务步骤	步骤一	列出信号机的分类及组成结构
	步骤二	描述信号机的物理原理
	步骤三	讨论信号机在实际运行中的作用
任务反思	在该任务中有哪些需要继续优化，方案有哪些？	

【任务评价】

	序号	任务达成要素	分值	个人自评	小组评价	教师评价
专业能力	1	较熟练讲述信号机的组成	25			
	2	能理解信号机的原理	25			
	3	能简述信号机的作用	20			
职业素养	4	具有认真分析问题的能力	10			
	5	态度积极认真	10			
	6	在任务实施中有团队协作体现	10			
效果评估总结（对自己学习效果的评估和反思）						

任务 2.2　了解常见的转辙机及其安装方式

【学习目标】

知识目标：
(1) 了解转辙机的类型、安装方式及日常维护；
(2) 熟悉常见转辙机的工作方式。

能力目标：
(1) 能够维护日常使用的转辙机；
(2) 能够对转辙机的使用不足之处进行优化。

素养目标：
(1) 具备行车安全意识和高度责任心；
(2) 处理问题时保持冷静的工作态度。

中泰版：转辙机　　　中文版：转辙机　　　中英版：转辙机

【任务描述】

转辙机作为铁路设备，用于自动转换轨道或道岔，由电动机、减速器、摩擦离合器和道岔锁闭器等组成。通常将转辙机固定在道岔旁的钢轨上，并通过传动装置将道岔连接到转辙机。转辙机可以通过远程控制或自动控制系统进行操作，以确保铁路运输的安全和高效。通过学习本任务的内容，学习者应了解转辙机的类型，掌握转辙机的工作方式，在实际工作中能够进行日常维护。

【知识链接】

2.2.1　转辙机的概念

转辙机是指用以可靠地转换道岔位置，改变道岔开通方向，锁闭道岔尖轨，反映道岔位置的重要的信号基础设备，它可以很好地保证行车安全，提高运输效率，改善行车人员的劳动强度。其作用如下：

(1) 转换道岔的位置，根据需要转换至定位或反位；
(2) 道岔转至所需位置且密贴后，实现锁闭，防止外力转换道岔；
(3) 正确反映道岔的实际位置，道岔的尖轨密贴于基本轨后，给出相应的表示；
(4) 道岔被挤或因故处于"四开"（两侧尖轨均不密贴）位置时，及时给出报警及表示。

2.2.2 转辙机的类型

(1) 按传动方式分类，转辙机可分为电动转辙机、电动液压转辙机。电动转辙机由电动机提供动力，采用机械传动。大多数转辙机都是电动转辙机，包括 ZD6 系列电动转辙机和 S700K 型电动转辙机。

电动液压转辙机简称电液转辙机，由电动机提供动力，采用液力传动。

(2) 按供电电源种类，转辙机可分为直流转辙机和交流转辙机。直流转辙机采用直流电动机，工作电源是直流电。ZD6 系列电动转辙机就是直流转辙机，由直流 220 V 供电。直流电动机的缺点是，由于存在换向器和电刷，易损坏，故障率较高。

交流转辙机采用三相交流电源或单相交流电源，由三相异步电动机或单相异步电动机（现大多采用三相异步电动机）作为动力。S700K 型电动转辙机和 ZYJ7 型电液转辙机为交流转辙机。交流转辙机采用感应式交流电动机，不存在换向器和电刷，因此故障率低，而且单芯电缆控制距离远。

(3) 按锁闭道岔的方式，转辙机可分为内锁闭转辙机和外锁闭转辙机。内锁闭转辙机依靠转辙机内部的锁闭装置锁闭道岔尖轨，是间接锁闭的方式。ZD6 系列等大多数转辙机均采用内锁闭方式。其锁闭可靠程度较差，列车对转辙机的冲击大。

(4) 按是否可挤，转辙机可分为可挤型转辙机和不可挤型转辙机。可挤型转辙机内设挤岔保护（挤切或挤脱）装置，道岔被挤时，动作杆解锁，保护了整机。不可挤型转辙机内不设挤岔保护装置，道岔被挤时，挤坏动作杆与整机连接结构，应整机更换。电动转辙机和电液转辙机都有可挤型和不可挤型。

2.2.3 转辙机的安装方式

在城市轨道交通建设工程中，转辙机作为信号系统轨旁核心设备之一，主要负责道岔位置的控制及防护，以实现线路资源的合理分配。作为反映道岔位置的重要信号基础设备，其品质优劣直接关系到铁路运输的安全，因此，保证转辙机的功能与质量，对于提升列车运行平稳度、保障行车安全、提高运营效率至关重要。市域快线轨旁转辙机的设备选型及安装工艺，既要考虑现有轨道交通线路转辙机安装工艺对于市域快线的兼容适应能力，又要参考引入的国内外新兴工艺方案，以提高信号系统及其设备对市域快线的服务能力，满足市域快线的行车需求。

目前，转辙机的安装主要分轨枕式、角钢和托盘式三种方式。国内部分城市轨道交通及国铁项目转辙机型号及安装方式等情况统计见表 2-1。

表 2-1　国内部分轨道交通项目转辙机安装统计表

项目名称	转辙机型号	线路概况	安装方式	开通年限	备注
北京地铁 13 号线	ZD6 - D	地下线＋高架线	基坑，侧式（角钢）	2002 年	城市轨道交通
南京地铁 1 号线	S700K	地下线＋高架线	基坑，侧式（角钢）	2005 年	城市轨道交通

续表

项目名称	转辙机型号	线路概况	安装方式	开通年限	备注
上海地铁11号线及二期工程	ZYJ7+SH6、三开道岔	地下线+高架线	基坑，轨枕式	2013年	城市轨道交通
南京地铁机场线	ZDJ9双机	地下线+高架线	基坑，侧式（角钢）	2014年	城市轨道交通
广州地铁21号线	ZYJ7双机	地下线+高架线	基坑，侧式（角钢）	2018年	城市轨道交通
广珠城际铁路	S700K	地面线+高架线	基坑，侧式（托盘）	2012年	城际铁路
成渝客运专线	S700K	地面线+高架线	基坑，侧式（托盘）	2015年	城际铁路
郑机城际铁路	S700K	地面线+高架线	基坑，侧式（托盘）	2015年	城际铁路
广清城际轨道交通线	S700K	地面线+高架线	基坑，侧式（托盘）	2019年	城际铁路

轨枕式转辙机安装方式在国铁和城市轨道交通中均有应用。该方式一般将转辙机安装于两基本轨之间，占用空间小，可节省土建投资。该方式除具备基本转辙机使用功能外，还具有受到列车的冲击小、振动小、多机牵引同步性好、不会造成道岔的蛇行运动等优势。图2-7所示为轨枕式转辙机的安装应用示意图。

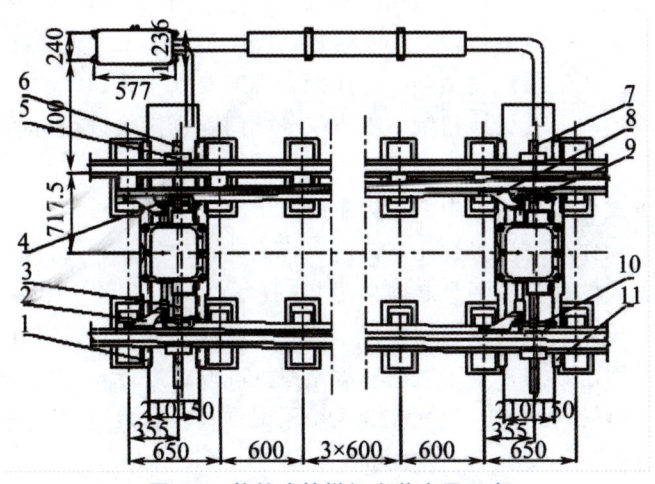

图2-7 轨枕式转辙机安装应用示意

1—动基础角钢；2—锁闭杆组件；3—动锁钩组；4—动尖轨连接铁组；5—锁闭框组；6—动外锁闭杆组；
7—二动外锁锁闭杆组件；8—杆组；9—二动锁钩组；10—二动尖轨连接铁组；11—二动基础角钢

侧式安装方式一般采用将转辙机固定于轨道外侧，实现轨道方向控制，对安装空间有较高要求。该方法为满足转辙机安装空间和日常的检修维护，一般需要土建方在轨道岔尖附近对地下结构或高架桥外侧做局部加宽,加宽范围一般是道岔牵引点前后 2 m 左右。因此,国内地下线路道岔转辙机安装一般是将限界本身有道岔处全部做局部加宽,以满足安装空间要求。

按转辙机的固定形式分类,侧式安装又可分为角钢和托盘式两种。图 2-8 所示为侧式安装效果图。

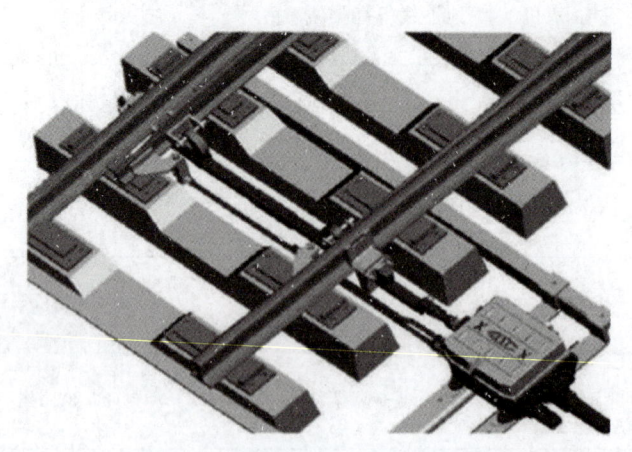

图 2-8　转辙机侧式安装效果示意

角钢安装方式通过固定于道床与钢轨上的角钢实现转辙机的安装固定。该方式采用 2 根长角钢贯穿轨道底部,安装过程需工务人员配合抬高道岔一侧钢轨,转辙机一旦安装完毕,角钢一般不易更换或移动。因此,该方法不利于转辙机的后期运营维护及更换。目前,国内也有采用将长角钢分为两节短角钢,短角钢间用固定夹板及螺栓连接,来解决长角钢维护及更换困难等难题。采用角钢安装转辙机的工艺特性如下:

(1) 角钢安装方式一般采用侧式抬高的方法,转辙机高于轨道面,避免被水浸泡。

(2) 道床在土建施工前需要预留 3 个安装槽,施工过程由工务人员配合在基本轨上打孔实现转辙机安装。该方式安装工序烦琐,专业配合程度要求较高。

(3) 运维或大修期间,若更换角钢,需由工务部门配合抬轨进行角钢拆装作业,更换时间较长,容易影响城市轨道交通的正常运营。

(4) 角钢安装方式多应用于以中低速为主的城市轨道交通项目,对于高速运行线路的安装强度、抗震能力、动作可靠度等性能有待进一步论证。

采用角钢安装方式的转辙机平纵断面如图 2-9 所示。

托盘式转辙机安装方式在国铁应用较多。该方法通过固定于轨枕的托盘(Z 形钢板)实现转辙设备的安装与固定,通常采用轨道外侧预留机坑方式进行安装。该安装系统由 2 个对称的 Z 形支撑板及安装螺母组成,轨枕孔洞采用预留形式,安装过程只需对转辙机安装托板开孔即可。托盘式转辙机的安装工艺特性如下:

(1) 托盘式安装采用将转辙机固定于轨枕上,安装基础一般采用预留方式,无须钢轨打孔。此安装工艺具有安装精度高、工序简单等优势,基本不受其他工种作业影响。

(2) 更换转辙机设备时,无须工务部门配合,耗时短,基本不影响城市轨道交通的正常运营。

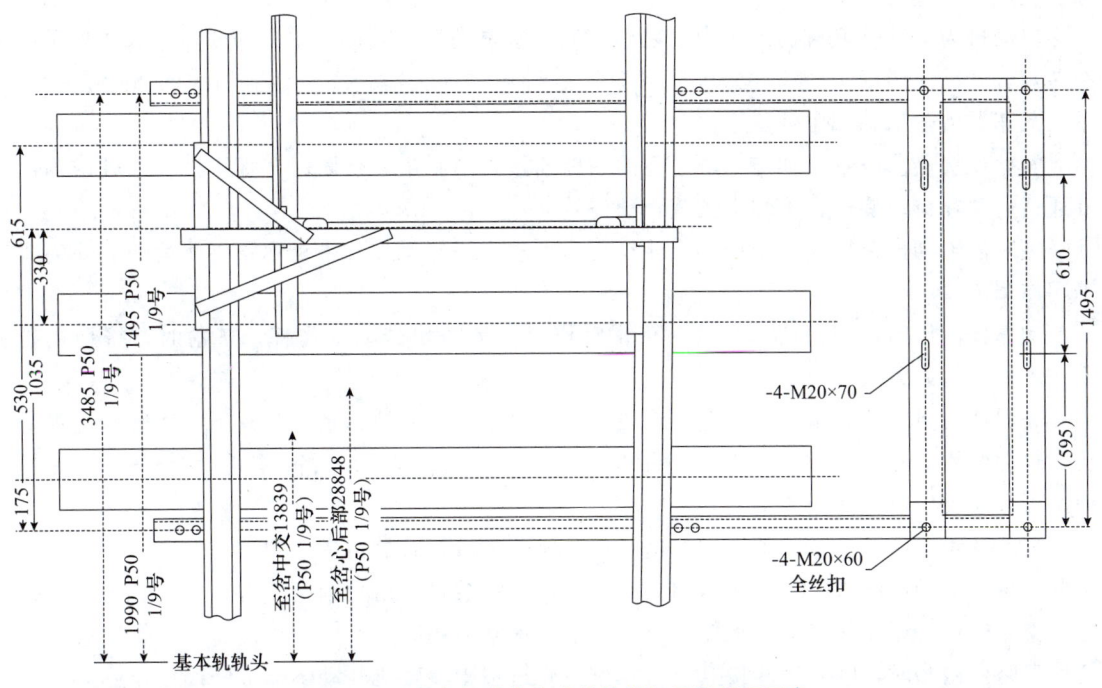

图 2-9　采用角钢安装方式的转辙机平纵断面示意

（3）转辙机固定于轨枕之上，其动作过程中输出应力的变化规律与道岔转换过程中尖轨运动所需转换力的规律相符，可减少高速列车通过时的冲击力和爬行力矩，有利于提高设备抗震性能，延长转辙机使用寿命。

（4）对于整体道床，托盘式安装可实现道床、轨枕及设备一体化连接，以减小转辙机对轨枕间距及道岔爬行的敏感度，保证转辙机动作过程的顺畅性。

采用托盘式安装方式的转辙机平纵断面示意如图 2-10 所示。

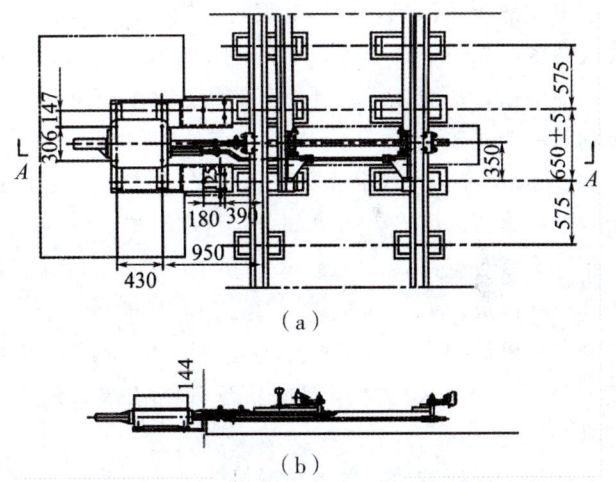

图 2-10　采用托盘式安装方式的转辙机平纵断面示意
(a) 俯视图；(b) A—A 剖面图

2.2.4　常见的转辙机

1. ZD6 系列电动转辙机

ZD6 系列电动转辙机是我国铁路也是城市轨道交通使用最广泛的电动转辙机，包括 A、D、E、J 等派生型号。ZD6 系列电动转辙机采用内锁闭方式。

ZD6-A 型是 ZD6 系列转辙机的基本型，系列内其他型号的 ZD6 系列转辙机都是以 ZD6-A 型为基础改进、完善而发展起来的。故以 ZD6-A 型转辙机为重点进行介绍。

ZD6-A 型电动转辙机主要由电动机、减速器、摩擦连接器、主轴、动作杆、表示杆、移位接触器、外壳等组成。

电动机为电动转辙机提供动力，采用直流串激电动机。减速器用来降低转速以获得足够的转矩，并完成传动，由第一级齿轮和第二级行星传动式减速器组成。两级间以输入轴联系，减速器由输出轴和主轴联系。

摩擦连接器构成输出轴与主轴之间的摩擦连接，防止尖轨受阻时损坏机件。主轴由输出轴通过启动片带动旋转，主轴上安装锁闭齿轮。

锁闭齿轮和齿条块相互动作，将转动变为平动，通过动作杆带动道岔尖轨运动，并完成锁闭作用。

动作杆和齿条块用挤切销相连。正常动作时，齿条块带动动作杆。挤岔时，挤切销折断，动作杆和齿条块分离，避免机件损坏。

表示杆由前、后表示杆及两个检查块组成。表示杆随尖轨移动，只有当尖轨密贴且锁闭后，自动开闭器的检查柱才能落入表示杆缺口，接通道岔表示电路。挤岔时，表示杆被推动，顶起检查柱，从而断开道岔表示电路。

自动开闭器由静接点、动接点、速动片、速动爪、检查柱组成，用来表示道岔尖轨所在位置。移位接触器用来监督挤切销的受损状态，道岔被挤或挤切销折断时，断开道岔表示电路。安全接点（遮断接点）用来保证维修安全。正常使用时，遮断接点接通，才能接通道岔动作电路。检修时，断开遮断接点，以防止检修过程中转辙机转动影响维修人员作业。

2. ZYJ7 型和 ZYJ7GZ 型电动液压转辙机

电动液压转辙机，简称电液转辙机，是一种以电动机驱动和液压传动为核心技术的道岔转换装置。相较于传统的齿轮传动和减速器结构，电液转辙机简化了机械结构，极大地降低了机械磨损，从而减少了维修工作量。然而，液压传动对液压介质和元件的要求较高，导致传动效率相对较低。

ZYJ7 型和 ZYJ7GZ 型电动液压转辙机由主机和 SH6 型转换锁闭器组成，二者分别应用于第一和第二牵引点。主机部分包含电动机、油泵、油缸、启动油缸、接点系统、锁闭杆和动作杆等核心组件，而 SH6 型转换锁闭器（亦称副机）则主要由油缸、挤脱接点、表示杆和动作杆构成。

电动机选型为交流三相异步电动机，并配备了惯性轮，确保转辙机转换到位后开闭器接点不会颤动。油泵则选用双向斜盘轴向柱塞式油泵，其结构简洁、寿命长久且工作稳定可靠。

在开关选择方面，电液转辙机既可采用普通自动开闭器，也可采用沙尔特堡 S800aW40 型速动开关，以满足不同场景下的需求。

SH6 型转换锁闭器上还有一个安全装置——挤脱器。它与锁闭铁通过定力机构与机壳紧密相连。一旦道岔受到挤压（挤切力超过挤脱器预先设定的 30.4 kN），锁闭铁将发生位移，导致转换接点组断开表示电路，从而及时发出挤岔信号。

在挤岔发生时，动作杆会推动锁闭铁挤出凹槽，启动片随之移动，其斜面会带动拐臂轴上的小滚轮抬起，使动接点退出，进而断开表示电路。此时，动作杆连接的锁闭铁与机壳上的固定桩失去连接，来自动作杆的挤切力无法传递至内部其他部件，从而起到挤岔保护作用。此外，道岔受到挤压时，表示杆的移动也能及时断开表示电路，为道岔的安全运行提供了双重保护。

这样的设计既保证了道岔转换的准确性和效率，又充分考虑了安全性和可靠性，是铁路信号系统中的重要组成部分。

| 中泰版：ZD6 系列电动转辙机 | 中文版：ZD6 系列电动转辙机 | 中英版：ZD6 系列电动转辙机 |

| 中泰版：S700K 转辙机 | 中文版：S700K 转辙机 | 中英版：S700K 转辙机 |

【任务实施】

背景描述	转辙机是城市轨道交通系统中的重要设备，用于实现列车在轨道交叉口、岔道口等位置的换向操作。它的主要功能是将列车从一条轨道引导到另一条轨道，确保列车能够顺利转向并继续行驶		
任务要点	要点一	简述转辙机的概念	
	要点二	简述常见的转辙机	
	要点三	简述不同转辙机安装方式的优缺点	
任务反思	针对不同转辙机的安装方式的优缺点，提出见解		

【任务评价】

	序号	任务达成要素	分值	个人自评	小组评价	教师评价
专业能力	1	较熟练讲述实际运用中的转辙机	20			
	2	知道不同转辙机安装方式的优缺点	30			
	3	知道常见的转辙机	20			
职业素养	4	具有思考分析问题的能力	15			
	5	态度积极认真	10			
	6	在任务实施中有团队协作体现	5			

续表

序号	任务达成要素	分值	个人自评	小组评价	教师评价
效果评估总结（对自己学习效果的评估和反思）					

任务 2.3　认识计轴器的工作原理、结构及常见的故障

【学习目标】

知识目标：
（1）掌握计轴器的结构及工作原理；
（2）学习了解计轴器常见的故障。

能力目标：
（1）能够处理计轴器常见的故障；
（2）培养解决工作中问题的能力。

素养目标：
（1）具备安全责任心；
（2）保持刻苦钻研的精神。

【任务描述】

计轴器是一种用于检测列车轴数的设备，主要应用于铁路信号控制和监测系统。其原理是利用列车经过计轴器时，轮对会对计轴器产生磁场，从而引起计轴器的计数器计数。常见的计轴器结构包括磁头、传感器、计数器和显示单元等。经常遇见计轴器不计数、计轴器乱数和计轴器显示错误等故障。通过学习本任务的内容，学习者应了解计轴器的结构，掌握计轴器的原理，在实际工作中能够排除计轴器常见的故障。

【知识链接】

我国无线通信技术迅猛提升，实现了自动化全程控制，尤其是应用在列车控制系统当中，能在确保行车速度得以提升的基础上，将列车行车距离加以缩减。同时，依靠计轴器整合硬件与软件系统的性能，确保控制中心能够不间断达到双向通信效果，正因为计轴器体现出的较多应用优势，而受到了城市轨道交通行业人员的高度关注。

（1）1985 年，我国从德国劳伦茨标准电气股份公司引进 AZL70 型计轴器 35 套，首先用于沪杭线单线半自动闭塞区段，1986 年全线开通使用。1988 年因沪杭上复线而拆除。

（2）由成都局实施的"厚坝至小溪坝区间"宝成线于 1989 年 7 月正式开通，该区间同

样安装了由上海局调拨的 AZL70 型"单线定点计轴自动闭塞"计轴器，并于 1989 年 12 月通过局级鉴定。

（3）1990 年 12 月开通的"宝鸡至凤州调度集中区段"则采用的是 1990 年 8 月经原铁道部鉴定通过，由西安器材研究所研制，四川省资中通信工厂生产的 JZ1-H 型计轴器，同时该套设备与 64D 型半自动闭塞相结合。

（4）1990 年 4 月，原铁道部决定在宝成线广元至马角坝区段进行"定点式计轴自动闭塞"的扩大试验，分别安装原西德 AZL70 型计轴器（由上海局调拨）7 个区段，JZ1-H 微机计轴器 5 个区段。12 个区段全长 101 km 13 个站，于 1991 年 3 月开通使用，并于 1992 年 4 月通过了部级科技成果鉴定。

（5）1993 年后，宝成线电化区段计轴自动闭塞系统进一步扩大应用，绵阳至成都 121 km 14 个区间其中 12 个区段采用德国 AZL90 型，2 个区段采用 JZ1-H 微机计轴器。该线路于 1993 年 3 月开通使用。随后 1994 年 4 月以同样方式开通了马角坝至绵阳段 100 km。

（6）1993 年，柳州局引进德国 AZL90 型计轴器，在柳州—冷水滩 397 km 50 多个区段安装，1994 年 7 月已开通。

（7）2008 年 2 月，成都局开始在"成渝线"相继使用成都通信工厂生产的 JZ1-H 微机计轴器，该套设备由 SEL 公司根据 AZL90-3 计轴设备改造而成。

（8）2009 年，成都局在"北编组至石板滩联络线"项目中，继续采用成都通信工厂生产的 JZ1-H 微机计轴器，当年开通投入使用运行。

（9）2009 年和 2012 年，成都局分别在"宝成线德阳至广元段"及"成昆线"上使用 JZ1-H 微机计轴器。

（10）2011 年，成都局在"成昆线乐山至黄联关段"区间或站间相继投入使用 JZ1-H 微机计轴器。

计轴技术开始使用及研究相对早的是发达西方国家，通过多年的研究，已形成较为成熟的产品，其中，德国技术一直领先。在德国，有许多车站完全采用计轴器作为轨道、道岔区段的检查设备。1987 年德国西门子公司推出了微机计轴器，利用微机的高效率提高计轴器的可靠性及扩大了计轴器的使用范围，在 20 世纪 70 年代，德国西门子通用电气公司生产的 AZS70 型计轴器和德国劳伦茨标准电气股份公司生产的 AZL70 型计轴器大量推广应用。随后，德国采用 CIR 电务工程计划，也就是计算机综合应用铁路工程。CIR 电务工程由计算机辅助控制列车的行车指挥自动化系统、车站电子联锁、LZB 列车自动化控制系统、计算机控制、微机集中自动闭塞等部分组成。其产品大量出口欧洲、非洲和亚洲国家。与此同时，日本、俄罗斯及我国都在大力研发计轴技术。

2.3.1　计轴器的概念与特征

计轴器是用以检测列车通过铁路上某一点（计轴点）的车轴数，以检查两个计轴点之间或轨道区段内的空间情况，或判定列车通过计轴点的时间，自动校正列车行驶里程等的设备。

我国在 20 世纪 70 年代引进微机计轴器并应用于铁路信号系统中。我国从初期的仿制到自主开发，再到根据应用需求扩展功能，道路曲折又漫长，终于 2002 年确立了国产微机计轴器的地位。

在国外，于 1870 年在纽约举办的博览会上，美国人鲁宾逊展示了开路式轨道电路控制信号的模型。同样是鲁宾逊在 1872 年又研制成功闭路式轨道电路。19 世纪 60 年代，德国曾探索用计轴方式检测列车占用轨道区段的技术；20 世纪 30 年代，随着欧洲铁路轨枕的钢枕化，代替轨道电路完成铁路区段空闲、占用检查的计轴设备应运而生，但直到 20 世纪 50 年代中期，计轴器才在联邦德国正式使用。此后，法国、匈牙利、南斯拉夫等国相继使用计轴器。

2.3.2 计轴器的结构

计轴器主要就是面对需要核查区段情况，做出全方面检查的工具，将其应用在城市轨道交通控制系统中，可以确保人员站在轨道区段端口位置上，妥善设置好计轴点，然后整合内部涵盖的 UPS 电源、继电器等多个子设备，依靠健全电缆结构加以连接，发挥其使用性能。其中存在的计轴运算器，在与计轴点进行联系时，主要依靠的是 CAN 总线。详细分析计轴器结构组成，可以从图 2-11 进行观察。

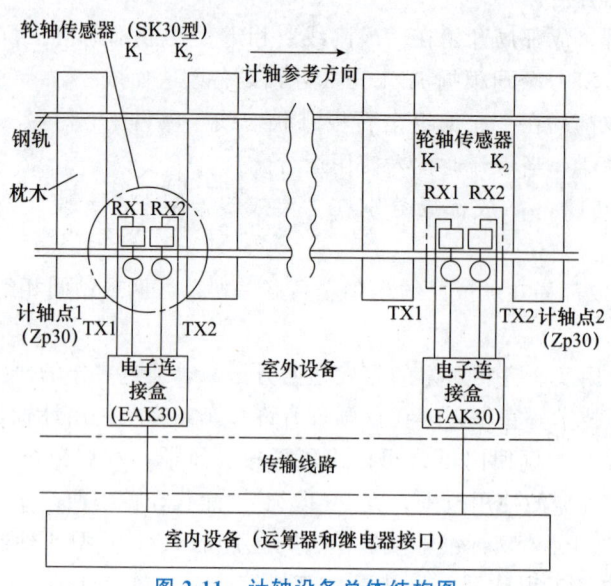

图 2-11 计轴设备总体结构图

1. 车轴传感器

车轴传感器是指整个设备的核心内部涵盖信号发射与接收线圈，结合车轮铁磁体的作用，确保发射线圈与接收线圈之间存在耦合联系，站在车轮结构上，此时电感等方面会出现相应的改变，将车轮对过磁头的次数转换成脉冲而产生轮轴信号，因此又被行业人士称为磁头。要想凸显出车轴传感器部分的性能，必须要求其具备以下几点作用：第一是较强稳定电性能；第二是良好机械性能；第三是故障导向安全；第四是高效抵抗外界干扰性能。在工作人员安装车轮传感器过程中，主要可以采取双套单轨方式，人员面对期间设置的所有检测站点，将事先准备好的传感器进行妥善安装，然后确定出枕木结构，将两个磁头做出合理化安装处理，最为关键的是工作人员完成磁头安装工作以后，应该要求其都处于相同钢轨一边，像钢轨的外部结构中，应该有发送磁头部分，而钢轨的内部环境中，可以将接收磁头做出合理化的安装，一方面能够对列车行驶方向进行判断；另一方面也能够及时对轴轮数据做出全方位的收集。大多数条件下，在线路运行右边钢轨位置上，工作人员需要确定好计轴器，尽可能安装在信号机、绝缘节的同一个坐标点。

2. 电子单元

电子连接盒的电子单元主要是位于设备传感器相同方位，箱盒向所属线路外侧打开。分析电子单元的存在价值，首先，能够针对收集到的室内数据信息，合理调整为单元所需电压结构，然后将信号电压传输到发送磁头部分。同时，在使用电子单元过程中，能够将计轴器传感器的磁头接收感应的数据信号，此时出现的数据信号，一方面能够满足较远间距有效传输的效果；另一方面也能够便于主机系统对其实施有效把控。在电子单元内部环境中，涵盖了预处理传感器信息所需要的所有电子元件，像数字信息处理模块 DSP、处理器模块 ZpR 等，都是不可缺少的重要部分。要想将电能全部传输到计轴器上，及时传递各项数据信息，就要在所有检测站点下，设置好两对电缆结构，一对是当作数据传输线，另一对是作为电源线进行使用。

3. 计轴核算器

在室内环境中设置好的计轴核算器主要包括电源、计算机以及并行输入、输出等几个结构。从根本上讲，作为二取二或三取二的微机系统，计轴核算器有着较安全的特点，对 32 个区段作为精细化的监管。分析计轴核算器存在的意义，首先，轮询所有计轴室外设备，对其中计轴信息进行获取，对所有测轴位置上的信息进行全方位的收集与分析；同时，通过工作人员精确性计算，明确好计轴区段的真实情况，给出区段占用信息、传输轨道占用信息和诊断数据等。

（1）二取二主控 MCU 单元。站在计轴运算器结构上，其中所有的二取二主控 MCU 单元，无论是硬件还是功能等方面或多或少存在一定相同特点，面对期间设置好的两个微控制器，一方面能够对自身使用状态实施针对性的检查；另一方面也能够向对方做出全方面运行监控效果。如果在其运行过程中，一方出现故障等隐患，此时设备会及时发出警报。

（2）硬件冗余的安全型驱动（输出）电路。在所有区段使用状态或者是空闲阶段中发挥作用的安全型驱动（输出）电路，可以说是计轴器最后发挥执行指令的一个结构，是一个安全型偏极继电器，而该继电器的驱动电路是由 AC/DC 转换技术构造的，并由两微控制器以"与"的方式共同控制的故障—安全电路。在电路运行过程中，如果有一个部分零部件出现问题，那么都会制约电路不能有效输出。

2.3.3 计轴器的工作原理

通过实际调查发现，在使用计算轴系统过程中，首先站在城市轨道区段入口及出口位置上，先准备好良好性能的计算轴，确定每一个计算轴上都设置有两套磁头，然后将每一套磁头都设置好发送与接收磁头。具体工作原理如图 2-12 所示，伴随城市轨道列车的持续前进，此时当进入轨道区段内部后，计轴器 A 与列车车轮相联系，此时传感器 A 将车轴脉冲，经电子连接箱传送给室内计算机主机系统，由主机系统计算车轴数量，并根据两套磁头的作用时机，判别列车运行方向；在此期间，站在计轴器（传感器）B 位置结构上，此时城市轨道列车到达该位置，计轴器 B 将车轴脉冲，接下来依靠电子连接箱的作用，将数据及时传递到中心主机控制系统上，对轴数据做出累积或递减核算判断。综合研究详细记录的轨道区段内驶入点和驶出点轴数对比内容，一方面能够得出在区段处于占用状态时，输出轴数要小于输入轴数，另一方面当区段处于空闲情况时，输出与输入轴数两者相等。在城市轨道列车进入轨道区段过程中，分析传感器 A 计数量，可以将其定义为 N（列车轴数），那么可以得到传感器 B 结果数值为零。所以，根据轴数信息主机系统发出区段占用信息，控制该区段的轨道继电器落下；伴随列车的继续前进，逐渐远离该轨道区段，分析此时传感器 B 计数，可以得出 N，通过主机系统内在强大计算性能，得出了相同于传感器 A 一样的数据，那么就可以判断该区段处于空闲状态，输出控制信息使该区段的轨道继电器吸起。

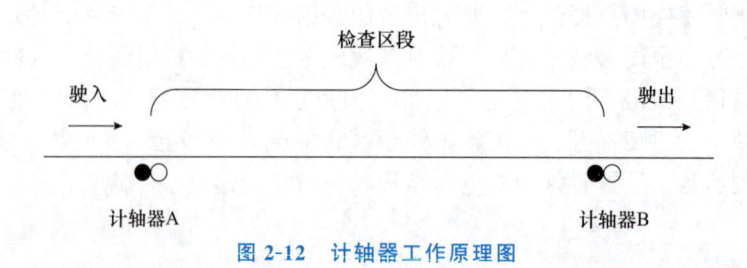

图 2-12 计轴器工作原理图

国产 JZ1-H 型微机计轴设备应用设计铁道通信信号。而该套系统的单元板和系统构成主要采用欧洲标准，有室内和室外两部分。室内设置一个计轴主机柜或者计轴主机箱（附 UPS 箱）。各功能模块与母板接插，结构简单、维修方便。室外设置一个传感器和车轮电子检测器。

室内部分：主要部分为计轴主机，其功能为通过主机 CJB 传感器接收板传送接收到的以及检测到的由室外发送的计数器信息，并将之传至主机 CPU，通过计算给予区段是否占用或空闲的判定。同时，控制安全继电器落下/吸起，实现区段的检测及锁闭功能。

室外部分：主要包括 JZ1-H 检测盒、微机计轴电子检测盒（JCH）和 CC32K 车轮传感器。首先发送 30 kHz 和 28 kHz 频率的信号电压至安装在钢轨两端的磁头，随后将接收磁头感应到的信号电压返传回检测盒内，并进行减码调制，转换为 FSK 信号。而 FSK 则更利于远距离传输。FSK 信号最后传往控制信号机械室主机进行计轴运算。在使用计轴器的过程中，因为该部分本质上就是电磁式有源传感器，能够依靠线圈互感工作模式，在城市轨道列车行驶过程中，鉴于工作人员设置好的计侧位置点，当有车轮经过以后，分析其中磁通变化状态，最终获取到轮轴信号。在车轮传感器当中，无论是哪一套磁头，都涵盖了发送（T）与接收（R）两个磁头，工作人员在城市轨道外部将发送磁头加以妥善安装，然后在钢轨内部环境下，做好接收磁头安装工作。发送磁头与接收磁头之间的磁路如图 2-13 所示。

发送线圈 T 和接收线圈 R 产生的磁通环绕过钢轨后形成两个磁通 ϕ_1、ϕ_2，它们以不同的路径、相反的方向穿过接收线圈 R。其间存在的车轮传感器，如果上面没有车轮经过，那么分析 ϕ_2 的磁通就会明显小于 ϕ_1 的磁通。特别是站在接收线圈内部条件下，会有一些交流电压信号的出现，无论是相位还是发送电压相位等，都保持相同状态。设置好的车轮传感器，在有车轮经过以后，鉴于车轮本身存在的屏蔽效果，会导致全部磁通桥路出现相应改变，此时 ϕ_1 减小、ϕ_2 增大，对接收线圈内部感应交流电压相位进行研究，正好与车轮传感器保持相反的状态，该相位变化经车轮电子检测器电路处理后，即形成了轴脉冲，如图 2-14 所示。

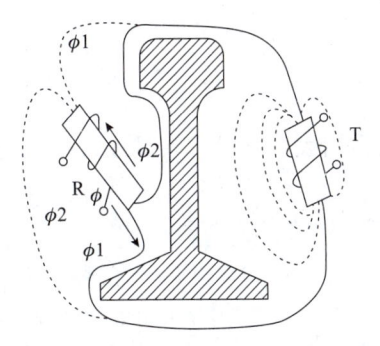

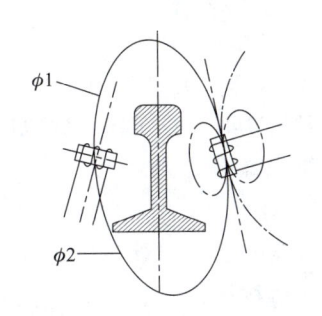

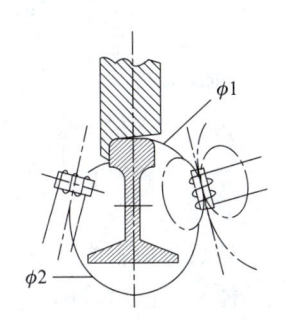

图 2-13　发送磁头与接收磁头之间的磁路　　　　图 2-14　车轮作用下发送磁头与接收磁头间的磁场变化

❋ 2.3.4　计轴器的应用

为了能够对城市轨道区段状态加以有效检测，就需要工作人员合理设置传感器。面对当前大多数的轨道区段，因为类型具有明显差异，就决定了在安装传感器时，必须先对轨道区段类型加以明确，然后严格按照行业标准，实施准确性安装处理。多种类型的轨道区段在采取不同设置模式时，必须站在现实环境下进行分析与处理。具体分析几种轨道区段传感器安装手段，可以从以下几方面进行研究：第一是多条进路道岔区段安装方法；第二是共用检测点的两个轨道区段安装；第三是渡线道岔区段模式。对城市轨道区段状态进行有效检测，在输出设备视角下，如果确定为轨道继电器（DGJ），那么就证明目前轨道区段处于空闲状态，相反情况下，就证明目前轨道区段处于占用状态。站在差异性城市轨道区段视角下，尤其是面对道岔区段，分析一个轨道区段内部，甚至会有较多出入口，为了能够充分发挥出计轴传感器存在的价值，就必须整合出口与入口部分，简而言之，保持行驶状态的城市轨道交通列车，无论是从哪一个入口进入区段内部，或者是从任何一个出口远离轨道区段，鉴于轨道区段两边都已经设置好的计轴传感器都能够获取到合理的输出结果，因而能够对轨道区段状态加以明确与判断。

每检测区段设有一处区段轨道继电器输出条件，如区段出现占用或设备故障，区段轨道继电器均落下；当区段空闲时或设备正常时，相应轨道的继电器均为吸起状态。

区段复零继电器需要的条件（输入）：每个区段均需设置相应的复零继电器，其条件作为设备区段复零时的依据。每个区段单独复零。当传感器损坏、计轴设备故障等其他因素，导致计轴设备不能正常运行，轨道继电器掉下时，就要求进行计轴设备复位。

中泰版：计轴器　　　　中文版：计轴器　　　　中英版：计轴器

2.3.5 计轴器的常见故障

1. 故障指示

当轨道空闲检测设备受到干扰时,系统给出轨道区段占用表示。操作人员或被授权的人员确认系统故障后,应通知维护维修人员。

2. 故障处理

处理故障应首先从室内设备开始;记录并判断当前运行方式;如果进行计轴系统复位操作还不能消除故障,则必须通过按压一个通道上的 AzGrH 按钮来启动统计功能,以此得到统计数据并对其进行评估,可以通过在测量孔 f_1 和 f_2 测量信号 f_1 和 f_2 的频率来查明计轴故障原因。另外,还可以在 VESBA 板上的测量孔 U 上测量输出电压 U_1 和 U_2,其值应该在允许范围内。如果信号的频率 f_1、f_2 和电压 U_1、U_2 都在允许的范围内,则很有可能是运算计算机出现了故障。如果电压超出了规定范围,则应检查计轴点。如果证实计轴点没有故障,则应检查传输线路。如果信号的频率 f_1 和 f_2 超出了允许的范围,则必须检查计轴点。在检查室外设备前,先检查 VESBA 板上的保险丝(0.2 A),并检查室内设备是否给计轴点供电。在检查 ZP43E/V 计轴点时,要使用一块测试适配板。通过这块适配板,可以用万用表、FTGS/GLS/AZS 测试仪或者 WDE 诊断仪来测量各种参数并将这些参数与给出的标准参数进行比较,以此来判断故障点。有故障的电路板必须换掉。

【任务实施】

背景描述	计轴器在车辆制造、维修和检测过程中都起着重要的作用。它可以用于测量各种类型和尺寸的城市轨道交通车辆,包括地铁、轻轨、有轨电车等。通过使用计轴器,可以确保车辆的轴距符合规定的标准,提高车辆的安全性和舒适性	
任务步骤	步骤一	将计轴器的工作原理及结构罗列出来并简单描述
	步骤二	讨论计轴器的常见故障及解决办法
	步骤三	讨论计轴器在实际中的应用
任务反思	针对不同计轴器的常见故障,提出优化方法	

【任务评价】

	序号	任务达成要素	分值	个人自评	小组评价	教师评价
专业能力	1	较熟练讲述计轴器的结构及原理	30			
	2	了解常见的故障	20			
	3	了解计轴器的应用	20			

续表

序号		任务达成要素	分值	个人自评	小组评价	教师评价
职业素养	4	具有独立思考问题的能力	15			
	5	态度积极认真	10			
	6	在任务实施中有团队协作体现	5			
效果评估总结（对自己学习效果的评估和反思）						

任务 2.4　了解应答器的工作原理及故障

【学习目标】

知识目标：
（1）了解应答器的工作原理；
（2）掌握应答器的常见故障。

能力目标：
（1）能够处理应答器的常见故障；
（2）提升团队工作中的合作能力。

素养目标：
（1）具备严谨的工作态度；
（2）提升实际工作中解决问题的能力。

【任务描述】

应答器是一种铁路信号设备，用于向列车传送信息，如列车位置、速度、信号灯状态等。其利用电磁感应原理，在列车经过时，会感应到磁场变化并读取信息。通过学习本任务的内容，学习者应了解应答器的原理，在工作中应能够排除常见的故障。

【知识链接】

2.4.1　应答器的概念

应答器是一种能向车载子系统发送报文信息的传输设备，既可以传送固定信息，也可以连接轨旁电子单元传送可变信息，是整个信号系统安全体系中不可或缺的部分。应答器设备是基于电磁耦合原理的高速点式数据传输设备，是列车运行控制系统中的关键组成部分，用于实现地车间的数据传输,向列车提供所必需的各种点式信息。

各种点式信息包括线路基本参数、线路速度、临时限速、车站进路、大号码道岔、特殊定位、桥梁隧道、固定障碍物、链接等信息,以保障列车安全运行。

应答器安装在两根钢轨中央,车载天线安装在列车底部,其主要工作原理是当列车通过应答器上方时,应答器接收到车载天线发射的频率为 27.095 MHz 的电磁能量后,将其转化为工作电源,使地面应答器中的电子电路工作,以 4.234 MHz 的中心频率及 ±282 kHz 的上下边频进行 FSK 调制,循环发送 1 023 位数据报文,直至电能消失(即车载天线离去)。车载天线及应答器传输模块(BTM)接收应答器发送的数据报文,经过信号解调、报文解码后向车载 ATP 传输。

❋ 2.4.2 应答器的分类

应答器包括地面设备和车载设备两部分。地面设备由无源应答器、有源应答器及轨旁电子单元(LEU)组成。车载设备由查询主机、车载天线及天线电缆等组成,如图 2-15 所示。

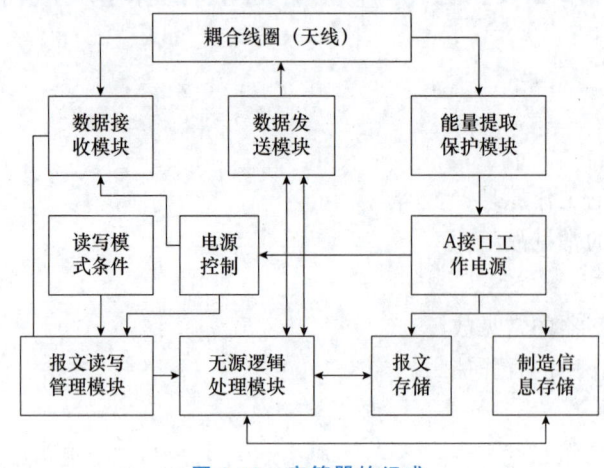

图 2-15 应答器的组成

1. 无源应答器

无源应答器存储固定信息,当列车经过无源应答器上方时,无源应答器接收到车载天线发射的电磁能量后,将其转换成电能,使地面应答器中的电子电路工作,将存储在地面应答器中的数据循环发送出去,直至电能消失(即车载天线已经离去)。无源应答器平常处于休眠状态。应答器要工作在高车速及传输速率一定的情况下,就要求其有快速的启动时间,一般规定应答器的启动时间要小于 150 μs。应答器采用高速器件,并对电源做特殊处理,使应答器在启动时间小于 150 μs 内能够可靠工作。

无源应答器采用双工多频共用天线,用于应答器能量、信息接收和信息发送,对 27.095 MHz 信号具备良好的能量获取能力和 AM 及 PM 响应能力;对中心频率为 4.234 MHz 的移频键控(FSK)信号具有良好的发送能力。该天线能够同时或分别工作在能量接收、信息接收、信息发送状态。

2. 有源应答器

有源应答器通过电缆与轨旁电子单元(LEU)连接,可以实时发送 LEU 传送的数据报文。当列车经过有源应答器上方时，有源应答器接收到车载天线发射的电磁能量后，将其转换成电能，使地面应答器中的发射电路工作，将 LEU 传输给有源应答器的数据循环实时发送出去，直至电能消失（即车载天线已经离去）。有源应答器平常处于休眠状态。

当车载天线经过应答器时，有源逻辑处理模块将数据发送给无源逻辑处理模块。无源逻辑处理模块判断 C 接口的数据是否有效，决定发送有源部分数据还是发送应答器存储的报文。同时，无源逻辑处理模块将过车信号发送给有源逻辑处理模块，有源逻辑处理模块控制 C4 接口处理电路改变应答器阻抗，为 LEU 设备提供过车信号。

一旦无源逻辑处理模块作出报文选择（选择存储的报文还是 C 接口传来的数据），在本次上电的工作周期内，无论 C 接口数据有效与否，应答器都不会发生变化。C 接口工作电源仅用于该接口电路部分，不给无源部分供电。

3. 轨旁电子单元（LEU）

轨旁电子单元（LEU）是一种数据采集与处理单元，根据外界变化的条件，将存储在 LEU 中的其中一条报文向地面有源应答器传送，或将外部发送的应答器报文直接向有源应答器传送。

2.4.3 应答器的工作原理

当列车上的查询器通过地面应答器时，应答器被查询器瞬态功率激活进入工作状态，并向查询器连续发送存储于应答器中的行车数据，如图 2-16 所示。

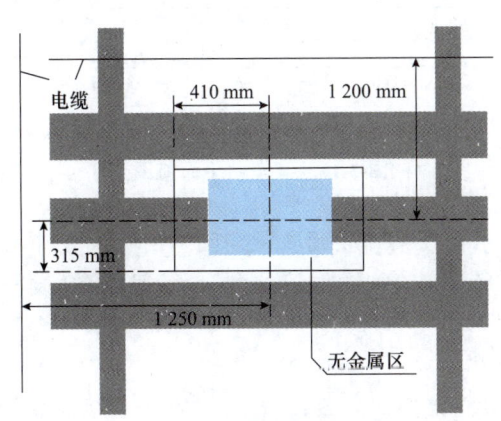

图 2-16 应答器布线图

无源应答器（固定应答器）设置于闭塞分区入口和车站进站、出站端，用于向列控车载设备传输闭塞分区长度、线路速度、线路坡度、列车定位等信息。

有源应答器（可变应答器）设置于车站进站、出站端，当列车通过应答器时，应答器向列车提供接车进路参数、临时限速等信息。

每个应答器（组）都有一个编号，并且该编号在全国铁路范围是唯一的。应答器设备用于向列车控制系统传送线路基本参数、线路速度、特殊定位、列车运行目标数据、临时限速、车运行目标数据、临时限速、车站进路等固定和实时可变的信息，用于在特定地点实现地面与列车间的相互通信。

应答器报文核对：通过应答器报文读取工具校验无源应答器报文和有源应答器默认报文

的正确性，或通过电务检测车接收应答器报文，检查应答器的工作情况。

检查有源应答器的尾缆，防止尾缆损坏或绝缘能力降低导致应答器发送默认报文。

应答器机械固定的检查：检查应答器外壳有无裂纹、化学锚栓有无松动、位置有无偏移、支架有无机械损伤及锈蚀、安装底板背面焊接的螺母有无脱落等。

应答器清扫及电缆绝缘测试：冬季冰雪天气对应答器进行清扫，每年应打开终端盒检查是否进水、进灰等，每季度应进行应答器电缆对地绝缘测试并做好记录。

2.4.4 应答器的常见故障

1. 线路数据和报文错误

由于施工过程中变更了设计，而在应答器报文写入过程中，没有全面修改应答器数据，因此造成线路数据错误，此类故障在联调联试期间较为普遍。

案例一：如图 2-17 所示，某站排列 X→IG 接车进路时，列车越过进站信号机后，机车信号由黄码→红黄码，列车运行了 653 m 时，车载 ATP 输出制动，根据现场读取报文分析，X 进站口的有源应答器接车进路长度为（30+870）m，而无源应答器接车进路长度为（30+1 468）m，不符合《CTCS-2 级列控系统应答器应用原则》中应答器的使用规定，由于缺少相关信息，列车只运行了 653 m 便输出制动，没有到达规定的停车位置。

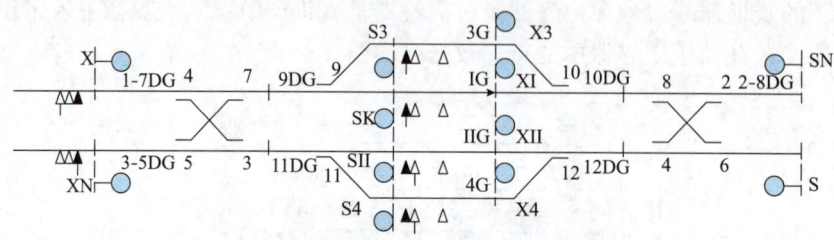

图 2-17 某车站平面简图

案例二：如图 2-18 所示，在某站联调联试期间，由于列控中心软件进行升级，列控中心通过 LEU 发送到进站口有源应答器的报文错误，车载 ATP 设备除接收正常的临时限速信息包外，还收到标识码为"1"的未知信息包，按照故障—安全原则，车载将该信息包弃之不用。

列车经过进站口有源应答器组时，DMI 显示"应答器组信息缺失"，ATP 进入无临时限速信息的完全模式，按照轨道电路低频码生成 NBP 速度为 50 km/h 的控车模式曲线，监控动车组运行。

2. 外界电磁干扰应答器（周围有金属物、强电磁效应等）造成报文失真

案例一：联调联试期间，某部门将施工用拉管机的临时电源线绑扎在应答器尾缆上，临时电源线产生的磁场谐波与应答器报文不一致，导致动车 ATP 输出制动。

案例二：联调联试期间，列车运行到分相区之前，部分驾驶员会提前断开 VCB，导致列车牵引回路瞬间产生的强磁场谐波分量与应答器报文传输频谱不一致，从而造成应答器报文接收、解调异常，ATP 系统输出紧急制动。

3. 有源应答器发送默认报文

除在联调联试期间出现应答器故障外，在开通后，还会出现有源应答器发送默认报文的故障。

应答器整个信息传送通道的关键环节包括通信接口 P 或 Q、通信接口 S、LEU、电缆检测盒（ECI）、切换单元、防雷单元、电缆、应答器。其中任意一个环节出现问题，都会导致有源应答器发送默认报文，如图 2-18 所示。

典型故障案例分析如下：

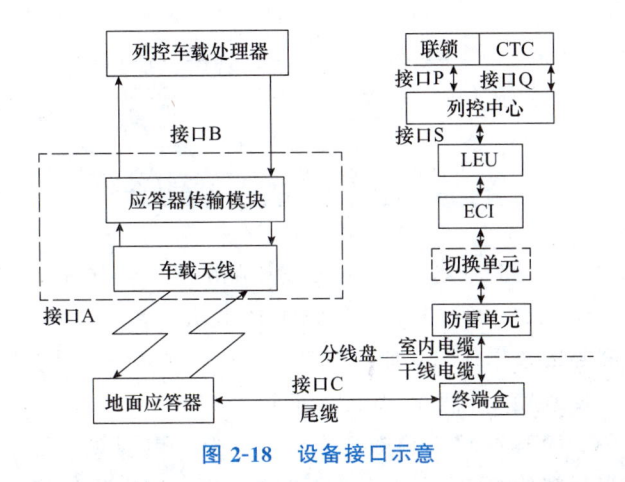

图 2-18 设备接口示意

（1）通信接口 S 故障：某次列车运行在××南—××西区间，列控中心机柜的 TIU 板故障，使列控中心与 LEU 的通信中断，应答器发送由 LEU 存储的默认报文，更换已故障的 TIU 板后，故障解决。

（2）室内防雷单元故障：根据工程设计和系统应用的要求，LEU 的每个输出通道必须配置防雷单元，用于防护 LEU 设备。图 2-19 所示为防雷单元电气简图。

图 2-19 防雷单元电气简图

案例：由于某站电缆屏蔽线在分线盘处接地不良，导致有源应答器发送自身的默认报文。

原因分析：防雷模块的标称电压为 24 V，当引入室内的干线电缆钢带和铝护套接地不良、电缆屏蔽线在分线盘处接地不良或防雷单元接地不良时，外界干扰信号无法有效、快速地泄入防雷地，就叠加在防雷单元输入端上。当叠加信号的电压大于防雷单元的标称电压时，防雷单元立刻动作，瞬态二极管导通，此时该通道被瞬时短路，有源应答器发送自身的默认报文。

（3）应答器 C 接口故障：有源应答器 C 接口电路简图如图 2-20 所示。

案例：由于受雷击影响，某站有源应答器 C 接口的两只 TVS 管呈现短路状态，有源应答器发送默认报文。

原因分析：在输入端口有两只 TVS 管起防护作用，当输入电压、电流和时间超过其限值时，TVS 管的故障模型有两种状态，即开路状态和短路状态。

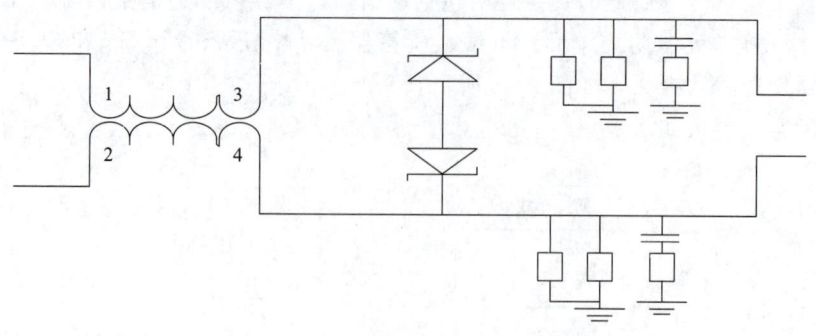

图 2-20 有源应答器 C 接口电路简图

如果两只 TVS 管均呈短路状态，传输通道被故障的应答器短路，该应答器将不能接收来自 LEU 的数据，当车载天线经过时，应答器发送默认报文。如果其中一只 TVS 管呈开路状态，不会影响应答器的数据传输功能，但是，该应答器将不再具备抗冲击的能力。如果通道上出现浪涌干扰，应答器 C 接口内部电路可能会损坏。

对于防雷单元故障、应答器 C 接口故障、电缆开路、电缆短路等故障，可以通过 ECI 检测到，并将故障状态反馈给 LEU，同时记录在内存中。但在现场应用中，出现过电缆短路故障未被 ECI 检测到的情况。

（4）电缆短路和开路故障（ECI 未检测到）。

案例：列车经过有源应答器时，车载设备接收 252 默认报文，报 LEU 故障，停车 3 min。

原因分析：检查 LEU 至应答器尾缆终端盒时，发现电缆芯线绝缘不良，更换备用芯线后解决。因为此故障应答器的连接电缆较长，从有线传输理论可知，长线路的特性阻抗与线路终端的开、短路无关，因此 ECI 没有检测到故障，即列控中心电务维护机无故障报警提示。对这种方式安装的 LEU，要加强对列控中心 LEU 输出电压的测试，如高于或低于正常值，则数据传输电缆或尾缆有可能断线、短路（或虚断）。再进行甩线判断直至找到具体故障点为止。

（5）应答器本身故障。

案例：某次列车在某客专运行中，连续 3 次出现有源应答器发送默认报文。

原因分析：经过常温和低温条件下的有源应答器有源功能测试、I/O 测试、应答器启动测试、XRAY 扫描测试，以及解剖后的详细测试，发现低温条件下电源芯片启动延迟超过了其器件手册给出的指标要求，导致应答器启动特性不满足要求，进而导致有源应答器偶尔出现发送默认报文的现象。

中泰版：应答器　　　　　中文版：应答器　　　　　中英版：应答器

【任务实施】

背景描述	应答器是城市轨道交通系统中的一种设备，用于实现列车与信号系统之间的通信和信息交换。它的主要功能是接收信号系统发送的指令或信息，并向列车发送相应的应答信号，以确保列车能够按照信号系统的要求行驶		
任务步骤	步骤一	简单描述应答器的概念及分类	
	步骤二	讲述应答器的工作原理	
	步骤三	讨论应答器的常见故障	
任务反思	针对不同应答器的常见故障，提出优化方法		

【任务评价】

序号		任务达成要素	分值	个人自评	小组评价	教师评价
专业能力	1	较熟练地讲述应答器的原理	30			
	2	熟练掌握应答器的常见故障	25			
	3	了解应答器的分类	15			
职业素养	4	具有独立思考问题的能力	15			
	5	态度积极认真	10			
	6	在任务实施中有团队协作体现	5			
效果评估总结（对自己学习效果的评估和反思）						

任务 2.5　了解轨道电路的组成及常见故障

【学习目标】

知识目标：
（1）了解轨道电路的工作原理及组成部分；
（2）学习轨道电路的常见故障。

能力目标：
（1）能够处理轨道电路的常见故障。
（2）提升对故障处理的应变能力。

素养目标：
（1）具备严谨的工作作风与安全意识；
（2）具备创新思维。

中泰版：轨道电路概述（上）　　中文版：轨道电路概述（上）　　中英版：轨道电路概述（上）

【任务描述】

轨道电路由轨道绝缘、轨道电路送电设备和受电设备组成。它利用送电设备向轨道发送信号，通过受电设备检测信号，判断轨道状态和列车行驶情况。需要注意轨道电路断路、轨道电路短路和轨道电路泄漏等故障。通过学习本任务的内容，学习者应了解轨道电路的组成，在实际工作中应能够排除电路的常见故障。

中泰版：轨道电路概述（下）　　中文版：轨道电路概述（下）　　中英版：轨道电路概述（下）

【知识链接】

2.5.1　轨道电路的概念

轨道电路是由钢轨线路和钢轨绝缘构成的电路，用于自动、连续检测这段线路是否被机车车辆占用，也用于控制信号装置或转辙装置，以保证行车安全。整个轨道系统路网依据适当距离区分成许多闭塞区间，各闭塞区间以轨道绝缘接头分隔，形成一独立轨道电路，各区间的起始点皆设有信号机（色灯式信号机），当列车进入闭塞区间后，轨道电路立即反应，并传达本区间已有列车通行、禁止其他列车进入的信息至信号机，此时位于区间入口的信号机，立即显示险阻禁行的信息。

轨道电路由钢轨线路、钢轨绝缘、电源、限流设备和接收设备组成。其中，钢轨线路由钢轨和钢轨端部的导接线和两端的连接导线组成。钢轨绝缘是钢轨线路两端的绝缘装置，在轨道的轨距板、轨距保持杆、尖轨连接杆等处都安装有绝缘装置。电源常用直流电源、交流电源、脉冲电源等。限流设备由可调整的电阻器或电抗器组成。接收设备常用电磁式继电器或电子式继电器。

1. 轨道电路的分类

轨道电路的分类方式极其繁多,如按动作电源方式可分为直流轨道电路和交流轨道电路。直流轨道电路适用于交流电源不稳定的非电力驱动路段,采用蓄电池供电,由交流电源与蓄电池相间供电,此种轨道电路电源装置安装难度大、检修费时、费力,现在已经很少使用。交流轨道电路种类繁多,一般交流轨道电路多指工频 50 Hz 的轨道电路,交流轨道电路也包括 25 Hz 和 75 Hz 的轨道电路,使用时应注明频率,便于检修。本书以高压不对称轨道电路和 25 Hz 相敏轨道电路为例。

2. 轨道电路的应用

轨道电路用于区间和车站,区间的轨道电路是与自动闭塞作用相同的线路,根据自动闭塞经过信号机分区,每一个闭塞分区都有相应的轨道电路。站内轨道电路的功能多种多样。对于机车信号来说,不同区间轨道电路和站内电码化轨道电路,就是其地面发送信息的装置,是信息来源。

2.5.2 轨道电路的组成部分

1. 导体

轨道电路的导体部分包括钢轨、连接夹板、导接线等。其中,正线钢轨采用 60 kg/m 无缝长轨,车厂钢轨采用 50 kg/m 短轨,连接夹板、导接线主要用在车厂线路和正线折返线、存车线等处。

2. 钢轨绝缘

正线运营轨道电路以电气绝缘方式实现相邻区段轨道电路的分割。电气绝缘是通过谐振槽路的选频方式,发送/接收本区段的中心频率,折返线/存车线及车厂区域的轨道电路以机械绝缘方式分割,机械绝缘包括轨端绝缘、槽形绝缘、绝缘套管和绝缘片等。

3. 送电设备

车厂工频轨道电路的送电设备包括送电电源、送电(降压)变压器、熔断器等;正线数字轨道电路送电设备包括控制板、辅助板、电源板、耦合单元、感应环线、连接棒线等,实现数字信息的调制、传送等。

4. 受电设备

车厂工频轨道电路的受电设备包括升压变压器、连接电缆、轨道继电器等;正线数字轨道电路受电设备也包括控制板、辅助板、电源板、耦合单元、感应环线、连接棒线等,与送电设备不同的是接收钢轨信息,并对多样的数字信息进行衰耗、选频和解码等。

5. 限流电阻

限流电阻限制送电端信号电流,并调整送电端信号的幅值等。

2.5.3 轨道电路的种类

1. 高压不对称轨道电路

高压不对称轨道电路作为轨道电路的一种形式,与其他轨道电路有着相同的根本目的,即利用轨道电路传递行车信息至列车。该轨道电路的特色在于其"不对称高压脉冲"设计，这种设计在一个信号周期内包含了不同幅值和脉宽的正负脉冲，且在正负脉冲之间存在明显的不对称性。这种不对称性使轨道表面的正脉冲幅值能够超过 100 V，有效击穿轨道表面的中度生锈层和粉尘污染，从而实现了优异的分路效果。

作为铁道信号基础设备，高压不对称轨道电路严格遵循铁路系统的相关标准和要求，确保了高安全性系数和较短的平均故障间隔时间。该系统特别适用于我国铁路列车的运行线路标准，对于货运列车而言，其适用速度限制为 120 km/h 及以下；对于客运列车，速度限制在 200 km/h 及以下。值得注意的是，当运行线路速度超过 200 km/h 时，该轨道电路仅适用于侧线，而不能适用于正线。

此外，为了确保车载设备能够准确接收轨道电路的相关信息，轨道区段的最小长度被设定为列车以最大速度通过该区段时所需的最短距离。高压不对称轨道电路具有广泛的适用性，能够兼容目前所有投入铁路运输的铁路机车。

该轨道电路不仅保证了轨道电路的灵敏度，而且通过其独特设计，有效避免了因高阻抗导致的分路接触不良和无规律动作等故障。其结构主要由高压脉冲显示器、接收器和轨道继电器三部分组成，其原理如图 2-21 所示。

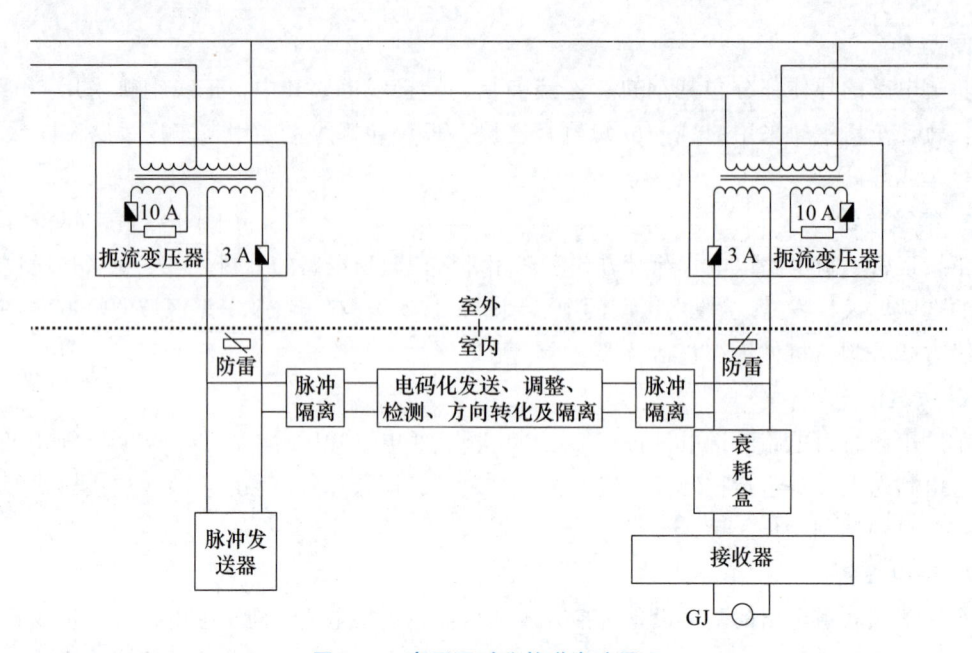

图 2-21 高压不对称轨道电路原理

2. 25 Hz 相敏轨道电路

25 Hz 相敏轨道电路分别由 25 Hz 轨道分频器和局部分频器给轨道继电器的内部线圈和外部线圈供电。因为 25 Hz 分频器具有稳定性，如果两分频器的 50 Hz 输入端反向连接，其 25 Hz 输出电压间相差呈直角角度。因为在继电器室内的 25 Hz 轨道电源屏中有独立的外部分频器电路，所以电源屏输出的外部电压一直超前轨道电路电压 90°，同时受电端安装了防护装置，能较大程度减小轨道电路传输中的磨损和偏离。通过轨道传输之后加在继电器上的外部电压与轨道电压间的夹角，很接近理想角度。运用此集中调相方式之后，不需要再对轨道电路的位置进行调整，轨道电路的构成和施工建设、维修变得简单、方便。25 Hz 相敏轨道电路采用集中调相，除对轨道电路供电电压根据轨道电路长度做相应调整外，其他方面则不用改变。我国在铁路高速发展开始之时，采用了 75 Hz 轨道电路，使正常电流能平稳地通过轨道继电器，使之动作，干扰电流则被阻挡，因此加在其上的干扰电压或电流很小，轨道继电器无法动作，当滤波器的元件出现问题后，自身功能不能发挥，而且危及行车安全。为了避免这个问题，75 Hz 轨道电路采用了高压脉冲供电方式，使滤波器故障失效情况下也能回避连续牵引电流的干扰。

25 Hz 相敏轨道电路的原理如图 2-22 所示，其中，25 Hz 电源屏（轨道分频器和局部分频器）由室内设备分别提供 25 Hz 轨道电源和外部电源。列车行驶时，轨道电源被分路占用，GJ 落下；如果频率大小、相位角度不符合规定，GJ 也落下。因此，25 Hz 相敏轨道电路就具有相位选择能力，相位敏感度特性和抗干扰性能很高。

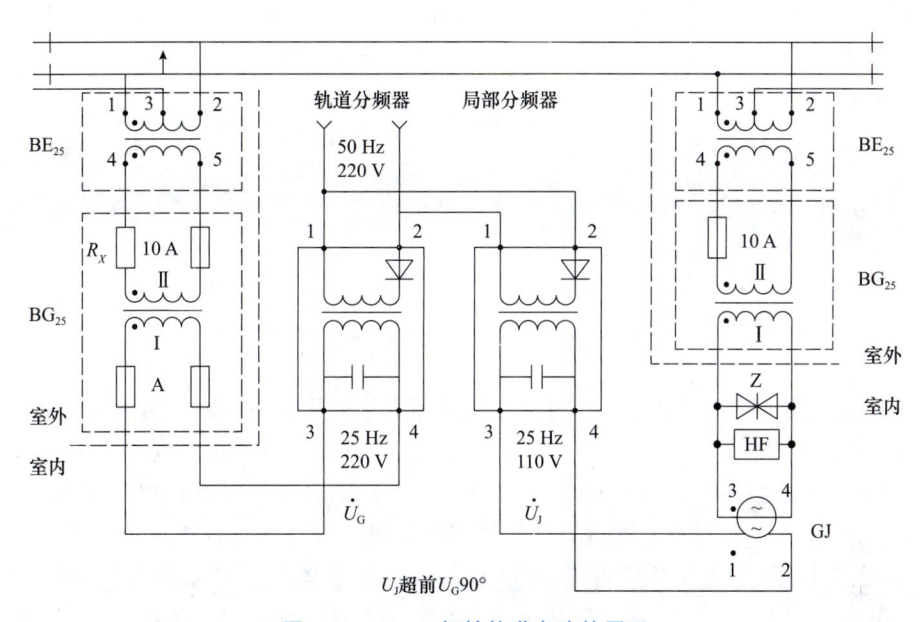

图 2-22　25 Hz 相敏轨道电路的原理

2.5.4　轨道电路的工作原理

当闭塞区间内无列车行驶时，电流会从电源经由轨道流经继电器，并使其励磁带动接点，接通绿灯的电路（信号机立即显示平安通行）。当有列车驶入闭塞区间时，电流改行经列车车轴，并不会流经继电器，继电器因失去电流而失磁，接点接通红灯的电路（信号机立即显示险阻禁行）。若轨道断裂，则轨道电路因此阻断，造成继电器失磁，同样信号机也会显示险阻禁行的信息，仍可保障列车行驶安全。当列车驶离整个区间后，继电器便会重新励磁，绿灯便会再次亮起，其他列车便可进入。当设有轨道电路的某段线路上空闲时，轨道电路上的继电器有足够的电流通过，吸起被磁化的衔铁，闭合前接点，从而接通色灯信号机的绿灯电路，显示绿色灯光，表示前方线路空闲，允许机车车辆占用。当机车车辆进入该线路区段时，由于轮对电阻很小，轨道电路短路，继电器吸力减弱，释放衔铁，使之搭在后接点上，接通信号机的红灯电路，显示禁行信号。轨道电路的这一工作性能能够防止列车追尾和冲突事故，确保行车安全。轨道电路的另一个重要作用是能发现钢轨发生断裂。在充当导线的钢轨安全无事时，轨道电流畅通无阻，继电器工作也正常。一旦前方钢轨折断或出现阻碍，切断了轨道电流，就会使继电器因供电不足而释放衔铁接通红色信号电路。此时，线路虽然空闲，但信号机仍然显示红灯，从而防止列车颠覆事故。

单轨交通采用 PC 混凝土梁或钢箱梁，车辆采用充气橡胶轮胎，故不能按传统的轮轨式轨道电路方式工作。为了检测列车占用情况，重庆单轨交通采用日本信号公司的车载 ATP 及轨旁设备。该制式是在 PC 混凝土梁或钢箱梁面上预埋轨道环线，通过轨道环线发送列车检查信息和 ATP 控制信息（图 2-23）。地面轨道环线发送的 TD（列车位置探测）信息载频为 14.25 kHz，调制频率为 97 Hz；车上 TD 信息载频分别为 13.5 kHz 和 15 kHz，调制频率均为 112 Hz。在列车没有压入该环线区段时，地面环线接收设备可以接收到 TD 信号而使环线继电器吸起，表明该环线区段没有被列车占用。一旦列车占用该环线区段，列车车头和车尾不断发送的 TD 调制信号将会叠加到地面环线上，使地面环线接收设备不能正常工作，环线继电器落下，表明环线被列车占用。通过地面和车载设备的配合使用，完全可以检测出列车占用环线的情况。

图 2-23 轨旁设备框图

单轨交通轨道电路是利用轨面上铺设的轨道环线与车载设备共同作用完成列车占用检测任务。每个环线区段设地面 TD 频率检查继电器 CH、机车 TD 信息检查继电器 F_1R 和继电器 F_2R 及轨道继电器 TR 等。当列车尚未占用环线区段时，地面 TD 频率检查继电器 CH←※轨道继电器 TR←；当列车头部进入环线区段时，机车 TD 信息检查继电器 F_1R←※地面 TD 频率检查继电器 CH↑※轨道继电器 TR↑；当列车完全进入环线区段时，机车 TD 信息检查继电器 F_1R 和 F_2R←※地面 TD 频率检查继电器 CH↑※环线轨道继电器 TR↑；当列车头部离开环线区段时，机车 TD 信息检查继电器 F_2R←※地面 TD 频率检查继电器 CH↑※环线轨道继电器 TR↑；当列车完全离开环线区段时，地面 TD 频率检查继电器 CH←※环线轨道继电器 TR←，电路恢复正常。

环线轨道继电器工作原理如图 2-24 所示。在列车出清环线区段时，利用本区段 TD 信息检查继电器 F_2R 缓放落下时间进行检查，若相邻下一区段 TD 信息检查继电器 F_2R 可靠吸起条件（表明列车已经进入下一环线区段），以及本区段地面 TD 频率检查继电器 CH 可靠吸起条件（说明列车已经完全出清本环线区段）均具备，环线轨道继电器吸起。由此可见，环线轨道继电器具有一定的时间逻辑顺序关系，对各继电器吸起、落下时间要求很严，若其中某一环节故障，则其后各环线轨道继电器均不能可靠工作。继电器动作时间逻辑顺序关系如图 2-25 所示。其中，TD 信息检查继电器 F_1R（F_2R）缓放落下时间必须大于地面 TD 频率检查继电器 CH 可靠吸起时间及 TD 信息检查继电器 F_1R（F_2R）可靠吸起时间的和，这样才能确保环线轨道继电器可靠工作。

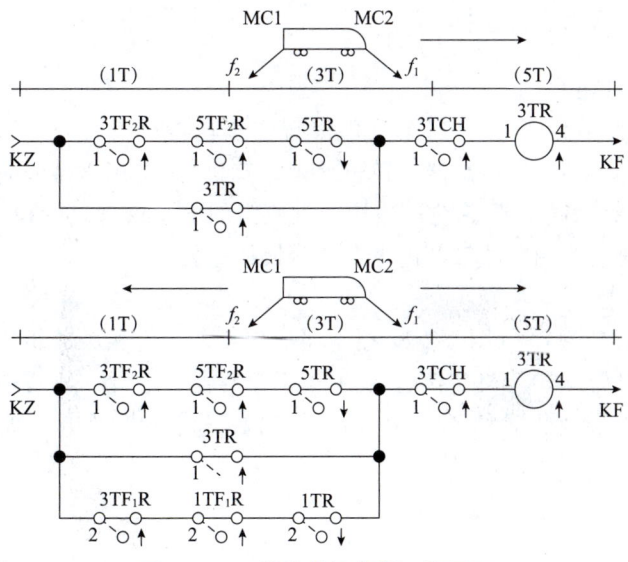

图 2-24　环线轨道继电器工作原理

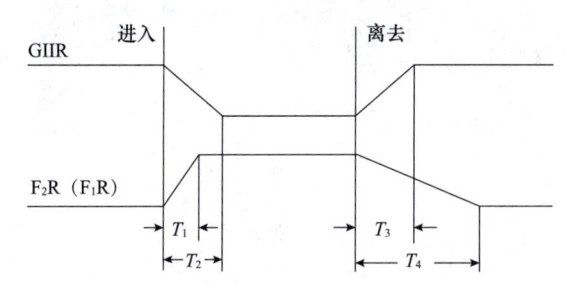

$T_1=650\text{ ms}$；$T_2=730\text{ ms}$；$T_3=650\text{ ms}$；$T_4=2\text{ s}$

图 2-25　继电器动作时间逻辑顺序关系

地面 ATP 控制信号分上下行方向，载频频率有 2 个，调制频率有 12 个，在送电端叠加发码，与 TD 检查发送共用环线，向机车传递地面 ATP 控制信息。其工作原理与传统轮轨式轨道电路相同。

单轨交通轨道电路因需要列车头、尾部发送设备与地面设备共同作用才能完成列车占用检查任务，故其故障—安全性能必须认真设计。若某一轨道环线区段发送、接收、环线之间出现断线或地面 TD 发送设备故障，则轨道继电器 TR↑，故障导向安全，列车压入的后续轨道环线区段的轨道继电器均不能正常吸起，此类故障容易发现。若列车头部车载 TD 发送设备故障，则当列车压入轨道环线区段时，该区段地面 TD 频率检查继电器 CH 不会落下，直到列车完全进入该区段、列车尾部车载 TD 发送设备发码起作用时，轨道继电器 TR 才落下，这种情况很危险。若列车尾部车载 TD 发送设备故障，则会使本环线区段 TR 及后续区段 TR 轨道继电器不能正常吸起，此情况故障导向安全，也易被发现。若列车头、尾部车载 TD 发送设备均故障，则除列车故障时所压入环线区段轨道继电器不能正常复原外，其后续压入区段轨道继电器均不会落下，造成列车占用无显示，此类故障最危险。

2.5.5 ATP 知识延伸

1. ATP 控制器机架

ATP 控制器对区域内的所有列车分别进行安全速度计算，产生安全停车点等信息。ATP 控制器机架中包含 ATP 控制器（逻辑处理计算机）、电源设备及报警熔丝等部分，通过输入/输出板接口对不同的设备进行连接。机柜内的电子装置（含电源）为二重系结构。其中一系发生故障时，可切断故障侧的电源，更换故障装置。

2. AFTC 架

AFTC 架接收来自 ATP（图 2-26）控制器的信息，产生相关的报文，并完成对 AFTC 数字轨道电路的收发处理。AFTC 架包含 AFTC 控制器、电源、轨道电路发送部分、轨道电路接收部分、继电器及报警熔丝等部分，通过输入/输出板及电源板的接口与外部设备相连。

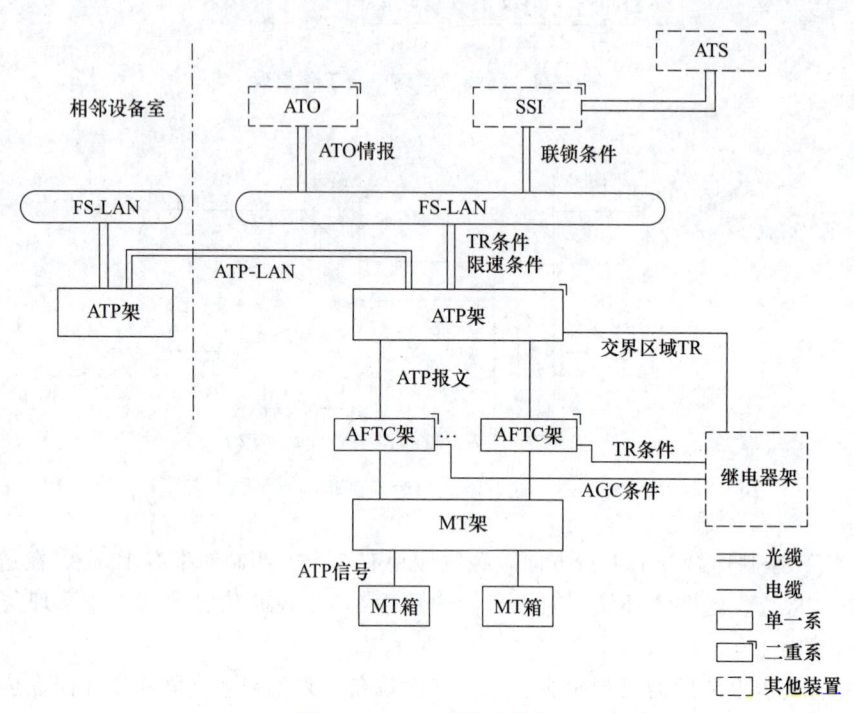

图 2-26 ATP 系统架构图

机柜内的电子装置（含电源）为二重系结构。其中一系发生故障时，可切断故障侧的电源，更换故障装置。

AFTC 架最多可以控制 12 个轨道电路的 ATP 信号并能检测 24 条轨道电路上的列车。发送部分将控制器产生的信号经 MSK 调制放大至要求的级别，输出到 MT 架，MT 架经室外轨道电路电缆将 ATP 信号输出到轨旁 MT 箱。

AFTC 轨道电路轨旁设备向轨道电路传送诸如列车前方可到达的轨道电路号、各车站进出进路的进路号及临时限速等方面的信息。

3. 匹配变压器、继电器

匹配变压器（MT）、继电器及现场 MT 架包含匹配变压器、避雷器、机架及外部电缆接头，其通过输入/输出线缆连接不同的设备。匹配变压器与信号电缆阻抗相匹配，并与外部设备绝缘（例如其可以保护设备不受电涌损坏）。

继电器执行各种连接功能。继电器架包含继电器、电源、报警熔丝部分及机架。

4. FS-LAN

FS-LAN 为光纤环网，用于连接 ATO 控制器和联锁控制器等设备。

ATP 信号不但用于进行列车占用检测，同时使用该信号向行进中的列车发送信息。

5. ATP 主要功能

（1）列车定位。列车定位功能的任务是根据车载 ATP 数据库中的线路信息，确定列车在线路轨道网络中的绝对位置，包括确定列车头尾两端的位置。

列车定位基于轨道电路分界、信标信息、PG 里程计信号来进行计算。

（2）列车位置检测。轨旁 ATP 系统通过轨道电路来进行列车位置的检测。

当轨道电路检测到线路上出现列车时，轨旁 ATP 将信息发送给车载 ATP，用于列车 ATP 制动曲线的绘制。

（3）列车安全间隔保证。列车安全间隔保证功能防止后续列车运行所引发的列车碰撞。轨旁 ATP 系统向车载 ATP 传输停车点信息，该停车点能满足制动距离的要求。ATP 系统为每段轨道电路生成停车点信息，每个停车点轨道电路的距离以轨道电路的边界来计算。

在站台处，列车安全间隔保证功能也用于紧急停车区域的控制，当站台紧急停车按钮被按下时，轨旁 ATP 会将列车的停车点设置在紧靠紧急停车区域外的轨道电路上，同时生成安全停车点信息并通过轨道电路传给列车，确保列车停在危险区域外。若列车已进入该区域或正驶离该区域，列车将实施紧急制动。

（4）超速保护。车载子系统接收来自轨道电路的 ATP 信号，并从中获得超速防护的相关信息，然后根据这些信息及列车当前的位置信息和车载 ATP 数据库中的线路信息，在充分考虑轨道条件和车辆性能的基础上，实时计算列车当前的速度限制，当列车速度超过 ATP 安全常用制动触发曲线时就会判定为超速，列车一旦超过此速度限制，车载 ATP 将实施安全常用制动，车载设备产生声光报警。在实施安全常用制动的过程中，当列车速度回落到 ATP 常用制动触发曲线之内时，车载 ATP 就实施安全常用制动缓解；一旦列车速度超过 ATP 紧急制动触发曲线，紧急制动输出安全继电器失磁落下，紧急制动环路将断开，紧急制动在列车完全停车之前不可撤销。

（5）零速检测。ATP 检测列车停止运行。

（6）防止列车的非预期移动。列车施加了安全常用制动后，车载 ATP 检测到了车轮的非预期转动，则 ATP 要实施紧急制动。

（7）开门保护。当列车进站停在规定的停车点后，列车能够与车站布置的信标进行正常通信，车载 ATP 可以正确识别列车是否停下，并确定列车是否停在开门范围内。当列车停稳后，车载 ATP 将向车载 ATO 发送开门许可，此后车载 ATO 将开门指令分别发送给车辆车门和站台安全门，从而打开车门和安全门。

车载 ATP 根据列车停车位置和列车运行方向决定开左侧门还是开右侧门。

（8）反向运行保护。列车在反向运行时，系统具有与正方向运行同等的 ATP 安全防护功能。

（9）数据记录与处理。ATP 系统会对相关的控制信息进行数据记录及处理。

如图 2-27 所示，当列车 2 由右往左行驶时，共用 ATP-Tx 发送模块将迎着列车 2 发送 ATP 信息，ATP-Rx 接收模块由于接收不到 ATP 信息指示列车占用。列车 1 由左往右行驶时是同样道理。

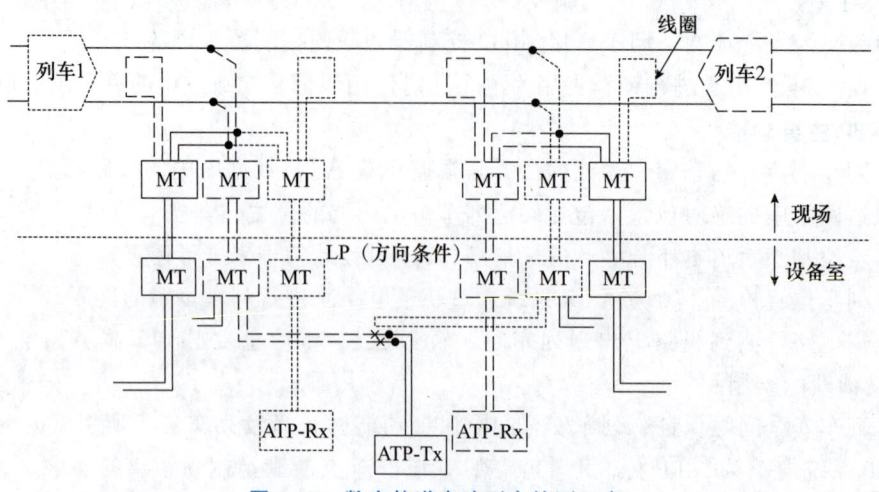

图 2-27 数字轨道电路列车检测示意

另外，为提高列车检测点的精确性，采用电压-电流受电方式，计算从轨道接入点所接收到的电压成分（V_1）和从电流环处接收到的电流换算出的电压成分（V_2），得出地面装置所接收到的电压 V，根据电压 V 的数值明确轨道电路分界点。电压-电流接收方式如图 2-28 所示。

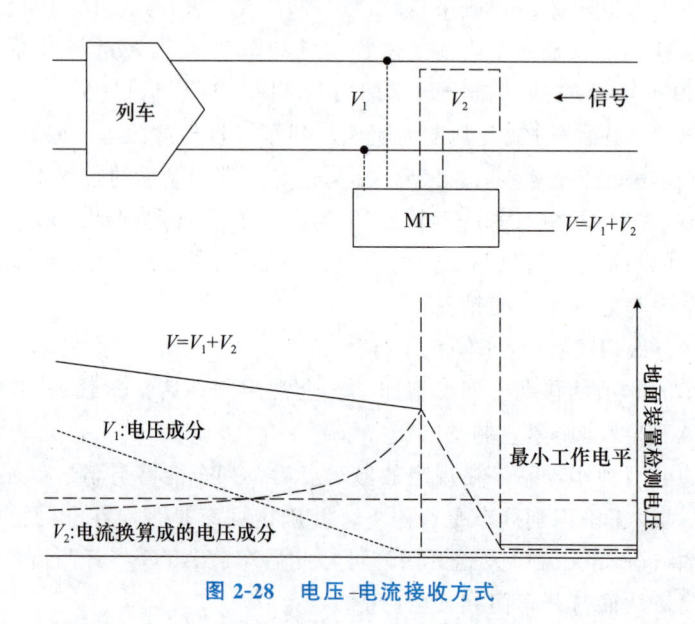

图 2-28 电压-电流接收方式

ATP 信号包括允许列车通行的开放线路区域编号、路径编号（进站及出站的路线）及临时速度限制等信息。

每个轨旁轨道电路使用移频键控不断向钢轨传输数字数据。在频率分配时，应考虑到来自相邻轨道电路之间的信号干扰，以及上下行线路间的信号感应问题，该系统使用 5.80 kHz、6.40 kHz、7.65 kHz、8.55 kHz、9.82 kHz、10.95 kHz 六个载频。每个轨道电路使用和其相邻轨道电路不同的载频发送数据。

ATP 控制信息应满足车载设备计算生成 ATP 防护曲线所需的数据，如线路区段号、轨道电路 ID、进路号、前方可运行的线路区段数量、正线/道岔、临时限速、列车类别及临时停车点。

传输到列车由车载 ATP 子系统解码的安全信息是包含报头、数据包和循环冗余校验（CRC）的数字信息。

在无绝缘轨道电路区间，为确保列车在占用轨道电路后方的轨道电路上能够稳定接收 ATP 信号，必须对 ATP 信号进行精确调整。确保当列车最后尾车轴进入轨道电路境界内方 25 m 处时，系统能够准确检测并确认来自后方轨道电路的出清状态，从而保障列车运行的安全与顺畅。

1）列车进入轨道边界的检测距离。进入侧的列车检测电平采用电压-电流受电，当列车车轴进入受信线圈时，检测电平会急剧下降至列车进入检测电平以下，故进入检测距离的误差最大是受信电平的宽度。

2）列车出清轨道边界的检测距离。受到环境影响，受信电平会变动，列车出清检测距离也可能会变动。通过自动补偿受信补偿量到一定值，实现闭塞边界的稳定。

无 AGC 补偿：15～40 m。

有 AGC 补偿：22.5～27.5 m。

2.5.6 轨道电路的常见故障

轨道电路分路不良是指当列车占用线路时，该线路轨道区段的轨道继电器不能落下，后接点不能闭合，控制台不显示红光带，不能反映该区段已有车占用。轨道电路分路良好的状态：轨道电路在任一点被列车占用时，该区段的轨道继电器落下，控制台显示红光带。

我国铁路轨道电路分路不良区段比较多，各个"战场"几乎都有。不良区段主要集中在安全线、牵出线、专用线、货物线、站修线和部分交叉渡线上。采用机车压道方式或人工除锈、除污方式解决此问题时，由于维持时间较短，不能真正解决实际问题。近年来，由于管内煤炭等污染货物的运量不断增加，轨道电路分路不良区段数量呈现上升趋势。

引起轨道电路分路不良的因素较多，总结起来可以分为以下几类：

（1）锈蚀。长期不走车的线路轨面生锈，增加了钢轨与车轮间的接触电阻，从而造成轨道区段分路不良。

（2）粉尘污染。例如，煤炭、水泥、矿粉等覆盖在轨面上或经高摩合成闸瓦粉尘，受到机车、车辆的碾压，在钢轨表面形成氧化绝缘层。该绝缘层看似不锈蚀，实际电阻很大，极易造成轨道电路分路不良。

（3）轨道电路调整不当，如送电端电压过高。当车轮进入轨道区段时，分路残压过高，不能达到轨道继电器的落下值，造成轨道电路继电器未落下，从而出现分路不良现象。

轨道电路是利用工务钢轨实现的设备，它的状态受外界环境的影响比较大，易给行车带来影响，在日常维修作业中稍有疏忽，就可能酿成事故，这是电务设备的缺点之一。解决轨道电路分路不良是一项较为繁杂的工程，需要针对不同的现场状况，采用不同的治理措施。在未利用有效的技术措施解决之前，必须先依靠加强巡视检查等方式来弥补。

1. 优化方式

在交流电气化区段的股道区段、道岔区段可以采用双扼流的 25 Hz 相敏轨道电路。这种方法主要是通过减小受电端轨道变压器变比、提高轨面电压来实现的。它的原理：在全站 25 Hz 相敏轨道电路室内设备不变的基础上，更换现场扼流变压器和轨道变压器等设备，使轨面电压提高 2~5 V，击穿半导体薄膜，改进轨道电路的分路特性，使轨道电路能有较好的分路效果。该方法能够较好地提高短小轨道电路的分路灵敏度，但对提高长轨道电路分路灵敏度效果不明显。3 V 化轨道电路是根据其他国家的先进经验，并结合国内轨道电路的实际情况研究得出的，它主要有以下几个优点：

（1）显著提高了轨道电路分路灵敏度。

（2）在保持原 97 型轨道电路工作稳定性不变的情况下，利用计算机技术进行模拟计算，制订出现场设备安装调整、模拟盘、计算相一致的调整表，避免了因人为因素等造成的失误。

（3）改进了整套设备的工作。只要更换室外轨道电路设备、保持室内设备不动，就可以实现轨道电路分路特性的改善。

（4）利用各种新技术措施提高新器材的适应性和通用性。该方式适用于 25 Hz 相敏轨道电路区段，可以显著提高轨道电路的分路特性。

（5）熔断器采用了改进型自复式的保险开关。

（6）电路设计比较完善，充分体现了"故障导向安全"的原则。

（7）施工简单方便、投资小，可以单区段地进行改造，减小施工对行车的影响。

其存在的问题如下：

（1）轨道继电器和防护盒与轨道电路不匹配。

（2）电源功率变大。现有电源功率为原区段的 10 倍，因此，改造时必须做好既有电源屏的容量调查，否则很难满足要求。

（3）区段入口电流减小，对机车信号造成一定的影响。

2. 高压脉冲方式

高压脉冲轨道电路是在过去高压不对称轨道电路的基础上研发得出的。它在保留高压不对称电路设备较少、分路性能好、可以防护断轨检查等优点的基础上选用了高性能的电子元器件，同时推出了用于高压脉冲轨道电路的抑制器和隔离匹配盒，较好地解决了电子元器件性能不稳定、不能叠加电码化等缺陷，使高压脉冲轨道电路可以有效减小车轮与钢轨的接触电阻，提高轨道电路的分路灵敏度，从而解决了一些分路不良的问题。

其存在的问题如下：

（1）存在闪红光带现象，影响行车；

（2）采用此方式对既有设备进行分路不良整治时，需要更换的设备较多，存在一定的技术风险。

中泰版：50 Hz 继电式　　中文版：50 Hz 继电式　　中英版：50 Hz 继电式
　相敏轨道电路　　　　　　相敏轨道电路　　　　　　相敏轨道电路

中泰版：音频无绝缘轨道电路　中文版：音频无绝缘轨道电路　中英版：音频无绝缘轨道电路

【任务实施】

背景描述	轨道电路是一种电路类型，它由两条钢轨和钢轨绝缘构成。送电设备向钢轨发送信号电流，该电流经过钢轨传输到受电设备，使轨道继电器励磁吸起。钢轨绝缘将相邻的两个轨道电路分隔，以免相互影响。限流电阻在送电端，用以调整轨道电路的信号电流。受电设备用来接收送电设备经钢轨送出的信号电流，并控制有关设备执行命令，它是轨道电路的执行元件，大多采用轨道继电器
任务步骤	步骤一　罗列并讲述轨道电路的组成
	步骤二　简单描述轨道电路的工作原理
	步骤三　讨论轨道电路常见的故障
任务反思	针对轨道电路的常见故障，提出优化方案

【任务评价】

序号		任务达成要素	分值	个人自评	小组评价	教师评价
专业能力	1	较熟练地讲述轨道电路的组成	30			
	2	知道轨道电路的常见故障	20			
	3	了解轨道电路的工作原理	20			

续表

序号		任务达成要素	分值	个人自评	小组评价	教师评价
职业素养	4	具有独立思考问题的能力	15			
	5	态度积极认真	10			
	6	在任务实施中有团队协作体现	5			
效果评估总结（对自己学习效果的评估和反思）						

【课后练习】

简述题：

1. 什么是信号机？
2. 简述信号机在城市轨道交通信号系统中的作用。
3. 简述计轴器的结构。
4. 简述应答器的原理。

论述题：

论述5G甚至6G技术最终会使基础设备发生的变化。

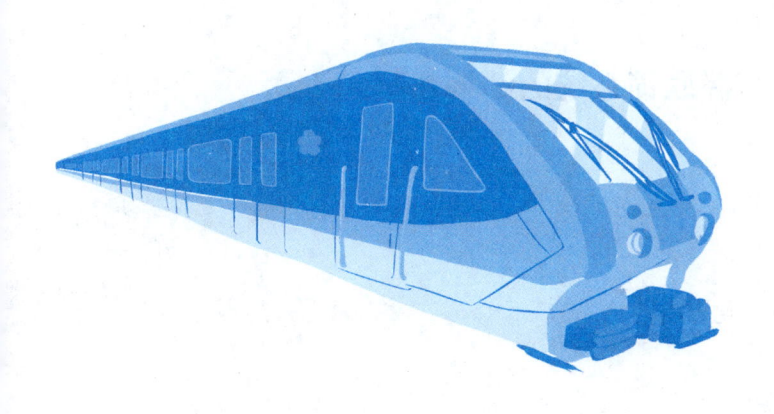

模块 3

联锁系统的介绍

引 言

　　车站是列车进行交会和避让的场所，在铁路中，车站内有许多线路，线路之间用道岔相连。城市轨道交通中有许多折返站，折返站中存在折返线，线路之间也用道岔相连。与传统铁路的车站相同，城市轨道交通的车辆段也存在许多线路，线路之间同样用道岔相连。根据道岔位置的不同形成不同的进路，进路用信号机来防护。为了保证列车在车站内的安全运行，必须使信号机、进路和道岔三者之间有一定相互联系、相互制约的关系，这种关系称为联锁。车站联锁系统设备是对车站内的信号机、道岔、进路和轨道电路等基本信号设备按照规定的要求进行实时控制，保证列车在车站内安全运行的设备。车站联锁系统设备属于安全设备。

　　带着这些问题，一起进入下面的学习吧！

中泰版：联锁　　　中文版：联锁　　　中英版：联锁

任务 3.1　掌握联锁系统的结构及控制方式

【学习目标】

知识目标：
（1）了解联锁系统的发展及优化方向；
（2）认识联锁系统的结构；
（3）掌握联锁系统的控制方式。

能力目标：
（1）能够了解联锁系统的结构；
（2）具备实际操作联锁系统的能力。

素养目标：
（1）具备专业道德；
（2）能够进行团队合作且具备安全意识。

【任务描述】

联锁系统是铁路信号系统的重要组成部分，用于确保列车和调车作业的安全。其结构通常包括室内设备和室外设备两部分。室内设备有控制台、联锁机、监测机等，室外设备有信号机、道岔、轨道电路等。控制方式采用集中控制，由车站值班员通过控制台操作，联锁机进行逻辑运算，然后驱动室外设备动作。通过学习本任务的内容，学习者应了解联锁系统的结构，而且在实际工作中应掌握该系统的控制方式。

【知识链接】

铁路车站联锁系统以 1856 年在英格兰 Bricklayer Arms 车站装设的、由 Saxby 首创的萨氏联锁机为开端，历史悠久，并具有独特的技术。技术进步始终推动着联锁基本功能要素实现方式的变革。以此为据，车站联锁系统的发展可划分为机械联锁、电气机械联锁、电气联锁和计算机联锁 4 个主要发展阶段。

我国最早引入的车站联锁系统是始于 1910 年（前）在北宁铁路（即京奉铁路，今北京至沈阳间）装设的非集中机械联锁。中华人民共和国成立前，国内铁路大多由外国掌控。多年来，我国铁路成功实现了继电联锁和计算机联锁两代车站联锁系统的自主发展，几乎从无到有地建立了完整、独立、特点鲜明的技术体系和管理体系，为我国铁路的自主发展奠定了基础。

3.1.1　联锁系统

联锁系统作为多个相互关联部分组成的整体，在多个领域中发挥着不可或缺的作用。它通过各部分之间的紧密配合和协同工作，确保整个系统的稳定、安全和高效运行。然而，随着科技的飞速发展和信息化时代的到来，传统的联锁系统已经无法满足现代社会的需求，计算机联锁系统应运而生。

计算机联锁系统（计算机联锁控制系统）作为联锁系统的一种现代化形式，将计算机技术和通信技术引入联锁系统的设计和运行中。它利用计算机的高速运算和数据处理能力，以及通信技术的快速信息传输特性，实现了对联锁系统的高效、智能控制。这种现代化、智能化的联锁系统不仅提高了系统的响应速度和准确性，还大大增强了系统的稳定性和可靠性。

计算机联锁系统在规定的联锁条件和时序下对进路、信号和道岔实行控制。同时，在满足继电联锁的技术条件和功能下，系统对来自控制台的错误操作及 ATS 的错误命令具备有效的防护能力。计算机联锁系统的操作方法与继电联锁相似，由于它实现了从有接点到无接点的变革，在办理进路时，只需先按进路始端钮，再按进路终端钮即可完成。此时，计算机执行输入程序和联锁处理程序。根据输入的按钮代码，从进路矩阵中找出相应的进路，然后检查是否符合选路条件，只有完全满足选路条件后，程序才能转入选路部分。之后，先检查对应道岔是否在规定位置，再将需要变换位置的道岔转换位置，接着锁闭进路。在执行信号开放程序中连续不断地检查各项联锁条件，条件满足后信号机才能开放。当列车进入信号机后方，信号机即自动关闭，随着列车的运行，进路可顺序逐段解锁。

1. 计算机联锁系统的可靠性

计算机联锁系统的可靠性一般是指系统在规定时间内、规定条件下完成规定功能的能力。一般用系统的平均故障间隔时间（MTBF）来衡量其可靠性。为提高系统的可靠性，计算机联锁系统一般采用双机或多机冗余结构。

2. 计算机联锁系统的安全性

计算机联锁系统的安全性一般是指当系统的任何部分发生故障时，其后果不会导致人员伤亡或者财产的重大损失的性能。通常用系统产生不安全性输出的平均间隔时间来度量系统的安全性。对于计算机联锁系统，一般要求产生不安全性输出的平均间隔时间为 $10\sim11$ h。

为使计算机联锁系统的安全性指标达到要求，往往采用双机同步工作并进行频繁比较的工作方式。双机比较结构的原理是在极短的时间间隔内，两台计算机同时出错且呈现同一种模式错误的概率几乎等于零。从这个原理出发，要求两台计算机的校核频率相当高，即校核的时间间隔要足够短，最好短到可以用计算机的机器周期来计算的程度。

3.1.2 联锁系统的发展

CBTC（基于通信的列车控制）系统的信号制式（以下简称"CBTC 信号系统"）成为几乎所有国内在建城市轨道交通线路首选的信号制式。传统的联锁模式（以下简称"小联锁"）是以进路为中心，实现站内道岔、信号机、轨道电路之间的联锁控制，以满足行车安全的信号控制功能。在 CBTC 信号系统中，"小联锁"的地位不但不应该被削弱和忽视，而且应该发展成担负更重安全责任的"大联锁"，即在"小联锁"的基础上纳入车辆系统状态、火灾监控系统状态、电力和机电系统状态、综合监控状态、乘客信息系统状态等与整体运营安全息息相关的控制系统状态信息，以进一步扩展其安全理念、扩充安全防护功能、优化和转变工作模式和控制模式。因而，"小联锁"向"大联锁"的演变过程是联锁系统的优化和转型，其权责得以扩展与延伸。此外，传统的联锁系统（以下称为"硬联锁"）的选型、软硬件配置和安全处理逻辑等在与外部接口、外部设备的连接方式上存在紧密的耦合关系，在运营组织和运营要求持续提高、信号硬件设备不断更新换代的大背景下，联锁系统应能够满足各种运营场景和运行环境的变化,与硬件"解耦",转型为"软联锁",应在不降低安全性的前提下,保持甚至提升联锁系统的可用性、可靠性和可维护性。

在城市轨道交通中,联锁系统用于实现正线车站和车辆段/停车场的联锁,控制信号机的开放和关闭,也控制转辙机的转换和锁闭,接受ATS的命令,为ATP提供有关信息,并且作为CBTC的降级模式使用。

在CBTC条件下,虽然联锁系统的作用发生了一些变化,但仍然具有以下重要作用:

(1)检查区段空闲。联锁系统通过轨道电路或计轴器判断轨道区段的空闲或占用。

(2)建立进路。联锁系统检查符合有关联锁条件,锁闭相关的道岔和敌对进路,并将"信号开放"的信息发送给ATP区域控制器(ZC)。

(3)进路解锁。在列车驶过进路后,检查有关的条件解锁进路。

(4)信号显示。在车载信号设备故障的情况下,按照后备模式给出信号显示。

(5)保护进路。完成侧冲防护,在有延续进路的情况下对延续进路进行防护。

(6)确定运行方向。为每个轨道区段设置运行方向。

(7)交换信息。为ATS、ATP提供有关信息。屏蔽门、防淹门、站台紧急开关等轨旁信息,ZC不是直接获取的,而是由联锁系统处理后发送给ZC的。

1. 国内外城市轨道交通信号联锁系统的发展情况

如图3-1所示,我国城市轨道交通信号联锁系统的演进与闭塞模式的提升息息相关,经历了机械式联锁、电气集中式联锁、计算机联锁(微机联锁)和全电子联锁4个阶段。联锁系统的更新换代与闭塞模式的演进是同步推进的,这反映了信号系统的控制模式、行车模式和运营需求的创新与发展过程。

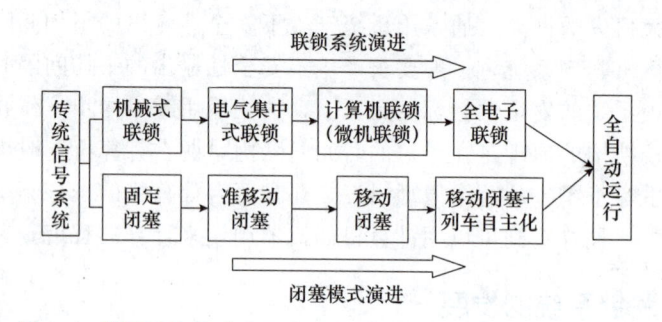

图3-1 我国城市轨道交通信号联锁系统与闭塞模式的发展过程

在国外,欧洲地区(如法国、德国)和日本的铁路联锁技术一直处于领先地位。与我国城市轨道交通的联锁系统相比,国外城市轨道交通的联锁系统主要有两个特点:一是车站和区间的一体化联锁控制。西门子的SimisW系统、泰雷兹的LockTrac系统、阿尔斯通的SMARTLOCK系统、日立的SaintLC系统等均采用了车站和区间一体化联锁系统。二是全电子化。在20世纪80年代计算机联锁技术发展之初,欧洲就采用了以安全电子执行单元代替继电器逻辑"采集/驱动"电路,通过安全型室内目标控制模块或轨旁目标控制器,与道岔、信号等目标设备进行输入/输出的信息传输。

早期出现的联锁系统曾经只用单机结构来运行,但在试验中发现没有足够的安全性和可靠性适应现场使用,因此开始了冗余技术的发展。

近年来,我国研发出了二乘二取二结构。二乘二取二结构分为Ⅰ系和Ⅱ系,每系内部是二取二结构，每系之间组成热备关系。该结构的基本思想：单系确保安全性，双系确保可靠性。单系有两个 CPU 执行两套功能相同、相互独立的程序，执行结果一致时再输出，实现了系统的安全性；若其中一系发生故障或失效，通过切换单元切换到另一系继续执行，实现了系统的可靠性。这种结构提高了安全性和可靠性，同时便于停机维修。

2. 动态输出技术的发展

传统联锁系统对于道岔、信号机等设备的控制都是通过继电器完成的。刚开始采用动态继电器，后面发展到将驱动电路和继电器分开，这样继电器就会带有更多的接点。

由于继电器及继电器组占用的体积庞大，有人提出用电子单元来代替继电器对联锁系统进行改进，即全电子联锁系统。该系统利用计算机控制技术，使用电力电子开关，来实现对信号设备的控制。它占用的体积小、实现的功能强大、促进了信号系统的自动化，因此将是今后的发展方向。

3. 区域计算机联锁技术的发展

传统的联锁系统一般采用集中式的结构，通过内部总线来实现联锁层和 I 层的数据交换。其优点是运行速度快、控制的实时性好。但这种集中式控制的结构需要对每个车站都设置一套联锁系统，同时需要工作人员来值守，这样在小站上会造成人力和物力的浪费，因此推出了区域计算机联锁控制系统。

区域计算机联锁控制实现的是一个集中站对附近小站和区间信号点进行控制。该系统由主控站联锁设备、被控站联锁设备、安全局域网三部分组成。主控站配备有联锁运算单元；被控站配备有执行设备；通过安全局域网来实现主控站数据和被控站数据的交互，从而远程控制该调度区域内的信号机、道岔、轨道电路等设备，是一种比较先进的联锁制式。

3.1.3 联锁系统的结构和形式

计算机联锁系统在遵循严格的联锁条件和时序的基础上，对进路、信号和道岔进行精确操控。该系统不仅保留了继电联锁的防护功能，还有效防止了控制台误操作及 ATS 错误命令带来的安全隐患。与传统的继电联锁相似，工作人员只需要按顺序按键设定进路，但计算机联锁采用了无接点技术来执行逻辑运算和联锁处理。当系统接收到按钮输入后，将从进路矩阵中匹配相应路径，并严格检查所有选路条件，在满足全部条件下，才能调整道岔位置、锁定进路并在持续监控联锁状态的前提下开放信号机。列车通过信号机后，信号机自动关闭并根据列车运行情况逐步解锁进路。

计算机联锁系统的核心功能包括但不限于联锁逻辑计算、轨道信息处理、进路控制、道岔控制、信号机控制，以及一系列基本联锁功能［如进路建立、锁闭、解锁机制（正常解锁、取消解锁、人工延时解锁、区段人工解锁、引导进路解锁，还包括信号机控制等）］。此外，针对城市轨道交通特殊运营需求，系统扩展了扣车、提前发车、站台紧急关闭等功能。例如，当站台出现紧急状况时，可通过按下紧急关闭按钮迅速关闭相关信号机，确保列车按照 ATP 指示安全制动，以降低突发事件对运营的影响。

联锁设备的基本要求强调了确保进路、道岔、信号机间正确的联锁关系；提供必要的引导信号；支持各类列车和调车进路办理及相应的防护措施；推荐采用进路操纵方式，支持自动排列进路和折返进路；采取分段解锁保证行车安全；允许道岔单独和联动控制；所有车站应配备符合故障—安全原则的站台紧急关闭按钮；控制台作为主要界面，显示线路、道岔状态及信号开放、挤岔等情况；中心站联锁系统通过安全局域网连接至被控站，实现集中联锁控制和全线列车运行监控、联锁逻辑运算及调度管理。

城市轨道交通联锁系统框架如图 3-2 所示。

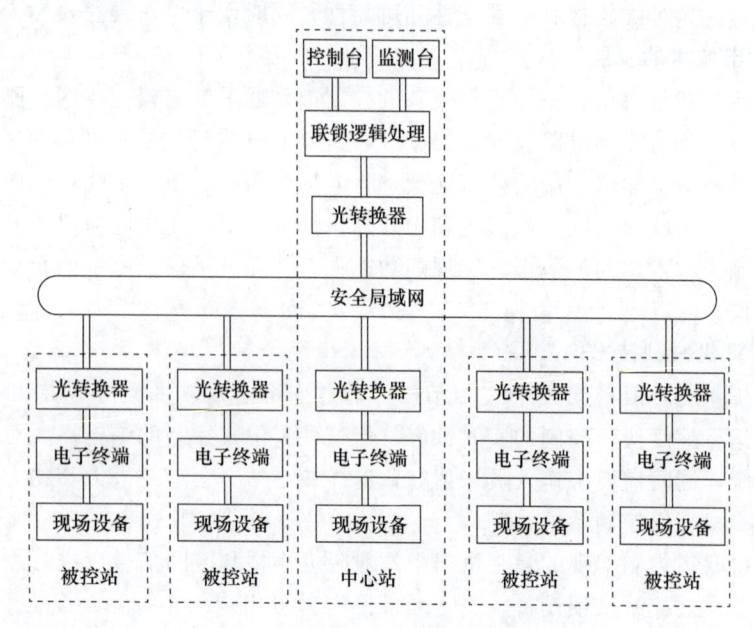

图 3-2　城市轨道交通联锁系统框架

计算机联锁系统内部结构分为人—机会话层、联锁逻辑运算层和执行层（即输入/输出层）。其中：

人—机会话层：包含操作显示子系统和维护终端子系统，操作人员通过操作显示子系统发出指令（如进路排列、道岔单独操作）并实时查看现场设备运行状态，此子系统与 ATS 系统双向通信，接收和发送 ATS 系统的控制命令和现场设备信息。维护终端子系统则负责实时监测现场设备状态并向维护人员反馈，以便及时维修。

联锁逻辑运算层：作为联锁系统的核心，接收来自人—机会话层的操作命令，进行联锁逻辑运算，并将运算结果传递给执行层。同时，接收执行层采集的现场信息并将处理结果反馈给人—机会话层。此外，它与区域控制器、相邻车站联锁系统及轨旁电子单元（LEU）相连接，用于实时交换信息、控制有源应答器，并接收其报文信息，为降级模式下列车运行提供控制依据。

执行层（输入/输出层）：由输入子系统和输出子系统组成。输入子系统负责采集现场受控设备的状态信息和接口电路信息，并将这些信息传输至联锁逻辑运算层；输出子系统接收来自逻辑运算层的命令信息，基于这些信息通过驱动电路精准控制现场设备动作。

联锁系统的内部结构如图 3-3 所示。

联锁系统形式变化体现的是联锁功能的分布。随着城市轨道交通系统架构的演进，如联锁与移动授权一体化系统及车车通信等架构的产生，联锁可能不再以轨旁独立、软硬件集成子系统的形式存在，其功能分布形式将变得更加灵活和有效。其中一种可行的方式是联锁功能和操控采用软件形式，以集中式/分布式的方式部署于中央、轨旁、车载子系统中。换言之，联锁在形式上从硬联锁演变成软联锁。如图 3-4 所示，上海轨道交通 5 号线双套 CBTC

信号系统（TSTCBTC® 2.0）的联锁以软件功能模块方式嵌入轨旁区域控制器中，实现了移动闭塞和固定闭塞的软硬件融合，使联锁功能更加完善，可靠性和可用性也得到进一步提升。

图 3-3　联锁系统的内部结构

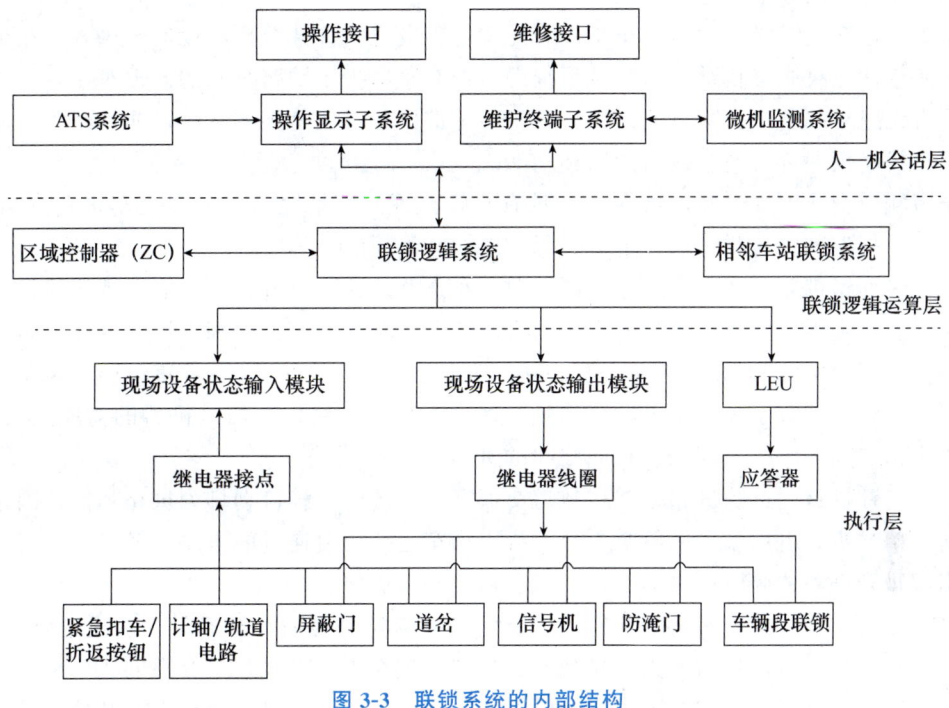

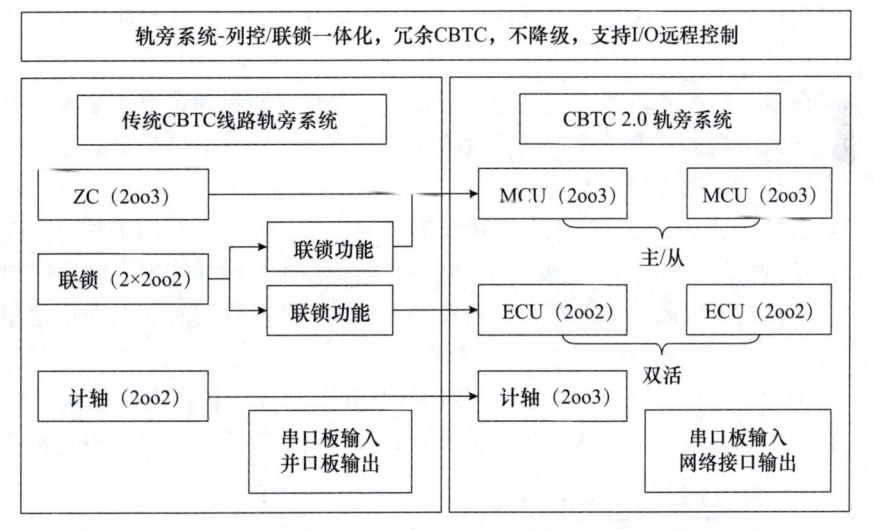

图 3-4　上海轨道交通 5 号线从硬联锁向软联锁演变

ZC—区域控制器；MCU—主运算单元；I/O—输入/输出；ECU—轨旁元素控制单元；
2oo3—3 取 2 (2 out of 3)；2oo2—2 取 2 (2 out of 2)

在图 3-4 中，2oo3 架构包含 3 个并列的通道，输出信号设定了 1 个多数表决机制，即少数服从多数原则。当其中2个通道输出信号都是0，而第3个通道输出信号从0变为1时，此时最终的输出信号还是0。多数表决机制的应用，可以防止误动作的发生。因此，在不影响安全功能执行的前提下，它能容许1个通道发生失效。只有当2个或3个通道都发生危险失效时，才会导致安全功能的失效。

城市轨道交通线路的大多数车站没有配线，不设道岔，甚至也不设信号机，仅在少数有岔站才有道岔，故城市轨道交通联锁系统的监控对象远少于铁路车站的监控对象，联锁关系远远没有铁路车站复杂。除折返站外，各车站全部作业仅仅是乘客乘降，非常简单。通常一两套计算机联锁即可实现全线路的联锁功能。

城市轨道交通因其运营的特殊性，具有与铁路不同的情况，如有多列车进路（MTR）、追踪进路、折返进路、联锁监控区段、保护区段和侧面防护等。

（1）多列车进路。多列车进路不同于单列车进路，在一条进路中可能出现多列列车在运行的情况。这是因为城市轨道交通列车运行间隔小、车流密度大、列车运行速度不高，而且列车的运行安全由ATP系统保护，所以可以允许在一条进路中运行多列列车。这在铁路中是绝对不允许的。对于多列车进路，当第一列列车离开进路始端信号机后的监控区后段后，就可以为第二列列车排列第二条相同终端的进路。

（2）追踪进路。追踪进路是城市轨道交通联锁系统的一种自动排列进路功能。列车接近运行前方信号机，占用触发区段时，自动排出列车运行所要通过的进路。触发区段指列车占用时引起排列进路的区段，根据线路布置和通过能力而定。

（3）折返进路。在城市轨道交通的终点站和折返站，为列车折返设立折返进路。通常，通过列车自动排列折返进路或人工排列折返进路。这在铁路中也是不存在的。

（4）联锁监控区段。在配备准移动闭塞及移动闭塞的城市轨道交通中，开放信号机前不需要检查全部区段空闲，只需要检查部分区段空闲。这些被检查的区段即监控区段。监控区段一般为信号机内方的两个区段。在铁路上，信号机的开放必须检查所防护进路的所有区段都空闲。

（5）保护区段。保护区段的设置是为了保证行车安全，避免列车由于某种原因不能在信号机前停住而导致事故的发生。保护区段设置在停车点后，即终端信号机后方的一至两个区段。这与铁路的延续进路类似。

（6）侧面防护。城市轨道交通正线上的所有渡线道岔控制不设双动道岔，全部为单动道岔，也不设带动道岔。这样，就必须用侧面防护来防止列车的侧面冲突。侧面防护是为了避免其他列车从侧面进入进路，与列车发生侧向冲突，这类似于铁路对于双动道岔和带动道岔的处理。

城市轨道交通的车辆段/停车场类似于铁路区段站的功能，包括列车编解、接发列车和频繁的调车作业，线路较多，道岔较多，信号设备较多，一般需要独立采用一套联锁设备。

3.1.4 联锁系统的控制方式

联锁系统在功能、形式上的变化也为其控制方式的进一步优化提供了可能，控制方式的优化主要体现在联锁的执行层和室外设备层。全电子执行单元代替了传统的继电器，主要设备采用模块化结构，便于维修和应急处置；部分硬件支持热插拔方式，并具有过载和负载短路自动保护的功能，避免熔丝导致的短路现象；新增了多种功能，不仅能够实时监测电路，通过第三通道向监控机发送维护信息，还能在维护终端上实时地更新系统状态。

中泰版：车站联锁系统　　　中文版：车站联锁系统　　　中英版：车站联锁系统

【任务实施】

背景描述	联锁系统是一种用于轨道交通控制的关键系统，旨在确保列车和车列在车站和车辆段的行车作业安全。该系统可以包括多个子系统，如信号机开放和进路解锁等，这些子系统在车站和车辆段中共同发挥作用，以确保安全	
任务步骤	步骤一	罗列联锁系统的发展及转型方向
	步骤二	列出并简述联锁系统的结构形式
	步骤三	讨论联锁系统的控制方式
任务反思	简述联锁系统控制方式的优化方案	

【任务评价】

	序号	任务达成要素	分值	个人自评	小组评价	教师评价
专业能力	1	较全面地了解联锁系统的发展	25			
	2	较完整地讲述联锁系统的结构组成	30			
	3	比较了解联锁系统的控制方式	15			
职业素养	4	具有独立思考问题的能力	15			
	5	态度积极认真	10			
	6	在任务实施中有团队协作体现	5			
效果评估总结（对自己学习效果的评估和反思）						

任务 3.2　了解 6502 电气集中联锁的操作及常见故障

【学习目标】

知识目标：
（1）了解 6502 电气集中联锁的发展；
（2）知道 6502 电气集中联锁的组成及操作；
（3）掌握 6502 电气集中联锁的常见故障及解决办法。

能力目标：
（1）能够处理 6502 电气集中联锁的常见故障；
（2）提升对 6502 电气集中联锁常见故障的应急处置的认知。

素养目标：
（1）具备安全责任心与安全意识；
（2）具备系统思维意识。

【任务描述】

6502 电气集中联锁是一种铁路信号控制系统，通过电路逻辑和继电器实现联锁关系。操作时，车站值班员在控制台上进行各种操作，如排列进路、办理闭塞、接发列车等。常见的故障包括道岔无表示、轨道电路故障、信号机故障等。处理故障时，需要根据故障现象和电路图进行分析，逐一排查。通过学习本任务的内容，学习者应了解 6502 电气集中联锁的组成，在实际工作中应能够排除常见的故障。

【知识链接】

6502 电气集中联锁设备通过电气的方法，实现了道岔、进路、信号之间的集中操纵，并通过电气设备实现了它们之间的联锁关系，还能够通过控制台使值班人员监视设备及信号开放状态，极大地改善了行车作业人员的作业条件，减轻了作业人员的劳动强度。电气联锁主要是以电气方式实现对信号、道岔、区段及进路的信息传输与控制，并确保其相互间联锁关系正确的车站联锁。按照道岔与信号机间实现联锁的具体方式不同，电气集中联锁系统主要有锁床式、电锁式及继电式。锁床式电气集中采用电气握柄方式，以（机械）锁床和电气接点构成的故障—安全电路实现联锁；电锁式电气集中全部采用电气接点的故障—安全电路实现联锁；继电式电气集中采用故障—安全型继电器接点电路，通过以励磁电流检查各种条件并进行控制的方式实现联锁。相对于机械联锁，电气集中联锁采用动力转辙机、色灯信号机和轨道电路三大电气化的轨旁基础设备，使用故障—安全型继电器构成联锁逻辑自动处理系统，使车站控制和联锁功能得到了空前的发展与完善。由于锁床式和电锁式电气集中联锁应用时间较短，因此现在一般所称的电气集中联锁主要是指继电式电气集中联锁（简称继电联锁）。1927 年，继电式电气集中联锁用于美国 Stanley-Berwick 间的调度集中区段。

电气集中联锁特别是继电联锁的出现，标志着铁路车站联锁开始全面从机械时代进入电气时代。为满足铁路运输对速度、运力等不断增长的需求，电气集中联锁从轨旁设备到控制系统，在联锁功能三要素方面（操纵、传输和锁闭/解锁）实现了全方位的技术进步，有效地克服了机械联锁笨重，以及因传输、锁闭困难导致的控制距离十分有限且操作不易、功能简单、维护不便等缺点，显著、全面地提升了车站联锁系统的功能及其控制范围，有效地提高了铁路车站的运营生产效率，并极大地改善了劳动条件，大幅提高了车站的通过能力，以及行车控制的准确性和安全性，很快成为现代铁路广泛使用的主流车站联锁系统，至今仍在广泛使用。

3.2.1　6502 电气集中联锁的发展

1924 年，在东北铁路顾家屯等车站装设的舍列梅捷夫俄式电气重力式联锁可以说是我国铁路首次装备的电气联锁系统。1926 年，在南满铁路大石桥车站装设了美国 GRS 公司生产的锁床式电气集中联锁机。1939 年，抚顺煤矿大官屯车站装设了我国第一个单独操纵手柄式的继电式电气集中联锁机。在中华人民共和国成立之后，1952 年，我国铁路第一个自主设计、自主制造、自主施工的进路操纵式继电集中联锁机在衡阳车站开通。之后主要经历了 20 世纪 50 年代的 570、580 和 590 系列电气联锁系统，20 世纪 60 年代的 6026 进路操纵按钮式小站组合式电气集中、6320 进路操纵大站组匣式电气集中，以及 20 世纪 70 年代的 6501 电气集中等的自主研发与试用，最终在 1973 年以 6320 为基础进行改进定型，形成了独具特色、堪称典范的 6502 大站继电电气集中联锁系统，并在全国开始推广应用。

6502 电气集中联锁是以动力式道岔转辙机、色灯信号机和轨道电路三大电气轨旁设备为基础，通过电气传输方式集中操纵道岔和信号机，采用继电电路实现车站联锁逻辑的集中控制系统。在安全层面上，6502 电气集中联锁是以 AX 系列故障—安全型继电器为基本器件，按照与安全侧相对应的前、后接点使用原则，断线防护及（室外）混线防护等原则，通过布线逻辑来实现的符合故障—安全原则的铁路车站联锁系统。

3.2.2　6502 电气集中联锁的组成

联锁设备按照所采取的技术方法来划分，经历了机械联锁、电机联锁、继电联锁、电子联锁和计算机联锁。目前，城市轨道交通系统使用计算机联锁。

6502 电气集中联锁是通过信号继电器及其电路来实现车站联锁逻辑控制功能的控制系统，又称为继电集中联锁系统。6502 电气集中联锁由室内设备和室外设备两部分构成。

室内设备主要包括控制台、电源屏、区段人工解锁按钮盘、继电器组合及组合架。控制台和区段人工解锁按钮盘设置在车站值班室内，供值班员操纵和监督用。继电器组合及组合架、电源屏和分线盘设置在机械室内。室外设备主要是信号机、转辙机和轨道电路，属于联锁系统所控制的对象。

1. 室内设备概况

电气集中室内设备一般设置在信号楼内，设有控制台的信号楼是车站的控制中心。

在信号楼车站值班员室内设有控制台。控制台的盘面是按照每个车站站场的实际情况而布置的，盘面上的模拟站场线路、接发车进路方向、道岔和信号机位置均与室外站场实际位置相对应。6502 电气集中控制台是用各种定型的标准单元块拼装而成的，称为单元拼装式控制台。在控制台盘面上设有各种用途的按钮和表示灯及电流表。在控制台中部设有供车站值班员使用的工作台，下部背面设有配线端子板、熔断器及报警电铃。控制台是车站值班员集中控制和监督全站的道岔、进路和信号机，指挥列车运行和调车作业的控制中心；也是信号维修人员分析判断控制系统故障范围的辅助设备。

在离开控制台一定距离的室内墙面上，装设有区段人工解锁按钮盘。它是控制台操作时的辅助设备，当轨道区段因故障不能正常解锁时，用它办理故障解锁；在更换继电器或停电后恢复时，用来使设备恢复正常状态；或在用取消进路办法不能关闭信号时，可用它关闭信号。

在信号楼继电器室内设有继电器组合及组合架。在电气集中车站需要大量继电器，把具有相同控制对象的继电器按照定型电路环节组合在一起，称为继电器组合，简称组合。6502电气集中联锁的定型组合是根据车站信号平面布置图上的道岔、信号机和道岔区段设计的，共有12种定型组合。6502电气集中联锁采用通用的大站电报道集中组合架。组合架分为11层，1~10层安装继电器组合，每层安装一个继电器组合。继电器按照组合的方式安装在组合架上，每个组合架内的继电器数量保持适中，通常不超过10个，这样不仅能够确保组合体在组合架上的布局紧凑、合理，还能有效地利用有限的组合架空间。继电器组合与组合架构成了电气集中联锁系统中的关键设备，对于实现精准、高效的信号控制至关重要。

2. 室外设备概况

6502电气集中联锁室外设备主要有色灯信号机、电动转辙机和轨道电路，室外设备是6502电气集中控制和监督的对象。

（1）色灯信号机。6502电气集中采用透镜式色灯信号机。有关信号机的作用与类型、结构、显示意义及设置等知识在任务2.1中已学习过，此处不再赘述，下面仅就与电气集中联锁有关的基本知识作一提示。

电气集中车站按用途设有进站信号机、进路信号机、出站信号机、预告信号机、复示信号机和调车信号机六种类型。信号机用来防护进路，给出各种信号显示，指示列车运行及调车作业。为使信号机有足够的显示距离，进站、进路、预告、正线出站及专用线和牵出线的调车信号机一般采用高柱信号机，其他的一般采用矮型信号机。

信号机有关闭和开放两种状态。信号机的开放和关闭由6502电气集中联锁电路控制，其控制用继电器应遵循安全对应原则，用安全型信号继电器落下反映信号关闭，用吸起反映信号开放。信号机的关闭并不是不亮灯，而是显示禁止信号，如进站信号机关闭，实际则是显示红灯，调车信号机关闭则是指亮蓝灯。信号机开放有时也称为信号机允许信号或允许灯光。

（2）电动转辙机。在电气集中车站的集中区内，对应每组道岔，都要设一台电动转辙机，用以转换和锁闭道岔，反映道岔的动作状态。目前，在一般车站使用ZD6型直流电动转辙机和S700K型交流电动转辙机，也有的车站使用电液转辙机。

（3）轨道电路。在电气集中车站，凡是由信号机防护的进路，以及信号机的接近区段均要装设轨道电路。在非电气化区段，广泛采用交流连续式轨道电路。在电气化区段，一般采用25 Hz相敏轨道电路。

车站内轨道电路有道岔时称为道岔区段轨道电路。道岔区段轨道电路要增设道岔绝缘和道岔连接线及跳线，其组成要比无道岔区段和区间的轨道电路复杂。

轨道电路用来监督进路和接近区段是否空闲、检查钢轨线路的完整性，也是列车与地面信号设备传递控制和表示信息的通道。列车进路或调车进路的进路范围内，少则有一段轨道电路，多则有几段轨道电路。在进路锁闭和防护该进路的信号机开放过程中，必须连续检查有关轨道电路区段在空闲状态。当列车或调车车列在进路上运行时，轨道电路要监督列车的运行状态。信号关闭后，只有在确保列车或车列完全驶离轨道电路区段并被系统确认之后，进路才能按照轨道电路区段的顺序逐段解锁。

（4）电缆和箱盒设备。在电气集中车站，室外信号机、电动转辙机和轨道电路与室内设备之间的连接导线一般采用电缆，按控制对象分为信号电缆、道岔电缆和轨道电路电缆。这些电缆敷设在地下电缆沟槽内。按照电缆路径和设备连接顺序，室外电缆分为干线电缆和分支电缆。

在干线电缆之间或干线电缆与分支电缆接头处设有电缆盒，分支电缆与设备连接处设有各种变压器箱和电缆盒，这些变压器箱、电缆盒主要供放置变压器和电缆连接用。

综上所述，6502电气集中联锁由室内和室外两大部分组成。全站的道岔、进路和信号机都是由信号楼集中控制和监督，其联锁关系由继电电路实现。

3.2.3　6502电气集中联锁的操作

6502电气集中联锁采用控制和表示合用的控制台。

按钮用于进行各种操作，其中涉及行车安全的按钮必须加铅封，必要时可装设计数器进行监督。

在控制台盘面上利用光带模拟站场线路、排列与取消进路时，控制台上有明显的表示，通过光带不同状态监督进路的开通、解锁，以及轨道区段的占用、空闲和故障等，同时利用信号复示器和道岔表示灯监督现场信号机、道岔的状态。

1. 进路按钮及表示灯

（1）列车进路按钮。二位自复式绿色按钮设在进站及出站信号复示器旁的光带上，办理列车进路时作为始、终端按钮。按钮名称根据相应的列车信号机命名，如对应X设置XLA、对应S5设置S5LA。

（2）调车进路按钮。二位自复式白色按钮设在调车信号复示器旁边，办理调车进路时作为始、终端按钮。按钮名称根据相应的调车信号机命名，如D1A、D3A。

在出站兼调车信号复示器旁的光带上设一个列车进路按钮，在光带下方设一个调车进路按钮，分别办理列车和调车进路，如S4LA、S4DA。

（3）变通按钮。在大站，咽喉道岔较多，从进路的始端至终端往往有几条经路，一般根据作业需要规定其中一条为基本进路，其余均为变通进路。在变通进路与基本进路不重叠的位置上如果无调车进路按钮，则在相应位置的光带上增设变通按钮，为二位自复式绿色按钮，用于办理变通进路。

（4）通过按钮。对应有通过进路的进站信号复示器处设通过按钮，二位自复式绿色按钮，仅供办理正线通过进路使用，如STA、XTA。

2. 光带

在控制台盘面上利用光带模拟站场线路，通过光带不同状态监督进路的锁闭和解锁，轨道区段的占用、空闲和故障，以及道岔的开通方向等。

（1）站内部分。用于监督站内轨道电路的光带有三种状态：平时应处于灭灯状态；控制台显示红光带时，表示对应的轨道区段被占用或故障；当办理好进路时，控制台上该进路有关轨道区段均显示白光带。

（2）区间部分。为监督与车站相邻的区间有关轨道电路，控制台设置接近、离去表示灯。

半自动闭塞区段仅监督进站信号机外方的接近区段轨道电路；自动闭塞区段进站方向设置一接近、二接近、三接近表示灯，出站方向设置一离去、二离去、三离去表示灯，双方向自动闭塞区段还应设置反方向接近、离去表示灯。

接近、离去表示灯只有两种状态，灭灯表示该区段空闲，显示红光带表示该区段被占用或故障。

3. 信号复示器

信号复示器用于监督室外信号机状态。除进站、接车进路信号复示器经常显示红灯外，其他信号复示器平时均处于熄灭状态，表示有关信号及关闭。

（1）进路信号复示器常态下显示红灯，表示对应的进站信号机处于关闭状态。当进站信号开放时，无论是绿灯、单黄灯还是双黄灯，进路信号复示器均显示为绿灯以示确认。当引导信号启用时，会显示一个红灯和一个白灯来指示该状态。

（2）出站兼调车信号复示器平时灭灯表示相应信号机关闭；开放列车信号时，如黄灯、绿灯，信号复示器显示绿灯；开放调车信号（即白灯）时，信号复示器显示白灯。

（3）调车信号复示器平时灭灯表示相应的信号机关闭；调车信号机开放后，复示器显示白灯。

当信号复示器闪光时，表示相应的信号灯光熄灭。

（1）红灯闪光表示其红灯主、副灯丝双断，进站信号复示器红灯点亮且白灯闪光表示开放引导信号时白灯灯泡断丝。

（2）出站兼调车复示器白灯闪光表示出站信号机红灯主、副灯丝双断。

（3）调车复示器白灯闪光表示调车信号机蓝灯主、副灯丝双断。

4. 与操纵道岔有关的按钮和表示灯

每个咽喉区设道岔总定位按钮和总反位按钮各一个，均为二位自复式，总定位按钮上方有一个绿灯，总反位按钮上方有一个黄灯，按下按钮时点亮。

每组道岔设一个道岔按钮（双动道岔合用一个道岔按钮），按钮为红色。按下为自复式，用于单独转换该组道岔；拉出为非自复式，用于对该组道岔单独锁闭，在拉出位置时，按钮表示灯点亮。新型6502控制台上对应每组道岔设置两个控制按钮，一个用于单独转换道岔，另一个用于单独锁闭道岔，按下时按钮表示灯点亮。

每个道岔按钮上方设两个表示灯，亮绿灯表示道岔在定位，亮黄灯表示道岔在反位，道岔在转换中或挤岔时，黄灯和绿灯均不亮。

5. 闭塞有关的按钮和表示灯

单线半自动闭塞区段的车站，控制台上设置闭塞按钮、事故按钮、复原按钮，以及接车表示灯、发车表示灯，用于与相邻站办理闭塞。

自动闭塞区段不需要办理闭塞，不设置闭塞表示灯。但在双线双向自动闭塞区段，为改变区间运行方向，增设了允许改变方向按钮、接车辅助按钮、发车辅助按钮、总辅助按钮以及监督区间表示灯、辅助办理表示灯等，其应用将在闭塞设备中具体说明。

6. 其他按钮和表示灯

除上述外，控制台上还设置了引导按钮、引导总锁闭按钮、总取消按钮、总人工解锁按钮等按钮及各种报警表示灯，将在后面结合应用进行介绍。

6502 电气集中联锁采用双按钮选路方式，即只需在控制台上顺序按压进路的始端、终端按钮，就能够按照操作意图自动转换道岔、锁闭进路、开放信号，而且无论进路中有多少道岔，都能自动转换，简化了操作手续，提高了效率。

7. 车站进路控制

在大站上，进路的始端和终端之间往往有几条进路可走，规定其中一条为基本进路，其余则为变通进路，也称迂回进路。当基本进路由于某种原因不能办理时，可以改为排列迂回进路。

6502 电气集中联锁同一咽喉同时只能办理一条进路，即在"排列进路"表示灯点亮时不能办理第二条进路。只有第一条进路已经选出，"排列进路"表示灯熄灭后才能办理第二条进路。进路上有车占用、轨道电路故障、正在进行人工解锁及敌对进路已建立时，都不能办理进路。防护进路的信号机只有在其防护的进路空闲（包括超限绝缘检查）、有关道岔位置正确、进路锁闭、未进行人工解锁、敌对进路未建立时才能开放。以图 3-5 为例说明进路办理方法。

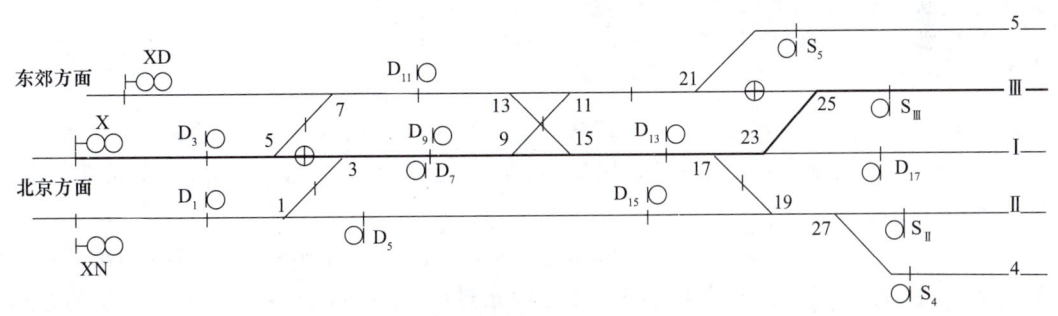

图 3-5 车站示意

（1）接车进路。办理接车进路时，以防护接车进路的进站信号的列车按钮为始端按钮，以股道入口处的列车按钮为终端按钮。

如办理北京方面至 4 道的下行接车进路：

1）按下防护进路的信号机，即 X 进站信号机的列车按钮 XLA 作为始端按钮，其按钮表示灯闪光，本咽喉的"排列进路"表示灯显示红灯；

2）按下 4 道入口处的列车按钮，即 S4LA 作为终端按钮，其按钮表示灯闪光，开始选路；

3）当"排列进路"表示灯红灯熄灭时，表示进路已选出，此时本咽喉才可以选排其他进路；

4）根据选出的进路，有关道岔顺序转换至要求位置，按照联锁关系的要求进行检查后，控制台上从进站信号机 X 至 4 道下行出站信号机 X4（即进路的始端至终端）显示白光带，表示实施了进路锁闭；

5）进路锁闭后，控制台上相应的信号复示器显示绿灯，说明防护进路的信号机 X 开放；

6)有关进路按钮表示灯熄灭,接车进路建立。

同样,办理东郊方面向 5 道的下行接车进路,顺序按下 XD 进站信号机的 XDLA 和 5 道入口处的 S5LA 办理进路,有关表示灯显示同上。

(2)发车进路。办理发车进路时,以防护进路信号的列车按钮为始端按钮,以发车进路终端处的列车按钮为终端按钮。

在办理接、发车进路时,应注意进路中有超限绝缘的情况。

例如,东郊方面向 5G 接车进路中 21DG 涉及超限绝缘,当它们的邻近区段 25DG(23/25 号道岔在定位时)有车占用时,进路不能建立。只有在 23/25 号道岔反位时,才允许在 25DG 有车占用的情况下办理 5G 向北京方面发车进路。

进站信号机和有通过列车的正线出站信号机或进路信号机,红灯灭灯时,即信号复示器闪光时,不得开放信号,防止信号开放后突然关闭时不能点亮红灯而危及行车安全。

(3)通过进路。通过进路是由正线接车进路和同方向正线发车进路构成的,可采用分段办理方式,即分别办理正线接车进路和发车进路,建立通过进路。

为了简化办理通过进路的手续,凡有通过进路的车站都增设通过按钮。例如,办理正线下行通过进路,只要顺序按压下行通过按钮 XTA 和另一咽喉列车终端按钮 XLZA,此时上、下行咽喉同时选路,当接、发车进路建立并锁闭后,整条通过进路亮白光带,信号机 X、XI 开放。

对于东郊方面,虽然接车进路为直向,但没有直向的发车进路,故不能设通过按钮,不能办理通过进路。

(4)变通进路。在大站咽喉区内,进路的始端和终端之间往往有几条进路可走,根据作业需要,一般规定路径最短或对其他进路影响最小的进路为基本进路,其余为变通进路,又称迂回进路。

例如,图 3-5 中北京方面至ⅢG 之间有三条进路,其中经由道岔 23/25 反位的进路,对其他进路影响最小,规定其为基本进路,其他两条进路,即一条经由道岔 5/7 反位的进路,另一条经由道岔 9/11 反位的进路,规定为变通进路。

又如,由ⅢG 向北京方面发车时有两条进路,一条是经由道岔 23/25 反位的进路,规定它为基本进路,另一条是经由道岔 9/11 反位的进路,为变通进路。

采用双按钮方式选路时规定了一条原则,即顺序按压进路始、终端按钮之后,只准选出预先规定的基本进路,不准自动改选变通进路,保证选出的进路与操作人员的意图相符合。

如果需要选用变通进路,必须在附加操作手续的情况下,即顺序按压始端的列车进路按钮、变通按钮和终端列车进路按钮,才能选出变通进路。

3.2.4 6502 电气集中联锁的常见故障与方案

6502 电气集中联锁能通过对设备的控制消除人为的错误,并采用双按钮制,排列进路、单独操纵道岔、取消信号及人工解锁进路都必须同时按压两个按钮,设备才能动作,这就杜绝了误碰按钮从而导致设备错误动作的可能性,并采用故障导向安全的原则,当设备发生故障时,立即关闭防护该故障区段的信号,防止列车、调车车列驶入故障区段,确保行车安全。6502 电气集中控制台操作简单、易学、提示清晰,方便操纵人员监视操作结果,大大减轻了劳动强度,但电气设备难免会因为各种原因而发生各种故障,故障发生后,如果使用人员不懂判断故障原因及处理方法，往往会导致行车作业被动，造成耽误列车，甚至造成脱轨等事故，给铁路运输带来不必要的损失。编者综合多年的工作经验，并参考有关资料，总结出 6502 电气集中联锁在操作的常见故障现象及处理方法，以增强各位行车工作人员在控制台发生故障时处理问题及应变的能力，最大限度地减少因设备故障或误操作而造成的耽误列车或脱轨等事故，保证铁路运输的正常秩序。

1. 误操作

6502 电气集中控制台相关进路上有曾经误碰而没有取消按钮，或按错按钮的情况发生，首先应立即观察控制台上"排列进路"表示灯是否点亮一个红灯，相关进路上是否有闪光和稳定灯光的按钮。如果有，则马上按压总取消按钮，同时按压稳定灯光的按钮，将误碰按钮取消，确认"排列进路"表示灯熄灭后，再重新排列正确的进路即可。在"排列进路"开放信号前先确认控制台上"排列进路"表示灯熄灭，再排列进路，即可防止此类事件的发生。

2. 进路建立后，只有光带显示，信号复示器没有显示或开放后又关闭

发生这种情况的原因一般有以下几种：

（1）进站信号机红灯断丝，正线上的出站信号机红灯灯泡断丝，进站信号机允许信号（绿灯、黄灯）断丝，出站信号机进行信号断丝，这时控制台断丝报警灯亮红灯，并有断丝报警铃响；调车信号机白灯灯丝断丝（现象为断丝报警灯亮红灯）。

（2）未办妥闭塞手续即开放出站信号机，或单线自动闭塞车站在 13 s 灯未熄灭的情况改变闭塞方向并开放出站信号机（控制台上没有断丝报警），这样的情况不会出现出站信号开放后又关闭的现象，因为根本不可能开放出站信号机。

（3）信号复示器二极管灯烧了（控制台没有断丝报警），如果为发车，可派人员到室外确认出站信号机是否开放，如果出站信号机开放正常，可按正常办理发车作业。如果为接车，若有时间（规定的开放进站信号机时间前），派人员到进站机处确认进站信号机的显示状态正常，可按正常办理接车作业，否则，一律停用改按引导信号接车。

（4）控制台设备故障。无论是信号灯断丝还是控制台复示器二极管损坏或控制台故障，都必须将故障现象在"行车设备检查登记簿"内登记，同时按下控制台上的故障按钮，并通知电务修复故障。

3. 轨道电路红光带

导致轨道电路红光带的情况：有车占用、轨道电路短路、钢轨断轨、轨道电路故障。报告列车调度员，并通知工务、电务，派人员现场检查，因为根据 6502 电气集中联锁的工作原理，轨道电路出现红光带，可能是有车占用，或是被金属短接两股钢轨，或是轨道电路故障，也有可能是钢轨断轨，所以必须派人员现场检查有关轨道电路区段空闲，钢轨无异状折断现象，才可报告列车调度员，按非正常情况下准备接发车进路接发列车，否则很有可能造成列车脱轨甚至性质更为恶劣的行车事故。

4. 轨道电路白光带不解锁

车列经过该轨道电路时，曾有过分路不良的现象，没有达到延时解锁的时间，停电后来电使用总人工解锁按钮区段人工解锁。

5. 轨道电路压不死

钢轨面锈蚀多，造成轨道电路分路不良，控制台上的现象一般为列车或车列过后道岔区段故障锁闭（白光带不消失）。

根据电务请求安排机车压道除锈。

6. 道岔无表示（操作不到位、挤岔铃响）

道岔无表示的原因：道岔表示灯泡烧坏、道岔尖轨与基本轨间有异物、挤岔、道岔故障。

判断道岔无表示是否为烧坏灯泡或挤岔故障的方法：操纵道岔时，道岔定反位表示灯均不亮时，可按压接通光带按钮查看道岔位置，如果接通光带后也不能确认该道岔位置，则为该道岔挤岔或夹异物。如果接通光带能确认道岔位置，则设备没有问题，只是表示灯二极管烧坏了，通知电务换一个好的二极管，不影响控制台的正常使用。

尖轨与基本轨间有异物时或道岔故障的现象：在排列进路前，道岔表示正常，排列进路后，夹异物道岔经13 s仍不能转换到所需位置，控制台上就会鸣响挤岔电铃，同时夹异物道岔失去表示，排列进路灯红灯不灭，这时就要立即取消原排列的进路（同时按压总取消按钮及进路始端按钮），如果不取消原排列的进路，失去表示的道岔将不能单操回原来的位置，同时观察控制台上道岔表示灯，找到失去表示的道岔，立即派人到现场检查确认该道岔，排除异物，并将该道岔操纵回原位再反复单操几遍，如果所夹异物小且易碎，几次反复的单操作便有可能被夹碎，从而在现场检查人员到达现场时消除故障，为准备进路接发列车争取宝贵的时间，最大限度地减少因道岔夹异物而耽误列车。但是，无论能否经过反复单操夹碎异物，都必须派人员到现场检查确认，因为万一异物夹不碎，而又没有派人员到现场排除异物，那么将延长处理时间，从而导致列车停车。

挤岔现象：没有操纵控制台（排列进路、单操道岔），而挤岔电铃鸣响，控制台上挤岔道岔区段有一红光带经过，后道岔尖轨后方红光带消失，前方红光带不消失，或红光带继续往前行进，13 s后挤岔电铃鸣响，这样的现象一般可判断为挤岔。

发生挤岔事故时的处理：确认道岔被挤，必须立即报告列调、站长，并通知工务、电务值班人员，如果为溜逸的车辆挤岔，应立即派人员阻止溜逸车辆继续溜逸，并拦停所有往溜逸车辆区段开来的列车或调车车列，防止扩大事故。如果挤岔车辆停留在道岔上，不得退行（反推），以免进四股，导致脱轨，扩大事故，需退行时，应将挤岔车辆拉过被挤岔尖轨，待工务钉固尖轨，确认尖轨密贴后，方可退行。如被挤的道岔为复式交分道岔，不得移动停留在道岔上的车辆，待工务人员处理好道岔，保证车辆不会脱轨后，再行移动，以免扩大事故，影响恢复时间。

7. 如何判断进站信号机红灯断丝、正线出站信号机红灯断丝、信号机允许信号断丝及引导信号白灯断丝？又该如何办理行车

（1）进站信号机红灯断丝（主、副丝均断）：控制台断丝报警灯亮，进站信号机复示红灯灭灯，同时会有报警铃声提醒车站值班员，如果断丝报警灯没有点亮且没有报警铃声，只是进站信号机的复示灯灭灯，则只是进站信号机的复示二极管灯烧坏，红灯并没有断丝，不影响进站信号机的正常使用，但要通知电务人员换复示二极管灯。在进站信号机红灯断丝的情况下，将不能开放进站信号机，且不能开放引导信号机，唯一的接车办法就是人工引导接车，因此发现进站信号机红灯断丝后，要通知电务人员立即更换红灯灯泡，同时报告列车调度员，接车采用反排调车进路的方式准备进路，所排调车进路要包括接车进路上的所有道岔（一方面，反排调车进路主要是通过设备联锁来保证进路的正确及锁闭，而且通过控制台光带方便车站值班员确认进路正确、完整及锁闭；另一方面，助理值班员外出接车时，能够通过反开的调车信号机来确认接车进路）进路准备好后，方可派引导员外出人工引导接车。

（2）出站兼调车信号机红灯断丝：控制台断丝报警灯亮，该信号机白灯闪亮，同时会有报警铃声提醒车站值班员。正线出站信号机红灯断丝时，与进站信号机一样，将不能开放该信号机，发车只能用路票，准备进路可采用正排调车进路的方法，与进站信号机红灯断丝准备进路一样，该调车进路要包括发车进路上的所有道岔。

如果是到发线上的出站信号机红灯断丝，发车仍可开放出站信号机，按正常情况办理发车。

（3）信号机允许信号（进、出站信号机绿灯、黄灯）主、副丝均断丝：信号开放后又熄灭。这时发车需要改电话闭塞，路票发车，利用开放引导信号接车。

（4）引导信号白灯主、副丝均断丝：进站信号机白灯闪亮、电铃鸣响。这时如果进站信号机不能开放，就只能人工引导接车。

（5）列车信号（包括引导信号）灯丝主丝断丝：控制台断丝报警灯亮，同时报警铃鸣响。这是只有在开放该信号灯时才会出现的现象，所以要找到主丝断丝的信号机，可以采用如下方法：在股道内没有列车的情况下，开放该信号机，如果开放后，控制台断丝报警灯亮，同时报警铃鸣响，则为该信号机开放的这盏灯主丝断丝；也可以在接发列车时查找，因为列车信号主丝断丝时，将会自动点燃副灯丝，不会影响正常接发列车，接发列车时，就可以发现是哪盏灯的主丝断丝了。

（6）调车信号机蓝灯断丝：该信号机白灯闪亮。

（7）调车信号机月白灯断丝：该信号机月白灯开放后又关闭。发现断丝现象（主、副丝断丝），均应在"行车设备检查登记簿"内登记，按压控制台上的故障按钮，同时通知电务人员更换灯泡。

8. 使用引导进路锁闭方式引导接车的情况

引导进路锁闭方式接车的前提条件：道岔没有因故障失去表示、进站信号机红灯及月白灯没有断丝（主、副丝均断）、接车的股道是正线或到发线、敌对信号机已关闭，这四个条件缺一不可，即只要这四个条件中的一个条件不成立，都将不能使用引导进路锁闭方式开放引导信号接车，因为以引导进路锁闭方式开放的引导信号与接车的线路、道岔、敌对信号机均有联锁关系，只是不检查轨道电路区段（股道或道岔区段）是否有车占用或故障占用，开放引导信号必须检查以上四个条件是否全部满足，否则不能开放信号。

下列情况应使用引导进路锁闭方式引导接车：

（1）进站信号机允许信号断丝导致不能开放进站信号机或开放进站信号机后因允许信号断丝又关闭；如果是开放进站信号机后因允许信号断丝而导致进站信号机关闭，可在办好手续后，直接按压引导按钮，开放引导信号接车，而不必取消原进路。

（2）进路中的某一区段故障致使进站信号机不能开放或开放后又因区段故障而关闭时，可以在原进路上使用引导信号接车。这时，应对故障区段的道岔单独锁闭，以防止故障恢复后道岔解锁。

（3）与超限绝缘邻接的某一区段因故障占用，致使经由另一区段接车信号无法开放时，必须派人员到现场确认占用的原因绝非机车车辆占用，否则会造成列车冲突的严重后果。

（4）进站信号机外制动距离内为超过6‰的下坡道，而接车线末端道岔区段因故障占用或相对方向的超长列车压标占用时，开放引导信号前，应先报告列车调度员，发布使用引导信号的调度命令，在"行车设备检查登记簿"内登记，将道岔单操到进路位置，接通光带检查进路正确后，破封按压引导按钮，确认进站表示灯点亮一个红灯和一个白灯，进路上点亮一条白光带（故障区段为红光带）。如果是进站信号机内方第一区段故障，引导信号不能保留，应一直按压引导按钮，直到列车头部进入进站信号机内方第二区段后方可松手，如果松手，引导信号会立即关闭。列车进站后，进路白光带不会自动解锁，应在破封的同时按压总人工解锁按钮及进路始端按钮，取消白光带，解锁进路。需要注意的是，如果第一次解锁进路时因故没有解锁，可以先再次开放引导信号，然后按上述方式解锁，因轨道电路故障开放引导信号需要关闭引导信号解锁进路，而第一次没有解锁时，也可按上述方式解锁。

因轨道电路故障占用使用引导进路锁闭方式接车时，必须派人员到现场检查确认故障轨道电路区段无车占用，没有断轨，以防将列车接入有车线，引起列车冲突事故发生，因为引导进路锁闭接车时联锁设备不检查轨道电路区段是否空闲。

9. 使用引导总锁闭方式接车的情况

以下情况应使用引导总锁闭方式接车：

（1）进路中道岔不是因为挤岔而失去表示（部分或全部），用接通光带按钮也不能检查道岔开通的位置时。

（2）道岔区段红光带故障且位置不正确需要人工手摇道岔准备进路时（不是停电原因）。

（3）特殊情况必须向非到发线接入列车时。

引导总锁闭接车时，控制台不检查联锁条件，也不检查股道空闲情况及道岔位置和敌对信号机开放情况，就算站内钢轨全部被拆卸，只要按压引导总锁闭，都能开放引导信号，因此在第（1）、（2）种情况下，必须派人员到现场检查道岔位置正确并用勾锁器锁闭故障失去表示的道岔及人工手摇的对向道岔，接通光带确认正常区段进路正确，并得到现场进路检查人员进路准备好的报告后，方可按压引导总锁闭按钮，确认引导总锁闭按钮亮稳定白灯，再按压引导按钮开放引导信号（顺序不能颠倒，否则不能开放引导信号），这时引导信号开放，控制台没有光带显示。引导接车方法同引导进路锁闭方法，列车进站后，拉出引导总锁闭按钮（或再次按压引导总锁闭按钮）解锁进路。［注意：使用引导总锁闭接车时，如果全站只设一个引导总锁闭按钮（中间站），按下引导总锁闭按钮后，将锁闭全站所有的集中操纵的道岔，在引导总锁闭解锁前，将不能进行其他作业，如果车站每个咽喉设一个引导总锁闭按钮（技术站），引导总锁闭按钮所在的咽喉区所有道岔锁闭，不能进行其他作业，直到拉出引导总锁闭按钮］。

在控制台没有停电的情况下，无论以何种方式准备进路（手摇道岔或单操单锁或必须接车时人工加固道岔），只要进站信号机红灯及月白灯均没有断丝，都可以使用引导总锁闭方式引导接车，而没有必要派人引导接车。

10. 必须派人引导接车的情况

（1）进站信号机红灯灯泡断丝（主、副丝均断）。

（2）进站信号机月白灯灯泡断丝（主、副丝均断）。

（3）控制台停电。

中泰版：6502 电气
集中联锁设备

中文版：6502 电气
集中联锁设备

中英版：6502 电气
集中联锁设备

【任务实施】

背景描述	6502 电气集中联锁设备就是通过电气的方法，实现道岔、进路、信号之间的集中操纵，并通过电气设备实现它们之间的联锁关系，且能够通过控制台使值班人员监视设备及信号开放状态，极大地改善了行车作业人员的作业条件，减轻了作业人员的劳动强度		
任务步骤	步骤一	列出并简述 6502 电气集中联锁各路按钮及表示灯
	步骤二	列出 6502 电气集中联锁的常见故障
	步骤三	讨论 6502 电气集中联锁常见故障对应的解决办法
任务反思	提出对 6502 电气集中联锁故障的优化方案	

【任务评价】

序号		任务达成要素	分值	个人自评	小组评价	教师评价
专业能力	1	较全面地列出 6502 电气集中联锁各路按钮及表示灯	25			
	2	较全面地列出 6502 电气集中联锁的常见故障及解决办法	25			
	3	能阐述 6502 电气集中联锁的大部分故障	20			
职业素养	4	具有独立思考问题的能力	15			
	5	态度积极认真	10			
	6	在任务实施中有团队协作体现	5			
效果评估总结（对自己学习效果的评估和反思）						

083

任务 3.3　了解计算机联锁自动化运维及标准化

【学习目标】

知识目标：
（1）了解计算机联锁的发展、组成；
（2）了解计算机联锁自动化运维及标准化；
（3）了解计算机联锁未来的发展方向。

能力目标：
（1）能够进行计算机联锁自动化运维；
（2）提升计算机联锁自动化运维中的故障分析能力。

素养目标：
（1）培养安全防控意识；
（2）具备创新精神与风险精神。

中泰版：计算机联锁系统概述　　中文版：计算机联锁系统概述　　中英版：计算机联锁系统概述

【任务描述】

计算机联锁是一种自动化运维技术，它通过计算机系统实现对车站信号设备的控制，提高运营效率。标准化是指将计算机联锁系统的开发、部署、运维等过程进行规范化和统一化，确保系统的稳定性和安全性。采用自动化运维技术，可以实现信号设备的远程监控和管理，提高故障处理效率。同时，标准化使不同厂商的计算机联锁系统可以相互兼容，方便运维人员进行管理和维护。这有助于提高铁路运输的效率和安全性，为旅客提供更好的服务。通过学习本任务的内容，学习者应了解计算机联锁自动化运维及未来的发展方向。

【知识链接】

3.3.1　计算机联锁的发展

计算机联锁系统是一种以 6502 联锁系统为基础，将其大部分的继电器元件虚拟化，并结合联锁关系将其编写为固定程序，程序中包括了二进制的逻辑运算等，其结果也以二进制形式表现出来，去控制车站的相关信号设备，如信号机、道岔等，以满足车站信号控制的设备。与原系统相比，该系统具有大幅提升的运行速度、庞大的信息量、简便的操作、更高的安全性、小巧的体积、可方便地进行调试和维修等特点，使自动化水平和作业效率较大程度地得到了提升，且它具有十分明显的技术优势，其设计、施工、维修和使用方便，模块化的设计也便于站场的变更。自 20 世纪 70 年代微型计算机问世以来，随着可靠性技术和容错理论与技术的进一步发展，瑞典、日本和英国等国家相继开展了计算机联锁系统的研究。1978 年，世界上第一套计算机联锁系统在瑞典哥德堡车站投入使用。随后，一些发达国家也相继使用了计算机联锁系统，并逐步取代了电气集中联锁系统。1984 年，我国铁道部通信信号公司开发出我国第一套计算机联锁系统，此后取得迅速进展，目前国内自主化计算机联锁系统已经在中国铁路、厂矿企业和城市轨道交通等领域广泛使用，如图 3-6 所示。

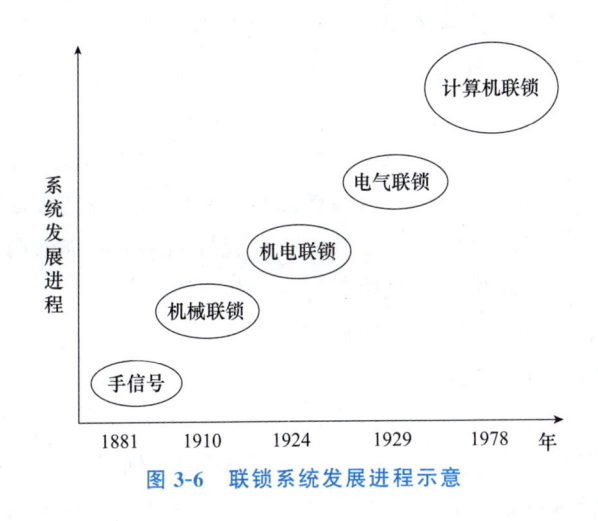

图 3-6 联锁系统发展进程示意

我国计算机联锁系统的实用性研发始于 1983 年，是由当时的铁道部通信信号公司研究设计处率先进行的。1984 年在南京梅山铁矿井下进行试用之后，我国第一个正式运营的计算机联锁系统（DS6-30 型）于 1986 年在太原钢厂配料站开通使用。铁道科学研究院通信信号研究所于 1985 年开始进行计算机联锁的研发工作，在郑州北上行编组站驼峰尾部进行现场试验之后，于 1989 年在该处开通了我国铁路的第一个计算机联锁系统（TYJL-I 型），该系统可对郑州北上行编组站驼峰尾部全部 36 股道进行控制并具有平面调车单钩溜放功能。1993 年铁道科学研究院成功研发了采用双机热备冗余方式的计算机联锁系统（TYJL-II 型），并于哈尔滨平房客站开通使用。

此类计算机联锁系统（尤其是联锁软件）的研发均以 6502 继电联锁的功能为标准，并基本完整保留了 6502 与轨旁设备接口的继电电路；普遍使用适用于工业控制、主要采用工业级通用芯片的商用微机，以汇编或 C 语言程序进行联锁逻辑处理；主要采用动态驱动和采集、软件冗余及相应的故障在线检测技术实现系统的安全保障。对于关键的动态驱动技术，研发了一种使用脉冲序列驱动 AX 安全型继电器的故障—安全电路，由计算机以输出脉冲序列的方式进行控制。

1. 全套引进计算机联锁系统的起步

全套引进方式，即除计算机联锁系统的核心——联锁安全计算机平台（包括平台硬件及系统软件）由国外引进外，系统的核心应用软件——联锁软件也主要由外方或由外方主导的方式完成，即由外商作为联锁系统的主承包商全面负责包括联锁软件在内的系统软件、硬件相关变更的技术实现；由中方配合外方实现系统与轨旁设备的接口、站场联锁软件及应用数据的编制、修改与系统的工程开通。由于世界各国铁路的联锁关系不尽相同，而且有的联锁关系相互间差异很大，因此引进系统联锁软件的变更甚至重新开发的成功与否，往往成为决定整个计算机联锁系统优劣甚至成败的一个关键；而对于在改革开放之前的封闭环境下独自发展、自成体系的我国车站联锁系统而言，这一点显得尤为突出。

大约于 1986 年，我国首次引进了国外计算机联锁系统英国西屋（WESTINGHOUSE）公司的 SSI 联锁系统。美国通用铁路信号有限公司（GRS）的 VPI 型计算机联锁系统成为第一个在我国铁路成功投入使用的引进计算机联锁系统。该系统于 1991 年在广深线红海车站开通运营。VPI 型计算机联锁系统的突出特点是其应用软件采用基于布尔代数/梯形图的表达方式来实现联锁逻辑。采用这种方式易于将比较简单的继电逻辑电路直接转化为计算机执行程序，但将其用于实现 6502 基于站场图形的复杂继电网络电路仍是比较困难的。在安全保障方面，使用了一种称为"数字集成安全保证逻辑"（NISAL）的编码逻辑和专用板卡对系统软件、硬件进行安全校验与在线故障检测，并采用基于磁饱和原理特殊设计的故障—安全检测器件，对驱动输出进行监测。当校验有误或检测到危险失效时，可快速切断相关电源，使系统导向安全。VPI 原型为单机使用的计算机联锁系统，后经中美合资的卡斯柯公司改进为双机热备冗余系统，在国内推广使用。

2. 对计算机联锁设备的上道管理

针对上述问题并结合计算机联锁的特点，原铁道部电务局于 1997 年 11 月发布了《关于积极稳妥发展计算机联锁的通知》（电信〔1997〕83 号），确定了现阶段计算机联锁的正确发展方针，并提出加强标准化、定型化及软件规范化管理；由已在上海铁道大学设立的计算机联锁检测中心审查与检测拟上道联锁设备；加强研制单位规范化管理；建立生产基地，推广国产化及建立三级维修中心等 5 项基本原则。1998 年 8 月，原铁道部又发布了《关于加强车站计算机联锁上道管理的通知》（铁电务〔1998〕94 号），由此开始重点持续强化对计算机联锁的专业管理。该文件规定了对车站计算机联锁实行设备制造特许证、制式软件检测等制度；并规定电磁兼容和雷电防护认证检测为计算机联锁设备制式检测的前提条件，且确定由北京交通大学"铁路抗电磁干扰研究中心"和"全路信号防雷中心实验室"与"沈阳信号工厂防雷实验室"作为检测的具体执行单位；同时将要采取的产业发展政策定为引进少量国外先进的计算机联锁设备，以提高我国车站计算机联锁的技术水平；对车站计算机联锁设备实行招标采购，以降低造价；在计算机联锁制式技术鉴定的基础上，确定我国车站计算机联锁的主导机型，实现硬件接口通用化和工程设计标准化，并同时建立以铁路信号工厂为主体的国产车站计算机联锁硬件生产基地。据此，通过考核检测及比选，确定铁科院通号所、通号公司研究设计院、北京交通大学微联公司和卡斯柯信号公司为我国铁路计算机联锁系统的研制生产责任单位。

伴随国产双机热备计算机联锁系统较大规模的上道使用和逐步完善的规范管理，主要研制生产责任单位在完善自主产品的同时，也都基于起步阶段全套引进模式未能成功的经验，改全套引进为只引进联锁安全计算机平台，由中方作为计算机联锁系统的主承包方，与愿以平台设备提供商方式进行合作的国外知名信号厂商或设备提供商合作，基于引进的采用三取

二、二乘二取二等硬件安全冗余结构的高等级安全计算机平台和国产计算机联锁系统自主开发的联锁软件，进行二次开发（主要是联锁软件的移植、与轨旁设备的接口设计及辅助系统配套），推出新一代高技术水准的计算机联锁系统，并由中方负责之后所有相关的工程实施环节。

采用这种更能充分、合理发挥外、中双方各自在安全计算机平台和联锁软件与工程实施方面优势的合作方式，成功推出可在干线铁路上道使用的计算机联锁系统，如TYJL-TR9（三取二，铁科院与TRICONEX公司，1996年）、DS6-K5B（二乘二取二，通号公司与日本京三，2001年）、EI32-JD（二乘二取二，日本日信与北京交通大学微联公司，2003年）、TYJL-ECC（三取二，铁科院与西门子，2003年）和TYJL-ADX（二乘二取二，铁科院与日立，2004年）型高等级计算机联锁系统，由此全面提升了我国联锁安全计算机平台的技术水平。原铁道部于2005年开始将此类计算机联锁系统适时纳入制造特许证管理，为EI32-JD、DS6-K5B和TYJL-TR9颁发了特许证，并规定1个研制生产责任单位最多只能同时为其自主研发系统和引进平台二次开发系统各取得1个上道许可，由此逐步形成我国计算机联锁系统以引进安全平台为主、自主开发平台为辅的并行发展格局。

3. 计算机联锁技术装备原则的确定

在运用已经比较成熟的几种典型计算机联锁系统中，鉴于采用二乘二取二安全冗余结构的设备具有良好的安全性，且在软件升级与硬件更换时可通过双机切换以（几乎）无间断的方式来实现，因而具有更好的可维护性和可用性，比较适用于我国铁路车站联锁改造及现场试验比较频繁的情况，原铁道部于2007年10月在《关于计算机联锁设备技术装备有关问题的通知》（铁运函〔2007〕1124号）中要求进一步健全计算机联锁技术标准、检验和管理体系的同时，明确我国铁路新阶段计算机联锁设备的技术装备原则：将采用"二乘二取二"冗余结构的计算机联锁系统列为我国发展的主流产品，并加快该类型联锁设备硬件国产化及软件、硬件完全自主知识产权系统的发展进程，促进设备价格的降低和技术的进步；在繁忙干线及其他铁路自动闭塞区段采用"二乘二取二"冗余结构的系统。

基于上述技术装备原则，目前在我国干线铁路特别是高铁车站，基本采用引进国外安全计算机平台进行二次开发的"二乘二取二"计算机联锁系统：除DS6-K5B型和EI32-JD型联锁系统外，还有卡斯柯信号公司的iLOCK型和铁科院的TYJL-ADX型联锁系统；自主知识产权的国产"二乘二取二"联锁系统——通号公司研究设计院的DS6-60型和铁科院的TYJL-HI型计算机联锁系统获得许可，除普速及干线铁路外，这两种国产系统也在个别高铁车站上道使用。

4.《铁路车站计算机联锁技术条件》（TB/T 3027—2015）的发布

《计算机联锁技术条件》（TB/T 3027—2002）在2002年发布实施。

随着我国铁路信号/通信新技术持续迅速发展，以及为满足大提速的需求，特别是已现端倪的高速铁路规模发展对计算机联锁的新需求；计算机联锁的规模应用与逐步规范的管理需求；对国际功能安全及信号安全系统RMAS理论、方法、标准/规范的引入、深入理解与运用的需求等，2005年启动修订工作。漫长的修订历程也是一个不断适应新技术、新需求、新规范、新理念的完善过程，其间还有两大因素使预定的修订工作产生了很大的变化。一方面是对与高速铁路相关的部分技术条件难以有"先见之明"，直至2009年年底全路客运专线/高速铁路的建设取得显著成就,特别是武广、郑西高铁的开通,才有了形成送审稿的条件;另一方面是2011年因列控中心故障造成的温州动车事故,直接导致计算机联锁技术条件送审稿被暂时搁置后再次进行讨论、修订。这一时期我国计算机联锁及高铁列控技术由框架构建、关键技术突破的快速发展阶段逐步转入了规范、完善的稳定发展阶段,这也是历经10年总结、修订的2015版技术条件得以定稿并发布实施的一个重要影响因素。

❋ 3.3.2 计算机联锁的组成

铁路车站的行车安全需要由联锁系统来保障,联锁系统最早应用于铁路,为了保证行车安全,信号、道岔与进路之间必须保持一定的制约关系和操作顺序。通过技术方法,信号、道岔和进路必须按照一定程序并满足一定条件才能动作或建立起来的相互关系,就是联锁。联锁系统经历了手信号、机械联锁、机电联锁、电气联锁和计算机联锁(CBI)等发展阶段。早期使用的6502继电联锁系统因设计和维护时需要投入大量的工作与高额的成本,且自动化管理水平较低,已经逐渐不适应铁路的发展需求,因此就铁路运输而言,它的发展需要联锁系统有一个更高层次的提升才能实现,这种提升包括技术的创新、功能的完善、应用的推广及操作方式的简化等。随着计算机技术的发展,计算机联锁系统横空出世,该系统可满足上述要求,故该系统在我国铁路的广泛应用势在必行。与6502继电联锁系统相比,计算机联锁系统采用较少的硬件和相应的软件,可以很容易地实现控制功能,其在信息处理功能和逻辑功能方面也具有很强的能力。计算机联锁系统现已广泛应用于铁路交通、城市轨道交通以及工矿企业等工业控制领域。

计算机联锁是以计算机技术为核心,采用通信技术、可靠性与容错技术,以及故障—安全模式技术实现联锁要求的实时控制系统。随着分布式技术和网络通信技术的发展,计算机联锁系统已经从单纯的车站联锁发展到区域性控制联锁,并且结合多媒体技术和信息技术实现大范围的区域控制,减少人为操作,集中控制和调度,便于掌握区域内列车运行和车站使用状态,统筹规划,合理指挥行车,保证列车安全运行,增强系统的安全性和可靠性。

计算机联锁系统需要实现的基本功能,主要包括以下几个方面(图3-7)。

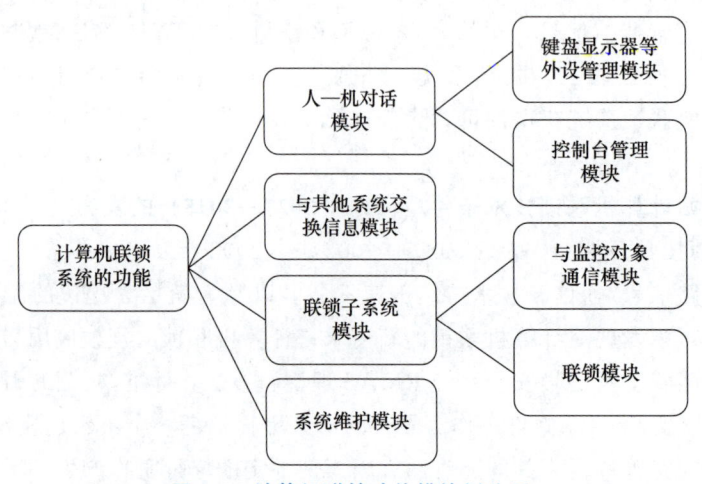

图3-7 计算机联锁功能模块划分图

（1）人—机对话功能。人—机对话功能即操作人员利用控制台或键盘等向计算机输入操作信息，以及计算机向控制台或屏幕显示器输出表示信息的功能。

（2）联锁功能。联锁功能是系统功能的核心部分，负责联锁功能的运输和保证安全的输出。当联锁系统与室外的监控对象以总线的方式交换控制信息和状态信息时，从联锁功能中可能再划分出一个与监控对象交换信息的子功能。

（3）系统维护功能。系统维护功能主要包括对室外设备的检测功能、对计算机的检测功能及对操作的记录功能。

目前，国内外进行高可靠系统的容错设计大多采用三模静态冗余方案或二模动态冗余方案。其中，前者完全是靠硬件冗余来提升可靠性的；后者则不仅使用了硬件冗余资源，而且使用了故障检测技术与软件冗余资源。这两种方案的共同特点是对硬件故障具有较强的屏蔽与纠错能力。然而这两种方案均存在一定的实现难度与缺陷，三模静态冗余系统必须实现三模的同步进程及表决器的高可靠设计，尤其需要解决时钟容错的问题；二模动态冗余系统则要求冗余管理机构的高效与可靠性。目前，这两类系统的可靠性计算都是在设定表决器或冗余管理机构的可靠度 $R(t)=1$ 的基础上进行的，同时由于设备直接投资成本过高，因此在非航天、通信等可靠性要求不是很高的领域应用不多。

由于计算机联锁系统处理涉及安全的信息，它主要由大规模和超大规模的集成电路芯片组成，集成电路芯片具有对称的错误特性，即芯片的短路故障和断路故障的概率是相同的。因此，必须使采用集成电路芯片的计算机联锁具有故障—安全特性。计算机联锁系统常用体系架构如图 3-8 所示。一般来说，计算机联锁系统是采用避错技术和容错技术来提高系统的可靠性。避错技术采用高可靠性芯片，以减小故障概率。在这种情况下，要想进一步提高系统的可靠性，就要用到容错技术。容错技术的基本出发点是承认故障是不可避免的事实，进而考虑解除故障影响的措施。为实现这一目的，主要手段就是投入更多的资源，如硬件冗余、软件冗余、时间冗余等，主要是硬件冗余和软件冗余。

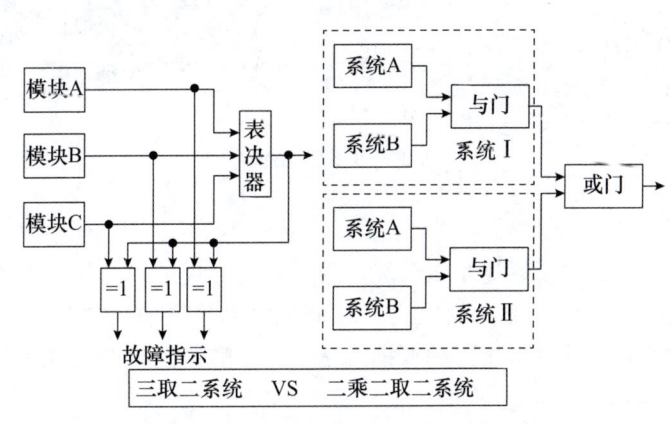

图 3-8 计算机联锁系统常用体系架构

计算机联锁系统主要可以应用于轨道交通及铁路交通领域，其作为基于通信的列车控制（CBTC）系统的联锁子系统，除具有基本的电气联锁功能外，还可以支持一系列如扣车、提前发车、区段封锁、自动折返、保护进路、车站封锁等地铁所需的特殊联锁功能，在后备模式下可以进行固定闭塞功能行车。CBTC 系统如图 3-9 所示。

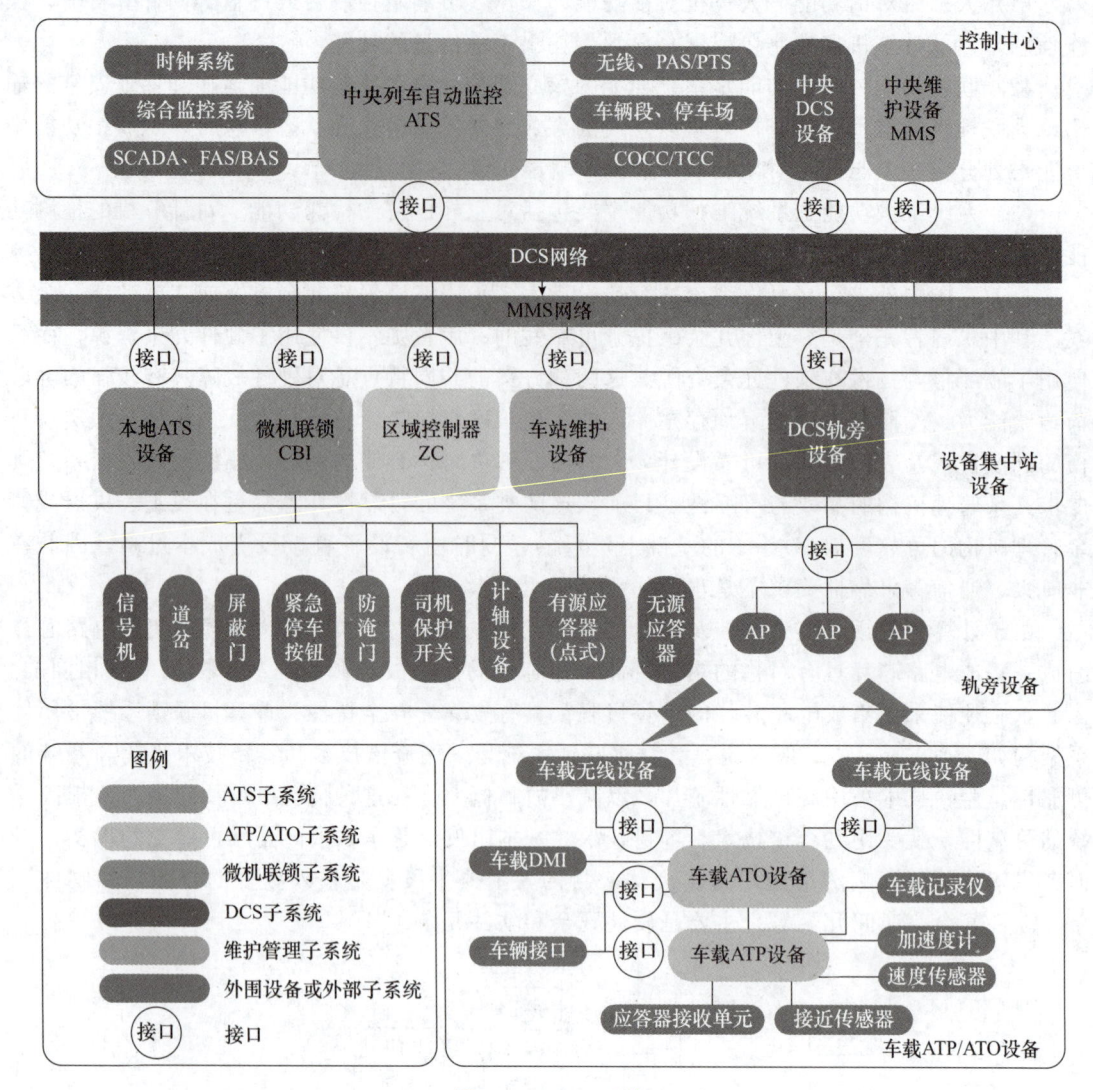

图 3-9 CBTC 系统

1. 安全体系架构

计算机联锁控制系统的可靠性是指在规定的时间内、规定的条件下，系统完成规定功能的能力。其安全性是指衡量系统在发生故障时不导致危险侧输出的能力，两者关系紧密相连。系统的可靠性越高，其发生故障的概率就越小，故障发生时产生危险侧输出的概率也就越小，则系统的安全性也越高。

计算机联锁系统一般采用冗余结构来提高其可靠性和安全性，其实质在于增加相同性能的模块，这些模块从完成系统功能的角度来看是多余的，但从提高系统运行的可靠性和安全性来看，却是必要的。计算机联锁系统采用二乘二取二架构，双机冗余热备份，按照"故障—安全"原则设计。区间与站内统一防护，适应轨道交通运营特点，满足 CBTC 系统中特殊的联锁需求，并且能兼容大铁、地方铁路、车辆段的需求，采用标准化安全开发流程，整个设计开发过程与第三方独立安全认证保持同步。采用模块化设计技术，各功能模块可以独立扩展及升级，根据项目需求可以灵活配置成集中联锁或区域联锁。其系统架构如图 3-10 所示。

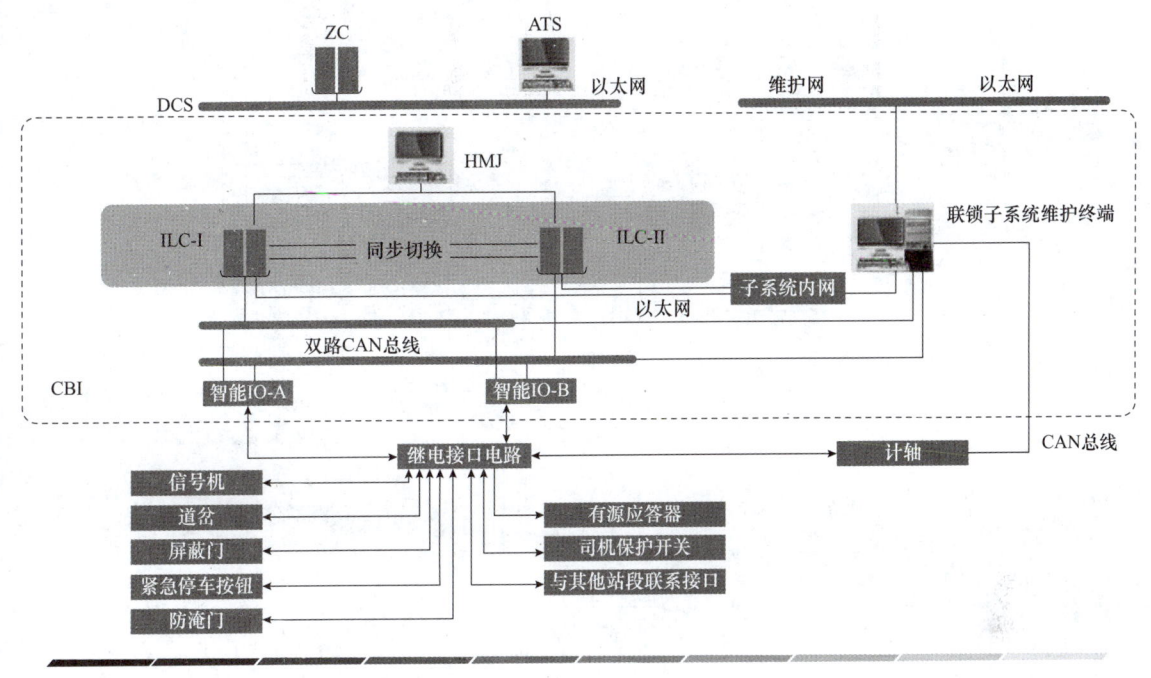

图 3-10　计算机联锁系统架构

2. 安全开发标准及流程

计算机联锁系统的开发需要遵从欧洲相关技术标准 EN50126、EN50128、EN50129、EN50159、EN50125-3、EN50121-4、EN50124-1 及国内标准 GB 50174—2017、TB/T 3027—2015。从组织架构及相关开发流程保证设计团队、安全分析团队以及测试团队的独立性。如图 3-11 所示，从用户需求开始，安全分析团队会进行初步危险分析，设计团队对用户需求进行分析和分解成系统需求，并进行外部系统接口设计，测试团队针对系统需求，确定系统确认测试的规范，以确定该系统需求是否可以被测试验证，并在系统相关设计成型后出具系统确认测试验证报告。系统需求阶段完成后，设计团队进行系统架构设计及内部接口设计，安全分析团队负责对内部接口设计进行安全分析，测试团队针对系统架构设计系统集成测试规范，以验证系统架构设计是否正确。系统架构阶段结束后，设计团队从中分解出软硬件需求，再进行软硬件架构设计以及详细设计。在软硬件架构及详细设计阶段，安全分析团队需要对软件架构及硬件安全进行分析，并给出相应的报告以确认是否能满足安全的规范和标准，测试团队设计相应的软硬件测试规范和用例，以及软硬件集成测试的规范和用例。

在详细设计完成后，设计团队即可以进行相应的软件编码，设计硬件详细原理图，并进行相应的单元测试。在设计团队的详细设计及单元测试完成后，VV 测试再进行从下而上的验证及确认测试。模型如图 3-12 所示呈 V 形，测试团队、安全分析团队和设计团队保持独立，并对产品设计进行全生命周期的安全分析及测试验证。

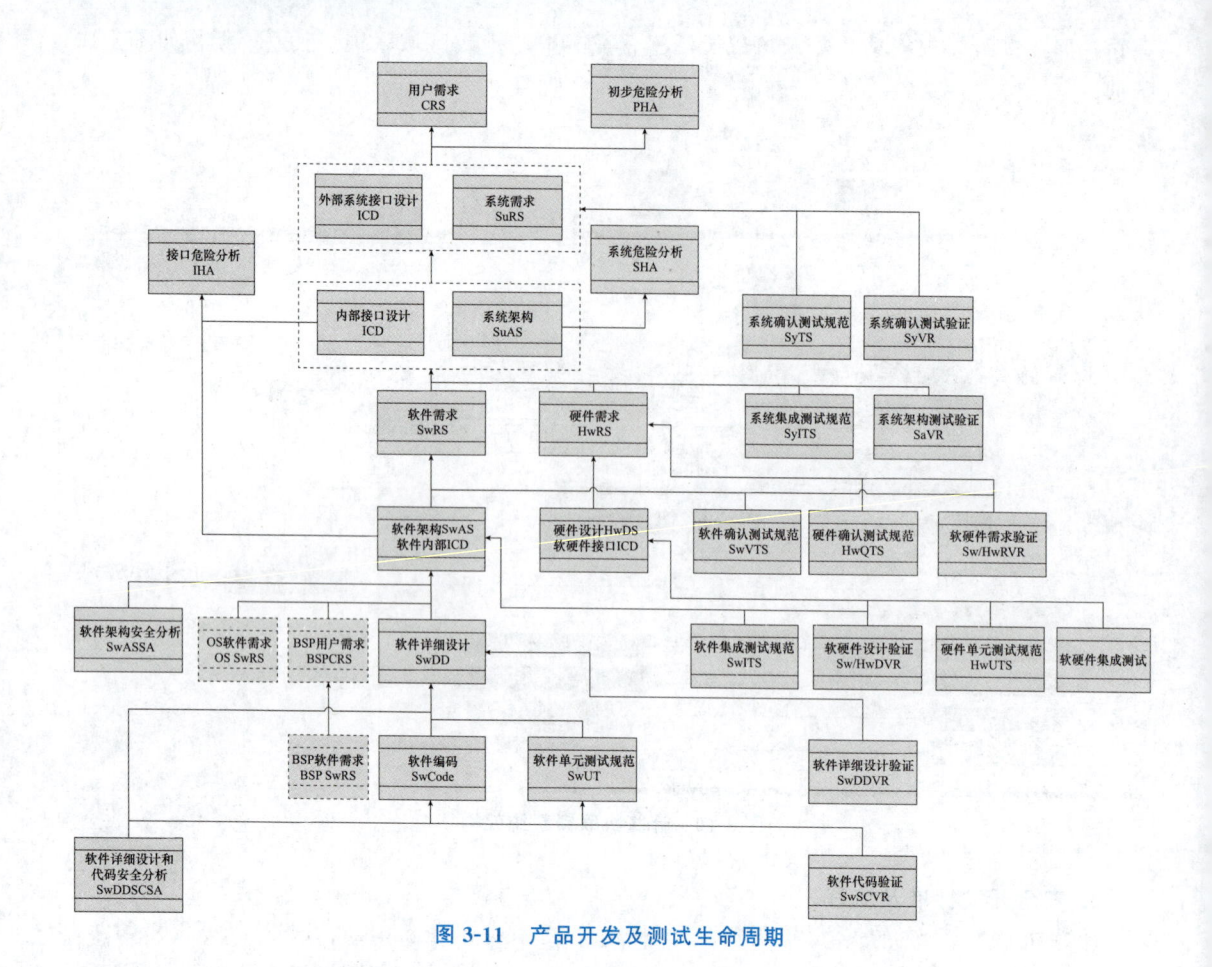

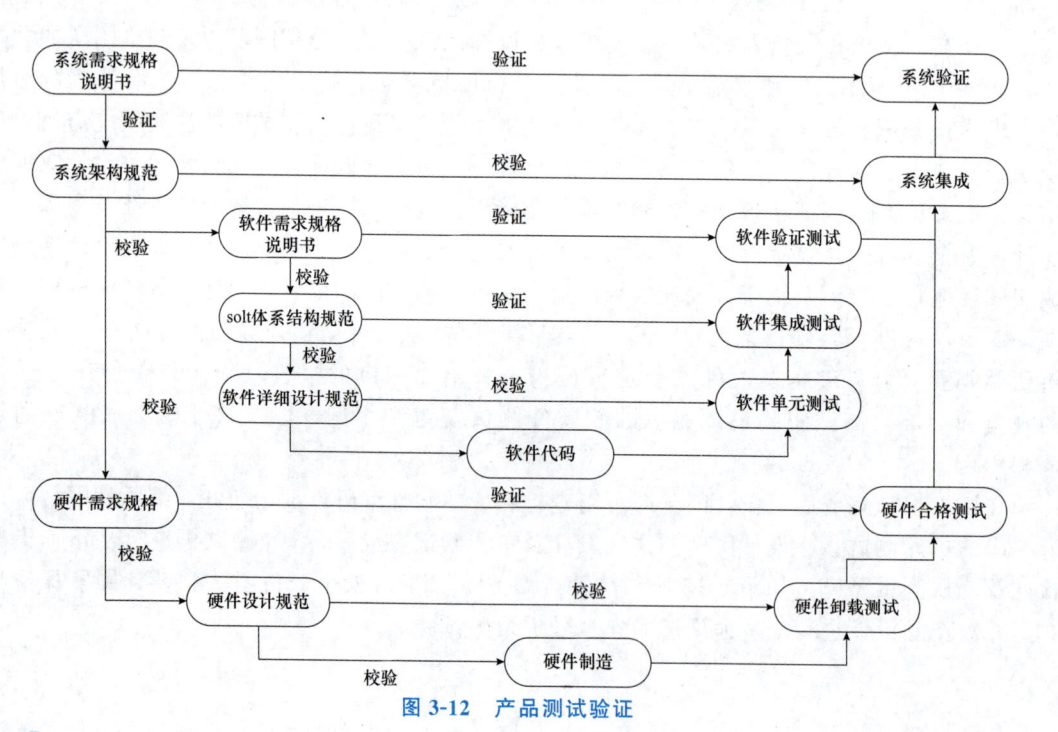

图 3-11　产品开发及测试生命周期

图 3-12　产品测试验证

3.3.3 计算机联锁系统的安全与冗余体系

1. 软硬件冗余技术

计算机联锁系统一般采用冗余结构来提高其可靠性和安全性，其实质在于增加相同性能的模块，这些模块从完成系统功能的角度看是多余的，但从提高系统运行的可靠性和安全性看，却是必要的。计算机联锁系统的可靠性冗余结构，就是指为使系统的可靠性指标达到或者超过目标值而采用的冗余结构。系统的可靠性冗余结构，往往采用双机热备二重系统。计算机联锁系统的安全性冗余结构就是指为使系统的安全性指标达到或超过目标值而采取的冗余结构，往往采用双机同时工作，并彼此进行频繁比较的二取二二重结构。

计算机联锁系统既要求有较高的可靠性指标，又要求有较高的安全性指标，将可靠性与安全性的系统结构结合起来，形成二乘二取二和三取二的系统结构。区域性计算机联锁系统采用二乘二取二的软硬件冗余技术，基于"故障—安全"原则进行设计，既保障了系统的可靠性，又能满足安全性的需求。

计算机联锁系统只有双系同时正常工作时，才允许安全信号输出，如果其中一系发生故障，则系统会切断输出，进入安全模式，必须在故障定位排除以后，双系同时正常工作，并表决通过才能输出控制信号。

2. 软硬件检查技术

为了提高系统的可靠性和安全性，计算机联锁系统采用了硬件电路回检技术和软件在线自检技术相结合的软硬件检查技术。硬件电路增加对关键电路的检测，并且采用安全继电器，保证在电路出现故障时导向安全侧。软件检测包含上电自检和持续的周期自检。软件上电自检包含内存状态、版本信息、配置信息、电源状态、工作温度和硬件电路安全状态的检测，从而保证系统启动时在安全可靠的状态。在线自检会对这些系统的运行状态进行周期的轮检，从而保证系统一直运行在安全可靠的状态。

3. 双环网通信技术

为了保障计算机联锁子系统的可靠和安全通信，计算机联锁子系统之间采取了红蓝网双环网设计。现场总线采用 CAN 安全通信协议，CAN 协议自身具有错误检测和安全校验机制，可以保障通信的安全性和可靠性。计算机联锁子系统和其他外部子系统通信核心传输层采用 IP/MPLS 技术，接入层采用 IEEE 802.3 以太网标准，保障与外部其他子系统进行安全可靠的通信，如图 3-13 所示。

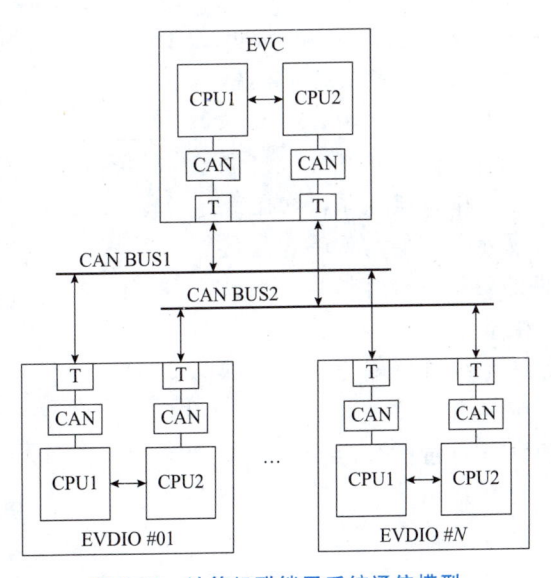

图 3-13 计算机联锁子系统通信模型

4. 双机热备联锁系统

双机热备联锁系统是主机工作，并机热备，也就是主机、并机要同时上电工作，但同一时刻只有一台能够输出控制命令，这里称其为主机，则称另一台为并机。输入端的操作信息以及由监控设备所采集的状态信息同时送入主机、并机，并由主机、并机分别进行联锁运算，然后由主机送出控制命令，在主机故障的情况下，切换单元的 QHJ 吸起，转换到并机，由并机输出控制命令，以此来保证系统的可靠性。但是，它在某一时刻只能由主机或并机来保证系统的可靠性，如果联锁机内部发生硬件故障导致数据错误、数据流向错误、指令错误，以及程序错误和数据丢失等，都将会导致联锁失效，很可能危及行车安全。

从安全性的角度来看，主机与并机各自采用两套不同的联锁软件来实现相同的联锁运算功能。联锁软件采用不同的语言来编写，尽可能保证软件在同一时刻不出现相同的错误，以此来保证系统的安全性。当主机的两套软件运行结果不一致时则不输出，而是自动切换为并机输出。

5. 三取二联锁系统

从可靠性来看，A、B、C 三台计算机同时接收来自输入端的操作信息及由监控设备所采集的状态信息，经过 A、B、C 三台计算机的联锁运算后将 3 路结果送至表决器，经过表决器的"与""或"运算后，如果来自 A、B、C 三台计算机输出信息中的任何 2 个一致或者 3 个都一致，就会输出最终控制命令，从而实现对信号机、道岔的控制。如果来自 A、B、C 三台计算机的三个输出信息均不相同，那么得不到正确的控制命令，系统则处于故障状态。

三取二联锁系统的三台计算机是相互独立的，任何单个元件和电路出现问题都不会导致系统故障，所以三者有任一故障，系统依旧正常工作，屏蔽了故障单机，这就提高了其可靠性，但是这就要求三台计算机中必须有两台正常工作才是可靠的。

从安全性看，各个计算机软件之间采用的是移植方式，这就大大降低了应用软件的复杂性。由于应用软件的设计只需解决自身逻辑设计的安全性，因此就有利于提高整个联锁系统的安全性。

三取二联锁系统的表决器实际上是一个"三人表决器"，逻辑关系为多数意见为结果。设 A、B、C 为三路信息（输入逻辑变量），正常（正确）为 1，故障（错误）为 0，X 为结果，多数相同（正确）X 为 1。其公式：$X = A \times B + B \times C + C \times A$。将 A、B、C 三路运行结果送至表决器，两路组合分为三组分别送至 3 个比较器（"与"门）进行比较，再通过"或"门进行运算，若有两个或两个以上结果一致，则输出结果；否则，没有输出。

6. 二乘二取二联锁系统

从可靠性来说，二乘二取二型计算机联锁系统有联锁Ⅰ系和联锁Ⅱ系，如图 3-14 所示，它们与两系电子终端交叉并联，当其中一系统发生故障而不能输出时，由另一系统进行输出，以确保系统工作正常进行。同时，各设备间通信采用光缆双通道的冗余结构，传输速率和可靠程度都高。驱动和采集电路也是双冗余，且自诊断能力非常强，工作时检测系统若有故障，则停止系统的运行或

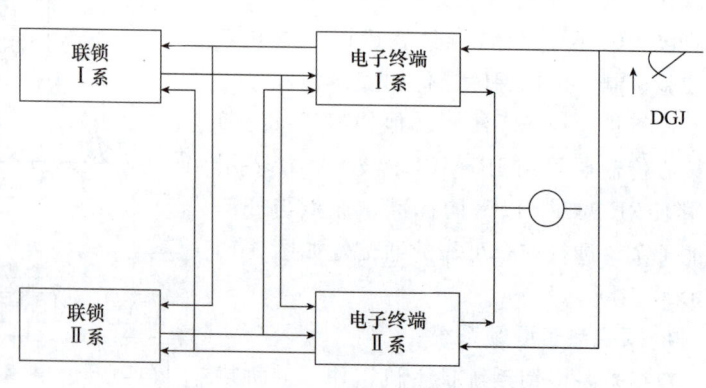

图 3-14　二乘二取二系统结构框图

报警。

从安全性来说，二乘二取二联锁系统的联锁两重系，每一系都有双套CPU，共用同一个时钟，对从轨道继电器采集的信息进行同步比较，当两路信号比较结果一致时，输出结果；当发生错误或信号比较不一致时使输出导向安全，自动切换到备机输出，具备了"故障—安全"性能。

3.3.4 二乘二取二型计算机联锁系统

1. 二乘二取二型计算机联锁系统的硬件结构

如图3-15所示，二乘二取二型计算机联锁系统包括联锁机、控制台、输入/输出接口（即电子终端ET）、电务维护台、微机检测和电源。控制台由控显A/B机（双机）、转换箱和与行车相关的操作、表示设备（数字化仪、鼠标、语音设备）组成。值班员的操作动作通过两控显机转为一种变量，再将操作变量转换为操作命令，经过联锁机和电子终端输出，控制室外设备动作，同时又将从室外采集的各种状态信息送到显示器上，反映车站列车的运行情况。

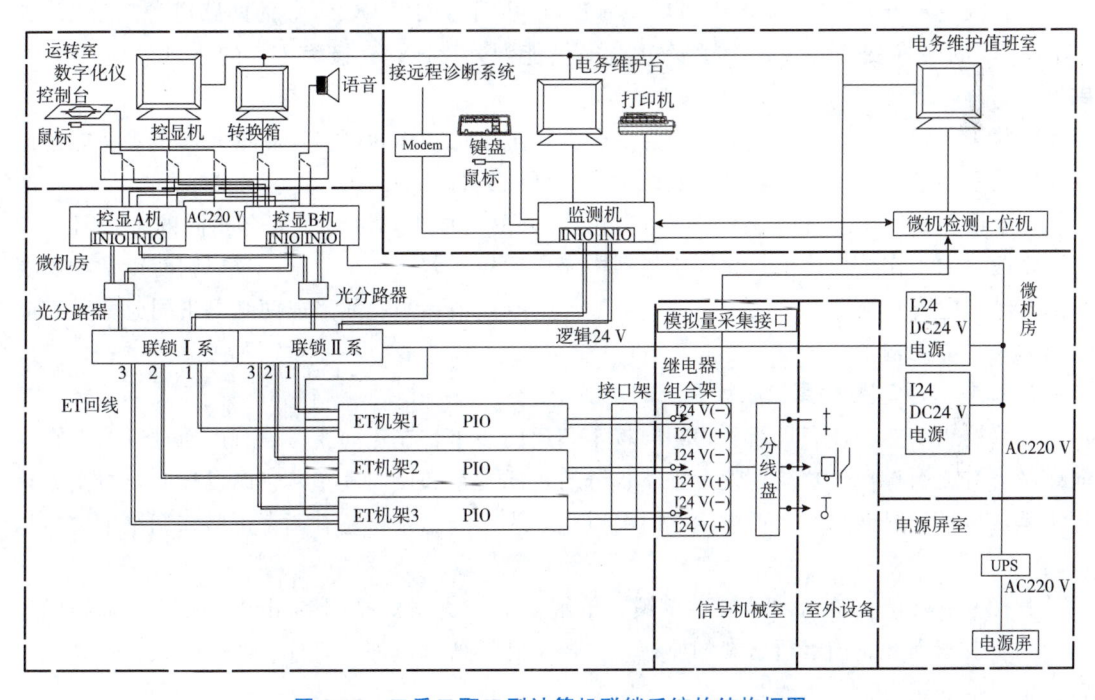

图3-15 二乘二取二型计算机联锁系统的结构框图

位于微机房的两台控显机为工业控显机，同时具有控制和显示功能，其内部有两个串行通信接口板INIO，分别与两系联锁机交换信息（两者之间用光缆连接），每系的联锁机都有两个接口负责与一个控显机连接。为了使各系联锁机能与两台/一台控显机同时/单独交换数据，就将两个光分路器分别置于每系联锁机与每台控显机之间，使一侧输入信号分两路输出，而另一侧两路输入合为一路输出，形成了交叉互连的冗余结构。控显A、B机通过转换箱完成转换，但是需要人工操作转换开关。报警设备采用语音报警。

联锁机运算的信息来源于状态信息（室外采集）和控制信息（室内发出）。两系同时运行，它们之间用并行接口形式的高速通道来进行数据交换，可实现两者之间的同步工作和切换运行。联锁Ⅰ、联锁Ⅱ系各用两根光缆分别连接控显 A、B 两机（之间还用光分路器衔接），这样，联锁Ⅰ、联锁Ⅱ系就可与控显 A、B 两机分别同时交换数据信息，同时联锁Ⅰ、联锁Ⅱ系各用两根光缆与监测机内的两个 INIO 卡连接，建立两者的通信，这样监测机就能收到各系的维护信息，以时刻监测各系的工作情况。各系有 5 个接口用于电子终端的连接（ET 回线 1~5），每个接口负责连接一个 ET 机架。

电务维护台设备包括监测机、键盘、显示器、打印机、鼠标、微机检测上位机以及与远程诊断系统的接口。微机检测上位机的检测信息也会通过接口送入监测机，而上位机的信息为模拟信息，来自位于信号机械室内的模拟量采集接口，如图 3-15 所示，该接口采集的是继电器线圈的状态和接点的状态。监测机与远程诊断系统通过 Modem 连接，采用光缆通信，需要光信号传输的终端设备——光端机，它用于进行"光-电"转换和"电-光"转换。

UPS 电源（一套）和 DC24 V 电源（两路）构成了整个系统的电源部分，首先 AC220 V 电源由信号电源屏单独送入 UPS，为 UPS 提供能源（UPS 自身有蓄电池），当故障断电时可以向外供电，保证系统正常工作，同时它可以净化电源滤掉干扰与瞬间的干扰冲击波。其次逻辑电源（L24）与接口电源（I24）共同组成了 DC24 V 的两路电源系统，L24 经 DC-DC 的转换变为 5 V，为逻辑电路提供能源，I24 V 直接为 ET 的驱动和采集电路供电。

联锁Ⅰ、联锁Ⅱ系的主机部分均为安全型，该主机被称为逻辑控制单元，主要功能为进行联锁关系的逻辑运算，对联锁系统的软件、硬件进行管理。

每个逻辑控制单元有两个 CPU，它们在相同的时序下，进行了完全相同的工作且步调一致，两者的工作结果输出到总线比较器中完成比较，若两结果完全一致，则使正常继电器励磁，经"电光转换器"去接通电源，使输出为有效值；当有故障或两结果不同时，则切断输出途径，即无输出。

2. 二乘二取二型计算机联锁系统的功能

进路控制功能：接车进路分为正向接车和反向接车，在正向要考虑有无通过进路，在反向要考虑有无引导接车功能；发车进路也分为正向发车和反向发车，正向发车时要看出站信号机是三显示还是四显示，反向发车时要看是否为站间闭塞；还有调车进路和调车中途折返进路。

其他控制功能：道岔的单操、单锁、单解；引导进路的锁闭和引导总锁闭。系统的监测：列车及车列在站内运行状态的监视；监控室外设备（室外三大件）的工作状态；系统设备模拟量的测试。

二乘二取二型计算机联锁系统与其他系统的接口有与远程诊断系统的接口；与 TDCS 系统的接口；与 CTC 系统的接口。

目前，城市轨道交通的计算机联锁系统有国产和引进的，车辆段/停车场的联锁均采用国产设备，而正线车站的联锁有一部分是引进设备。

凡是铁路采用的国产计算机联锁系统，如 TYJL 系列、DS 系列、JD 系列、VPI/iLOCK，在城市轨道交通中都有所采用。引进的有西门子公司、泰雷兹公司、USS 公司等的计算机联锁系统。

国产的计算机联锁系统有二乘二取二型和双机热备型两大类，二乘二取二型计算机联锁系统的安全性、可靠性和稳定性明显高于双机热备型计算机联锁系统，但是两者价格相差三四倍。对于正线，考虑到高安全性、高可靠性，采用二乘二取二型计算机联锁系统是完全应该的。对于车辆段/停车场，多为进出段/场作业和调车作业，不载客运行，可以不需要正线那样高的安全性、可靠性，采用双机热备型计算机联锁系统就完全能够满足需要。双机热备型计算机联锁系统在众多车辆段/停车场安全运用多年，未发生问题。

3.3.5 计算机联锁系统与功能

1. 软件的功能

一般来说，计算机联锁系统的软件应具有以下功能：
（1）人—机界面信息处理功能。
1）操作信息处理。对正常的操作进行处理，形成有效的操作命令，并在屏幕上给出相应的表示，以便使值班员确认自己的操作；对错误的操作进行处理，并在屏幕上给出相应的提示，以便使值班员能够立即发现自己的错误操作，及时采取措施纠正。
2）表示信息处理。对现场信号设备的状态，在屏幕上实时地进行显示，使值班员能随时监督现场设备的运用情况。
3）维护与管理信息处理。对现场的信号设备的故障状态，在屏幕上及时地给出特殊的显示，以便使维护人员迅速、准确地查找故障；自动记录并储存值班员进行作业的时间及被操作的按钮，完成与其他周边系统的联系。
（2）进路控制功能（基本联锁控制）。能够完成规定的联锁功能，主要包括：
1）进路选出（建立）；
2）进路锁闭；
3）信号开放；
4）信号保持开放；
5）进路解锁；
6）进路正常解锁；
7）进路非正常解锁；
8）道岔单独操纵；
9）进路引导总锁闭等。
（3）执行控制功能。
1）输出控制：根据计算机联锁系统的软件生成的控制命令来驱动现场设备控制电路。
2）输入控制：采集现场设备的状态信息，为联锁运算提供数据。
（4）自动检测与诊断功能。主要是在执行联锁程序的过程中检测故障的外在现象，检查硬件资源的物理失效、软件的缺陷以及故障的位置。
（5）其他功能。
1）非进路调车控制功能；
2）平面调车溜放控制功能；
3）站内道口控制功能；
4）与调度集中系统的联系功能；
5）与调度监督系统的联系功能；

6) 与其他系统如站内调度、管理信息系统等的结合功能；

7) 监测联锁设备状态功能等。

上列各项功能尽管存在着某些联系，但它们的目的性是不同的，而且在一个具体车站上也不需要联锁系统具备所有这些功能，因此对于每项功能需要由独立的软件甚至是由独立的计算机来实现。在这些软件中，人—机界面信息处理软件、基本联锁软件、执行控制软件、自动检测与诊断软件，是计算机联锁系统必须具备的。

2. 软件的总体结构

计算机联锁系统是以计算机为主要技术实现车站联锁控制的系统，该系统应保证行车安全，提高运输效率，改善劳动条件，并为管理、服务现代化创造条件；应能满足各种站场规模和运输作业的需要。因此，系统软件的基本结构应设计成实时操作系统或实时调度程序支持下的多任务的实时系统。

综合分析国内外研制的计算机联锁系统，其软件的基本结构可归结如下：

(1) 按照系统层次结构分类。按照软件的层次结构，可分为三个层次，即人—机会话层、联锁运算层和执行层。人—机会话层完成人—机界面信息处理，联锁运算层完成联锁运算，执行层完成控制命令的输出和表示信息的输入。

(2) 按照冗余结构划分。按照冗余结构，可分为三取二系统的单版本软件结构和双机热备制式的双版本软件结构。

(3) 按照联锁数据的组织形式划分。按照联锁数据的组织形式，可分为小站规模的联锁图表式软件结构和中站以上规模的进路控制式的软件结构。其中，进路控制式的软件结构（即模块化结构），各个模块之间相对独立，只有数据交换，没有程序上的联系，使系统结构清晰，设计、编程均可实现标准化。

3. 联锁数据定义与数据结构

联锁数据是指在联锁计算机中，所有参与联锁运算的数据。在联锁数据中，有一些数据有可能由于硬件故障或受到干扰而发生错误，其后果不仅能导致系统失败，而且会造成危险输出。

4. 联锁数据

(1) 数据的编码。在计算机联锁系统所处理的大量数据中，代表安全信息的二值逻辑变量占有重要的地位。如果简单地用一个二值码元（bit）代表一个具体逻辑量，显然是不符合故障—安全要求的。因此，必须采取多个码元编码。编码技术是冗余技术在信息领域的具体应用。

(2) 对于涉及安全的逻辑量，取一个字节（1 byte）的全 8 位编码作为一个逻辑量值，并取其中的相间码和 01010101 作为有效值。因为和 01010101 间具有最大的码距，且具有更高的故障—安全值。

(3) 对于参与运算的一些非逻辑变量（如一些标志），可以采用增加码位的方法来判别它是否因故障而出现错误，还可以采用比较法或多数表决法来提高该类数据的安全性。

5. 静态数据及其结构

联锁程序需要哪些静态数据，以及这些数据在存储器中的组织形式，对于联锁程序的结构有很大的影响，在此以标准的、各条进路共享的联锁程序为背景，讨论静态数据及其结构形式。

建立任何一条进路都必须指明该进路的特性和有关监控对象的特征及其数量等，包括如下内容：

（1）进路性质，是列车进路还是调车进路；

（2）进路方向，是接车方向还是发车方向；

（3）进路的范围，即进路的两端，如果是迂回进路，还应指明变更点（相当于变通按钮所对应的位置）；

（4）防护进路的信号机（信号机名称）；

（5）进路中的轨道电路区段（名称）及数量；

（6）进路中的道岔（名称）、所处的位置、数量；

（7）进路所涉及的侵限绝缘轨道区段（名称）及检查条件；

（8）进路的接近区段（名称）；

（9）进路的离去区段（名称）；

（10）进路末端是否存在需要结合或照查的设施，如闭塞设备、机务段联系、驼峰信号设备等。

若将上列各项纳入一个数据表中，就构成了一个进路表。将一个车站的全部进路（包括迂回进路）的进路表汇总在一起就构成了总进路表（它很像进路联锁表）。总进路表存于ROM中就是一个静态数据库。当办理进路时，根据进路操作命令就可以从静态数据库中选出相应的进路表，从而找到所需的静态数据。

6. 动态数据及其结构

参与进路控制的动态数据主要包括操作输入变量、状态输入变量、表示输出变量、控制变量及联锁处理的中间变量等。

（1）操作输入变量。操作输入变量是反映操作人员操作动作的开关量。在 RAM 中需设一个操作变量表集中地存放操作变量。每个操作变量在变量表中的逻辑地址应与其输入通道的地址一一对应。操作变量表根据系统的硬件体系结构，可能存于人—机会话计算机或联锁计算机中。

在联锁系统中，为了防止误动一个操作而形成操作命令，一般需有两次或两次以上的操作才能形成操作命令。

操作输入变量除用以形成操作命令外，还作为表示信息的原始数据以及监测系统的记录内容。为了记录，需将操作输入变量表的内容复制一份存于监测系统中，保存时间应不小于 8 h。

（2）状态输入变量。状态输入变量是反映监控对象状态的变量，如轨道区段状态、道岔定位状态、道岔反位状态、信号状态、灯丝状态，以及与进路有关的其他设备状态等。状态变量是参与联锁运算的安全数据，每个变量宜经由两个通道输入，形成两个变量分别存入两个相距较远的存储单元中，其目的是对两个变量进行直接或间接的比较，可以发现输入通道是否发生了故障。如果发生了故障，则给出故障信号，促成双机切换，提高系统的可靠性。如果不采取双通道输入方式，则需要通过双机互检方法才有可能发现输入通道故障。

状态变量应周期性地及时刷新，以保证变量能确切反映监控对象的实际状态。刷新周期一般应不大于 250 ms。

状态变量除参与联锁运算外，还作为表示信息和监测系统的原始数据。

状态变量在 RAM 中有两种基本组织方式，一种组织方式是将同类输入变量集中在一个变量表中，如将全部轨道区段变量集中在轨道区段变量表中。对于这种数据结构，只要给出变量表的首地址以及各个变量在表中的逻辑地址，就能查到所需变量。对应这种结构形式，在站场形数据结构中，应把状态变量的逻辑地址列入相应的轨道区段静态数据模块中。这样一来，在建立进路时就可以把进路中的所有状态变量的逻辑地址找出来，并构成进路表，从而为联锁程序提供状态变量的地址。由此，可以进一步加深对进路表的理解：它不仅反映了进路的特征和哪些监控对象与进路有关，而且指明了监控对象的状态变量的地址。

状态变量的另一种组织方式是分散存储方式。在存储器 RAM 中为每一监控对象开辟一个存储区，称为动态数据模块，动态数据模块与静态数据模块一一对应。凡是与监控对象相关的变量均设在该模块中，例如，在轨道区段动态数据模块中包括状态变量、进路锁闭变量、进路解锁用的变量及其他变量等。在这种情况下，将动态数据模块的首地址列入相应的静态数据模块中，那么搜索出进路的静态数据模块后，就可找到各动态数据模块，从而也就找到了所需的状态变量。在进路表中给出动态数据模块首地址就可以了。

（3）表示输出变量。表示输出变量是指向控制台、表示盘或屏幕显示器提供的变量。通过这些变量反映有关列车或车列的运行情况、操作人员的操作情况及联锁设备的工作状况。在计算机联锁系统中，可提供比电气集中更丰富的信息和表现形式（如光带、图形、音响和语音等）。这些信息需取自状态输入变量、操作输入变量、中间变量及控制命令输出变量等。一般是将表示输出变量集中在一个存储区以便输出。

（4）控制变量。控制变量是指控制信号和道岔的变量。对于任何一个控制对象都由两套程序产生双份控制变量，只有双份变量一致时才可形成控制命令变量并经由安全输出通道输出。控制变量可存放在动态数据模块中，而控制命令存放在控制命令表中。控制命令的逻辑地址与输出通道一一对应。

控制变量和控制命令都应周期性地刷新，以保证数据的实时性。

（5）中间变量。中间变量是指联锁程序执行过程中产生的一些变量。这些变量有的存放在动态数据模块中，有的需要另辟专区存放。只有对联锁程序的执行过程有较深入的理解后才能知道有哪些中间变量，以及如何组织它们较为方便。

7. 联锁控制程序的基本模块及其调度方式

（1）联锁控制程序的基本模块。一个车站的规模大小和站场结构的简繁程度主要影响进路的数量，而各条进路的控制过程基本上是一样的。这种相同性是由安全作业的要求所决定的，而不是人们主观臆造的。因此，以进路控制过程作为设计联锁程序的依据是很自然的，这样可使它为各条进路所共用，也就使联锁程序标准化，为各个车站所通用了。

在进路控制过程中，有些过程必须有操作人员的参与，如办理进路、取消进路、人工解锁等。有些过程不用操作人员的参与，如进路锁闭、信号开放、进路自动解锁等。另外，在进路控制过程中必须了解监控对象的状态，必须向操作人员提供表示信息，以及向道岔和信号机的控制电路提供驱动信息，即控制命令。因此，联锁控制程序一般来说可分成六个模块：操作输入及操作命令形成模块、操作命令执行模块、进路处理模块、状态输入模块、表示信息输出模块、控制命令输出模块。

现在对这些模块的主要功能进行说明。

1）操作输入及操作命令形成模块。操作输入是指把值班员操作按钮、键盘、鼠标或光笔等形成的操作信息输入计算机中并记录下来。在联锁系统中，为了防止由于误操作或误碰输入器件而形成有效的操作命令，原则上需由两个或两个以上的操作信息才能构成一个操作命令。当然，即使有两个操作信息，也不一定是正确的。因此，该模块的主要功能是记录操作信息，分析操作信息是否能构成合法的操作命令。不合法时则向操作人员提示。

操作输入量是很大的，形成的操作命令的种类也有十几种，如进路操作命令、进路取消命令等。该模块一般由人—机会话计算机完成。人—机会话计算机将形成的操作命令经由串行数据通道输送到联锁计算机中，并储存在一个操作命令表中。

2）操作命令执行模块。操作命令执行模块是根据操作命令执行相应功能的程序模块。在该执行模块中包括许多子模块。实际上，有多少种操作命令就有多少个子模块。这里暂不分析每个子模块的具体功能，但可以肯定，每个子模块执行时间很短，而且不用考虑它们的优先级别，在执行顺序上不受限制。在执行操作命令执行模块时，根据操作命令表的每一条现有的命令，从操作命令执行模块中找出相应的子模块予以执行。如果执行结果达到预期目的，则从操作命令表中删去相应的操作命令；否则应给出表示信息，提醒值班员采取相应的措施。

3）进路处理模块。进路处理模块是在进路搜索子模块对所办理进路已形成进路表之后，对进路进行处理的模块。将进路处理划分成五个阶段，并相应地将进路处理程序分成五个子模块。

①进路选排一致性检查及道岔控制命令形成子模块：该模块的基本功能是检查道岔位置是否符合进路要求，如果不符合，则形成相应的道岔控制命令。

②进路锁闭模块：该模块的基本功能是检查进路的锁闭条件是否满足，若满足，给出进路锁闭变量及提示信息（如白光带等）。

③信号开放子模块：该模块的基本功能是检查进路信号开放条件是否满足，若满足，形成防护该进路信号机的开放命令。

④信号保持子模块：在信号开放后，该模块不间断地检查信号开放条件，条件满足时使信号保持开放，否则使信号关闭。

⑤自动解锁子模块：该模块的基本功能是实现进路的正常解锁和调车进路的中途返回解锁。

4）状态输入模块。状态输入模块是将道岔、信号和轨道电路等的状态信息输入联锁计算机中的模块。

5）表示信息输出模块。表示信息输出模块将已形成的各种表示信息通过相应的接口，来驱动表示灯和使 CRT 工作。

6）控制命令输出模块。该模块将已形成的道岔控制命令和信号控制命令通过相应的输出通道，以控制道岔控制电路和信号控制电路。

（2）程序模块的调度方式。在联锁计算机中，如何把各个程序模块管理起来而使其协调、有效地工作，是软件设计的一个重要内容。对于程序模块的管理，也称为程序模块的调度。一般来说，有两种基本的调度方式，即集中调度方式和分散调度方式。

1）集中调度方式是在各个程序模块之外另设计一套实时调度程序，由它统一调度各个任务的执行。这种方式是由调度程序确定向哪个任务发送一组信息，由这些信息激励任务开始工作。任务执行结束时也向调度程序提供一组信息，调度程序收到该组信息后确定下一步调用哪个任务。集中调度方式具有层次结构的特点，调度程序处于上层，各个任务处于下层。各个任务仅与调度程序交换信息而任务之间无须相互联系，这为扩展任务提供了方便。集中调度方式可以根据各个任务的优先级别进行调度；可以监督任务的执行情况。例如，某个任务由于某种原因超过了规定的执行时间，则强制它停止执行而调用其他任务。集中调度方式还能较方便地根据任务的需要确定下一步调用哪个任务，而不局限于某种确定的顺序，也就是说，对于任务的调度具有较大的灵活性。

2) 分散调度方式是相对于集中调度方式而言的，即不设专门的调度程序而将调度的功能由各个任务分别承担。一个任务执行结束时由任务自身确定下一步执行哪个任务。根据任务之间联系的简繁程度，有多种分散调度方式，其中最简单的是顺序控制方式。其中，任务的执行顺序是固定不变的。这种方式结构简单、节省时间，但灵活性较差。

对于计算机联锁系统来说，原则上上述两种方式均可使用，或者混合使用。但是，采用集中调度方式可使程序的层次化和模块化结构比较清晰，而且充分利用集中调度方式的优点，如对各模块进行监督等，有利于提高系统的可靠性，所以采用集中调度方式要好一些。

8. 进路处理程序

(1) 操作命令。计算机联锁系统是一种有人参与的系统。由于操作人员难免有操作失误的可能，因此应尽可能通过检验或判断使错误操作不致形成操作命令。因此，对应于按钮的操作有一个按钮操作的分析程序。它的任务就是对输入的按钮操作按照车站信号的要求进行分析，符合要求的形成操作命令存于操作命令表中，以便进一步处理。不符合要求的给出"操作错误"的语音及文字提示，提醒操作人员改正自己的错误操作。根据联锁要求，即使是合法的操作命令，也必须在规定的条件满足之后才能执行。当执行一条操作命令时，如果它的执行条件没有满足，则应向操作人员提供"操作命令无效"的信息，以便操作人员采取相应的措施，如取消该命令或进行其他操作等。

下面介绍一些重要的操作命令及其执行条件：

1) 进路操作命令：该命令的任务是选出一条具体的进路。当采用站场形静态数据结构时，该命令的任务是从站场形数据库中选出一组符合所选进路需要的数据，形成一个进路表，并将该表存于进路总表中。因此，称进路操作命令的执行程序模块为进路搜索模块。

2) 取消进路命令：该命令的任务是取消已建立的进路。在执行该命令时，应首先检查是否已建立了需要取消的进路。如果事先根本没有建立这条进路，则说明该取消进路命令是无效的。当存在需要取消的进路时，则必须检查接近区段无车或防护进路的信号机未曾开放以及进路在空闲状态（即列车或车列未驶入进路）。当这些条件满足时，才能取消进路，实际上就是从进路总表中删除该进路表以及将有关进路锁闭的变量复原为解锁状态。

3) 人工延时解锁命令：该命令的任务是解除处于接近锁闭状态的进路。在执行该命令时，同样需要检查该命令是否有效。如果有效，则检查接近区段有车、信号关闭、进路空闲。上述条件满足后再延时 3 min（对于接车进路和正线发车进路的人工解锁）或 30 s（对于调车进路和其他列车进路人工解锁）才使进路解锁。

4) 进路故障解锁命令：当一条进路由于轨道电路故障而不能正常解锁时，需办理进路故障解锁。首先检查该命令是否有效，在有效时再检查解锁的条件。解锁的条件：故障的轨道电路已经修复或故障区段没有修复，而经过一段时间没有发现轨道电路再有变化，并检查列车或车列已经通过了该进路的所有道岔区段。

5）区段故障解锁命令：当开机或由于某种原因使轨道区段不能解锁时，应分段地按故障解锁方式使其解锁。解锁条件是该区段未被进路征用（未排在某条进路中），而且在空闲状态。

6）重复开放信号命令：当信号开放后由于轨道电路瞬间分路或其他原因而关闭时，若开放信号的条件又满足了，则应在值班员的操作下信号才能重复开放。

7）非常关闭信号命令：在计算机联锁系统中，由于某种故障原因而不能以取消进路、人工解锁等方式使信号机关闭时，需通过一定的手段或措施再按压一个特设的非常关闭信号按钮，强制切断信号继电器电源，使信号关闭。

8）开放引导信号命令：当进站信号机（或接车进路信号机）因故不能正常开放时，可开放引导信号。引导信号开放时一般无联锁保证，引导信号的开放一般为非保留式。当其开放后能保证对进路中的有关道岔施行锁闭时，可采用开放保留方式，并应能随时将其关闭。

9）引导锁闭命令：引导进路可按进路控制和单独操纵道岔方式建立。若引导进路上的道岔状态信息正确，则应锁闭进路中的道岔和敌对进路；否则应根据咽喉区道岔状态信息的反映情况，扩大锁闭道岔的范围，甚至实现全咽喉锁闭。

10）引导解锁命令：引导锁闭在列车通过后，由引导解锁命令使其解锁。

11）道岔单独操纵命令：在道岔未受区段锁闭、进路锁闭和单独锁闭的条件下，可进行单独操纵。

12）道岔单独锁闭命令：操作人员无条件地单独锁闭。

13）道岔单独解锁命令：操作人员无条件地将道岔的单独锁闭解除。

(2) 操作命令执行模块。对应每种操作命令都有一个执行程序子模块。这些子模块按一定的程序控制方式联系在一起就构成了操作命令执行模块，操作人员的操作由人—机会话计算机采集并传送给联锁计算机，由按钮分析模块对按钮操作进行分析后，形成操作命令并存储在操作命令表中，当主程序执行操作命令执行模块时，顺序地从操作命令表中取出命令予以执行；当命令的执行条件满足而成功执行后，从存储区删除相应的命令。

1）取消进路子模块的流程。

①检查总进路表中是否存在所要取消的进路；
②判断（存在，不存在）/（3，8）；
③判断（接近区段空闲，不空闲）/（4，7）；
④判断（进路空闲，不空闲）/（5，8）；
⑤取消进路，转出该子模块（包括从进路总表中将该进路的进路表内容取消，将有关进路锁闭变量置成解锁状态等）；
⑥形成"操作命令无效"信息，并转出该子程序模块；
⑦判断（信号已开放，未开放）/（6，4）；
⑧形成"操作命令无效"信息，转出该模块；
⑨判断（进路空闲，不空闲）/（5，8）；
⑩取消进路，转出该子模块；
⑪形成"操作命令无效"信息，转出该子模块。

在上述流程中，由于是遵循结构化设计方法写出的，因此有些步骤是重复的。如果将重复部分合并，则可写成下列形式：

①检查总进路表中是否存在所要取消的进路；
②判断（存在，不存在）/（3，8）；
③判断（接近区段空闲，不空闲）/（4，7）；
④判断（进路空闲，不空闲）/（5，8）；
⑤取消进路，转出该子模块；
⑥形成"操作命令无效"信息，转出该子模块；
⑦判断（信号已开放，未开放）/（6，4）。

2）人工解锁子模块的流程。
①检查总进路表中是否存在所要取消的进路；
②判断（存在，不存在）/（3，10）；
③判断（接近区段有车，无车）/（4，10）；
④判断（信号开放，未开放）/（5，10）；
⑤判断（进路空闲，不空闲）/（6，10）；
⑥关闭信号；
⑦开始延时 3 min 或 30 s；
⑧判断（延时时间到，未到）；
⑨进路解锁，转出该子模块；
⑩形成"操作命令无效"信息，转出该子模块。

3）进路故障解锁子模块流程。
①检查总进路表中是否存在该进路；
②判断（存在，不存在）/（3，6）；
③判断（列车或车列已占用过进路中的任意一个道岔区段，没有）/（4，6）；
④判断（进路中的所有道岔区段均已空闲，没有）/（5，6）；
⑤进路解锁，转出该子模块；
⑥形成"操作命令无效"信息，转出该子模块。

（3）进路搜索程序模块。进路搜索程序模块的功能是根据前面所提到的形成的进路操作命令，从站场形静态数据库中选出符合进路需要的静态数据，构成一个进路表并存于进路总表中。

（4）进路处理模块。进路处理模块是对已经搜索出来的进路进行处理的模块。进行处理的模块是为各条进路共用的，这里采取如下两种控制方式：

1）当一个车站同时最多能办理 m 条进路时，那么进路总表中最多存有 m 条进路的进路表。当主程序进入进路处理阶段时，对进路总表中各条进路处理一遍后转出。为了方便起见，在进路总表中以插空方式存放进路。

2）在对某一条具体进路进行处理时，根据行车安全的技术要求，可分成 5 个阶段即 5 个模块，并按照顺序方式进行处理。每一次进入每一个阶段时，其执行条件可能满足也可能不满足。为了实时地进行处理，当条件满足时，处理完毕后立即处理它的后续模块。若条件不满足，则立即转出而对另一条进路进行处理。

在进路处理过程中，不少地方需要检查进路空闲，检查道岔位置正确，检查照查条件（其中包括两咽喉间的敌对进路的检查，与区间闭塞的联系，场间联系，与机务段联系，与非进路调车联系以及其他联系等）是否满足等。对此，可以设计相应的标准检查模块以供调用。

9. 过程输入、输出程序

在联锁运算中，需要实时读取现场设备的状态和向现场的道岔、信号机设备输出控制命令。这里的过程输入、输出指的是完成将现场的设备状态读入联锁机的过程以及向现场的设备输出控制命令的过程。相应地有完成现场设备状态输入的安全输入程序，向现场设备输出控制命令的安全输出程序。

（1）安全输入程序。安全输入程序由输入清零、读入数据和置回执3个模块组成。它们的功能分别是数据输入表清零、读输入口数据并进行数据分离、输入缓冲区中的数据处理后送入动态变量表。

安全输入程序的算法如下：

1）输入表清零。为了实现输入设备与输入口的一一对应，为每一个输入设备设立一个说明表，表中存放该设备的名称、输入地址和输入的状态数据，将所有输入设备的说明表集中存放，称为输入表。为了实时输入动态数据，应将输入表中的输入地址、输入数据均清为无效数据，以便保证每一次输入的数据都是现场设备的实际数据，防止因输入口故障造成数据的长久不变。例如，某一个道岔，上一次的输入数据表示该道岔在定位，若输入前没有将数据清为无效，这时若输入口故障，使本次输入没有采集进来，联锁程序就会误把上次的数据当作此时的设备状态而进行联锁运算，这是危险的。

2）读入数据。将全部用到的输入数据端口的数据读入输入表中的对应字节中，将每一输入口的8位或16位数据分别处理后送入数据输入缓冲区中，进行有关的检查。

3）数据转换处理。把数据输入缓冲区中的数据取出后，判断对应的继电器的状态，填写对应的动态变量表（即联锁运算程序同安全输入程序的接口数据区）。

4）设置相应的标志。检查动态变量表，根据检查的结果设置如信号曾开放标志等。若此次读入程序运行成功，设置成功返回标志，若不成功，设置不成功返回标志，以便主程序能够知道该程序的运行情况，并且通过返回标志得知不成功的原因及故障点。

（2）安全输出程序。在驱动输出继电器前必须做最后的输出数据一致性检查；检查的内容包括两套软件的输出一致性校验、输出回读校验、设备名称的校验、输出地址的校验、输出回读地址的校验、输出位地址的校验等。在各种校验中，最重要的校验是对两套软件的输出进行的一致性校验，不一致时不能输出。

输出模块由输出模块0和输出模块1组成。输出模块0的功能是将全部的输出口清零，将输出表数据清零，进行回读检查和输出表与输出回读校验表数据一致性检查。输出模块1的功能是对有吸起输出控制命令的输出继电器对应的输出通道输出指定代码，按一定的时间间隔不断调用输出模块0和输出模块1，就可使有吸起输出控制命令的输出继电器吸起。为了实现故障导向安全原则，采用动态输出方式，即连续数目的变化输出变为有效的控制命令输出。因为当输出口故障时，会导致输出保持一种状态不变。若将控制命令的输出指定为一种稳定状态，就有可能使故障时的输出与控制命令的输出相一致，造成危险输出，这是不允许的。

安全输出程序的算法如下：

1) 调用输出模块0。

2) 检查有无控制命令。从输出控制命令表（由联锁程序填写）中取出控制变量，检查有无控制命令。若有控制命令，对控制命令进行处理。即将有控制命令的输出继电器在输出表中的对应位置为高电平。

3) 调用输出模块1。

4) 输出安全性检查。进行各种输出安全性检查，无误后，从输出表中取出数据送往输出口。

5) 一致性检查。对输出数据与输出回读数据及地址进行一致性检查，一致时输出，不一致时不输出。

10. 人—机会话层的任务

计算机联锁系统从实现角度来说，单一计算机可以完成整个功能。但考虑到任务的重要性不同，同时为了减轻单一计算机的负担，保证联锁功能的正常实现，将计算机联锁系统分为上位机系统和下位机系统，下位机系统包括操作和表示层、联锁运算层、输入和输出层；上位机系统包括人—机会话层和维修诊断层。下位机的操作和表示层、联锁运算层、输入和输出层可以用联锁机实现；上位机的人—机会话层由人—机会话机实现，维修诊断层由电务维护机实现。人—机会话机和电务维护机都是工业用个人计算机，联锁机是各种工业控制计算机，通信线包括RS-232、RS-485、CAN总线、ETHERNET总线等。

联锁机、人—机会话机、电务维护机的任务分工如下：

(1) 联锁机：按钮操作处理及站场信息处理；联锁运算；继电器的输入和输出。

(2) 人—机会话机：对操作命令进行接收、判断与发送；站场信息显示；系统信息提示。

(3) 电务维护机：站场状态跟踪与回放；操作命令记录与故障记录；输入和输出故障定位。

上位机系统的人—机会话层，相当于6502电气集中联锁系统中的控制台按钮和表示灯部分用计算机系统来实现。因此，它的任务主要包括按钮命令发送任务和信息显示任务。

(1) 按钮命令发送任务。人—机会话层的按钮命令发送任务就是将值班员的按钮操作命令通知给联锁机，联锁机根据值班员的操作意图实现联锁运算。

计算机联锁系统中的按钮包括列车按钮、调车按钮、道岔按钮、功能按钮和闭塞按钮。

1) 列车按钮。列车按钮包括上行列车按钮、下行列车按钮、通过按钮、列车终端按钮和引导信号按钮。

2) 调车按钮。调车按钮包括上行调车按钮、下行调车按钮、调车终端按钮。

3) 道岔按钮。道岔按钮包括上行道岔按钮、下行道岔按钮。

4) 功能按钮。功能按钮包括上（下）行引导总锁闭按钮、总定位按钮、总反位按钮、单锁按钮、单解按钮、封锁按钮、封解按钮、进路故障解锁按钮、区段故障解锁按钮、关信号按钮、总取消按钮、总人解按钮、信号名按钮、道岔名按钮、复原按钮。

5) 闭塞按钮。闭塞按钮包括上行闭塞按钮和下行闭塞按钮。

为了防止因误操作而产生不必要的后果，计算机系统采取顺序按压两个（或两个）以上的按钮才能形成有效操作命令的原则。按压按钮所能够形成的有效操作命令如下：

列车始端按钮＋（变更按钮）＋列车终端按钮：排列列车进路。

调车始端按钮＋（变更按钮）＋调车终端按钮：排列调车进路。

列车始端按钮＋列车始端按钮：重新开放列车信号。

调车始端按钮＋调车始端按钮：重新开放调车信号。

取消＋列车始端按钮：列车进路处于预先锁闭状态时取消列车进路用。

取消＋调车始端按钮：调车进路处于预先锁闭状态时取消调车进路用。

总人解（带锁）＋列车始端按钮：列车进路处于接近锁闭状态时办理人工解锁用。

总人解（带锁）＋调车始端按钮：调车进路处于接近锁闭状态时办理人工解锁用。

总定位＋道岔按钮：单独操纵道岔转向定位时使用。

总反位＋道岔按钮：单独操纵道岔转向反位时使用。

单锁（带锁）＋道岔按钮：排列专列使用的进路时单独锁闭道岔使用。

单解（带锁）＋道岔按钮：解除道岔单独锁闭时使用。

封锁（带锁）＋道岔按钮：维修道岔时单独封锁道岔使用。

封解（带锁）＋道岔按钮：解除道岔单独封锁时使用。

区故解（带锁）＋列车终端按钮：列车进路因故障未能自动解锁时，人工使未解锁区段解锁用。

进故解（带锁）＋调车终端按钮：调车进路因故障未能自动解锁时，人工使未解锁区段解锁用。

区故解（带锁）＋道岔按钮（或区段按钮）：区段因故障未能自动解锁时，人工分段解除区段故障锁闭用。

复原：清除错误操作及由于其他故障而出现的各种表示和汉字提示。

上行引导总锁闭：锁闭上行咽喉道岔用。

上行引导总解锁（带锁）：取消上行引导总锁闭，上行引导信号关闭。

下行引导总锁闭：锁闭下行咽喉道岔用。

下行引导总解锁（带锁）：取消下行引导总锁闭，上行引导信号关闭。

信号名：显示信号表示器名称用。

道岔名：显示道岔名称用。

关信号（带锁）：紧急关闭全站场信号用。

注：凡带锁的按钮，必须先开锁后，按压才有效。

（2）信息显示任务。人—机会话层的信息显示任务就是将车站设备的现场状态和值班员当前的操作状态，以及计算机联锁系统的系统状态实时地发送给值班员，从而使值班员完全地了解现场状态、操作状态和系统状态，按运营计划安全而有效地完成各种作业。

计算机联锁系统中的信息显示包括区段显示、道岔显示、信号显示、功能按钮名显示、道岔名和信号名显示、操作提示和其他提示。

1）区段显示。

①未办理进路或进路处于解锁状态时，站场形线路呈青色；

②轨道区段有车或轨道电路发生故障时呈红色；

③进路锁闭时呈黄色。

2）道岔显示。

①道岔在定位时，开通定位位置；

②道岔在反位时，开通反位位置；

③道岔在四开时，给出四开显示；

④道岔在挤岔时，给出挤岔显示；

⑤道岔在封锁时，给出封锁显示；

⑥道岔在单锁时，给出单锁显示。

3）信号显示。

①列车信号关闭时，相应的信号表示器呈红色；

②列车信号开放时，相应的信号表示器呈单绿、双绿、单黄、双黄；

③调车信号关闭时，相应的信号表示器呈蓝色；

④调车信号开放时，相应的信号表示器呈白色；

⑤列车信号第 1 灯泡主、副灯丝均断丝时，相应的信号表示器呈红色闪光（同时有汉字提示"1 灯泡断丝"，第 2 灯泡主、副灯丝均断丝时仅有汉字提示"2 灯泡断丝"）；

⑥调车信号灯丝断丝时，相应的信号表示器呈蓝色闪光。

4）功能按钮名显示。

①未按压功能按钮时，按钮名呈青色；

②按压功能按钮时，按钮名呈黄色，形成操作命令后恢复青色。

5）道岔名和信号名显示。

①道岔在转换期间，道岔名闪烁显示；

②进路在选路期间，信号名绿色闪烁显示；

③进路在人解期间，信号名黄色闪烁显示。

6）操作提示。

①"操作错误"：操作不符合规定。

②"操作无效"：操作符合规定，但不具备执行条件。

③"选排不一致"：因某种原因，道岔不能转换到所需位置。

④"进路不能锁闭"：因锁闭条件不具备而不能实现进路锁闭。

⑤"信号不能开放"：信号因条件不具备而不能开放。

⑥"信号不能保持"：信号开放命令送出或信号已开放，因条件不具备而不能保持开放。

⑦"1 灯泡断丝""2 灯泡断丝"："1 灯泡断丝"出现时，相应的信号表示器闪光；"2 灯泡断丝"出现时，反映车信号机的辅助允许灯光的主、副灯丝均损坏。

7）其他提示。

①"A 机工作正常"：A 机为主机，并且工作正常。

②"B 机工作正常"：B 机为主机，并且工作正常。

③"A 机热备"：A 机为备机，并且处于热备状态。

④"B 机热备"：B 机为备机，并且处于热备状态。

⑤"按 A 机联机按钮"：通知电务人员按压 A 机联机按钮。

⑥"按 B 机联机按钮"：通知电务人员按压 B 机联机按钮。

⑦"A机通信中断"：A机线路中断或A机程序中断。
⑧"B机通信中断"：B机线路中断或B机程序中断。
⑨"AB机信息不同"：AB机现场信息不一致。
⑩"站场不能更新"：由于AB机通信同时中断而使站场信息不能更新。

11. 人—机会话层的硬件支持系统

任何一个计算机控制系统都包括硬件系统和软件系统，计算机联锁系统作为运用于铁路信号系统的一个特殊的计算机控制系统，同样也包括硬件系统和软件系统。下面讲述计算机联锁系统中人—机会话层的硬件支持系统。

人—机会话层的硬件支持系统包括按钮操作的硬件支持系统和信息显示的硬件支持系统、人—机会话机与联锁机通信的硬件支持系统。

（1）按钮操作部分。在6502电气集中联锁系统中，系统的操作是通过单元控制台来实现的。

在计算机联锁系统中，系统的操作可以通过多种途径实现。

1）控制台方式。在计算机联锁系统发展的最初阶段，系统的操作是通过控制台来实现的。控制台是由绘制了站场图的金属板和控制按钮组成的。控制台通过配线和上位机的开关量输入板相连接，这样上位机通过程序扫描方式读取开关量输入板的状态，就可以知道哪一个按钮被按下，并将该按钮被按下的信息通知给联锁机，从而实现上位机的按钮发送任务。

这种控制台方式虽然不同于6502电气集中联锁系统中的控制台方式，但是两者还是很相似的，毕竟这种控制台方式最初就是仿照6502电气集中联锁系统设计的。对于值班员来说，这种操作方式是最容易接受的，但必须增加硬件设备才能实现这种方式：当站场规模很大时，就会需要很多的开关量输入板和相应的配线，同时当站场需要改建时，还必须重新绘制新站场的金属板，并对开关量输入板和配线也必须做相应的改动。

2）工程数字化仪方式。数字化仪由各种标准尺寸（如A2、A3等）的面板和控制定位工具组成。它和PC是通过标准串口连接的，因此相对于控制台方式，它可以省去控制台的金属板和配线以及开关量输入板等硬件设备，只要编制通用的程序，即可实现上位机的按钮发送任务。

数字化仪方式的特点就是不需要另外增加硬件设备，通过PC的标准串口就可完成任务。在不同的站场设计中，只需通过各种绘图软件绘制相应的站场图并输入相应的数据即可完成控制台的设计。在站场改建时，只需改动站场图和相应的数据就可完成整个改动工作。

3）鼠标方式。鼠标方式实际上是数字化仪方式的简便实现方法。鼠标也是通过标准串口和PC相连接的。它们的区别在于定位方式不同，数字化仪是通过面板上的站场图来实现定位的，而鼠标是通过大屏幕上的站场显示来定位的。

4）键盘方式。由于键盘通用性强、价格低，只要编制相应的软件，也可以实现计算机联锁系统的操作输入。但是对于值班员来说，这种方式操作不是很直观。

（2）信息显示部分。在实时工业控制计算机系统中，一般要求将计算机采集或计算机所获得的信息显示出来。在实际应用中，常用的显示技术可以分为指示灯、LED显示、LCD液晶显示、模拟屏显示、图形显示等。

CRT显示是当前在工业控制计算机系统中应用最多、技术最成熟的图形显示技术。

CRT 图形显示技术由图形监视器和控制电路组成。目前，在我国的计算机联锁系统中，大部分采用图形显示中的 CRT 显示。

在计算机联锁系统中，为了完成信息显示的任务，必须具有下面的硬件支持系统：

1) 大屏幕显示器。大屏幕显示器的尺寸可根据站场的大小进行选择，尺寸多在 17 in (1 in＝2.54 cm) 以上。为了使值班员能够清晰地看到站场的实际状态，一般情况下选择 21 in 的平面直角显示器。

2) 智能化图形控制卡。

①VGA 显示卡。这是一种最简便、最经济的 CRT 显示实现技术，即在人—机会话的工业 PC 上插入一块 VGA 显示卡，并通过 VGA 显示电缆将显示卡和大屏幕显示器连接起来，这样就实现了人—机会话机的信息显示任务。这种显示方式的特点是 VGA 显示卡就是普通的显示卡，卡上本身不带处理器，对一些图形处理速度比较慢。

②多屏显示卡。在计算机联锁系统中，当站场图形很大时，必须采用多屏显示卡。一块多屏显示卡占用一个 PC 的扩展插槽，它可以连接多个大屏幕显示器。例如，可以用一块双屏显示卡连接两个大屏幕显示器，分别显示站场的上行咽喉和下行咽喉。

12. 人—机会话层软件的实现

在计算机联锁系统的人—机会话层中，通过软件可以实现人—机会话层的按钮发送任务和信息显示任务。

(1) 按钮发送任务的实现。

1) 通过程序扫描被按下的按钮。无论是数字化仪方式还是鼠标方式，各种按钮均在数字化仪彩图上或屏幕上的一个固定位置，也就是说对于任何一个按钮，都有一个坐标范围与其相对应。当某一按钮被按下时，通过程序可以知道当前鼠标光标所在位置的坐标，而这一坐标恰好处于某一按钮的坐标范围内，这样就可以知道哪一个按钮被按下。

2) 将该按钮的编号发送到联锁机。在任何一个计算机联锁系统中，所有按钮都进行统一编号，这样对于每一个按钮都有一个唯一的编号与它相对应。当人—机会话机判断到某一按钮被按下时，就将该按钮的编号送到联锁机，联锁机根据这一编号，就可以知道哪一个按钮被按下，从而可以进一步进行联锁运算。

(2) 信息显示任务的实现。

1) 接收联锁机的数据。人—机会话机通过中断将联锁机实时发送到通信总线的数据接收过来，并将其放在缓冲区中。

2) 处理接收到的数据。人—机会话机对缓冲区中的数据进行处理，将数据分解为信号数据、道岔数据、区段数据、提示数据等。

3) 将处理过的数据在屏幕上显示出来。人—机会话机通过各种数据将信号机、道岔、区段、提示的状态显示在屏幕，从而最终完成信息显示任务。

13. 控制台的功能

控制台有两台显示器，分为前台和后台。前台显示器具有办理进路等操作方面的功能，车站值班员通过前台按钮将操作信息送入前台后，经过控显 A、B 两机送入联锁Ⅰ、联锁Ⅱ系。后台显示器具有显示站场和相关信息的功能，现场的状态和提示等数据信息送入联锁Ⅰ、联锁Ⅱ系后，再送到后台显示器中显示，在显示器上显示站场情况、系统工作状况、提示信息、报警信息等，供电务维护人员使用。两台显示器均接 220 V 电源。控显转换箱与显示器的连线为 15 芯的电缆信号线。语音设备不需要电源，它用于故障的报警。控显机即人—机会话机，采用标准工业控制机，双机（控显 A 机、控显 B 机）软件相同，同时运行，可同时操作。控显双机用光缆与联锁机的两系连接，将联锁机采集到的各种状态信息传到控制台上，同时将控制台的各种操作命令送入联锁机，实现对现场设备的控制。

14. 联锁机的功能

联锁机用于控制区域内全线信号联锁逻辑控制。它具有降级功能：平时两系同时工作并输出结果，当一系故障时，正常系进入单系工作的模式，故障系暂停。系统单系模式时也具备"故障—安全"的能力。

CPU 的主要功能如下：

（1）接收上位机下发的操作命令。
（2）通过输入接口电路采集站场状态。
（3）进行联锁运算。
（4）根据运算结果，通过输出接口电路控制组合架继电器动作。
（5）将站场状态信息、提示信息、故障信息等传送给上位机。

15. 输入/输出接口的功能

输入/输出接口为双重冗余结构。每一组接口都与联锁机Ⅰ、Ⅱ系通过光缆衔接。故障—安全的设计理念同样需要运用于 ET 的输出电路，其执行元件为安全型继电器，故使用静态方式来驱动。输入电路具有采集功能和自检测能力，可检测出自身的故障，以此来保证采集信息为安全性信息。联锁Ⅰ、联锁Ⅱ系输出的信息都需要送入 ET 的两系，反之，联锁Ⅰ、联锁Ⅱ系要接收 ET 两系采集到的信息，这样即可保证当有任一模块的单系出现故障时，整个系统仍然能正常运行，具有高度可靠性。

其具体功能如下：

（1）通过采集电路（ET）采集继电器状态，从而采集现场设备（信号机、道岔、轨道电路）的状态信息，传送给联锁机。
（2）接收联锁机下发的驱动命令，控制继电器，从而驱动现场设备（信号机、道岔）。

16. 电务维护台的功能

电务维护系统具有完善的自诊断、自测试功能。其包括硬件和软件的故障监视功能，以及现场操作和信号设备动作的记忆、查询、再现、打印等功能，为维护人员提供良好的操作界面，是整个系统维护的重要设备。

监测机通过光缆与联锁机两重系相连，从联锁机接收控制台操作信息以及全部现场状态信息和系统诊断信息，记录在实时数据库中。所有记忆信息保存 1 个月，供事后查询。电务维护人员可以随时查询、显示和打印输出记录信息，并可以用图形方式再现设备的全部动作过程。辅助维护人员进行事故、故障的分析判断。

监测机可以通过调制解调器与设计院的维修中心相连，实现远程诊断功能，为现场维护工作提供指导和帮助。

17. 微机检测上位机的功能

将模拟量采集接口采集到的信息接收进来，检测相关数据并显示到显示器上，同时将信息传入监测机中。

二乘二取二型计算机联锁系统以其独特的冗余体系成就了自身的高可靠性和高安全性，其中还用到了光缆通信技术等，故我国轨道交通信号系统中对二乘二取二型计算机联锁系统的应用极其广泛，如中国铁道科学研究院通信信号研究所开发的 TYJL-ADX 型和北京全路通信信号研究设计院的 DS6-K5B 型计算机联锁系统，皆在全路推广使用。相较于其他联锁系统，二乘二取二型计算机联锁系统有着无可比拟的优势，无论是在软件还是硬件、安全性还是可靠性、逻辑性还是操作性都有很强的能力，而且它在控制方面有很强的功能。就目前而言，该系统仍然有部分继电器被保留在其中使用，且具有重要功能。因此，该系统硬件虚拟化的提升的空间还很大，是我国铁路应用继续发展的方向。

3.3.6 计算机联锁自动化运维

铁路信号集中监测系统（Centralized Signaling Monitoring，CSM）不仅对室内信号系统的关键设备进行监控，还监测室外道岔、信号机、轨道电路的状态等。计算机联锁系统中的电务维护机主要负责记录联锁系统中联锁机的运行状态、采集和驱动、站场表示、各种板块故障等信息，但仍然缺乏对一些关键设备（如交换机、工控机等）运行情况的监测。从运维方面来看，计算机联锁系统并没有一个完整的维护工具（软件）来监控整个系统内各个关键设备的运行情况，既缺少系统整体运行情况的关键信息，也缺少支持自动化维护的详细数据。

自动化运维能够大幅度提高维护的自动化程度，弥补人力维护质量不高、响应速度不快的缺点，已广泛应用于电力、IT 等行业。它在计算机联锁系统中的应用，将弥补部分关键设备的监控缺失，提高手动维护模式的效率和准确率，解决现阶段缺乏高效的运维机制和运维工具的难题。

1. 自动化运维的作用

计算机联锁系统自动化运维的目标是在最少的人工干预下，通过自动化运维工具，保证计算机联锁系统 7×24 h 高效稳定运行。

（1）实现设备监控自动化。对计算机联锁系统中运行的各种关键设备状态进行实时监控，随时发现各设备已经发生的或潜在的异常情况；输出系统中关键设备的日常运行报表，进而评估系统整体运行状况。

（2）完善故障预警和处理流程。采用可视化技术，提供更加直观、完善的故障报警信息和故障处理操作指导，提高故障定位准确率，降低维护人员故障定位和故障处理的难度；同时，根据不同等级的故障对维护人员进行通知，减少故障时间，降低故障影响。

（3）实现预测性维护。实现预测性维护是自动化运维的一个最重要目标，自动化运维获取的大量设备数据都是实现预测性维护的数据基础，预测性维护将在不断提高维护人员工作效率的同时，准确地预测系统异常，可提高计算机联锁系统运行的稳定性。

（4）提高计算机联锁系统安装、调试、运营、维护各阶段的效率，完善维护体验。自动化运维是通过自动化的手段协助维护人员提高产品运行的可靠性，所以功能的简洁、直观和高效可以最大限度地降低维护人员的掌握和操作难度。

（5）实现故障的预警、恢复、存档一体化功能。在故障出现之前，维护人员应该能在任何时间、任何地点接收到告警信息，并及时处理问题，消除故障隐患；当故障发生后，维护人员需要有足够完善的故障处理策略和指导措施，在最短时间内将系统恢复正常。自动生成故障报告并存档相关故障数据记录，方便后续查阅。

2. 计算机联锁系统自动化运维关键技术

计算机联锁系统的维护仍然停留在人工维护阶段，主要原因在于系统中无法提供支持自动化运维的相关数据。自动化运维的全面实现将依靠以下几个方面的关键技术。

（1）人工智能算法及数据挖掘技术。人工智能算法及数据挖掘技术已经在相关行业有了广泛的研究和应用，如网络质量的监测、原因定位、预诊断、硬盘寿命预测、电源寿命预测、工程图纸的电子化以及基于数据挖掘技术的故障诊断。虽然相关的技术发展迅速，并且已经实际投入应用，但是在自动化运维领域的研究并不多，一方面，相关智能算法在参数寻找、调优等方面仍具有较大的应用困难；另一方面，相关设备的数据来自不同厂商、不同时期的产品，可能存在较大的数据差异，而且对算法的泛化能力及参数适用性也带来挑战。人工智能算法将自动化运维向智能化运维推进，在存在挑战的同时也面临着巨大的机遇。

设备寿命预测、故障分析、图像识别等技术必将在自动化运维方面带来深远的影响并得到广泛的应用。

（2）硬件监测技术。受限于硬件技术，现阶段的计算机联锁硬件产品相对落后，主要的硬件资源都用于核心业务（安全校验、联锁逻辑计算）的运算，没有足够的资源完成监测类任务和诊断类任务。随着硬件技术的更新迭代，计算机联锁系统中的硬件设备将具备更高的计算机速度和内存容量，有更多的资源完成监测类和诊断类的任务，这些改变对计算机联锁系统的监测有着重要意义，也使自动化运维成为可能。自动化运维的需求也将推动计算机联锁系统中软件和硬件的发展。

（3）可视化技术。作为人—机交互技术的综合体现，当自动化运维产生了庞大的数据信息时，可视化技术相比其他呈现方式更加具有直观性、高效性、前瞻性、趣味性等强有力的特点。自动化运维中的可视化包括监测指标、设备状态、硬件结构原理、逻辑关系（联锁逻辑和故障逻辑）4个方面。

（4）远程通信技术。计算机联锁系统是一个封闭系统，为保障系统的安全性，传统计算机联锁系统的网络与外网是隔离的。自动化运维的一个重要功能是系统发生异常或报警时，能及时通知维护人员。随着第五代移动通信网络（5G）的应用，实现信息安全、高效、稳定的远程传输，将进一步推动自动化运维在计算机联锁系统中的应用。

全电子计算机联锁系统是铁路信号控制的新一代联锁设备，系统以计算机控制技术为核心，以电力电子开关技术为基础，采用计算机通信、自动检测等先进技术，实现全部电子化的铁路信号控制计算机联锁设备。系统采用电子执行单元代替继电器，体积小、功能强大、便于组网，可以为铁路自动化、信息化提供基础信息，实现远程控制和远程诊断。系统于2003年列入科技部国家科技成果重点推广项目计划，目前日本京三、ABB、德国西门子等，以及国内兰州交通大学的大成公司、铁科院的驼峰所使用的是全电子计算机联锁系统。

全电子计算机联锁、传统计算机联锁、6502电气集中联锁性能对照见表3-1。

表3-1 全电子计算机联锁、传统计算机联锁、6502电气集中联锁性能对照表

对照项目		全电子计算机联锁	传统计算机联锁	6502电气集中联锁
系统结构	控制台	彩色监视器或单元控制台	彩色监视器或单元控制台	单元控制台
	联锁电路	联锁计算机	联锁计算机	安全型继电器构成的联锁电路
	执行电路	全电子执行机	I/O电路驱动,继电器执行	安全型继电器构成的执行电路
性能	安全性	满足铁道部标准《铁路信号故障—安全原则》(TB/T 2615—2018),平均危险侧输出间隔时间大于1 011 h	满足铁道部标准《铁路信号故障—安全原则》(TB/T 2615—2018),平均危险侧输出间隔时间大于1 011 h	满足铁道部标准《铁路信号故障—安全原则》(TB/T 2615—2018)
	可靠性	平均故障间隔时间大于106 h	平均故障间隔时间大于106 h	—
	智能性	有	执行部分无	无
	监测功能	具有微机监测和电务维护功能	具有电务维护功能	无
	热插拔	支持	支持	—
	短路保护	具有过载和负载短路自动保护功能,取消了电路熔丝,故障排除后自动恢复,不需要人工干预	熔丝,故障排除后需要人工更换熔丝	熔丝,故障排除后需要人工更换熔丝
	设备体积(30组道岔为例)	4台标准机柜	3台标准机柜,8～9个组合架	约20个组合架
使用与维护	日常维护	免维护	联锁电路与I/O电路部分免维护,继电部分需要定期到专业检修所检修	需要定期到专业检修所检修
	故障定位与处理	故障定位能够精确到板级,由人工更换故障模块	联锁电路与I/O电路故障能够精确到板级,由人工更换故障模块,继电器部分需要人工判断和处理	需要人工判断和处理
	系统扩展	修改联锁软件,增加相应的执行模块	修改联锁软件,增加I/O模块,增加继电组合	增加继电组合

续表

对照项目		全电子计算机联锁	传统计算机联锁	6502 电气集中联锁
施工	配线方式	配线采用压接式端子，现场无须焊接	联锁部分采用压接式端子，其他部分需要焊接	全部需要焊接
	配线数量	只有对外接口的少量配线	I/O 与继电部分之间，继电组合内部还存在大量配线	配线繁多

3. 双机热备型

联锁技术最初是以单机运行为主，虽然单机运行在人—机会话层性能要优于电气集中式联锁，但单机运行的可靠性及安全性不能满足铁路的相关规定。随着国内工控机技术的不断更新换代，我国对可靠性和安全性的要求不断提高，TYJL-2 型计算机联锁系统是我国首台自主研发的双机热备型计算机联锁系统。

双机热备型计算机联锁系统的最大特点是硬件上采用双机热备结构，联锁层有 2 台联锁机，每台联锁机由各自 CPU 执行联锁逻辑运算，2 个 CPU 执行 2 套功能相同而编码各异的系统，主机的结果作为控制命令输出，并控制相应的外部设备，并且将控制命令传给上位机显示，经过多年的实际运行经验，双机热备系统简单、实用，能够实现国家铁路要求的可靠性和安全性指标。

虽然双机热备系统可以实现动态无缝切换，并且可在线检修。但是涉安信息的处理一旦不及时，将产生严重的后果，因此，国内外已经停止了有关双机热备系统的研发工作。目前，我国仅准许支线、非提速区域及地铁沿线使用此类型的计算机联锁系统。

4. 三取二型（容错型）

在三取二型联锁系统中，主要的联锁机由 3 台完全相同的设备构成，配备了双路的电源回路，具有 3 条完全相同的输入通道分别采集信息，并将采集结果分别送入各自的 CPU，3 个 CPU 各自执行联锁程序，进行联锁逻辑运算，将产生的数据送至输出模块，输出数据经过表决器表决后，输出为产生结果一致的信号，并由此控制相应继电器从而控制室外设备。

三取二型联锁系统相对于双机热备型系统，可靠性和安全性都有大幅度提高，但是由于存在着表决功能，因此，对于表决器的性能要求比较高，另外，故障机要及时切离，若没有及时切离故障机，极有可能导致错误的结果输出。2000—2015 年，在湖东站、哈尔滨站、临汾北站、新丰镇站、长春站等投入使用了三取二型计算机联锁系统。

5. 二乘二取二型

为了满足高速铁路的发展需要，针对三取二型计算机联锁系统不能够在线检修问题，10 余年来研制出二乘二取二型计算机联锁系统，目前，随着电子产品价格的下降，所有的主干线甚至城市轨道交通中，均采用二乘二取二型计算机联锁系统。

该计算机联锁系统一共由两系完全相同的联锁系统构成，但是与双机热备系统不同的是，每套联锁机由双 CPU 同时运行完全相同的程序，双 CPU 共用一个时钟周期，能够实现完全同步，如果两个 CPU 运行结果不同，则输出安全侧信息，这就保证了整个系统的安全性能。如果该套联锁机不能正常运行，则由热备的联锁系统实现双机无缝切换，这就保证了系统的可靠性，可以说二乘二取二型计算机联锁系统，具备了高可靠性、高安全性，并且不存在表决功能，节省了工程造价，还可以实现在线检修，故障机如果不及时检修，也不会影响列车的正常运行，是当今铁路最为可靠、安全的一种计算机联锁系统。

3.3.7 计算机联锁标准化

CRCC 认证，即中铁检验认证中心认证。中铁检验认证中心有限公司的前身是 2002 年经国家认证认可监督管理委员会批准成立的"中铁铁路产品认证中心"，是我国实施铁路产品和城轨交通装备认证、管理体系认证的独立的第三方认证机构，2013 年又增扩了检测检验及其他技术服务。CRCC 认证采用通用要求加特定要求的方式实现对不同产品的认证。2012 年 7 月，中铁铁路产品认证中心发布依据《中华人民共和国认证认可条例》制定的《CRCC 产品认证实施规则—铁路产品认证通用要求》（中铁认函〔2012〕157 号）；2013 年发布《CRCC 产品认证实施规则—特定要求—车站计算机联锁设备》（中铁认函〔2013〕270 号），计算机联锁设备由此纳入 CRCC 认证管理。截至目前，共有 iLOCK 型、DS6-K5B 型、EI32-JD 型、DS6-60 型、TYJL-Ⅲ 型和 TYJL-ADX 型 6 种计算机联锁系统先后获得 CRCC 认证证书，全部是采用"二乘二取二"冗余结构的计算机联锁系统。

计算机联锁系统的 CRCC 认证相较于传统的产品特许管理模式，其显著差异在于采用了国际通行的独立第三方认证机制，确保认证机构在技术水平、管理体系和运作规范上均与国际标准体系保持一致。该认证更加注重对产品全生命周期内各项活动进行严格审查和监督，并建立了持续、动态的监管机制，不仅包括证书发放、定期换证等基本流程，还涵盖了定期监督检查、系统各层级各类别的变更管理，特别是针对软件变更的实时审查与备案管理。通过健全和完善 CRCC 认证体系，我国铁路信号产品的全生命周期管理水平得到了显著提升。

历经 30 多年的实践和发展，计算机联锁技术在国内铁路已实现成熟应用，目前有 6 种不同型号的计算机联锁系统被广泛应用，这些系统均已通过软件开发实现了原 6502 继电联锁系统的所有逻辑功能。尽管 6502 继电联锁系统拥有一套标准化且定型化的电路设计，在工程实施中大部分基础功能都能统一实现，但由不同单位研发的计算机联锁系统由于在需求理解和软件实现路径上的个性化差异，导致实施方案多样，在一定程度上增加了现场维护工作的复杂性。

近年来，我国开展了多项关于计算机联锁标准化的研究工作并取得了一定成效，旨在解决因研制单位各异而导致的系统异构问题，进一步推动计算机联锁的规范化进程。

1. 联锁功能的统一

随着高速铁路的大规模建设、安全控制认识水平的不断提高，对计算机联锁的技术内容、标准和规范有了新的要求。通过对多年高速铁路运用经验的思考、总结与提炼，原铁道部于 2015 年发布实施了《铁路车站计算机联锁技术条件》（TB/T 3027—2015）。该标准完善了计算机联锁系统的应用环境和基本功能需求，增加了用于高速铁路的特殊联锁功能，并对安全/可靠性多重冗余技术、电子化执行单元、远程操控等新技术和新的运用模式加以规范。突出的功能变化体现在以下 3 个方面。

（1）列车信号机向常态灭灯状态方向转变。在只开行动车组的线路上，将列车信号机设置为常态灭灯状态，驾驶员不再核查地面信号；非常情况下可将信号机转为点灯状态，解决车载设备故障或非动车组列车的行车凭证问题。

（2）增加发车引导信号。在区间不设通过信号机的高铁车站，增加发车引导功能（包括线路所的通过信号机），解决当发车进路上出现轨道区段故障或出站信号因故无法点亮时，列车无法以办理进路的方式出站的问题。

（3）区间闭塞结合改为通信接口方式。计算机联锁与区间自动闭塞的结合，由原来的继电接口方式转变为与列控中心系统的通信接口方式，闭塞条件及其他的站间相关信息通过信号系统安全数据网传输，降低了站间信息传输的成本。

2. 通信接口的统一

为提高铁路运输效率，实现运输作业自动化，计算机联锁系统增加并规范了与 CTC 车站自律机、无线调车机车信号和监控系统，以及编组站综合自动化系统的接口。

为促进联锁间的互联互通，编制和发布了标准性技术文件《车站计算机联锁间通信接口暂行技术规范》(TJ/DW 186—2016)，规定了交互信息的传输方式、内容及安全侧处理原则。近年来，联锁间的通信接口在高铁新线建设，尤其是枢纽站接入工程中发挥了重要作用。

3. 联锁安全原则的统一

为了明确计算机联锁系统的硬件、软件、通信接口、继电接口、电子执行单元需要遵循的安全原则，为新产品的设计、研发提供了理论支撑，于 2017 年发布了《铁路车站计算机联锁安全原则》(TB/T 3482—2017)。该规范对计算机联锁系统应采取的技术措施进行了统一规定，如安全功能的处理由联锁运算层或执行表示层执行；继电接口采用前后接点采集、双接点采集、条件串接采集等方式；校核有误时，及时采取安全措施并报警。这些规定为计算机联锁系统的优化、研发提供了安全设计标准。

4. 操作显示方式的统一

随着调度集中系统推广使用，不同型号的计算机联锁设备操作、显示方式不统一的问题逐步显现。为此，2016 年出台了全路统一的计算机联锁操作显示技术规范，主要包括以下几方面内容。

（1）操作显示界面总体布局。将界面按照功能划分为功能按钮、站场、提示信息、报警信息、预警信息和设备状态信息 6 个区域，确定了各区域的显示内容、色彩、图符尺寸、线间距、功能按钮设置等，如图 3-16 所示。

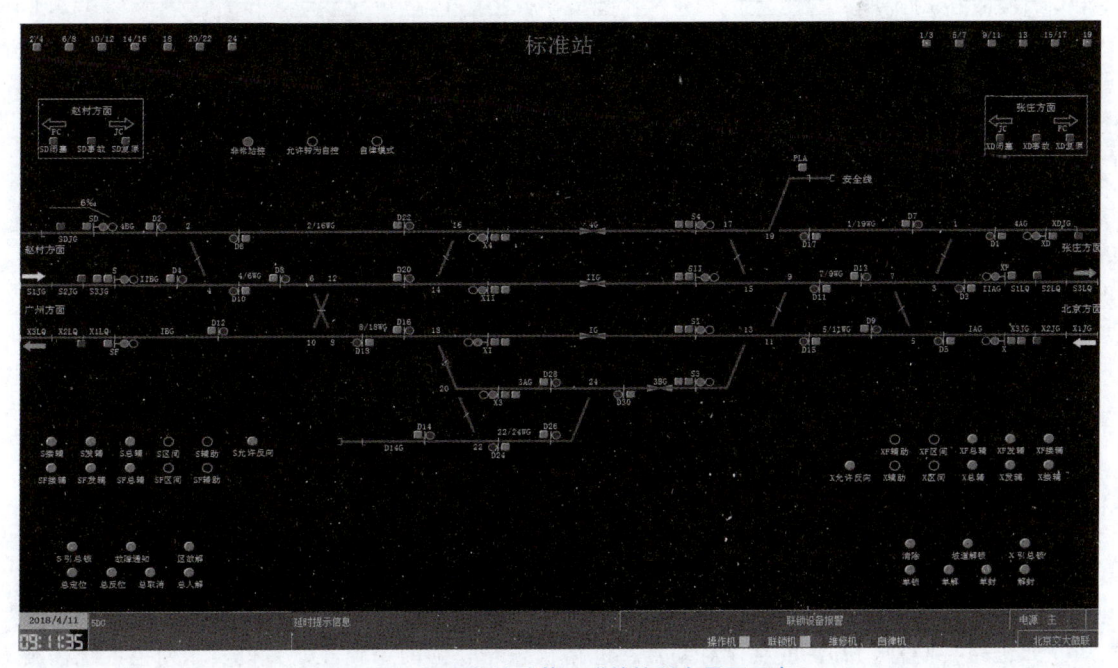

图 3-16　标准化的计算机联锁控制台界面示意

（2）常规操作办理流程。进一步规范了设备的操作和显示，主要包括常规进路办理、道岔操作、闭塞方向改变以及特殊结合电路的操作等。

（3）显示图符标准化。字母、数字、汉字参考了《军用视觉显示器人机工程设计通用要求》的规定，借鉴《使用视觉显示终端（VDTs）办公的人类工效学要求 第12部分：信息呈现》（GB/T 18978.12—2009）中条款7.5.8，优化了类似"总辅助""发车辅助"等按钮的色彩配置，对信息的显示和刷新进行了规范，同时根据《飞机座舱照明基本技术要求和测试方法》（GJB 455—1988）的要求，对文字的亮度也进行了规定。

5. 接口测试模拟软件的统一

各计算机联锁系统集成商都有仿真试验平台，用于实验室联锁仿真试验。对于通信接口，供应商有自己的接口模拟工具，但普遍问题是界面可读性差，不便于设备维护管理单位核对试验。为了确保高速铁路车站联锁的正确性，对现有的联锁仿真试验平台进行改进，提升试验能力，增加 RBC 接口模拟、TCC 接口模拟、CBI 接口模拟，使其具备与 TCC、RBC、相邻 CBI 接口数据核对的功能。

（1）仿真界面的统一。仿真界面主要包括与 TCC、RBC、CBI 的接口，各接口分别设置独立的界面。各接口界面风格统一，图3-17所示为标准化的计算机联锁 TCC 接口模拟软件界面。在每个界面上，接收信息和发送信息分开显示，并以通信内容的信息包为单元，分区域显示。在每个区域中，多为有吸起、落下含义的信息，用箭头图符显示其状态，并通过在对应显示文字上按压鼠标左键改变发送的状态值。对于有多个状态的信息，采用文字方式表示，并设置下拉框改变发送的状态值。

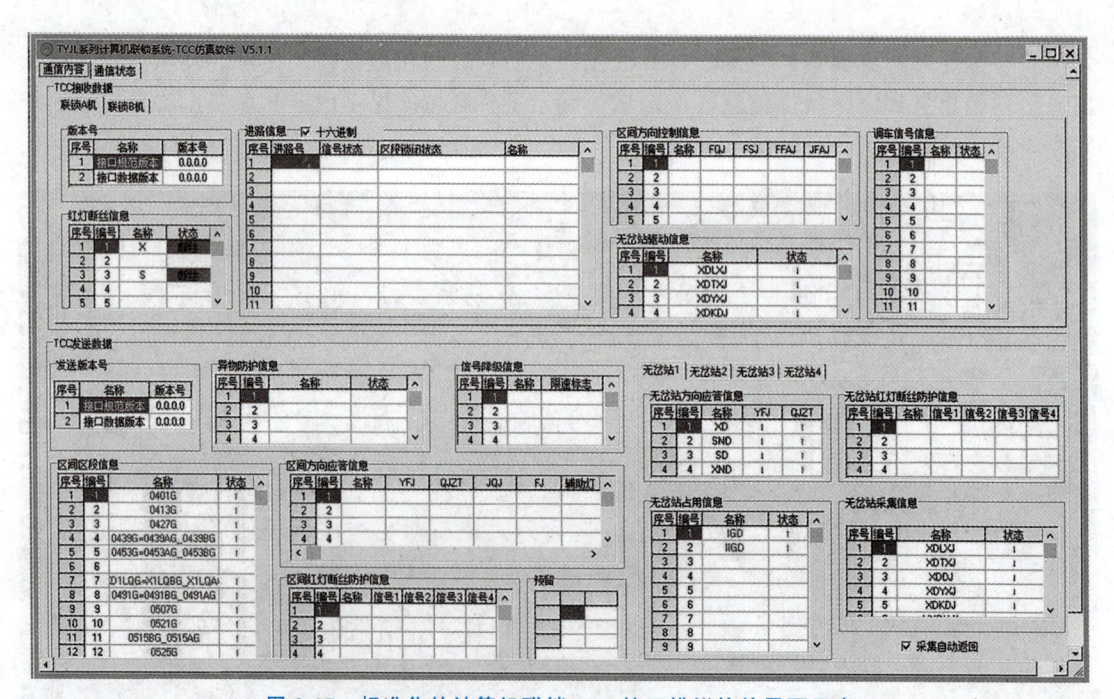

图3-17 标准化的计算机联锁 TCC 接口模拟软件界面示意

（2）测试内容统一。该软件详细规定了测试范围和测试内容，并包含每类信息的测试方法。如进路类信息，需要重点核对编号、进路状态与联锁的一致性，并核实非列控系统需要的进路是否存在多发的情况。对于区间方向信息、区间闭塞分区状态、信号降级、异物侵限、CBI-CBI 接口等开关量信息，则重点核对状态的一致性。

| | 中泰版：SICAS 型计算机联锁系统 | 中文版：SICAS 型计算机联锁系统 | 中英版：SICAS 型计算机联锁系统 |

| | 中泰版：TYJL－Ⅱ型计算机联锁 | 中文版：TYJL－Ⅱ型计算机联锁 | 中英版：TYJL－Ⅱ型计算机联锁 |

【任务实施】

背景描述	计算机联锁系统是用于信息传送的设备，它是一种先进的车站联锁设备，具有运作速度快、信息量大、操作方便、安全性高、设备体积小、质量轻、便于调试和维修等特点，可以提高自动化程度和作业效率。它采用计算机技术，通过计算机程序对轨道电路进行控制和监测，以确保列车和车列在车站和车辆段的行车作业安全
任务步骤	步骤一　简述计算机自动化运维中系统维护和故障排查过程
	步骤二　简述计算机自动化运维中的关键技术
	步骤三　列出计算机联锁有哪些标准化
任务反思	总结对计算机自动化运维的维护和故障排查的掌握情况

【任务评价】

序号		任务达成要素	分值	个人自评	小组评价	教师评价
专业能力	1	能简述计算机自动化运维中的常见故障	25			
	2	较全面的列出计算机联锁有哪些标准化	25			
	3	能阐述计算机自动化运维中的关键技术	20			

续表

序号		任务达成要素	分值	个人自评	小组评价	教师评价
职业素养	4	具有独立思考问题的能力	15			
	5	态度积极认真	10			
	6	在任务实施中有团队协作体现	5			
效果评估总结（对自己学习效果的评估和反思）						

【课后练习】

简述题：

1. 集中联锁车站使用故障按钮解锁进路有何规定？
2. 简述短调车进路。
3. 简述长调车进路。
4. 何谓敌对进路？敌对进路有哪些？
5. 信号机关闭的时机有何规定？
6. 操作6502联锁设备应遵循怎样的操作程序？
7. 简述计算机联锁的未来发展趋势。

论述题：

论述联锁系统伴随技术发展所产生的变化。

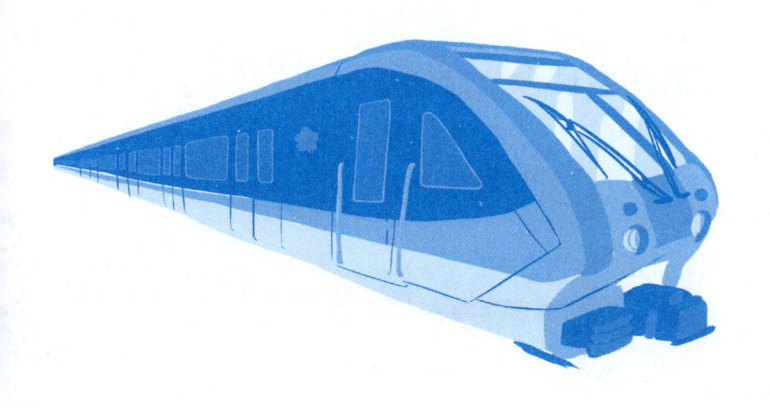

模块 4

闭塞的认识

引 言

城市轨道交通 ATC 信号系统是实现行车安全、高效运营的重要保证。它主要包括列车自动监控（ATS）子系统、列车自动防护（ATP）子系统、列车自动驾驶（ATO）子系统。ATC 信号系统按目前常规的闭塞方式分类，其制式主要有固定闭塞、准移动闭塞和移动闭塞 3 种。当城市轨道交通信号系统故障瘫痪时，交通管理部门会使用一种降级人工闭塞模式——电话闭塞法，保障交通系统的正常运行。

带着这些问题，一起进入下面的学习吧！

中泰版：闭塞（上）　　中文版：闭塞（上）　　中英版：闭塞（上）

中泰版：闭塞（下）　　中文版：闭塞（下）　　中英版：闭塞（下）

任务 4.1　了解闭塞概念及制式、方式

【学习目标】

知识目标：
（1）了解闭塞的概念；
（2）知道闭塞的制式；
（3）了解闭塞的功能与发展。

能力目标：
（1）能够理解闭塞的制式并处理出现的故障；
（2）提升对闭塞功能的认知。

素养目标：
（1）具备专业素养；
（2）具备安全意识与责任心。

【任务描述】

闭塞是一种铁路运输中的信号控制方法，旨在保证列车在区间内的行车安全。其基本原理是利用轨道电路或信令系统，将列车的位置和速度信息传递给相邻的区间，从而控制列车的行驶速度和间隔距离。根据不同的制式方式，闭塞可以分为机械式、电气式、电子式等多种类型。其中，机械式闭塞主要利用机械结构实现信号控制，电气式闭塞利用电流或电压的变化来传递信号，电子式闭塞则利用微处理器和计算机系统进行信号处理和控制。闭塞设备的设置可以保证列车在区间内的安全行驶，避免追尾、冲突等事故的发生。通过学习本任务的内容，学习者应了解闭塞的概念，并知道闭塞的制式及功能。

【知识链接】

4.1.1　闭塞的概念

闭塞就是用信号或凭证，保证列车按照空间间隔制运行的技术方法。空间间隔制就是前行列车和追踪列车之间必须保持一定距离的行车方法。从各种不同的角度，闭塞可以有各种不同的分类，总体来说，可分为站间闭塞和自动闭塞两类。

4.1.2　闭塞的方式

1. 时间间隔法

时间间隔法是指按规定的间隔时间向区间发车，以时间间隔作为闭塞条件的闭塞方法。不能保证在同一时间、同一区间内只有一个列车占用的安全条件，可适用于道路汽车交通的运行组织。

2. 空间间隔法

空间间隔法是指在同一时间、同一区间内只有一个列车占用，即前行列车与续行列车始终保持一定的空间间隔，适用于轨道交通。

4.1.3 闭塞的制式

1. 半自动闭塞

采用车站出站信号机的允许显示信号作为列车占用站外区间的行车凭证，区间两端的值班员通过专门的闭塞机来办理闭塞手续，即由发车站值班员请求占用区间，由接车站值班员认可接车，发车站才能开放发车信号；当列车进入区间时，发车信号关闭，区间处于闭锁状态；只有当接车站值班员确认列车到达之后，才能使闭塞机处于解锁状态，然后办理第二次列车占用区间的闭塞手续。其中，办理手续由值班员人工完成，信号显示的转换则是由运行中的列车自动完成，故称为半自动闭塞。由于半自动闭塞制度保障了两个车站之间区间仅有一个列车运行，因此，区间运行安全得到保障；但线路通行能力比较低，适用于单线轨道交通。

2. 自动闭塞

将站间区间划分为若干小区间（称为闭塞分区），并设置通过信号机进行防护。由车站出站信号机和区间内通过信号机的显示共同作为列车占用区间的行车凭证。而且，由于出站信号机的关闭与通过信号机的信号显示变化，均由进行中的列车自动完成（除了出站信号机的开放仍由车站值班员在排列列车进路时完成，已包含在联锁环节中），故称为自动闭塞。自动闭塞可以使站间区间供多辆列车同时占用（只要能保持安全间隔），同时还能对区间内是否有列车占用的信息进行检查监督，是列车运行自动化控制的基础。

自动闭塞根据通过信号机显示灯光颜色及其意义，可分为二显示自动闭塞、三显示自动闭塞和四显示自动闭塞。

（1）二显示自动闭塞。

1）红色灯光：前方闭塞分区有车占用，停车，不准越过该信号机。

2）绿色灯光：前方闭塞分区无车占用，按规定速度运行。

二显示自动闭塞在绿色灯光条件下，有可能仅有一个空闲区间可供列车占用。因此，列车在很多情况下是在红灯下运行，随时准备减速或停车制动。其只适用于运行密度低、速度低的交通系统。

（2）三显示自动闭塞。

1）红色灯光：前方闭塞分区有车占用，停车，不准越过该信号机。

2）黄色灯光：前方仅有一个闭塞分区空闲，减速通过。

3）绿色灯光：前方至少有两个闭塞分区空闲，按规定速度通过。

三显示自动闭塞在绿色灯光条件下，至少有两个闭塞分区空闲可供列车占用。因此，列车基本上是在绿色灯光或黄色灯光下运行。可以保持较高速度运行或只需要短暂减速运行。其适用于客货列车混行的铁路系统。

（3）四显示自动闭塞。

1）红色灯光：前方闭塞分区有车占用，停车，不准越过该信号机。

2）黄色灯光：前方仅有一个闭塞分区空闲，低速列车减速通过。

3）黄绿色灯光：前方有两个闭塞分区空闲，高速列车减速通过。

4）绿色灯光：前方至少有三个闭塞分区空闲，按规定速度通过。

四显示自动闭塞保证列车在绿色灯光下运行，可以充分发挥列车运行速度，比较适合较高速度的铁路区段或城市轨道交通系统。

自动闭塞根据控制信息的电流特征，可以分为极性、数码、频率和极性频率等几种，可以采用单一电流特征，也可以根据信息量多少及传输控制的要求，采用多种方式的组合。

前后列车在区间内运行间距越大，通行能力越差，但是运行安全程度越高，列车的运行速度也可达到最佳点。同样，在自动闭塞区段，车站内区间按一定的间隔时间连续发车，发车间隔时间越长，线路通过能力就越低，但是安全可靠性提高；发车间隔时间越短，则通过能力越高，但是必须保证后续列车与前行列车有安全的间隔距离，这个安全距离可以由自动闭塞的制式决定。

由于自动闭塞的每个自动闭塞分区均装有轨道电路，因此，可以比较准确地表示前行列车的位置，继而向后续列车传输比较明确的速度指令，从而保证两辆列车之间既有可靠的安全制动距离，又能保持最短的空间间距，达到最大的通过能力。

控制线上所标明的速度是由安全制动距离所决定的，也即应满足列车在最差运行条件下的制动距离。线路也允许在特殊情况下的反向运行，其速度控制与正向运行有很大的不同，至少要三个区间空闲才允许以 45 km/h 的速度运行，而且不允许高于此速度运行。

当然，不同的交通系统，其轨道长度不同，列车性能不同，制动距离也不同，因此速度控制线路也不尽相同。

4.1.4 闭塞区间的功能

为保证行车安全和铁路线路必要的通过能力，把铁路分成若干个长度不等的段落，每一段线路称为一个区间。相邻两个区间的分界称为分界点，分界点是车站、线路所及自动闭塞区间通过信号机的通称。区间根据分界点的不同分为站间区间、所间区间及闭塞分区三类。站间区间是指两端的分界点均为车站的区间。所间区间是指两端的分界点为线路所与车站间的区间，是在非自动闭塞区段上为了提高铁路线路的通过能力设置的最简单的分界点。在线路所设有通过信号机，用以划分区间，并有专人办理接发列车的工作。通过信号机是自动闭塞区段上的分界点，它将站间区间划分为几个闭塞分区，以提高通过能力并自动地指示列车运行。线路所及其通过信号机，仅作调整列车运行之用，目的是保证行车安全及必要的线路通过能力。

地铁是采用移动闭塞列车运行间隔自动调整，又称为移动自动闭塞系统。这种设备不需要将区间划分成固定的若干闭塞分区，而是在两列车间自动地调整运行间隔，使之经常保持一定的距离，所以称列车运行间隔自动调整。其可以大大地提高区段的通过能力。移动闭塞方式的列控系统也采取目标距离控制模式。目标距离控制模式根据目标距离、目标速度及列车本身的性能确定列车制动曲线，采用一次制动方式。通过 ATC 信号系统及三个子系统 ATP、ATO、ATS 互相渗透，地面控制与车上控制结合实现地面控制与中央控制结合，构成一个以安全为基础，集行车指挥和运行调整等功能为一体的列车自动控制系统。通过信息交换网络构成闭环系统，充分发挥了保证行车安全、提高运行速率、缩短行车间隔、促进管理、提高综合运营能力和服务质量的作用。

【任务实施】

背景描述	城市轨道交通 ATC 信号系统是实现行车安全、高效运营的重要保证。ATC 信号系统按目前常规的闭塞方式分类，其制式主要有固定闭塞、准移动闭塞和移动闭塞 3 种。闭塞是保证列车按照空间间隔制运行的技术方法	
任务步骤	步骤一	简述闭塞的概念
	步骤二	罗列闭塞的制式类型，并对其进行描述
任务反思	简述闭塞的主要作用	

【任务评价】

序号		任务达成要素	分值	个人自评	小组评价	教师评价
专业能力	1	能简述闭塞的概念	20			
	2	能列出闭塞的制式	30			
	3	能对闭塞进行描述	20			
职业素养	4	具有独立思考问题的能力	15			
	5	态度积极认真	10			
	6	在任务实施中有团队协作体现	5			
效果评估总结（对自己学习效果的评估和反思）						

任务 4.2　了解固定闭塞

【学习目标】

知识目标：
了解固定闭塞的概念。
能力目标：
能够熟悉固定闭塞的应用。
素养目标：
（1）具备安全意识与责任心；
（2）具备严谨的工作作风。

【任务描述】

固定闭塞是指列车在区间内行驶时，以固定的闭塞分区为单位，进行信号控制和速度监控。每个闭塞分区都有预设的长度和通过信号机的设置，以保障列车行驶的安全。列车在该分区内以固定的速度行驶，不能超过该分区的限速。固定闭塞系统通过轨道电路、应答器和信号机等设备实现列车的位置检测和速度控制，确保列车间的安全距离和行驶安全。通过学习本任务的内容，学习者应了解固定闭塞的概念，以及固定闭塞的使用场景。

【知识链接】

4.2.1 固定闭塞的概念

固定闭塞基于多信息移频轨道电路，采用台阶式速度控制模式，属于 20 世纪 80 年代技术水平，其列车运行间隔一般能达到 180 s。用于北京地铁、上海地铁一号线的 ATP、ATO 系统均属于此种类型，如图 4-1 所示。

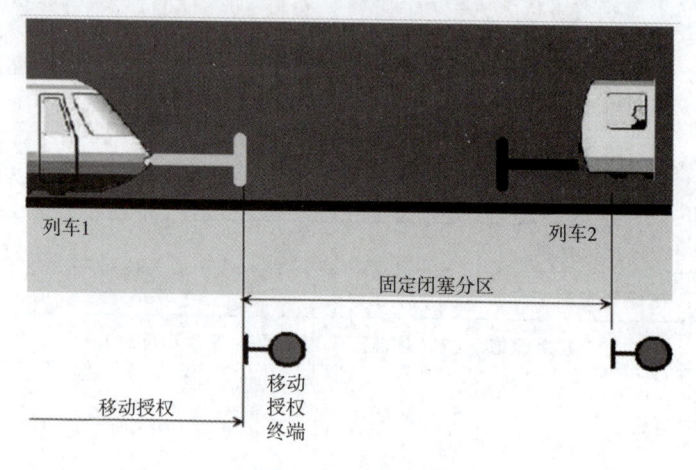

图 4-1 固定闭塞

固定闭塞方式，根据线路情况、列车特性和固定的速度等级确定闭塞分区长度，列车以闭塞分区为最小行车间隔，且需要设置防护区段。其传输的信息量少，对应每个闭塞分区只能传送一个信息代码，即该区段所规定的最大速度码或入口/出口速度码。列车速度监控一般采用的是闭塞分区出口检查方式，当列车的出口速度大于本区段出口速度时，车载设备便对列车实施惩罚性制动，为保证列车运行的安全，这种滞后的速度检查方式必须有一个完整的闭塞分区作为列车的安全保护距离，对于地铁的折返轨道来说，需要有较长的尾轨才能保证折返的能力和列车运行安全。系统的 ATP 采用阶梯式控制方式，对列车运行控制精度不高，降低列车运行舒适度，增加驾驶员的劳动强度，限制通过能力的进一步提高。固定闭塞分区的划分依赖指定列车的性能，当线路上有不同性能的列车时，既影响运行效率，也不适应今后列车类型变更。

4.2.2 固定闭塞的案例

目前，国铁广泛使用固定闭塞技术，有着非常成熟的运营和维护经验，国家铁路局把它确定为统一的制式在全路大面积推广使用。在城市轨道交通领域，基于固定闭塞制式的 ATC 系统实用化程度很高，北京地铁 1 号线、2 号线、13 号线、八通线，以及大连快轨 3 号线和上海地铁 1 号线等，都使用该系统，取得了良好的经济效益、社会效益，并积累了丰富的运营和维护经验。该系统基本上实现了国产化，国产化率达到 95% 以上，造价低，后期维护成本低。

【任务实施】

背景描述	固定闭塞方式，根据线路情况、列车特性和固定的速度等级确定闭塞分区长度，列车以闭塞分区为最小行车间隔，且需要设置防护区段
任务步骤	简单描述固定闭塞的概念
任务反思	思考固定闭塞的主要作用

【任务评价】

序号		任务达成要素	分值	个人自评	小组评价	教师评价
专业能力	1	能简述固定闭塞的概念	50			
	2	知道固定闭塞的一些典型应用	20			
职业素养	3	具有独立思考问题的能力	15			
	4	态度积极认真	10			
	5	在任务实施中有团队协作体现	5			
效果评估总结（对自己学习效果的评估和反思）						

任务 4.3　了解准移动闭塞

【学习目标】

知识目标：
了解准移动闭塞的概念及应用。

能力目标：

能够处理准移动闭塞应用中的故障。

素养目标：

（1）具备大国工匠精神；

（2）具备专业素养、安全意识与责任心。

【任务描述】

准移动闭塞是一种列车控制系统，它通过划分安全区间、虚拟闭塞等方式，确保列车在区间内的安全运行。准移动闭塞采用轨道电路、应答器等设备，对列车的位置和速度进行监测和控制。在准移动闭塞系统中，每个列车都有自己的移动授权，即列车可以安全行驶的区间和速度。当列车进入下一个区间时，系统会根据列车的速度和位置，计算出列车的移动授权，确保列车不会与前车发生碰撞。同时，系统还会对列车的速度进行限制，确保列车不会超速行驶。准移动闭塞的优点：可以在保证安全的前提下，提高列车的运行效率。同时，还可以实现列车的连续追踪和定位，提高列车的运营质量。通过学习本任务的内容，学习者应了解准移动闭塞的概念，知道准移动闭塞应用的常见故障处理方法。

【知识链接】

4.3.1 准移动闭塞的概念

准移动闭塞基于数字轨道电路，采用距离/速度曲线控制模式的 ATP/ATO 系统，属于 20 世纪 90 年代的技术水平，其列车运行间隔一般能达到 90～120 s。在广州地铁一号线和二号线使用的西门子公司的 LZB700M、在上海地铁二号线使用的 US&S 公司的 AF-900 以及我国香港地区机场快速线（最高速度达 135 km/h）使用的阿尔斯通公司的 SACEM（ATP/ATO）信号系统，还有南京地铁一号线和深圳地铁等信号系统均属于此种类型。有时把准移动闭塞归入固定闭塞。

基于准移动闭塞式的 ATC 系统在国际上也已经发展得比较成熟，目前具有代表性的有美国 USSI 公司的 ATC 系统、德国 Siemens 公司的 ATC 系统、法国 Alstom 公司的 ATC 系统、英国 Westinghouse 公司的 ATC 系统，以及日本 HITACHI（日立）公司的 ATC 系统，如图 4-2 所示。

图 4-2　ATC 系统

准移动闭塞方式一般采用数字式音频无绝缘轨道电路（也有采用音频无绝缘轨道电路＋感应电缆环线或计轴＋感应电缆环线方式）作为列车占用检测和 ATP 信息传输媒介，具有较大的信息传输量和较强的抗干扰能力；通过音频轨道电路的发送设备向车载设备提供目标速度、目标距离、线路状态（曲线半径、坡度等数据）等信息，ATP 车载设备结合固定的车辆性能数据计算出适合本列车运行的速度/距离曲线，保证列车在速度/距离曲线下有序运行，提高了线路的利用率。系统的 ATP 采用速度/距离曲线的控制方式，提高了列车运行的平稳性，列车追踪运行最小安全间隔较固定闭塞短，对提高区间通过能力有利。对于这种 ATC 系统，列车仍以闭塞分区为最小行车安全间隔，但根据目标速度和目标距离随时调整列车的可运行距离，这种方式后续列车所知道的目标距离是距前行列车或目标地点所处轨道电路区段边界的距离，不是距前行列车的实际距离；因此，该种 ATC 系统相对于移动闭塞系统而言也称为准移动闭塞式的 ATC 系统。

4.3.2 准移动闭塞的案例

我国曾用过阶梯式和曲线式分级速度控制，取得了经验，但并未形成规模，CTCS 规范推荐采用目标—距离控制模式，符合国际列控系统的发展趋势。

广深准高速铁路采用了法国 CSEE 公司的列控系统 TVM300。该系统采用滞后阶梯式速度监控方式，只检查列车进入闭塞分区轨道区段的入口速度，不检查出口速度，因此为确保安全，它需要有一个保护区段，这对线路的通过能力有一定影响，如图 4-3 所示。

图 4-3 滞后阶梯式速度监控

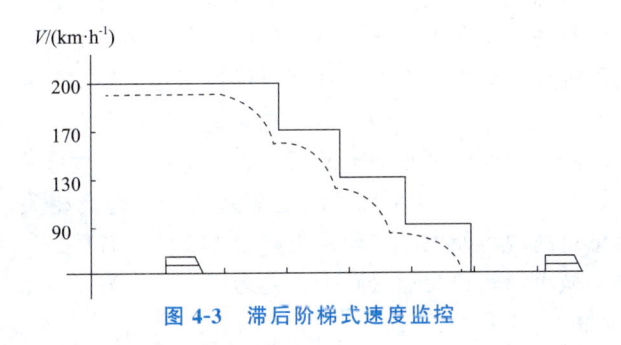

图 4-3 中，实线条为阶梯式速度监控曲线，虚线条为列车实际运行曲线。阶梯式速度监控曲线只控制列车进入闭塞分区轨道区段的入口速度，在闭塞分区范围内速度监控线是一条平直线，由驾驶员自行控制减速至下一闭塞分区的入口速度。一旦控制不当，就会撞上监控曲线的横线或竖线，产生紧急制动。若在最后一个闭塞分区范围内撞上监控曲线，列车则会进入下一个闭塞分区，因此要把下一个闭塞分区设成保护区段。运用实践证明，驾驶员并不喜欢这种控制方式。

TVM300 系统以数字信号技术为基础，仍用钢轨来作为列车地面信息的传送载体。在信号传输、信号处理过程中实现数字化操作，使信息量加大，抗干扰能力增强，车载设备还可以实现列车的连续曲线控制。采用这种方式构成的 ATC 系统，地面轨道电路可以向列车传递足够用于列车连续曲线速度控制的信息（包括目标速度、目标距离、线路状态、线路允许速度、轨道电路信号及长度等），列车控制曲线如图 4-4 所示。这种方式可以减小阶梯式控制的安全保护距离对列车运行间隔时间的影响，提高了对列车控制的精度，并提高了行车效率。连续曲线控制的运行使驾驶员在驾驶中也比较轻松,不需要进行频繁的制动、牵引,可以达到较好的节奏效果,乘客的乘坐舒适度也可得到相应提高。

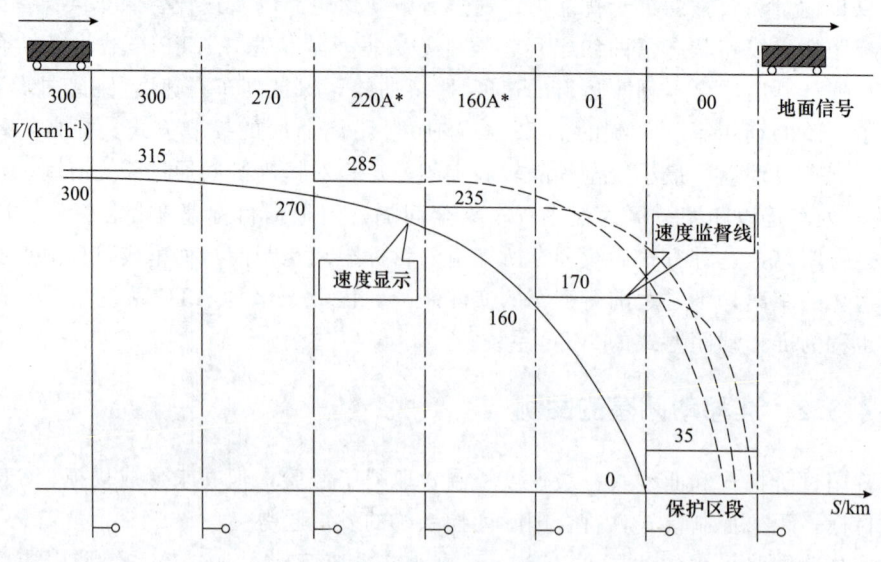

图 4-4　列车控制曲线

这种 ATC 系统列车追踪运行的最小安全间隔的最大值为安全保护距离加一个闭塞分区长度;列车的最小正常追踪运行间隔为安全保护距离加一个闭塞分区长度再加最高允许速度下使用常用制动直至停车的制动距离,该种方式后续列车所知道的目标距离是距前行列车或目标地点所处轨道电路区段边界的距离,不是距前行列车尾部的实际距离,因此,根据目标速度和目标距离随时调整的列车可行车距离是"跳跃式"的,即在列车尾部一次出清各电气绝缘节时"跳跃式"跟随。因此,列车的追踪间隔和列车控制精度除取决于线路特性、停站时分、车辆参数外,还与 ATP/ATO 系统及轨道电路的特性密切相关,如轨道电路的最大和最小长度、传输信息量的内容及大小、轨道电路分界点的位置等。

该系统在我国多个城市的轨道交通线路中得到运用,如上海地铁 2、3、4 号线,广州地铁 1、2 号线,长春地铁 3、4 号线等。

【任务实施】

背景描述	准移动闭塞是一种列车控制系统,它在控制列车安全间隔上相比移动闭塞更进一步。它通过报文式轨道电路辅以环线或应答器来判断分区占用并传输信息,信息量大。准移动闭塞可以告知后续列车继续前行的距离,从而改善列车速度控制、缩小列车安全间隔、提高线路利用效率
任务步骤	描述准移动闭塞
任务反思	简述准移动闭塞的主要作用

【任务评价】

序号		任务达成要素	分值	个人自评	小组评价	教师评价
专业能力	1	能简述准移动闭塞的概念	50			
	2	知道准移动闭塞的一些典型应用	20			
职业素养	3	具有独立思考问题的能力	15			
	4	态度积极认真	10			
	5	在任务实施中有团队协作体现	5			
效果评估总结（对自己学习效果的评估和反思）						

任务 4.4　了解移动闭塞

【学习目标】

知识目标：
(1) 了解移动闭塞的概念及工作原理；
(2) 了解典型的移动闭塞系统及典型应用。

能力目标：
(1) 能够理解典型的移动闭塞系统；
(2) 提升对移动闭塞系统的认知。

素养目标：
(1) 具备终身学习的意识；
(2) 具备使命感与责任感。

【任务描述】

移动闭塞是一种先进的列车控制技术，它通过在列车和地面控制设备之间实时交换信息，实现列车与列车之间的安全间隔保障。其原理是利用先进的计算机技术、无线通信技术及控制技术，实现对列车运行轨迹的精确跟踪和实时调整。典型的移动闭塞系统包括 CBTC（基于通信的列车控制）系统、C-Link 等，这些系统都采用了移动闭塞技术。移动闭塞系统具有较高的安全性能和运输效率，能够适应城市轨道交通、城际铁路等多种运输场景，是现代列车控制技术的发展趋势之一。通过学习本任务的内容，学习者应了解移动闭塞的概念及其工作原理，并知道移动闭塞的典型应用。

【知识链接】

随着在城市轨道交通改造工程和新线建设中越来越多地采用先进、基于通信的列车控制（Communication Based Train Control，CBTC）系统，移动闭塞的应用也越来越多地引起人们的关注。基于通信的移动闭塞信号系统是目前国内外城市轨道交通项目中最为先进的列车自动控制系统，它代表着城市轨道交通列车自动控制系统的发展方向。

4.4.1 移动闭塞的概念

移动闭塞是指当列车车载设备发生故障或列车前方出现障碍物时，列车和旅客能够置身于一个受到保护的区域内，即列车紧急制动后，在这个区域内能够安全地停车，一定不会与任何阻碍物（包括其他列车）相撞，也不会由于道岔位置没有调整到位而发生脱轨事故。这个安全区间会随着列车的移动而移动，故称移动闭塞。采用术语"移动闭塞"，主要是为了将其与"固定闭塞信号"区分。

移动闭塞取消了传统的轨道电路，线路上的列车连续不断地把运行的信息如列车速度、位置、牵引质量等通过通信系统向控制中心传送，经控制中心连续不断地掌握先行列车和后续列车的间隔距离，当追踪列车和后续列车的间隔等于后续列车的常用制动距离加安全距离时，控制中心向追踪列车发出惰行或制动的命令，使后续列车与先行列车的间隔距离加大，从而确保列车运行安全。列车的间隔距离不是固定的，而是与列车运行的速度有关，当速度快时，两辆列车的间隔距离就加大，反之就缩短。这种闭塞方式能够在确保行车安全的条件下，最大限度地增大行车密度，提高运输能力。目前，它已成为城市轨道交通信号系统的发展方向。

移动闭塞方式不是依靠轨道电路，而是采用交叉感应电缆、漏缆、裂缝波导管或扩频电台等通信方式实现车地、地车间双向实时的数据传输来检测列车位置，使地面信号设备可以得到每一辆列车连续的位置信息和列车运行的其他信息，并据此计算出每一辆列车的运行限制速度，并动态更新，发送给列车，列车根据接收的运行限制速度和自身的运行状态计算出列车运行的速度/距离曲线，车载设备保证列车在该曲线下运行。因此，在保证安全的前提下，能最大限度地提高通过能力。

4.4.2 移动闭塞的工作原理及特点

移动闭塞与固定闭塞的根本区别在于闭塞分区的形成方法不同。如图 4-5 所示，移动闭塞系统是一种区间不分割、根据连续检测先行列车位置和速度进行列车运行间隔控制的列车安全系统。这里的连续检测并不意味着一定没有间隔点。实际上，该系统把先行列车的后部看作假想的闭塞区间。由于这个假想的闭塞区间随着列车的移动而移动，因此称为移动闭塞。在移动闭塞系统中，后续列车的速度曲线随着目标点的移动而实时计算，后续列车到先行列车的保护段后部之间的距离等于列车制动距离加上列车制动反应时间内驶过的距离。

根据是否考虑先行列车的速度，移动闭塞的构成分为两种：第一种是考虑先行列车速度的移动闭塞系统（MB-V 方式）；第二种是不考虑先行列车速度的移动闭塞系统（MB-V$_0$ 方式）。图 4-6 所示为移动闭塞条件下列车追踪控制原理。

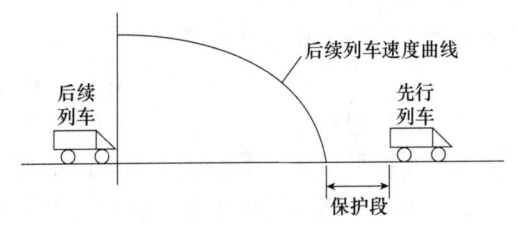

图 4-5 移动闭塞原理示意

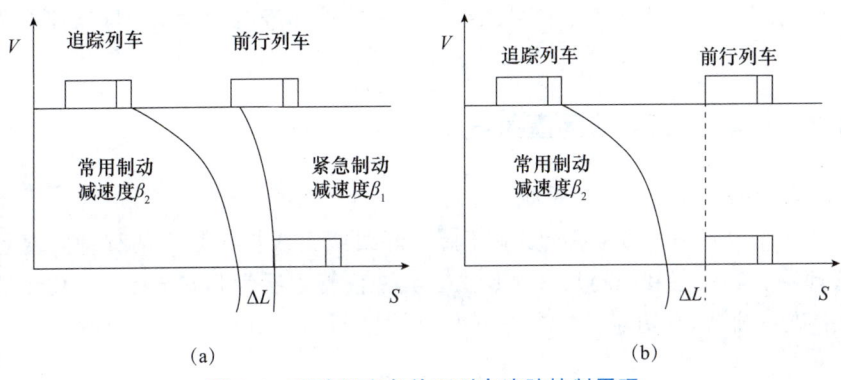

图 4-6 移动闭塞条件下列车追踪控制原理
（a）MB-V 方式；（b）MB-V_0 方式

　　移动闭塞系统的组成主要包括无线数据通信网、车载设备、区域控制器和控制中心等。其中，无线数据通信是移动闭塞实现的基础。通过可靠的无线数据通信网，列车将位置、车次、列车长度、实际速度、制动潜能和运行状况等信息以无线的方式发送给区域控制器；区域控制器追踪列车并通过无线传输方式向列车发送移动授权。车载设备包括无线电台、车载计算机和其他设备（如传感器、查询器等）。列车将采集到的数据（如机车信息、车辆信息、现场状况和位置信息等）通过无线数据通信网发送给区域控制器，以协助完成运行决策；同时对接收到的命令进行确认并执行。

　　移动闭塞具有如下特点：

　　（1）线路没有固定划分的闭塞分区，列车间隔是动态的，并随前一列车的移动而移动。

　　（2）列车间隔是按后续列车在当前速度下所需的制动距离加上安全裕量计算和控制的，确保不追尾。

　　（3）制动的起点和终点是动态的，轨旁设备的数量与列车运行间隔关系不大。

　　（4）可实现较小的列车运行间隔。

　　（5）采用地车双向传输，信息量大，易于实现无人驾驶。

4.4.3 移动闭塞系统的节能

　　运用移动闭塞信号的主要原因之一是其卓越的短列车间隔功能。移动闭塞系统的节能是其短发车间隔性能的良好体现。总体来说，移动闭塞系统的通过能力比固定闭塞系统高。这增加的通过能力大大降低了高峰期的频繁制动停车和频繁加速，因此可以说节能因素是移动闭塞系统的一种内在特性。移动闭塞系统的这种增加发车间隔裕量的特性也能在不影响正常运营服务的基础上用以支持多种节能措施。

(1) 更短、更均匀的最小行车间隔可在高密度行车运营时减少制动。

(2) 独立的、可调节的列车加、减速和最高速度的控制可针对驾驶曲线优化节能。可以通过命令前车加速或后车降速来避免制动。

(3) 任何情况下，站间列车运行可以以较低的制动率进行，从而节约能耗。

移动闭塞技术结合了当今信号控制领域及行车指挥自动化等方面的理念，使地铁运营公司有条件实现"小编组，高密度"的新型行车组织模式，从而快速、高效地实现最大化的客流周转量，并可以轻松地实现低于 60 s 的行车间隔。而且其日常维护费用和工作量都显著减少。由此说明应当发挥移动闭塞信号系统在中国地铁和轻轨建设及中国高速铁路建设中的重要作用。

4.4.4 典型的移动闭塞系统

1. Alcatel 公司的 Seltrac MB 系统

Alcatel 公司的 Seltrac MB 系统是基于感应环线或无线扩频技术的移动闭塞系统。该系统可分为管理层、操作层和执行层 3 个层次，其中仅管理层为非安全性层。位于运营控制中心的 SMC 主要完成 ATS 功能，负责对列车自动控制系统进行全面的协调管理，为非安全性设备。

VCC 位于操作层，主要负责信号系统的安全运行，同时还完成中央 ATP、ATO 和联锁功能。在 SMC 系统要求时，VCC 通过交叉感应环线或无线通信系统与车载 ATC 设备 VOBC 进行通信，从而控制列车运行。该设备为安全性设备，采用三取二冗余结构。STC 设备是该系统的安全性轨旁子系统，主要完成控制区域内道岔、屏蔽门、防淹门等设备的控制和监督。车载 VOBC 是 ATC 系统与车辆系统之间的接口，每列车前后各一套，互为备用；主要负责完成车载列车的 ATO 和 ATP 功能。该系统采用中央集中式联锁和 ATP/ATO 高度集成方式，设备构成简单，可靠性高，调试简单，工期较短。但是由于没有独立的联锁设备，因此一旦 VCC、感应环线等设备发生故障，系统就会瘫痪，影响正常运营。

2. Alstom 公司的 URBAL IS 300 系统

Alstom 公司的 URBAL IS 300 系统采用了波导为车地信息传输媒介，载频为 2.5 GHz，数据传输的波特率为 1 Mbit/s。该系统采用 SACEM 列车运行控制系统，列车定位采用各种信标为线路位置基准，通过波导裂缝和编码里程计连续计算列车位置；联锁设备采用 VIP2 微机联锁，为双机热备系统，可驱动和监视转辙机、屏蔽门等现场设备；各设备集中站的联锁设备采用 VIP2 安全通信链路进行联锁数据交换；ATS 系统由中央 ATS、设备集中站 ATS、车辆段 ATS 组成，采用冗余局域网进行通信。该系统采用分散式结构，将安全功能与非安全功能分离，可用性较高；采用波导管数据传输方式频带较宽、传输速率高，不仅实现了车地双向通信，而且能传输车载设备状态信息、视频、声音等信号；轨旁设备简单且多为无源设备，维护工作量小，如图 4-7 所示。

URBAL IS 300 系统存在的问题：波导管需要在轨旁铺设，由于波导管与车载天线间有严格的距离限制，因此安装精度要求较高；采用硬件叠加方式提高可靠性和安全性，造成设备数量、种类繁多，给维修带来许多不便。

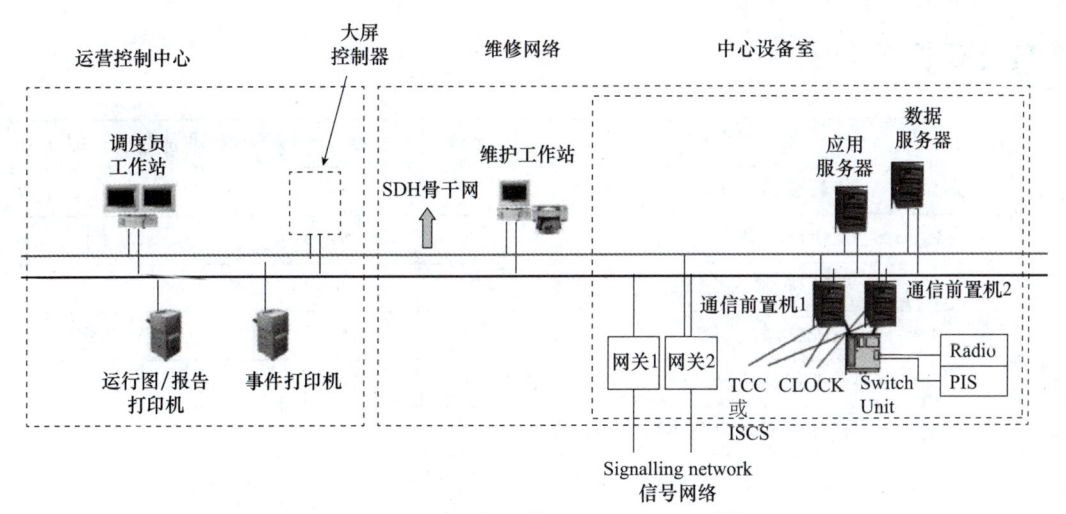

图 4-7　Alstom 公司的 URBAL IS 300 系统

3. Siemens 公司的 RF Meteor 系统

Siemens 公司的 RF Meteor 系统目前已经从感应环线（Inductive Loop，IL）系统升级到无线（Radio Frequency，RF）。该系统采用无线扩频电台技术来实现车地数据通信，目前正在美国纽约的 NYCT 采用。该系统将线路划分为若干个区域，每一个区域由区域控制器集中控制。一个区域内通常含有若干个定向扩频天线，邻近的几个天线又组成一个无线通信单元。轨旁天线从列车接收到数据信息后，发送至轨旁无线处理器，再经轨旁网络发送至区域控制器；区域控制器根据列车发回的信息结合本地数据库信息，从而控制列车运行。

该系统采用移动闭塞制式，极大地提高了线路的通过能力，使列车控制更加灵活、精确；采用冗余结构、容错技术，可靠性、安全性较高；轨旁设备少，维修工作量小。但是由于采用的是 ISM 公司公用频段（2.4 GHz），污染较为严重，安全性较差。虽然采用加密技术，但仍有待提高。

【任务实施】

背景描述	移动闭塞是指当列车车载设备发生故障或列车前方出现障碍物时，列车和旅客能够置身于一个受到保护的区域内，即列车紧急制动后，在这个区域内能够安全停车，不与任何阻碍物相撞，也不会由于道岔位置没有调整到位而发生脱轨事故。这个安全区间会随着列车的移动而移动		
任务步骤	步骤一	描述移动闭塞的工作原理	
	步骤二	讨论典型的移动闭塞系统及应用	
任务反思	简述移动闭塞的主要优势		

【任务评价】

序号		任务达成要素	分值	个人自评	小组评价	教师评价
专业能力	1	能简述移动闭塞系统的原理	20			
	2	能清晰表达典型的移动闭塞系统	30			
	3	知道移动闭塞系统的典型应用	20			
职业素养	4	能独立思考问题	15			
	5	态度积极认真	10			
	6	在任务实施中有团队协作体现	5			
		效果评估总结（对自己学习效果的评估和反思）				

任务 4.5　了解电话闭塞法

【学习目标】

知识目标：
了解电话闭塞法及典型应用。

能力目标：
（1）能够掌握电话闭塞法的使用；
（2）提高故障应变能力及风险管理能力。

素养目标：
（1）保持终身学习的意识；
（2）具备使命感、安全责任感。

【任务描述】

电话闭塞法是一种铁路信号控制方法，主要在列车密度较大、线路通过能力紧张的情况下使用。其原理是在办理闭塞手续时，通过电话这一通信工具对相邻车站的列车运行情况进行核对和确认，以确保列车运行的安全。在电话闭塞法中，相邻车站之间需要建立电话联系，并在办理闭塞手续时相互核对和确认。车站值班员根据列车占用情况及时向相邻车站传递闭塞信息，确保列车运行的顺利进行。通过学习本任务的内容，学习者应了解电话闭塞法及其典型的应用场景。

【知识链接】

在铁路行车中,为了保障列车的安全运行,采用了多种人工操作方法。其中,电话联系法和电话闭塞法是两种重要的方法,它们在确保列车运行安全方面发挥着不可或缺的作用。

4.5.1 电话联系法

电话联系法是指无须专门的行车设备,由车场调度与车场连接站值班员采用电话来办理的一种闭塞方法。车场与车场连接站信号设备故障联锁失效时,对进出车场的列车采用电话联系法组织行车。列车占用进出车场进路的行车凭证为电话记录号码,驾驶员动车的依据为车站人员显示的发车手信号,列车采用 RM 模式驾驶,限速 25 km/h。

4.5.2 电话闭塞法

电话闭塞法是指无须专门的行车设备,由相邻两站车站值班员用电话来办理的一种闭塞方法。在正线信号 SICAS 设备发生故障的情况下,正线列车采用电话闭塞法组织行车。

列车占用区间的凭证为路票,驾驶员动车的依据为车站人员显示的发车手信号,列车采用 URM 驾驶模式,限速 60 km/h(有的轨道公司采用 RM 驾驶模式,限速 25 km/h)。

1. 电话闭塞法使用条件

城市轨道交通通常采用自动闭塞法,根据 ATC 系统原理自动控制列车运行。当 ATC 系统发生故障或闭塞设备无法满足列车运行要求时,一般采用电话闭塞法,由相邻两站(或车场与车场连接站)值班员利用电话联系,办理闭塞,接发列车。电话闭塞法是自动闭塞设备不能正常使用且联锁功能故障或集中站全部计轴故障时,需要组织列车进入、越过故障区段或在故障区段运行的行车组织方法。使用电话闭塞法的前提条件比较特殊,且使用电话闭塞法时无任何电气设备、机械设备等进行辅助控制或监控,全靠制度约束现场作业人员进行操作,因此需要有一套严谨的管理制度和作业流程,且要求地铁车站行车作业相关人员必须熟练掌握。电话闭塞法是地铁行车组织工作中不可或缺的降级运营模式,当信号系统发生局部故障或整体故障,无法集中控制和监控列车运行时,需由行车调度员(以下简称行调)同现场作业人员(含电客列车驾驶员、车站值班员、站务员)人工确认行车条件,办理行车手续、组织列车运行。经调研,全国地铁行业在使用电话闭塞组织行车时,行车组织原则、列车占用区间的凭证、发车条件等基本一致,仅在闭塞区间的范围上存在一定差异,就目前而言,基本分为两种模式,即一站一区间和两站两区间。

2. 电话闭塞法适用范围

单个及以上设备集中站信号设备故障,且通过 ATS 无法监控列车运行相对位置时,在故障区域实施电话闭塞法行车。当部分区段发生信号故障采用电话闭塞法行车时,必须在信号故障的区段范围前后各增加一个防护区间及车站,作为电话闭塞法行车的起始与终止范围。

3. 路票及使用规则

通过发放路票和办理电话闭塞(更早的是电报)进行区间闭塞。

将两站之间视为一个区间,当甲站向乙站发出一列列车时,两站之间通过电话联系并调整道岔形成一个专供此车的进路,当列车未到达乙站时,甲站禁止发出下一列列车。

列车采用路签(或路票)作为占用此区间的凭证,即使用电话闭塞法行车时,列车占用区间的行车凭证为路票。当挂有由区间返回的后部补机时,另发给补机驾驶员路票副页。

单线或双线反方向发车(正方向首列发车)时,根据《行车日志》查明区间已空闲,并取得接车站承认,在发车进路准备妥当后,方可填发路票。双线正方向发车时,根据收到的前次发出的列车到达的电话记录,在发车进路准备妥当后,即可填发路票。

4. 路票作业流程

(1) 填写:发车站值班员要将接车站同意闭塞的电话记录进行登记,即写入车站行车工作日志后方可填写路票。路票可以由站台值班员在站台按照车站值班员指示填写。车站值班员要在路票上签名,并加盖本车站站印。路票填写要字迹清楚,不得涂改,路票一式两份,正联交驾驶员,副联本站留存。

(2) 交换:车站递交路票人员在将路票交付驾驶员前要再次对路票的书写内容逐项核查,确保路票的书写内容正确无误。除始发站外,车站值班员要先将驾驶员手中的路票收回,方可将本站的路票交给驾驶员。列车发出后,站台值班员应向车站值班员报告列车发出及收回路票信息。收回的路票要画"×"注销,车站留存。

(3) 阅读:路票是驾驶员驾驶地铁车辆进入区间的唯一凭证,驾驶员接到路票以后要认真阅读路票,与车站值班员核对路票的车次、区间、站印正确无误,并确认站台值班员给出的发车信号正确后,方可驾驶车辆进入区间。

【任务实施】

背景描述	电话闭塞法是在铁路信号设备或通信系统失效时采用的一种特殊行车方法。它主要依赖站间电话进行信息交流和闭塞办理,以电话记录号和路票作为行车凭证,确保列车在无设备控制的情况下仍能安全运行。这种方法提高了铁路运营的灵活性和安全性,是铁路行车中一种重要的替代方案。然而,由于完全依赖人为控制,其安全性相对较差,因此使用时必须严格遵守操作规程,确保行车安全	
任务步骤	步骤一	讨论电话闭塞法在车辆运行中如何使用
	步骤二	讨论典型的电话闭塞法的应用
任务反思	电话闭塞法只能在应急时使用吗?	

【任务评价】

序号		任务达成要素	分值	个人自评	小组评价	教师评价
专业能力	1	能描述电话闭塞法在何时使用	20			
	2	能清晰表达电话闭塞法的操作流程	35			
	3	知道电话闭塞法的一些使用场景	15			

续表

序号		任务达成要素	分值	个人自评	小组评价	教师评价
职业素养	4	能独立思考问题	15			
	5	态度积极认真	10			
	6	在任务实施中有团队协作体现	5			
效果评估总结（对自己学习效果的评估和反思）						

任务 4.6　了解多元复杂闭塞

【学习目标】

知识目标：
(1) 了解闭塞的多种协调应用场景；
(2) 了解山地中闭塞的协同使用。

能力目标：
(1) 提升闭塞多场景应用的综合能力；
(2) 提升基础知识的迁移能力和应用能力。

素养目标：
(1) 具备处理问题的应变力；
(2) 提升安全责任意识。

【任务描述】

多元复杂闭塞综合考虑了线路条件、列车密度、速度等因素，通过自动化设备和人工判断，对列车运行进行安全控制。多元复杂闭塞的应用可以减少列车冲突和事故的发生，提高铁路运输的安全性和效率。同时，多元复杂闭塞还可以优化列车运行计划，提高铁路运输的灵活性和可靠性。通过学习本任务的内容，学习者应了解闭塞的多种协调应用场景及不同场景的协同使用。

【知识链接】

4.6.1　闭塞协同应用

城市轨道交通列车控制系统广泛采用基于通信的列车控制（CBTC）系统、全自动运行系统，并逐渐衍生出基于车车通信的列车控制系统、基于云平台的信号系统等，这些系统都是以移动闭塞控制制式为基础。在城市轨道交通信号系统的实际运营场景中，列车在线路上可能会因土建、自然条件或系统故障等原因无法按移动闭塞制式正常运行，列车须改为固定闭塞制式运行。此时线路中可能同时存在移动闭塞和固定闭塞两种运行制式，这对移动闭塞和固定闭塞混合的列车追踪提出了新的需求。与通常所说的CBTC移动闭塞后备模式不同，本书将固定闭塞的设计思想与移动闭塞制式相结合，提出一种支持移动闭塞和固定闭塞同时运行的混合追踪的行车控制方法，以保障列车的运行安全。

1. 运营场景分析

固定闭塞制式以固定的闭塞分区为单位作为追踪列车间的安全间隔。传统的固定闭塞制式下，信号系统无法获取列车的准确位置，因而划分出固定的区域，对列车的运行范围进行模糊控制。本书在移动闭塞制式下对固定闭塞的定义进行延展，即以1个固定区域内的列车数量作为控制手段，通过移动授权对列车的运行范围进行控制，进而提供更加灵活的运营组织方式。固定闭塞场景的设定可分为两种：第一种是由于某种预先设定的固定因素引发的场景，称为静态场景；第二种是在运营过程中随机出现的场景，称为动态场景。

2. 静态场景

静态场景主要指土建、自然条件等客观因素引发的固定闭塞控制场景。

（1）桥梁等有承重限制的特殊线路区域。若线路需经过桥梁，由于桥梁对承重有限制，需对同时在桥梁上通行的列车数量进行限制，以免引发桥梁垮塌等安全事故。

（2）道岔等有防止侧冲的特殊线路区域。列车经过道岔区域时，需要防止与其他方向运行的列车产生侧冲风险，避免发生列车脱轨或相撞。

（3）车库等有停放列车数量限制的特殊线路区域。由于线路设计的约束，在某一特定区域内（如停车库），只能同时停放一定数量的列车。

（4）车站内等有固定闭塞追踪需求的特定线路区域。例如，部分车站若同一方向线路上有其他列车，要求后车不允许驶入站台区。

3. 动态场景

动态场景是由运营组织的变化或设备故障等临时性因素引发的固定闭塞控制场景。例如，在运营过程中若发生列车在区间意外停车，需要实施联动控制，禁止其他列车驶入该区间。与静态场景相比，动态场景具有随机性，通常对运营组织的影响更大。

4. 固定闭塞区域的设定

在CBTC系统的地面控制设备ZC（区域控制器）中对静态场景相关的固定闭塞区域进行预先设定。1个ZC内可设定若干个固定闭塞区域，1个固定闭塞区域由1组闭塞分区组成。闭塞分区是ZC电子地图的最小"线段"单元，以逻辑区段和道岔岔尖作为边界进行划分。原则上不限定2个岔尖之间的闭塞分区，可以划分为1个，也可以划分为2个，本书推荐划分为2个。固定闭塞区域的范围以信号平面图作为输入依据。

静态场景的固定闭塞区域，由行车调度员通过ATS（列车自动监控）终端选择是否激活，无须逐个设定。静态场景下固定闭塞区域的划分原则如下：

（1）1个固定闭塞区域包含的闭塞分区必须是1个连续的区域，不连续的区域应划分为不同的固定闭塞区域。

（2）不同的固定闭塞区域不应重叠。

（3）固定闭塞区域的管辖范围应由内向外取整扩大。固定闭塞区域的边界为最左端闭塞分区及其偏移量，以及最右端闭塞分区及其偏移量。在复杂的道岔区域，其最左端和最右端的闭塞分区可能有多个。偏移量是以 cm 为单位，基于闭塞分区的左侧端点，采用信号平面图标识的公里标进行相减计算。最左端闭塞分区的偏移量取厘米的整数位（即不足 1 cm 的长度应舍弃），最右端闭塞分区的偏移量取厘米的整数位且再增加 1 cm（即不足 1 cm 的长度应按照 1 cm 计算）。

(4) 不同的固定闭塞区域可单独设定最大可追踪进入的列车数量（即列车最大配置数）。

对于动态场景的固定闭塞区域，由行车调度员通过 ATS 终端进行设定，采用二次确认的方式下达给 ZC。动态场景的固定闭塞区域应是 1 个连续的区域，并采用 1 组完整的闭塞分区进行描述。

5. 固定闭塞区域的取消

在静态场景中，预先设定的固定闭塞区域不可取消。若工程设计发生改变，则应通过修改数据配置的方式对固定闭塞区域进行调整。

与静态场景相比，动态场景的固定闭塞区域调整更为灵活。由行车调度员通过 ATS 终端界面进行人工设定并下达给 ZC，ZC 确认下达成功后则可取消该固定闭塞区域的设定。

6. 移动闭塞制式下的固定闭塞追踪控制方法

本书对上述移动闭塞制式下的固定闭塞追踪场景的控制方法进行设计。该控制方法通过行车调度员在 ATS 终端下达设置或取消固定闭塞区域的方式，由信号系统自动识别并控制列车追踪运行。控制特定线路区域内通过的通信列车数不得超过该区域的列车最大配置数。列车最大配置数可以在工程应用阶段预先确定，也可以由调度员人工灵活设定，因而适用于不同运营场景，更具有普遍适用性。

固定闭塞区域控制流程如图 4-8 所示。

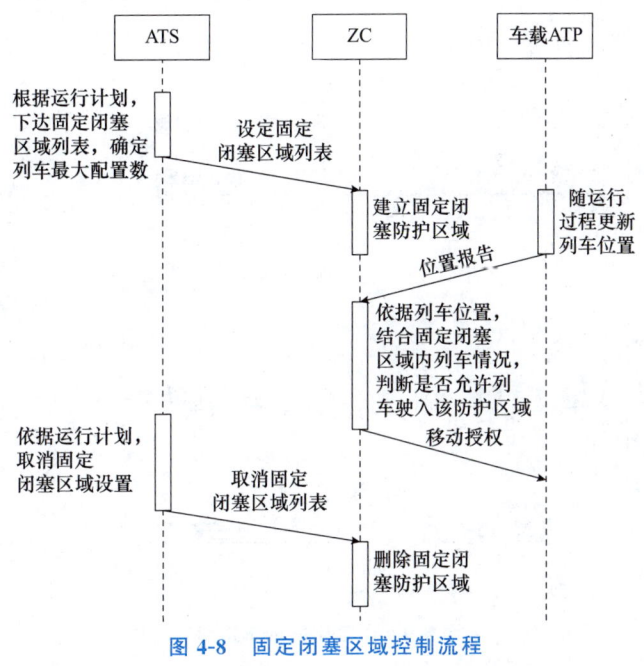

图 4-8 固定闭塞区域控制流程

ATP—列车自动防护

移动闭塞制式下的固定闭塞追踪控制方法的具体步骤如下：

（1）行车调度员设定或调整运行计划。ATS 根据预设的线路运行计划，向 ZC 发送固定闭塞区域列表。该固定闭塞区域列表包括 ZC 管辖的闭塞分区编号和列车最大配置数。

（2）ZC 根据固定闭塞区域列表进行逻辑处理，检测闭塞分区编号是否属于本 ZC 管辖范围。当检测到逻辑区段属于固定闭塞区域列表时，设置基于固定闭塞区域列表的防护区域信息。ZC 以固定闭塞区域列表内的最左端和最右端闭塞分区为边界，建立固定闭塞区域。

（3）列车向 ZC 实时报告位置。ZC 记录该列车的位置信息，并根据列车当前位置、运行方向、运行速度、牵引制动参数等信息，在当前线路向列车运行方向搜索列车可能运行的所有路径。ZC 根据列车位置及列车运行趋势推算出其可能进入的固定闭塞区域。

（4）若列车可能进入的闭塞分区处于固定闭塞区域，且该固定闭塞区域内的通信列车或隐藏列车总数已经达到了列车最大配置数，则为该列车计算的移动授权不能延伸进入该闭塞分区。反之，为该列车计算的移动授权可以延伸进入该闭塞分区。

（5）列车位置按照列车的最大包络进行评估，若列车的位置与该固定闭塞区域有重叠部分，则认为该列车为该固定闭塞区域内的列车。ZC 存储的固定闭塞区域列表一直处于生效状态，直到采用 ATS 人工方式取消该固定闭塞区域列表。ZC 向在固定闭塞区域内的通信列车正常发送移动授权，向在固定闭塞区域外的通信列车发送不能进入该固定防护区域的移动授权。假设设定的固定闭塞区域内最多允许 1 辆列车驶入，CBTC 移动闭塞下的固定闭塞列车追踪如图 4-9 所示。如图 4-9（a）所示，在固定闭塞区域设定成功后，当固定闭塞区域内有车时，后车移动授权不允许进入该固定闭塞区域。如图 4-9（b）所示，在设定的固定闭塞区域取消后，后车移动授权允许进入该固定闭塞区域。

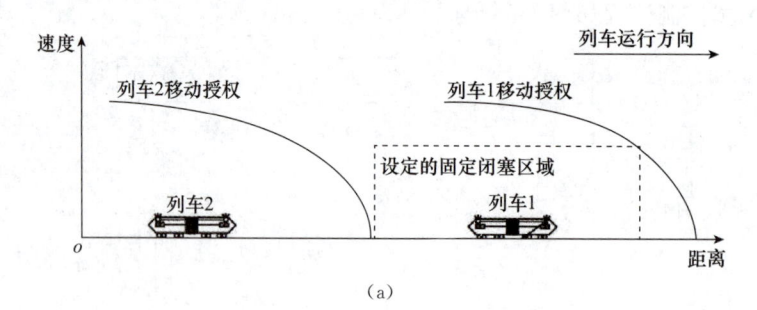

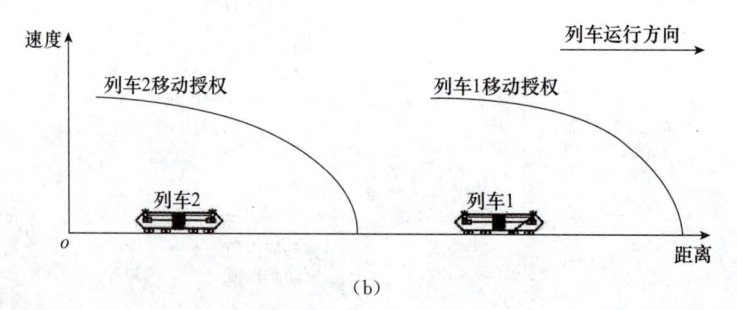

图 4-9　固定闭塞列车追踪

（a）固定闭塞区域内列车达到最大列车配置数时的列车追踪；（b）固定闭塞区域取消后的列车追踪

ZC 是城市轨道交通信号系统地面核心安全控制设备，当列车在运行线路上因土建、自然条件或系统故障等原因无法按移动闭塞制式正常运行时，会对运营秩序和效率产生影响。移动闭塞制式下的固定闭塞追踪控制方法，即由行车调度员通过 ATS 终端下发特定区域固定闭塞追踪的运行调整命令，灵活配置固定闭塞追踪条件的方式，用于信号系统控制列车在特定区域按固定闭塞制式运行，而该固定闭塞区域以外的其他区域内列车仍按移动闭塞制式运行，进而实现了移动闭塞和固定闭塞混合运行下的列车追踪，在保障列车运行安全的同时有效提升了运营效率。

4.6.2 山地轨道交通闭塞

山地轨道交通是一种采用米轨且以"齿轮齿轨驱动"或"齿轮齿轨+钢轮钢轨"驱动的轨道交通新制式。在常规坡度路段，仅利用传统的钢轮钢轨驱动列车前行；在超大坡度路段，轨道之间增加了齿条结构，列车上增加了齿轮结构，通过齿轮与齿轨啮合传递牵引力来满足大坡道运行的需求。由于山地轨道交通具有爬坡能力强、占地小、投资少、绿色环保、舒适美观等优势，逐渐成为山地旅游景区内部、景区之间或沿线主要城镇客货运输的重要选择。

1. 山地轨道交通信号系统需求分析

山地轨道交通有别于铁路和城市轨道交通，其功能定位于旅游或扶贫线路，具有地形复杂、线路坡度大、运营环境复杂多变、运维成本高等特点，因此对信号系统的安全性、可靠性、简洁性、实用性提出了更高要求。针对山地轨道交通工程的特点，信号系统应满足以下需求：

（1）系统结构相对简单，硬件设备数量相对较少。

（2）系统可靠性、可用性、可维护性和安全性要求高，设备应能适应高海拔或极端气候条件下的运行。

（3）系统适应旺季和淡季的不同运营模式，列车追踪运行应具有较大的调整空间。

（4）由于线路运营维护困难，需尽量减少运维工作量。

2. 信号系统方案比选

（1）闭塞制式比选。目前，信号系统主要采用的闭塞制式包括固定闭塞、准移动闭塞和移动闭塞。固定闭塞是以固定的闭塞分区作为追踪列车间的安全间隔，列车制动的起点和终点总在某一分区边界；准移动闭塞同样是以固定闭塞分区作为安全行车间隔，但列车制动的起点可动态延伸至保证其安全制动的地点，终点是固定在某一分区的边界处；移动闭塞取消了物理层次上的闭塞分区划分，以列车的实际运行速度和列车位置动态计算与相邻列车的安全距离，具有更大的运行灵活性和更小的行车间隔。在上述 3 种闭塞制式中，固定闭塞的运营效率相对较低，且轨旁设备多，驾驶员劳动强度大，因此不做进一步比选，本次山地轨道交通信号系统方案研究仅对准移动闭塞和移动闭塞制式的技术性和经济性进行分析和比较。

（2）区间通过能力比较。准移动闭塞的追踪点设置在闭塞分区的边界处，而移动闭塞的追踪点始终跟随前行列车的移动而变化。准移动闭塞的列车速度控制曲线由车载设备计算，根据最不利条件计算列车控制曲线；移动闭塞的列车速度控制曲线同样由车载设备计算，但可以根据列车不同的性能或参数（如牵引/制动性能、列车长度等）计算出最优的速度曲线，有利于适应不同性能列车的运行。

考虑到山地轨道交通作为旅游或扶贫线路的特殊性，且旅游景区一般具有旺季和淡季的运营需求，因此对运能储备要求较高，在运营期间列车运行需预留较大的调整空间。移动闭塞相较于准移动闭塞，可以提供更优的追踪效率，缩短区间行车间隔，有利于行车调度指挥系统实现列车运行自动调整、降低车辆运行能耗、提高列车正点率等，从而提升山地轨道交通系统的服务质量。

（3）列车定位精度比较。准移动闭塞的列车位置由列车占用检查设备来确定，其列车定位范围通常为最小一段轨道电路的长度。移动闭塞的列车位置通过测速设备、应答器、卫星定位等多模定位方式来确定，其列车定位范围为列车实际长度加上列车前后端最大允许距离裕量。因此，移动闭塞的列车定位精度更高。

（4）建设及运营维护成本比较。准移动闭塞系统结构相对复杂，硬件设备数量相对较多。基于通信的移动闭塞信号系统经过多年的研发与应用，产品日趋成熟，具有系统结构简单、硬件设备数量较少、工程造价较低的优势。此外，由于准移动闭塞系统的轨旁设备较多，因此维修工作量较大；而移动闭塞系统的轨旁设备少，维护工作量相对较小，运营和维护成本较低。

通过以上分析比较，移动闭塞在区间通过能力、列车定位精度、工程造价和运营维护等方面都优于准移动闭塞。因此，推荐山地轨道交通信号系统采用移动闭塞制式。

（5）基于通信的移动闭塞 ATC 系统结构方案比选。基于通信的移动闭塞 ATC 系统结构可分为集中型和分散型。其中，集中型是仅在控制中心配备 1 套控制设备，即可完成全线的列车运行控制和联锁功能；分散型是将线路分成若干个控制区域，每个控制区域单独配备 1 套控制设备，各区域分别完成本区域内的列车运行控制和联锁功能，不同区域控制器和控制中心再通过网络连接，完成全线的列车运行控制和联锁功能。集中型和分散型 ATC 系统比较见表 4-1。

表 4-1 集中型 ATC 系统和分散型 ATC 系统比较

比较类别	集中型 ATC 系统	分散型 ATC 系统
设备数量	少	较多
工程造价	低	略高
维护量	小	较大
用房需求	小	较大
开通方式	一次开通	可分段开通
设备故障对运营的影响	大	小
线路改造对系统的影响	大	小

通过以上分析比较，结合山地轨道交通线路的实际需求，对运维要求高或有线路分期建设等需求的线路，推荐采用分散型 ATC 系统；对于工程造价有限的线路，推荐采用集中型 ATC 系统。

3. 信号系统架构

通过上述方案比选，本书提出了一种适应于山地轨道交通的信号系统方案。该方案是基于无线通道传输、设备分散布置、操控集中的信号系统，完成行车指挥、联锁、列车运行控制等系统功能；采用移动闭塞的行车闭塞方式，区间不设地面通过信号机及轨道电路；采用车载测速设备、应答器、卫星定位的多模定位方式完成列车定位;采用计轴实现列车占用检查。本系统的主要子系统包括行车调度指挥系统、联锁系统、区间闭塞及列车运行控制系统、信号检测及监测系统等。山地轨道交通信号系统架构如图 4-10 所示。

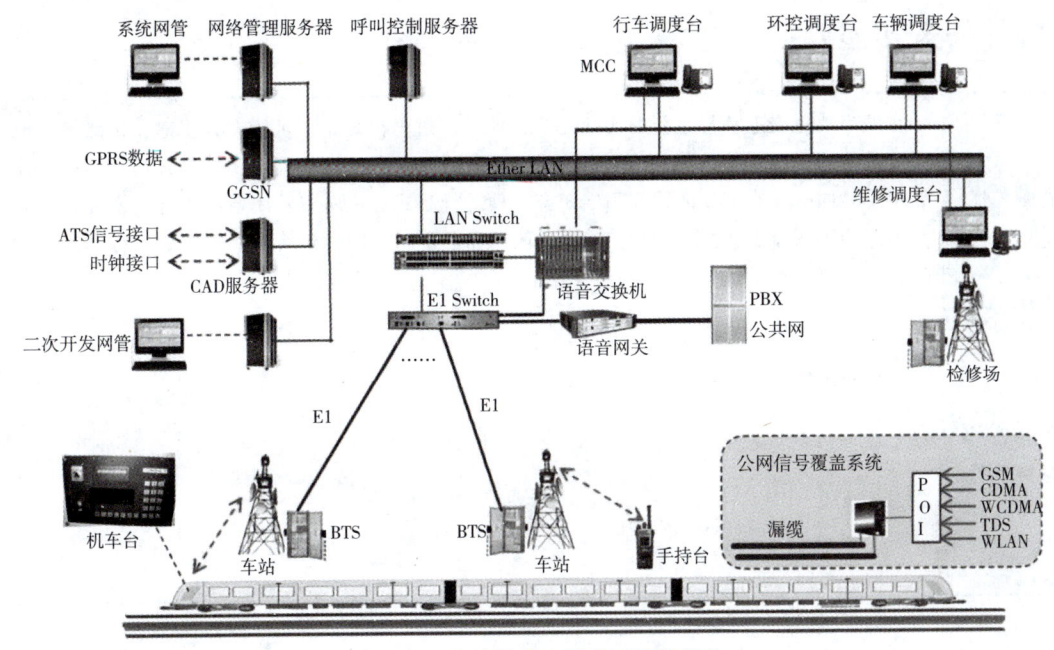

图 4-10 山地轨道交通信号系统架构

(1) 行车调度指挥系统。行车调度指挥系统采用山地轨道交通行车调度指挥系统,实现对全线列车的自动监控和列车运行自动管理。系统设备主要包括服务器、工作站、打印机、网络设备、接口设备、操作终端等。行车调度指挥系统设备可设置在控制中心,在车辆基地可单独设置场段行车指挥系统,实现全线列车运行集中监控和行车调度指挥等功能。此外,考虑到自然灾害或突发情况,中心设备可以考虑异地备用,当控制中心功能失效时,备用设备实现临时列车运行监控和指挥功能。

(2) 联锁系统。联锁系统采用全电子计算机联锁系统,系统设备主要包括全电子计算机联锁主控机、执行机、计轴设备、信号机和转辙机。在控制中心或正线设备集中站设置全电子计算机联锁主控机,各车站设置执行机(如果为区域联锁,则在联锁集中站设置),全电子计算机联锁主控机与执行机之间可通过光纤通信。在车辆基地宜单独配置全电子计算机联锁系统。正线车站及车辆基地均采用计轴实现列车占用检查。正线车站设置常态灭灯的进、出站信号机,车辆段设置常态点灯的进、出段信号机和调车信号机,区间不设置轨道电路和信号机。转辙机需根据轮轨区段和齿轨区段的道岔类型进行相应配置。

山地轨道交通作为一种新制式轨道交通,对促进山区旅游资源开发和经济发展具有重要作用。本书结合山地轨道交通运营特点对信号系统需求进行研究,通过分析和比选,提出符合山地轨道交通特点的信号系统方案。该方案推荐采用基于通信的移动闭塞 ATC 系统和基于区域控制的全电子计算机联锁,采用计轴实现列车占用检查,利用测速设备、应答器、卫星定位多模方式完成列车定位。同时,结合信号系统架构,提出主要子系统的设计方案;针对齿轨区段出入齿的控制方式和道岔转辙装置的设置方式提出相应的推荐方案。研究与实践表明，本书提出的山地轨道交通信号系统方案既能满足安全性、可靠性的要求，又能降低信号系统工程造价、提升运营维护质量和效率，可为山地轨道交通信号系统选型和方案研究提供重要参考。

【任务实施】

背景描述	在城市轨道交通信号系统的实际运营场景中，列车在线路上可能会因土建、自然条件或系统故障等原因无法按照移动闭塞制式正常运行，列车须改为固定闭塞制式运行。此时线路中可能同时存在移动闭塞和固定闭塞两种运行制式，这对移动闭塞和固定闭塞混合的列车追踪增加困难。协同应用是支持移动闭塞和固定闭塞同时运行的混合追踪的行车控制方法，以保障列车的运行安全
任务步骤	讨论闭塞的协同应用在车辆运行中的使用
任务反思	总结对闭塞协同应用知识的掌握情况

【任务评价】

	序号	任务达成要素	分值	个人自评	小组评价	教师评价
专业能力	1	能描述闭塞协同应用的场景	15			
	2	能描述闭塞协同应用的控制方法	35			
	3	知道闭塞协同应用的具体使用	20			
职业素养	4	能独立思考问题	15			
	5	态度积极认真	10			
	6	在任务实施中有团队协作体现	5			
效果评估总结（对自己学习效果的评估和反思）							

【课后练习】

简述题：

1. 简述闭塞的定义。
2. 简述自动闭塞的定义。
3. 简述半自动闭塞的定义。

论述题：

1. 论述移动闭塞的工作原理及特点。
2. 总结闭塞协同的工作原理及特点。

模块 5

认识城市轨道交通 ATC 系统

引 言

城市轨道交通 ATC 系统是现代城市轨道交通运营中不可或缺的重要组成部分。随着城市交通需求的增加和技术的不断进步，ATC 系统在确保轨道交通运行安全、提高运行效率和优化乘客体验方面扮演着至关重要的角色。ATC 系统通过集成信号设备、通信设备、控制设备等技术手段，实现列车运行的自动控制和监测，确保列车的安全运行和运行间隔的最优化。

带着这些问题，一起进入下面的学习吧！

列车自动控制（ATC）系统主要包括列车自动监控（ATS）系统、列车自动防护（ATP）系统、列车自动驾驶（ATO）系统3个子系统。它是一套完整的控制、监督、管理系统，位于管理级的 ATS 模块较多地采用软件方法实施联网、通信及指挥列车安全运行；发送和接收各种行车命令的 ATP 系统确保列车的安全运行；车载 ATP 设备接受轨旁 ATP 设备传输的信号指令，经校验后送至 ATO 完成部分运行的操作功能。上述 3 个子系统既相互独立又相互联系，完整的 ATC 系统能确保列车安全、快速、短间隔地有序运行。ATC 系统设备分布于控制中心（Central Control）、轨旁（Wayside）及车上（Vehicle）。

在控制中心内，计算机系统、中心数据传输系统、控制台及 CRT 显示、信息管理系统及调度表示盘等，其控制及表示信息通过数据传输系统和车站及轨旁的信号设备相连；轨旁设备通过车站数据传输系统与车站 ATC 系统相连，车站的 ATC 系统通过 ATP 系统发出列车检测命令检查有无列车，并向车上送出 ATP 限速命令、门控指令及定位停车的位置指令；车上 ATC 系统根据 ATP 命令的数据和译码，控制列车的运行和制动，完成定位停车。

任务 5.1　认识 ATP 系统组成及功能

【学习目标】

知识目标：
(1) 了解 ATP 系统组成和功能；
(2) 了解车载 ATP 系统与地面 ATP 系统。

能力目标：
(1) 能够掌握车载 ATP 与地面 ATP 的功能；
(2) 能够运用 ATP 系统保障行车安全。

素养目标：
(1) 具备创新意识与学习意识；
(2) 提升实际工作中系统操作能力；
(3) 具备高度的工作责任心。

中泰版：ATC 系统概述（上）　　中文版：ATC 系统概述（上）　　中英版：ATC 系统概述（上）

中泰版：ATC 系统概述（下）　　中文版：ATC 系统概述（下）　　中英版：ATC 系统概述（下）

【任务描述】

ATP 系统是列车运行控制系统的核心组成部分。它主要由车载设备和地面设备组成。车载设备包括 ATP 计算机、速度传感器、轴温传感器、列车紧急制动按钮等，用于实时监测列车的运行状态和位置，并根据地面设备发送的信息控制列车的运行速度和停车。地面设备包括轨道电路、应答器、车站进路信号机等，用于向列车发送运行许可和进路信息，以及接收列车发送的位置和状态信息。通过学习本任务的内容，学习者应掌握 ATP 系统的组成及相关功能，了解车载与地面 ATP 系统的区别。

【知识链接】

5.1.1 ATP 系统的构成

列车自动防护（ATP）系统是列车自动控制（ATC）系统的一部分，主要负责保证列车安全运行，提供列车间隔控制和速度防护等功能，是轨道交通 ATC 系统的核心系统之一。列车自动防护（ATP）系统分为车载 ATP 系统和地面 ATP 系统两个子系统。通过轨道与列车的通信，轨旁单元和车载单元之间的通信得以实现。ATP 系统是保证列车运行安全、提高运输效率的控制设备。它提供列车运行间隔控制及超速防护，对线路上的列车进行安全控制。

ATP 系统的设备概况如下：

（1）轨旁 ATP 设备：由轨道电路 ATP 发送器和接收器、速度选择逻辑电路、GO 逻辑电路、列车控制盘和阻抗联结变压器等组成。

1）轨道电路 ATP 发送器：产生列车检测信号和列车速度命令。

2）轨道电路 ATP 接收器：接收钢轨传来的列车检测信号，激励轨道继电器。

3）GO 逻辑电路：检查列车运行前方区段是否空闲、道岔位置是否准确，在符合要求的情况下，允许发送速度命令。

4）速度选择逻辑电路：根据列车运行前方的轨道区段数量选择适用的电码速率。

5）列车控制盘：安装在列车控制室内，对临时限速、紧急关闭、停站时间进行控制。

6）阻抗联结变压器：轨道电路的边界装置，用来把信号耦合送进或传出钢轨。

（2）车载 ATP 设备：由 ATP 命令接收器、译码器和速度比较器等组成，其功能主要是接收和鉴别列车速度命令、超速保护及施加制动、列车车门控制及不慎溜车保护等。

1）ATP 命令接收器及译码器：接收沿线轨道电路（轨旁 ATP 设备等）送来的速度命令，安全译码并显示。

2）ATP 速度比较器：将接收到的 ATP 速度命令与列车实际运行速度作比较，保证列车运行速度低于 ATP 允许速度。当监测显示列车超速时，实施相应的制动，直到低于 ATP 的限速。

5.1.2 车载 ATP 系统

车载设备位于列车内，包括车载主机（机柜）、车载设备人—机界面、接收天线、测速传感器等。

1. 车载主机（机柜）

车头、车尾各安装一套 ATP 车载设备，包括机柜、分盘，安装在驾驶员室电务柜内，同时还包括一些与车辆接口的继电器。

2. 车载设备人—机界面（DMI/HMI/MMI）

车头、车尾各配备一套设备，向驾驶员提供驾驶信息的显示与操作控制，包括速度指示、警告指示、运行指示、控制显示和门控显示等。

（1）速度指示：速度指示包括实际速度、目标速度、最大允许速度、推荐速度、紧急制动速度等，显示方式可分为指针式、数字式、光带式。

（2）警告指示：设备故障报警指示，如主机故障、分系统故障、超速提示、折返提示等。

（3）运行指示：运行指示包括应用模式、定位提示、目标距离显示、列车停留时间倒计时显示、列车运行状态牵引、惰行、制动、车载设备状态、停车精度等。

（4）控制显示：控制显示包括紧急制动、常用制动实施显示等。

（5）门控显示：门控显示包括客车车门开关状态、屏蔽门开关状态、开门/关门请求显示、车门自动开关、车门手动开关等。

3. 接收天线

接收天线分为轨道信息接收天线、无线信息接收天线、信标天线三类。

（1）轨道信息接收天线：此天线一般安装在列车头车的第一轮对前，垂直于轨道，利用电磁感应互感的原理接收轨道上发送的列车运行信息，经接口设备输入车载 ATP 主机。

（2）无线信息接收天线：此天线一般安装在列车头车顶部或车下（根据地面无线设备安装地点而定）。它接收空间传输的列车运行信息，经接口设备输入车载 ATP 主机。

（3）信标天线：此天线一般安装在列车头车车下底部中间位置，车头、车尾各设置一个，利用电磁感应原理在列车运行中与轨道安装的地面信标进行信息交换，用此信息来确定列车实际的运行位置，为控制系统提供速度防护和自动运行基础数据。

4. 测速传感器

测速传感器是列车用来测速、测距的专用设备。测速传感器的旋转可转换成列车在线路上的行走距离，通过相位差判断列车运行方向。测速传感器分为模拟式测速传感器、光电式测速传感器、雷达测速传感器、惯性加速度传感器等。

（1）模拟式测速传感器。在车头、车尾不同车轴上安装独立的模拟式测速传感器，将列车的运行速度转换成电平信号，经接口设备传输到车载 ATP 设备。

（2）光电式测速传感器。在车头、车尾不同车轴上安装独立的充电式测速传感器。测速传感器应安装在无动力的车轴上，如果每套设备有两个充电式测速传感器，则应该安装在不同的转向架上。

（3）雷达测速传感器。为了能够对列车的速度和位置进行精确测量，防止受到列车空转打滑的影响，在列车的头尾两端分别安装了一个多普勒雷达测速传感器，此测速装置一般安装在列车底部，雷达必须安装在轨道扣件的上方、靠钢轨的内侧，在雷达天线与反射面之间不能有任何遮挡物或移动物体。雷达与测速传感器完成冗余的列车速度和走行测算与验证。

（4）惯性加速度传感器。惯性加速度传感器是一种能够测量加速力的电子设备。一般惯性加速度传感器根据压电效应原理工作，惯性加速度传感器利用其内部因加速造成的晶体变形产生电压，只要计算出产生的电压和加速度之间的关系，就可将加速度转化成电压输出。

5.1.3 地面 ATP 的系统

地面 ATP 子系统包括安装在室内的地面 ATP 和安装在室外轨旁的地面 ATP 两部分。

1. 室内 ATP 设备

室内 ATP 设备管理每辆列车的位置并向每辆列车提供授权结束及相关变量，整条线路 ZC 数量视列车数量和线路长度而定。其主要负责根据通信列车所汇报的位置信息，以及联锁所排列的进路和轨旁设备提供的轨道占用/空闲信息，为其控制范围内的通信列车计算生成移动授权（MA），保证其控制区域内通信列车的安全运行。

2. 室外 ATP 设备

应答器安装在轨道内，为点式级别列车提供移动授权（MA）信息，并为 CBTC 级别列车和点式级别列车提供位置信息，是安装在线路沿线反映线路绝对位置的物理标志。其作用是为列车提供定位和传递信息，报文是在列车经过应答器时，应答器车载天线激活应答器传送的，车载设备通过数据总线将报文传输至车载计算机。

5.1.4 ATP 系统的功能

列车自动防护（ATP）系统提供以下功能：速度和距离测量、列车定位、列车安全间隔及超速防护功能、列车追踪和保护列车运行、临时速度限制、运行方向和后退监测、停稳监测、车门监督和控制、确定驾驶模式、列车折返作业、站台屏蔽门、列车完整性、监视紧急关闭条件、零速检测以及为其他系统提供信息等。

1. 速度和距离测量

列车速度和距离的精确测量是所有与速度有关的安全功能以及列车定位先决条件。测速设备包括测速电机、雷达等，多种设备的结合可得到更加安全、可靠、精确的速度-距离值。

影响距离测量精度的主要有"空转"和"打滑"等因素。空转在列车加速期间发生，车轮失去与走行轨的黏着接触，因此测量的准确性受到不利影响；打滑在制动期间发生，车轮失去与铁轨的接触使列车不能定位。使用不受车轮旋转影响的雷达系统可以保证 ATP 系统得到准确的列车位置。

2. 列车定位

定位的任务就是确定列车在路网中的地理位置，它涉及所有的信号装备列车。每个安装在线路上的应答器发送一个包括识别编号（ID）的应答器报文，由列车接收。在车载设备的线路数据库中存有整条线路的静态描述（包括轨旁设备、坡度、永久速度限制、车站说明等）及应答器的位置，这样，列车就能知道它在线路上的确切位置了。

3. 列车安全间隔及超速防护功能

列车安全间隔及超速防护功能管理列车间隔，并将每个车的移动授权发送给车载设备。ATP 子系统对线路限速、车辆限速、驾驶模式限速、临时限速等进行连续监控，保证列车速度不超过线路、道岔、车辆等规定的允许速度，防止列车超速运行；车载 ATP 子系统通过速度-距离曲线方式计算列车的限制速度，防护列车间隔，保证列车的安全、高效运行。当列车运行速度接近 ATP 推荐速度时，车载 ATP 系统会发出声光报警、常用制动等指令，提醒驾驶员或控制列车制动减速；如果列车未按要求进行减速而列车速度达到 ATP 紧急制动触发曲线速度时，实施紧急制动。

4. 列车追踪和保护列车运行

列车追踪是一个轨旁的安全功能。确定指定区域内所有列车的位置；参与轨旁防护，防止列车碰撞、追尾；确定移动授权。

5. 临时速度限制

临时速度限制用于在某些区域提供速度限制。车载 ATP 系统对临时速度限制进行管理，保证列车在运行过程中不超过临时速度限制的限制。

6. 运行方向和后退监测

ATP 监督列车按照由移动授权提供的方向运行，如果列车出现了与移动授权运行方向相反的位移，并累积超过了退行裕度，系统应实施紧急制动。

7. 停稳监测

监控列车停稳是在站内打开车门和站台屏蔽门的安全前提。为了证实列车停稳，将考虑来自雷达和测速电机的信息。

8. 车门监督和控制

为了保证旅客的安全，车门在列车运行期间必须关闭。当列车停稳并且停在站台的正确位置时，ATP 就会释放车门。ATP 系统监督列车车门的状态、控制列车车门的打开，当不满足列车开门条件时，禁止车门打开。

ATP 提供下列有关车门的监督功能：停车点在车站，报文信息允许开门，车载数据库里包含在该站打开哪侧车门的信息；列车处于停稳状态；列车位于站内停车窗内。

当上述条件都满足时，车载设备释放将要打开的车门，如果列车没有在规定的位置停车，ATP 将不释放列车车门。车载 ATP 系统将有关车门的当前状态和车门的解锁信息通知给轨旁设备，在 ATS 上显示。

9. 确定驾驶模式

列车驾驶模式分为 AM、CM、RM、OFF 四种。

（1）AM：列车在 ATP 系统防护下通过 ATO 系统实现自动驾驶。

（2）CM：驾驶员根据车载设备接收到的限制速度人工驾驶并由车载子系统监督。CM 模式为 ATP 监控下的人工驾驶运行模式。在该模式下，ATP 系统确定列车运行的最大允许速度，驾驶员在 ATP 保护的速度曲线下驾驶列车，ATP 系统实现列车自动防护的全部功能。

（3）RM：驾驶员在 ATP 系统监督下按照预定的最大速度人工驾驶。车载 ATP 系统启动后，RM 模式是初始驾驶模式。在 RM 驾驶模式下，车载 ATP 系统限制列车在某一固定的低速（如 25 km/h）下运行，驾驶员根据调度命令和地面信号显示驾驶列车，列车运行超过该固定速度时，车载 ATP 设备对列车实施紧急制动，强迫列车停车。

（4）OFF（切除或 EUM）：列车将不受 ATP 系统控制，驾驶员控制列车以不高于线路允许的速度行驶。该驾驶模式为完全人工驾驶模式，车载设备处于切除状态而不监控列车的运行，驾驶员根据调度命令和地面信号显示驾驶列车。

各驾驶模式通常可由人工转换，也可自动转换。列车驾驶模式从低到高的转换可以自动或手动完成。列车驾驶模式从高到低的转换分两种情况：从 AM 转为 CM 时不满足 ATO 运行条件，则自动完成；但从 AM/CM 模式转为 RM 模式时，需要驾驶员确认。

10. 列车折返作业

列车折返作业包括无人自动折返模式、有人自动折返模式、停稳时的列车自动换端、ATP 监督下的人工折返模式和非限制的人工折返模式等折返功能。

（1）无人自动折返模式：当列车在折返站规定的停车时间结束且旅客下车完毕，车门和站台安全门关闭后，经过必要的操作确认驾驶员下车，由驾驶员按压站台"无人自动折返"按钮后采用此模式。列车可在无人驾驶的情况下，从到达站台自动驾驶进入和折出折返线，最后进入发车股道自动打开车门和站台安全门，在整个折返过程中无须驾驶员在车上对列车进行操作。列车到达出发站台停稳，确保驾驶员进入另一端驾驶室后方可启动列车。驾驶员须关闭钥匙后才能进行无人折返，打开驾驶员钥匙后，无人折返将被无条件取消。在驾驶室自动换端后，车载 ATP 系统具有与之前一样的列车控制等级。

（2）有人自动折返模式：在此模式下，由 ATO 驾驶列车运行到折返线并停车，人工确认折返后关闭本驾驶端设备和启动反向端驾驶设备，ATO 驾驶列车进入发车股道并定位停车后，由 ATO 或人工打开列车车门。在驾驶室自动换端后，车载 ATP 系统具有与之前一样的列车控制等级。

（3）停稳时的列车自动换端：在终点站或其他规定的车站，列车停稳状态下由驾驶员启动自动换端功能，在驾驶室自动换端后，车载 ATP 系统具有与之前一样的列车控制等级。

（4）ATP 监督下的人工折返模式：在此模式下，驾驶员采用"控制手柄"控制列车运行，驾驶员人工驾驶列车运行到折返线并停车，人工关闭本驾驶端驾驶盘设备并启动反向端驾驶设备，在 ATP 监督下人工驾驶列车进入发车股道并定位停车。驾驶员按压开门按钮打开车门和站台安全门。

（5）非限制的人工折返模式：在任何位置、任何模式下，均可以进行手动换端操纵。手动换端后列车驾驶模式为 RM 模式。

11. 站台屏蔽门

ATP 系统应监督安全门的状态，如果安全门打开或失去状态表示，则不允许列车进入或离开站台；对于已经位于站台内的列车，应禁止其离开站台或在站台内移动。安全门安全关闭后才允许列车自车站发车。屏蔽门的监督和控制功能分为轨旁和车载 ATP 系统两部分。只要满足车门开启的车门解锁条件，车载 ATP 系统就会向轨旁设备发出屏蔽门开启授权。轨旁设备发送"屏蔽门开"命令或"屏蔽门关"命令到屏蔽门，同时轨旁设备得到来自屏蔽门的"关闭且锁闭"命令。只有在屏蔽门"关闭且锁闭"的情况下才允许列车进入站台区域。

12. 列车完整性

车载设备必须向轨旁设备报告列车前端和尾端的安全位置，为了提供该信息，车载设备必须考虑当前位置的不确定性和当前列车的长度。车载设备连续检查来自车辆的列车完整性信号，只要完整性信号有效，车载 ATP 就能确信当前列车所有编组的完整，此时，车载 ATP 向轨旁 ATP 报告一个有效的位置。当 ATP 系统检测到列车完整性信息丢失，或列车完整性检查电路中断时，系统应对列车施加紧急制动。

13. 监视紧急关闭条件

轨旁或车上发生不安全事件时，车载设备会立即紧急制动。若站台紧急关闭按钮被启动或检测到站台屏蔽门打开，对于已启动而尚未完全离开车站的列车，以及正在进站的列车均应实施紧急制动停车；对于已经停站的列车应切断牵引，禁止列车在站台内移动；对于尚未进入站台区的列车，应禁止其进入站台区。

14. 零速检测

ATP 系统具有零速检测功能，即列车的速度持续低于设定的零速门限值一定时间后，则认为是零速度。

15. 为其他系统提供信息

车载 ATP 设备与车辆制动装置之间有接口，保证对列车实施连续有效的控制。

中泰版：ATP 子系统（上）　　中文版：ATP 子系统（上）　　中英版：ATP 子系统（上）

中泰版：ATP 子系统（下）　　中文版：ATP 子系统（下）　　中英版：ATP 子系统（下）

【任务实施】

背景描述	列车自动防护（ATP）系统是列车自动控制（ATC）系统的一部分，主要负责保证列车安全运行，提供列车间隔控制和速度防护等功能，是轨道交通 ATC 系统的核心系统之一。列车自动防护系统分为车载 ATP 系统和地面 ATP 系统两个子系统。通过轨道与列车的通信，轨旁单元和车载单元之间的通信得以实现	
任务步骤	步骤一	列举 ATP 系统的组成及作用
	步骤二	讨论 ATP 系统的主要功能
任务反思	总结对 ATP 系统的知识掌握情况	

【任务评价】

序号		任务达成要素	分值	个人自评	小组评价	教师评价
专业能力	1	能清晰地描述 ATP 系统的组成	25			
	2	能较全面地列举 ATP 系统的主要功能	30			
	3	知道地面 ATP 系统与车载 ATP 系统的区别	15			
职业素养	4	能综合考虑问题	15			
	5	态度积极认真	10			
	6	在任务实施中有团队协作体现	5			
效果评估总结（对自己学习效果的评估和反思）						

任务 5.2　认识 ATO 系统组成及功能

【学习目标】

知识目标：
（1）学习 ATO 系统的组成和主要功能；
（2）了解 ATO 系统的基本原理。

能力目标：
（1）能够掌握 ATO 系统的各个功能；
（2）能够熟练操作 ATO 系统确保自动驾驶时的安全性。

素养目标：
（1）具备分析与解决问题的能力；
（2）提升安全和风险意识。

【任务描述】

列车自动驾驶（ATO）系统是地铁信号系统中的重要组成部分，负责实现列车的自动驾驶和自动控制。ATO 系统包括车载设备和地面设备两部分。ATO 系统主要根据列车位置信息，自动控制列车的启动、加速、巡航、制动等驾驶行为；自动控制列车在车站的停车和启动；实现列车在区间内的自动驾驶和自动控制；实现列车与车站、列车与控制中心之间的信息传输和通信等。这些功能有助于提高地铁运营的效率和安全性。通过学习本任务的内容，学习者应掌握 ATO 系统的组成及相关功能，了解基本原理并能够进行实际运用。

【知识链接】

5.2.1　ATO 系统的基本概念

ATP 系统和 ATO 系统是两个紧密相连的子系统。ATP 系统是轨道交通列车运行时必不可少的安全保障，ATO 系统的主要目的是模拟最佳驾驶员的驾驶，实现正常情况下高质量的自动驾驶，提高列车的运行质量（准点、平稳），节约能源。

ATO 系统取代驾驶员人工驾驶，实现列车自动驾驶，有效提高了城市轨道交通的运营效率，是城市轨道交通运营作业自动化的重要体现。

与 ATP 系统一样，ATO 系统也载有线路的有关信息。ATO 系统可根据接收到的地面信息、列车信息和线路信息对列车控制指令进行优化，以提高列车的运行质量。同时，ATO 系统能够与车站内的 ATS 系统进行双向通信，保证实现最佳的"按图运行"。

5.2.2　ATO 系统的组成

与 ATP 系统的组成类似，ATO 系统由 ATO 轨旁设备和 ATO 车载设备两部分组成。

ATO系统通常与ATP系统采用相同的轨旁设备,接收与列车运行有关的信息。

(1) ATO车载设备。ATO车载设备主要包括列车两端驾驶室内的ATO控制器、驾驶员控制台、安装在驾驶室车体下的2个车载ATO接收天线和2个车载ATO发送天线。此外,车载设备还包括ATO附件,这些附件用于速度测量、定位和驾驶员的接口。ATO车载设备通常与ATP车载设备安装在同一个机架内。

ATO车载设备是ATO系统的核心组成部分,包含硬件和软件两部分。ATO车载设备从ATP车载设备获取列车位置和列车速度等信息,软件部分对这些信息进行处理,计算出列车当前需要的牵引力或制动力,向列车牵引系统或制动系统发出请求。列车牵引系统或制动系统在接收到请求后,向列车施加牵引力或制动力,实现对列车的运行控制。

ATO车载设备与地面设备之间的信息交换通过ATO车载天线完成,以实现ATO系统与ATS系统之间的信息交换。ATO车载天线安装在列车第一列编组的车体下,它接收ATS系统的信息,同时向ATS系统发送有关的列车状态信息。

列车向地面发送的信息包括列车识别号信息(识别号信息包括列车的车组号、车次号、目的地编码等)、列车的运行方向、列车车门状态、车轮磨损信息、列车车轮打滑和空转、车载ATO设备状态和报警信息等。地面向列车发送的信息包括列车开关门指令、列车车次号确认、列车测试指令、门循环测试、主时钟参考信号、跳停/扣车指令、列车运行等级、移动授权等信息。

(2) ATO轨旁设备。ATP轨旁设备通常兼作ATO轨旁设备,用于接收与列车自动运行相关的信息。

ATO还具有定位停车系统,为列车提供精确的位置信息。定位停车系统包括车底部的标志线圈和对位天线,以及每个车站ATC设备室内的车站停车模块和每个站台设置的一组地面标志线圈。ATO的定位停车系统通过与列车牵引系统和制动系统的相互作用,实现列车在站台的精确停车。

ATO地面设备由地面信息接收设备、发送设备和轨道环线组成。接收设备接收由ATO车载发送天线所发送的信息;发送设备通过轨道环线向车载设备发送ATS的相关信息,由ATO车载设备进行处理。

5.2.3　ATO系统的主要功能

ATO系统的功能分为基本控制功能和服务功能。基本控制功能包括自动驾驶、无人自动折返和自动控制车门开闭,3个控制功能相互之间独立运行;服务功能包括列车位置、允许速度、巡航/惰行、PTI支持功能。

1. ATO系统的基本控制功能

(1) 自动驾驶。

1) 自动调整列车运行速度。ATO车载设备通过比较列车的实际速度与ATP给出的最大允许速度和目标速度,并根据线路的实际情况,自动控制列车的牵引及制动,使列车在区间内的每个区段按照计算出来的速度运行(ATP计算出来的限制速度减去5 km/h),并尽可能减少牵引、惰行和制动之间的转换。

2) 停车点的定位停车。车站停车点作为目标点,当停车程序被启动后,ATO系统基于列车速度、预先确定的制动率和距停车点的距离计算出一个速度曲线,使列车准确、平稳地停在规定的停车点。与列车定位系统相结合，可使停车位置误差达到 0.5 m 以下。

3) 车站自动发车。在 ATO 驾驶模式下，当关闭了车门后，ATO 系统给出启动显示，驾驶员按下启动按钮，ATO 系统使列车从制动停车状态转换为驱动状态。

4) 区间内临时停车。由 ATP 系统给出目标点位置及制动曲线，并将数据传送给 ATO 车载设备，ATO 系统得到信息后自动计算速度曲线，启动列车制动系统，使列车停稳在目标点前方 10 m 左右。

5) 限速区间。临时性限速区间的数据由轨旁设备传输给 ATP 车载设备，再由 ATP 车载设备将减速命令经 ATO 系统传达给列车的牵引、制动控制设备。此时，ATO 车载设备的功能犹如 ATP 系统与牵引、制动控制设备之间的一个接口。对于长期的限速区间，数据可事先存入 ATO 系统。在执行 ATO 自动驾驶时，ATO 系统会自动考虑该限速区间。

(2) 无人自动折返。无人自动折返是一种特殊情况下的驾驶模式，在这种驾驶模式下无须驾驶员控制，而且列车上的全部控制台被锁闭。

(3) 自动控制车门开闭。ATP 系统监督开门条件，当 ATP 系统给出开门命令时，可以按事先的设定由 ATO 系统自动地打开车门，也可由驾驶员手动打开车门。车门的关闭只能由驾驶员完成。

2. ATO 系统的服务功能

(1) 列车位置。列车位置的功能是指从 ATP 功能中接收当前列车的位置和速度等详细信息，根据上一次计算后所运行的距离来调整列车的实际位置。

另外，ATO 功能与测速单元的接口为控制提供更高的测量精确性。列车位置功能也接收地面同步的详细信息，由此确定列车的实际位置和计算列车位置的误差。

(2) 允许速度。允许速度的功能是指 ATO 车载设备提供列车在线路上任意点的允许速度值。允许列车速度调整是为了能源优化或由惰行/巡航功能完成列车运行。允许速度功能的输入来自 ATP 功能的线路当前位置的速度限制，以及列车制动曲线。允许速度功能输出至 ATO 速度控制器。

(3) 巡航/惰行功能。巡航/惰行功能的任务是按照时刻表自动实现列车区间运行的惰行控制，同时节省能源，保证最大能量效率。

ATO 巡航/惰行功能协同 ATS 中的 ATR 功能（自动进路设定功能），并通过确定列车运行时间和能源优化轨迹功能实现巡航/惰行功能。

(4) PTI 支持功能。PTI 支持功能是指通过多种渠道传输和接收各种数据，在特定位置（通常在列车进入正线的入口处）传给 ATS，向 ATS 报告列车的识别信息、目的信息和乘务组号，以及列车位置信息，以优化列车运行。

3. ATO 系统的基本要求

城市轨道交通对 ATO 系统的基本要求如下：

(1) 根据线路条件、道岔状态、前方列车的位置等，实现列车速度自动控制。列车在区间停车时尽量接近前方目的地。区间停车后，在允许信号的条件下列车自动启动。发车时，列车启动由驾驶员控制。

(2) ATO 应能提供多种区间运行模式，满足不同行车间隔的运行要求，适应列车运行调整的需要；驾驶员手动驾驶与 ATO 自动驾驶之间可在任何时候转换；手动驾驶时 ATP 负责安全速度监督，自动驾驶时由 ATO 系统给出对牵引/制动设备的控制命令，ATP 系统仍然负责速度监督。

（3）ATO 定点停车精度应根据站台长度、列车性能和屏蔽门的设置等因素选定。停车精度为±0.2～±0.5 m。

（4）ATO 控制过程应尽可能平稳，控制时间尽可能短，以保证乘客的舒适性和快捷性要求。舒适性的要求主要是指牵引、惰行和制动控制以及各种工况之间的转换控制过程的加、减速度的变化率。快捷性的要求主要是指控制过程的时间宜短，以减少对站间运行时间的影响和提高运行质量。

（5）ATO 系统应能控制列车实现车站通过作业。

（6）ATO 系统应能自动记录运行状态、自诊断和故障报警。

5.2.4 ATO 系统的基本原理

从本质上说，自动驾驶是对列车运行速度的控制，是一个闭环控制。ATO 的输入数据包括来自 ATS 系统的调度命令、通过 ATP 获得的列车实时速度位置信息、前方未占用的轨道电路数量或前方追踪目标的位置信息、通过定位系统获取的定位等信息。根据这些信息，再结合自身存储的信息（线路信息、列车长度等基础信息），向列车上的牵引制动控制设备发出控制命令，以达到对列车速度的控制。通过对列车速度的控制，ATO 的自动驾驶模式可实现列车在车站的定点停车等功能。

1. 车门控制

ATO 只有在自动模式下才执行车门的开启。在手动模式下，由驾驶员进行车门操作。当列车驶抵定点停车点时，列车的定位天线（它连接车辆定位发送器和接收器）位于站台定位环线上方（环线置于线路中央，它连接站台定位发送器和接收器）。只有当列车停于定点停车点的允许精度范围内，车辆定位接收器才收到站台定位发送器送来的列车停站信号，ATO 系统确认列车已到达确定的定位区域，发出"列车停站信号"给 ATP 系统，保证列车制动；ATP 系统检测到零速度，通过列车定位发送器发送"列车停车信号"给地面站台定位接收器，站台定位接收器检测到此信号，将其译码，使地面"列车停站"继电器工作；此时 ATP 轨旁设备发送允许打开左车门（或右门）的信号；车辆收到允许打开车门信号，使相应的门控继电器工作，并提供相应的广播和允许开门的信号显示，这时驾驶员按压与此信号显示相一致的门控按钮，才可以打开规定的车门。

2. 车站程序停车

列车运行计划规定了列车在车站的到达时间、出发时间及在车站的停站时间。ATO 系统能够根据预先规定的时间或 ATS 发送的调整时间，自动启动停车程序和发车程序（也可由驾驶员通过按压发车按钮启动），实现列车在车站的停车和发车。

3. 车站定位停车

车站定位停车是通过在车站区域的轨道电路标识、分界过渡和轨旁 ATO 环线变换来进行的。轨道电路标识被用来确定停车特征的合适起始点。轨道电路分界过渡和轨旁 ATO 环线变换提供了距离分界。距离分界用于达到所要求的位置精度。当停车程序启动后，ATO 基于列车速度、预先确定的制动率和距停车点的距离计算列车速度曲线。一旦列车停车，ATP 就会保持制动，以避免列车运行。

4. 轨旁/列车数据交换

轨旁与列车的通信是非安全的，任何情况下控制中心与列车通信时，轨旁设备都作为数据交换的接口。列车向地面传输的数据主要包括列车号、目的地、车门状态、车轮磨损状况、接近车站制动所产生的过量车轮滑动、紧急情况或异常情况等。地面发送到列车的数据主要包括车门开启命令、列车号的确认、列车长度、性能修改数据、跳停指令、搁置命令等。

5. 性能等级

性能是列车标识的一部分，可以被调度中心 ATS 系统修改。列车通过轨旁设备可以接收到 ATS 系统所确定的性能等级。性能等级由速度限制、加速命令、预定的减速等构成。

6. 滑行模式

滑行模式是一种额外的性能等级，其要求是级别 1~5 处于有效状态，并且当申请滑行时，目标速度大于 40 km/h。滑行模式会使列车在上电的间隙进行滑行，并且允许列车的实际速度在重新上电之前下降 1 km/h。

城市轨道交通信号系统包括多个方面的内容，如城市轨道列车在沿线运行中对信号信息的采样、信号信息的显示、信号信息的联锁控制等。目前，我国常用的城市轨道交通信号系统的使用中，大多采用了无线通信系统所组成的城市轨道列车自动控制（ATC）系统，此系统中又包括列车自动驾驶（ATO）系统、列车自动防护（ATP）系统、列车自动监控（ATS）系统等几个部分。

7. 城市轨道列车 ATO 信号系统的运行原理

城市轨道列车自动驾驶系统中的车载单元在列车运行的过程中，需要与 ATP 车载单元联合起来，控制列车的行驶情况，包括对列车速度的控制、调速情况，以及在某个固定点及时停车等。根据城市轨道列车 ATO 信号系统的运行原理可以发现，此系统最重要的作用就是能够自行解决城市轨道列车在行驶过程中所遇到的障碍。因此，城市轨道列车 ATO 信号系统基本的运行原理：在列车开车之前，城市轨道列车的驾驶人员要根据系统接收到的指示信号，依次启动列车上的 ATO 车载单元，同时还要在 ATP 系统的辅助下，将所接收到的允许列车运行的信号及时传输给列车的 ATO 车载单元。此时，当列车 ATO 车载单元接收到 ATP 系统发出的允许列车运行的信号后，列车 ATO 单元则会按照列车的运行情况对城市轨道列车在运行中所要接收的列车电压和电流进行相应的调整，然后按照之前预定好的运行方案发车并运行。此时，城市轨道列车在运行过程中的各项速度信息都要通过 ATP 车载设备进行传递，城市轨道列车的 ATO 系统接收到 ATP 车载设备发出的速度信号后，立即根据这个信号对当前列车的线路进行确定，列车的 ATO 车载单元就会按照 ATO 系统接收到的列车行驶线路曲线，进一步对列车的牵引电压、制动电压及列车牵引制动的电流进行调整。此时，列车的 TWC 系统也会将监测到的地面环线交叉点的定位信息及时发送给列车 ATO 系统，当列车 ATO 系统接收到定位信号后，就会将其与列车实际运行所到达的位置进行比较，通过比较结果的差异性，进而对列车牵引制动的电流进行调整，保证列车在正常运行的基础上，还能在有效、精准的位置点自动停车。

当轨道列车进站停车后，列车的 ATP 系统就会将打开车门的指令传输给列车 ATO 车载单元，当列车 ATO 车载单元接收到打开车门的指令后，列车 ATO 车载单元就会发出开门信号，使列车自动打开车门，方便乘客下车和上车。当列车到站停止时间达到了预先设定好的时间以后，列车的 ATP 系统就会将关闭车门的指令传输给列车 ATO 车载单元，当列车 ATO 车载单元接收到关闭车门的指令后，就会促使列车按照所发出的关闭车门信号，自动关闭车门。或者有的列车是由列车驾驶员对列车关闭车门的情况进行自动控制，车门关闭后，列车继续按照之前设定好的路线和速度进行行驶。

如果城市轨道车辆在运行的过程中，出现了无法运行的情况，并且在经过相应的检查后，发现其是由列车 ATO 系统发生故障而造成的，例如，在按下列车 ATO 系统中的发车按钮后，列车并没有运行，此时，列车驾驶员就要向中央控制室信号调度员进行 ATP 人工驾驶模式的请示，当调度员接收到 ATP 人工驾驶模式的行驶要求时，在线路允许的条件下，及时发出允许指令，轨道列车驾驶人员接收到允许 ATP 人工驾驶模式的运行信号后，迅速将列车行驶模式切换到人工驾驶模式，保障列车的正常运行及乘客的人身安全。

中泰版：ATO 子系统（上）　　中文版：ATO 子系统（上）　　中英版：ATO 子系统（上）

中泰版：ATO 子系统（下）　　中文版：ATO 子系统（下）　　中英版：ATO 子系统（下）

【任务实施】

背景描述	ATO 系统和 ATP 系统是两个紧密相连的子系统。ATO 系统的主要目的是模拟最佳驾驶员的驾驶，实现正常情况下高质量的自动驾驶，提高列车的运行质量（准点、平稳），节约能源		
任务步骤	步骤一	列举 ATO 系统的组成及作用	
	步骤二	讨论 ATO 系统的主要功能	
任务反思	总结对 ATO 系统知识的掌握情况		

【任务评价】

序号		任务达成要素	分值	个人自评	小组评价	教师评价
专业能力	1	能清晰地描述 ATO 系统的组成	25			
	2	能较全面地列举 ATO 的主要功能	30			
	3	知道 ATO 系统的基本原理	15			

续表

序号		任务达成要素	分值	个人自评	小组评价	教师评价
职业素养	4	能综合考虑问题	15			
	5	态度积极认真	10			
	6	在任务实施中有团队协作体现	5			
效果评估总结（对自己学习效果的评估和反思）						

任务 5.3　了解 ATS 系统组成及主要功能

【学习目标】

知识目标：
（1）学习 ATS 系统的组成和主要功能；
（2）了解 ATS 系统的基本原理。

能力目标：
（1）能够掌握 ATS 系统的各个功能；
（2）能够熟练操作 ATS 系统确保行车的安全性。

素养目标：
（1）具备分析与解决问题的能力；
（2）提升安全和风险意识。

【任务描述】

ATS 系统是列车自动监控系统的一部分，主要用于监控和控制列车在轨道上的运行。它由轨道电路、列车检测器、车载设备和地面设备组成。轨道电路用于检测轨道是否被占用，列车检测器用于检测列车的存在和位置，车载设备控制列车的运行并接收 ATS 控制指令，地面设备包括 ATS 中心、车站设备和轨道设备，用于监控和控制列车运行并向列车发送控制指令。其功能主要包括列车位置检测和跟踪、列车控制、列车动态显示和监控、向列车发送控制指令及故障诊断和报警等。通过学习本任务的内容，学习者应掌握 ATS 系统的组成及相关功能，并能够了解其基本原理。

【知识链接】

5.3.1　ATS 系统的基本概念

ATS 系统宏观上是对在线列车群进行控制,尽可能保证列车按照列车运行计划运行,并在异常情况下,对列车运行计划做出调整。ATS 系统在微观上实现对列车运行及所控制的道岔、信号等设备进行监督和控制,向行车调度员显示出全线列车的运行状态,监督和记录运行计划的执行情况。

ATS 系统的功能主要包括时刻表的编制、列车运行监视、列车自动调整、自动排列进路等。

ATS 系统有集中控制和分散控制两种工作方式。

ATS 系统能与 ATP 系统、ATO 系统、计算机联锁等设备配套使用,并有与时钟系统、旅客信息系统和综合监控系统的接口。

5.3.2　ATS 系统的组成

ATS 系统主要由运营控制中心设备、车站设备、车辆段设备、列车识别系统(PTI)和列车发车指示器(DTI)等组成。

(1)运营控制中心设备。ATS 运营控制中心设备主要包括中心计算机系统、综合显示屏、调度员及调度长工作站、运行图工作站、培训/模拟工作站、打印机服务器和绘图仪及打印机、维修工作站、UPS 电源等,用于实现状态表示、运行控制、运行调整、车次追踪、时刻表编辑及运行图绘制、报告运行、调度员培训、与其他系统实现连接等。

1)中心计算机系统。中心计算机系统包括控制主机、COM 通信服务器、ADM 服务器、TTE 服务器、局域网及各自的外围设备。为保证可靠性,主要硬件设备均为主/备双套热备方式,可以自动或人工切换。

COM 通信服务器:所有从联锁和外围设备发送来的数据都由 COM 通信服务器首先进行处理。一些应用功能也由 COM 通信服务器激活,并在此服务器上运行。

ADM 服务器:用于系统数据存储,处理所有不受运行事件影响的数据,如系统配置、计划运行图等。列车自动调整功能所需要的列车运行计划就是从 ADM 服务器中获取的。TTE 服务器即建立离线时刻表的操作平台。ADM 服务器存储的列车运行计划由 TTE 服务器提供。

2)综合显示屏。综合显示屏用来显示正线列车的实时运行情况和系统设备的实时状态。

3)调度员及调度长工作站。调度员及调度长工作站用于行车调度指挥,是调度员的操作平台。调度员可以通过调度员工作站对列车运行情况、联锁设备、信号灯的实时状态进行监视,也可以根据需要远程对联锁设备进行控制(通过发送进路命令)以及对列车运行进行调整。调度长工作站通常作为备用控制台,可替代或扩大调度员工作台中任何一台的工作。

4)运行图工作站。运行图工作站用于列车运行计划的编辑和修改,位于运行图工作室。

5)维修工作站。维修工作站主要用于 ATS 系统的维护、ATC 系统的故障报警处理和车站信号设备的监测。

6)培训/模拟工作站。培训/模拟工作站配有各种系统的编辑、装配、连接和系统构成工具及列车运行仿真的软件。显示的内容与调度员工作站相同,有相同的控制功能,能仿真列车在线运行的各种情况,但不参与实际的列车控制。实习调度员可在培训/模拟工作站上进行模拟操作,培养对系统控制的能力和各种情况下的处理能力。

7)打印机服务器、绘图仪和打印机。打印机服务器缓冲和协调所有操作员和实时事件激活的打印任务;绘图仪和打印机用于输出列车运行图和各种报表。

8)UPS及蓄电池。控制中心配备在线式UPS及可提供30 min后备电源的蓄电池。

(2)车站设备。集中联锁站和非集中联锁站的设备不同,具体如下。

1)集中联锁站设备。集中联锁站设置一台ATS分机,是ATS地面设备与ATP地面设备和ATO地面设备之间的接口,用于连接联锁设备和其他外围系统,采集车站设备的信息,传送控制命令,使车站联锁设备能接收ATS系统的控制命令,以便控制中心对车站的进路进行远程控制。另外,车站ATS分机还控制站台上旅客信息系统的列车目的显示器、列车到发时间显示器和发车指示器DTI。

2)非集中联锁站设备。非集中联锁站不设ATS分机,车站的PTI、旅客信息系统和DTI均通过集中联锁站的ATS分机与ATS系统联系。有岔非集中联锁站的道岔和信号机由集中联锁站的计算机控制,通过集中联锁站的ATS分机接收ATS系统的控制命令。

(3)车辆段设备。车辆段设置一台ATS分机和车辆段终端设备。ATS分机用于采集车辆段内库存线的车辆占用及进/出车辆段的列车信号机的状态,在控制中心显示屏上给出以上信息的显示,以便控制中心车辆段值班员及车辆管理人员了解车辆段内停车库存线列车的车次及车组运用情况,正确控制列车出段。

车辆段派班室和信号楼控制室各设一台终端,与车辆段ATS分机相连,根据来自控制中心的实际时刻表建立车辆段作业计划。

车辆段联锁设备通过ATS分机与控制中心交换信息,实现段内运行列车的追踪监视。

(4)列车识别系统(PTI)。PTI设备是ATS车次识别及车辆管理的辅助设备,由地面查询器环路和车载应答器组成。地面查询器环路设于各个车站。PTI设备用于校核列车车次号。当列车经过地面查询器时,地面查询器可采集到车载应答器中存储的列车车次号,并经车站ATS设备传输至控制中心。

(5)列车发车指示器(Departure Time Indication,DTI)。列车发车指示器设备设于各个车站,为列车运行提供车站发车时机、列车到站晚点情况的时间指示,提示列车按照列车运行计划运行。正常情况下,按系统给定站停时间倒计时显示距离计划时刻表的发车时间,为零时指示列车发车;若列车晚点发车,则DTI增加停站时间的计时。若实施了站台扣车控制,DTI给出"H"指示;如有提前发车命令,DTI立刻显示零;若列车不停车通过车站,DTI显示"="。

5.3.3 ATS系统的功能

ATS系统的功能:列车运行情况的集中监视和追踪;列车运行实迹的自动记录;时刻表自动生成、显示、修改和优化;自动排列进路;列车运行调整;列车运行状态和设备状态自动监视;调度员操作与设备状态记录、运行数据统计及报表自动生成;运输计划管理、输出及统计处理;实现沿线设备及列车与控制中心之间的通信;列车车次号的自动传递;车辆修程及乘务员管理；系统故障处理；列车运行模拟及培训；乘客向导信息显示等。

1. 列车监视和追踪

列车监视：根据所采集的数据，利用计算机再现列车的运行。列车运行由轨道空间和占用信号来驱动，列车由车次号识别。

列车车次号输入、追踪、记录和删除：列车车次号是 ATS 功能的先决条件，必须在固定时间内提出。当列车由车辆段进入正线运行时，ATS 系统将根据计划时刻表自动提供车次号。列车车次号输入用于修改和确认列车车次号。输入方式：在车站自动输入车次号、时刻表系统提出车次号、系统自动生成虚假车次号、调度员人工输入车次号。车次号在该列车通过车站时被记录，出错时调度员可用另一车次号予以代替。车次号从列车在车辆段开始至全部正线连续追踪，在中心显示屏及显示器上的车次窗内随着列车运行的位置动态显示。

列车运行识别：列车运行由轨道占用信号从"空闲"到"占用"的翻转来识别。

集中显示：在控制中心的显示屏和显示器上显示正线全线列车运行及信号设备的工作状况，如列车的位置及车次号、信号显示、道岔位置、轨道电路状态、进路状态和开通方向、车站控制状态、行车闭塞方式、站台扣车状态等。

2. 时刻表处理

系统提供时刻表编制用的数据库，通过调度员的人工设置如停站时间、列车间隔等数据产生计划时刻表。每天运营前将当日使用的计划时刻表从控制中心传至车站 ATS 分机。

系统存储适用于不同运行情况的多套时刻表；根据时刻表自动完成列车车次号的追踪与更新，自动生成时刻表。

控制中心 ATS 根据列车运行的实际情况，自动绘制列车实迹运行图。

3. 自动建立进路

控制中心能对列车进路、信号机、道岔实现集中控制，可根据当日列车运行计划自动控制列车运行，包括自动办理正线各种进路并控制办理进路的时机、自动控制车站列车停站时间及发车时间。必要时，通过办理控制权转移手续，将控制权转移到车站。

调度员必要时可以接入，进行人工控制，包括人工建立及取消正线各种进路等。

4. 列车运行调整

ATS 系统不断地对计划时刻表与实际时刻表进行比较，通过调整停站时间自动调整列车，使其按计划时刻表运行。

调度员也可通过人工调整命令调整列车停站时间以调整列车运行。

5. 旅客信息显示

可通过旅客信息显示系统通知旅客下一列车的目的地和等待时间。

6. 列车确实位置识别

列车识别码由驾驶员在开始旅程前选定，由列车自动发送。

7. 服务操作

服务操作是指操作员能修改数据库、列车参数、控制和显示数据库信息。

8. 仿真及演示

通过仿真手段，离线模拟列车的在线运行，主要用于系统的调试、演示、事故原因查找以及人员培训。

9. 遥控联锁

ATS 系统通过发送进路命令，远程遥控车站的联锁设备。

10. 运行报告

根据记录的列车运行数据，自动生成各种统计报表。

11. 监测与报警

能及时记录被监测对象的状态，有预警、诊断和故障定位能力；监测列车是否处于 ATP 保护状态；监测信号设备和其他设备结合部分的有关状态；具有在线监视与报警能力；监测过程不影响被监测设备的正常工作。

在相应的工作站上，报告所有故障报警的状况并予以视觉提示，直到恢复正常状态为止。重要的报警以声音形式提示，直到确认报警状况为止。

5.3.4 ATS 系统基本原理

1. 自动列车追踪

自动列车追踪是指对在线列车运行过程进行监视。当列车由车辆段进入正线时，ATS 系统根据计划时刻表自动生成该列车的车次号。随着列车的运行，列车车次号从一个受控区域向下一个受控区域移动。列车移动在调度员工作站上的车次号窗内以车次号显示出来。车次号按照先到先服务的原则显示。

（1）列车车次号报告。列车进入运营时，它将被自动分配一个列车车次号。列车车次号包括目的号、序列号和服务号。目的号规定列车行程终点；序列号按每次行程自动累增；服务号显示在特定的对话框中。如果列车出现在列车追踪系统所监视区域，该列车车次号必须报告给列车追踪系统。列车车次号报告给列车追踪系统的方法有手动输入、PTI 读入、从列车时刻表中导出、在步进检测中产生。

当无法自动导出列车车次号时必须手动输入。调度员在其监视区的第一个区段输入列车车次号。

在系统的边界点，如车站，通过安装 PTI 设备可检测接近列车的车次号。当多次读入的车次号被传输时，列车自动追踪系统可以识别出这些读数属于这一列车。

列车运营是由时刻表决定的，时刻表建议列车的车次号。将车次号输入相应进入的区段，按它们的出现顺序调用。

步进是指列车车次号从一个显示区段移动到下一个与列车移动相应的显示区段。当轨道区段发生从空闲到占用的状态变化，或从占用到空闲的状态变化，或来自 PTI 的有效列车数据的输入，或来自 OCC MMI 功能的人工步进命令的输入时都会产生步进。

（2）列车车次号追踪。自动列车追踪要完成列车车次号定位、列车车次号删除、列车车次号处理。

1）列车车次号定位。列车车次号向轨道区段的分配由下列任一情况启动：

①在列车离开车辆段地点，一个向正线方向移动列车被识别，车次号从时刻表数据库读出；

②来自 PTI 的有效列车数据输入；

③来自调度中心的一个车次号插入或修改，或在没有车次号能被步进到的位置识别到一个列车移动时，依照时刻表产生一个列车车次号。

2）列车车次号删除。当步进超出自动列车追踪系统的监控范围，或从 OCC MMI 输入一个人工删除命令时，列车号被删除。

3）列车车次号处理。车次号处理包括从 OCC MMI 功能输入一个新的车次号、输入列车车次号、更改列车车次号、删除列车车次号、人工步进列车车次号、查询列车车次号。

2. 自动排列进路

自动排列进路是指对车站进路进行自动排列，减少调度员大量的操作工作量。其功能是将进路排列指令传输到车站联锁设备中，由联锁设备根据指令对进路进行处理。

只有正常方向才考虑自动排列进路，列车反方向运行时办理进路需要人工干预。

（1）运行触发点。列车进路系统只是在列车到达某一特定地点才被启动，该特定地点称为运行触发点。运行触发点的位置必须进行配置。

当列车接近进路始端时，可以确定多个运行触发点。这样可以保证列车进路系统可靠工作，即使在出现问题未发送出列车位置的情况下，也能保证其可靠性。

对每个进路的运行触发点，要对启动列车进路的目的地编码予以配置。列车进路由列车初始位置和列车的目的编码确定。列车位置、列车车次号是通过列车追踪系统传输给列车进路系统的，它决定了所要求的目的地。

（2）确定进路。当到达运行触发点的列车请求进路时，已配置的数据确定了列车进路。对于每一条进路，还可以配置替代进路。替代进路是必需的，如果该进路已被其他列车占用，那么可以将替代进路按优先顺序存储到运行触发点处。

进路可采用两种方法确定：第一种是采用时刻表系统，列车进路系统根据时刻表信息确定列车的进路命令，相关的替代进路也被确定；第二种是从与地点相关的控制数据中确定进路。在这种方式下，列车车次识别码中必须包含目的地编码，然后相应的进路就可以通过目的地编码的方式指派到每一个运行触发点。

（3）进路的可行性检查。在进路设定指令发送到联锁设备之前，需要进行若干可行性检查，该检查将决定接受或拒绝命令。首先要进行"进路始端检查"，以检查没有排敌对进路。然后进行"出发区段检查"，检查没有其他列车处于该列车和进路入口之间，确认该列车是否到达进路的始端。接着进行"进路可用性检查"，目的是防止将不能执行的命令发送到联锁设备。可用性检查分为3个步骤：第1步检查是否自始端开始的进路已排好；第2步检查进路的自动办理是否可能；第3步检查是否有短期障碍（如轨道电路占用等）。只有所有的检查成功完成后，才能给联锁设备输出一个进路命令。

3. 时刻表系统

时刻表系统完成对时刻表的编辑、修改、存储及对时刻表数据的管理。

（1）时刻表的编辑。时刻表的编辑和修改在离线模式下用给定的数据在时刻表编辑器中编辑。基本数据包括站间旅行时间、车站与折返线之间的旅行时间、在折返线上的停留时间。

为了编辑时刻表，除基本数据外，调度员必须在时刻表系统中输入运行始发时间、运行始发地点、运行终到站、每一运行间隔阶段的开始时间和终止时间、每一运行间隔阶段的运行间隔等数据。

调度员在输入信息后，时刻表编辑器从该信息综合出所需时刻表。如果新的时刻表存在冲突，就会被显示，调度员可以调整时刻表。

（2）时刻表系统处理程序。手动选择当天运行的时刻表，选择出的时刻表只在当天有效。利用列车自动调整功能从时刻表系统得到用于列车调整的时刻表数据。

如果列车车次号在列车自动追踪时丢失，则在时刻表系统查询列车车次号，时刻表系统给出一个列车车次号建议。对此，确定的列车车次号是预定的地点和时间最适当的车次号。

（3）时刻表比较器。时刻表比较器对时刻表中预定的到达时间、出发时间和当前列车实际的到达时间、出发时间进行比较，为列车运行图表示器和自动列车追踪提供列车时刻表与当前时刻表的偏差，启动列车自动调整。若时刻表偏差超过规定值，时刻表偏差则通过人—机显示界面（MMI）加以显示。

4. 列车自动调整

由于列车在运行过程中受到很多随机因素的干扰，因此其运行难免偏离当天的运行计划，往往会造成一列列车的晚点而波及其他列车的晚点，使列车运行秩序发生紊乱。这种情况下，调度员就需要对列车运行进行调整，恢复列车的运行秩序。

5. 控制和显示

调度员（包括车站调度员和运营中心调度员）通过键盘、鼠标等输入控制命令时，列车控制和显示功能将驱动显示和报警监视器，提供列车运行状态和历史信息，同时根据现场返回的所有动态数据实时更新显示和报警信息。

6. 记录功能

ATS 系统能够记录调度员的所有操作（如发布的调度命令）、列车运行的信息及设备状态信息等，并且能够查询和回放。

7. 列车运行图显示

ATS 系统能够显示列车运行图、实迹运行图以及两者之间的偏差。列车运行图和实迹运行图以不同的颜色显示，并且在运行图上显示列车的车次号、到达车站的时间和从车站出发的时间。通过列车运行图显示功能可以执行设置运行图颜色、放大或缩小运行图、调出列车运行图和当前运行图、打印运行图等操作。

8. 培训和演示

培训和演示功能应能完整再现列车运行调整和列车追踪功能，可以对列车进行模拟控制，但不能对列车和信号设备进行实际控制。培训功能可实现对即将上岗人员的培训。

5.3.5 ATS 系统的运行

1. ATS 系统正常运行

ATS 系统的正常运行是指线路基础设施、车辆、通信与信号等设备运行良好以及没有异常发生的情况。在这种情况下，ATS 系统是自动进行的，无须人工干预。此时，运营控制中心 ATS 的主要工作是对列车运行情况及线路信号设备状态进行监视。自动进路排列由运营控制中心 ATS 的自动进路设定功能或车站 ATS 分机完成。

车站的 ATS 分机从轨旁设备/联锁接收列车运行信息（速度、位置、列车车次号等）、信号设备状态等信息，并将信息上传到运营控制中心 ATS，以便运营控制中心 ATS 对列车运行情况进行监视。车站 ATS 分机主要依据存储的列车时刻表或根据调度员为该列车提前指派的目的地信息自动办理列车进路。如果在正常运行过程中，ATS 自动运行发生问题，ATS 分机向运营控制中心 ATS 发出报警信号，调度员进行人工干预。在 ATS 的正常运行过程中，调度员也可以根据需要进行全面的人工控制模式。

2. 列车调度

列车调度由运营控制中心 ATS 执行，有自动调度和人工调度两种方式。在开始运营之前，首先在时刻表编辑器上编辑或选择当天的列车运行计划，并传输给 ATC 主机服务器，再由运营控制中心 ATS 下达给车站 ATS 分机。通常有四种类型的列车运行计划：日常、周末、假日和特殊时刻表。

ATS 系统对转换区、终端区及车站之间的正线上的列车进行调度和追踪。基于当前预存时刻表，为被检出的列车分配一个车次号。在计划出发后的规定时间内，若一列车没有出清联锁区，则向调度员发出报警。ATS 系统将实际的车次号与时刻表中的车次号进行比较，如果比较的结果相同，则系统将为列车设定一条进路进入下一个车站。如果车次号不同，系统将产生一条报警信息。如果在规定的时间内，待出发的列车没有到达转换区或终端区，车站 ATS 将给出报警信息。

运营控制中心 ATS 追踪和调度出入车辆段的列车，但通常不对车辆段内运行的列车进行追踪和调度。

3. 列车运行计划调整

列车运行计划调整是指当列车晚点或列车运行过程中有异常情况发生时对列车计划运行做出修改，形成调整计划。列车运行图调整简称"调图"。列车运行图调整的目的是恢复列车运行秩序，完成规定的运输任务。列车运行计划的调整由运营控制中心 ATS 完成。

列车运行计划调整实质上是对在线运行的列车群进行控制，重新确定列车的到站时间和出发时间，尽量使列车按照列车运行计划运行。

列车运行计划调整以列车运行计划为目标，实时将列车运行计划与列车实际运行情况进行比较。当有偏差产生时，运营控制中心 ATS 对列车运行计划做出调整，形成调整计划，并将其下发给车站 ATS，最终以调度命令的方式传输给列车，列车根据调度命令按调整计划规定的时间到达车站和从车站出发。

根据偏差的严重情况和异常情况发生的严重程度，列车运行计划调整可分为两种情况。第一种情况是当偏差不太严重时即列车稍有晚点时，运营控制中心 ATS 系统自动调整列车运行计划，无须人工干预。此时，一般不会有某趟列车停止运行或增加一趟列车进入正线运行。第二种情况是当偏差严重时，即列车晚点或者有重大异常情况发生时，依靠 ATS 设备对列车运行图进行自动调整难度很大，此时必须人工干预。针对偏差严重的情况或重大异常情况发生时，为及时恢复列车运行秩序，运营控制中心 ATS 一般存有预案。

4. 故障模式运行

（1）运营控制中心工作服务器故障。为提高 ATS 系统的可靠性，运营控制中心工作服务器采取双机热备的方式。当工作服务器宕机或发生故障时，系统会自动或人工切换到备用服务器，备用服务器即成为工作服务器。当备用服务器成为工作服务器后，会自动向车站 ATS 服务器索取相关信息。

从工作服务器失灵，到自动切换到备用服务器、转交控制权，再到信息传送完毕，整个过程需要 1 min。车站 ATS 除向运营控制中心传送信息外，仍继续执行所有正常的列车追踪和进路设定功能，列车运行不得中止。

（2）运营控制中心服务器设备全面失灵。如果运营控制中心服务器设备全面失灵，系统运行转换为后备运行方式，列车在车站 ATS 指挥下继续运行。

当运营控制中心系统恢复后，每个车站 ATS 将当前状态信息传输给运营控制中心，恢复监视、控制整个系统的能力，调度员能够上传存储在车站 ATS 和车辆段控制器中的记录信息。

（3）车站 ATS 服务器故障。车站 ATS 服务器故障后会自动或人工切换到备用服务器，并将控制权转移给备用服务器。备用服务器为列车运行安排进路，并向运营控制中心传输状态信息。

车站 ATS 的两个服务器都有一个专用的联锁接口连通本地信号系统，当失灵的服务器恢复后，可以获得该区所有的信号信息，包括列车的位置和速度等信息。

中泰版：ATS 子系统的基本原理　　中文版：ATS 子系统的基本原理　　中英版：ATS 子系统的基本原理

中泰版：ATS 子系统的组成　　中文版：ATS 子系统的组成　　中英版：ATS 子系统的组成

【任务实施】

背景描述	ATS 系统实现对列车运行及所控制的道岔、信号等设备进行监督和控制，向行车调度员显示出全线列车的运行状态，监督和记录运行计划的执行情况
任务步骤	步骤一　列举 ATS 系统的组成及作用
	步骤二　讨论 ATS 系统的主要功能
任务反思	总结对 ATS 系统知识的掌握情况

【任务评价】

序号		任务达成要素	分值	个人自评	小组评价	教师评价
专业能力	1	能清晰地描述 ATS 系统的组成	25			
	2	能较全面地列举 ATS 系统的主要功能	30			
	3	知道 ATS 系统的基本原理	15			

续表

序号		任务达成要素	分值	个人自评	小组评价	教师评价
职业素养	4	能综合考虑问题	15			
	5	态度积极认真	10			
	6	在任务实施中有团队协作体现	5			
效果评估总结（对自己学习效果的评估和反思）						

任务 5.4 认识 CBTC 系统组成及功能

【学习目标】

知识目标：
（1）了解各个 CBTC 系统的组成；
（2）熟悉各个 CBTC 系统相关的功能。

能力目标：
（1）能够熟知各个 CBTC 系统的特点；
（2）能够了解各个 CBTC 系统的最优适用场景。

素养目标：
（1）具备创新思维与奋斗精神；
（2）提升解决实际问题的能力。

【任务描述】

CBTC 系统是一种基于通信的列车控制系统，主要用于地铁、轻轨等城市轨道交通系统。其主要由列车控制单元（TCU）、无线通信网络、地面设备、数据服务器等几个部分组成；CBTC 系统可以实现列车的高精度定位和自动驾驶，提高了列车的安全性和运行效率。同时，它还支持灵活的运营模式，可以满足不同线路和不同时段的运营需求。通过学习本任务的内容，学习者应掌握 CBTC 系统的组成及相关功能，并能够进行实际运用。

【知识链接】

5.4.1 西门子 CBTC 系统

1. 西门子 CBTC 系统概述

1963 年，在提出移动闭塞的同时，汪希时教授也根据当时的技术水平讨论了 CBTC 系统（当时称为无线自动闭塞系统）的一些具体问题。之后，对无线自动闭塞系统进行了研究和试验，但由于社会原因而中止。1969 年，原西德铁路信号工作人员也提出了无线自动闭塞理论，并进行了试验。自 20 世纪 70 年代开始，西方发达国家开始广泛研究以通信为基础的列车运行控制系统，并最终制定了一系列的标准，为 CBTC 系统的研制与生产奠定了基础。因此，虽然我国最早提出了 CBTC 的相关问题，但是 CBTC 系统理论及 CBTC 技术成熟并应用于西方。

CBTC 系统是基于通信的列车控制系统，是从通信角度来描述列控系统的，这里的"通信"主要是指无线通信。根据 IEEE Std 1474.1™—2004 中的阐述，CBTC 系统是一种连续、自动列车控制系统，能够实现不依赖轨道电路的高精度列车位置检测，以及不间断、大容量、车地双向数据通信，并且具备实现 ATP 功能的车载和轨旁处理器，同时，还可以具备实现 ATO 和 ATS 功能的车载和轨旁处理器。IEEE Std 1474.1™—2004 中还提供了典型的 CBTC 系统方案。在 CBTC 系统中，包括了地面设备和车载设备，地面设备和车载设备之间要靠数据传输系统进行连接，与 ATS 一起构成了 CBTC 系统的核心。因此，可以断定 CBTC 系统对其通信系统具有高度的依赖性，通信系统的好坏直接决定了列车运行的安全性、稳定性及效率。

CBTC（基于通信的列车控制）系统作为一种先进的城市轨道交通 ATC（列车自动控制）系统，广泛采用无线通信技术替代传统的感应环线方式，在我国的城市轨道交通中得到广泛应用。西门子研发的 CBTC 系统是一个安全、可靠且先进的轨道交通控制系统，特别适用于现代城市轨道交通的高效运营需求，其核心技术基于无线通信实现移动闭塞功能。该系统由 SICAS 计算机联锁系统、Trainguard MT 移动闭塞列车控制系统（包括 ATP 系统和 ATO 系统）以及 VICOSOC 中央监控系统（集成 ATS 列车自动监控）等核心组件构成。

相较于西门子早期基于数字编码轨道电路实现准移动闭塞的 ATC 系统，新型 CBTC 系统在移动闭塞机制上采用了无线通信技术，从而提升了列车运行间隔和线路使用效率。尽管两者在移动闭塞技术原理上有区别，但它们所共用的计算机联锁系统与 ATS 功能在本质上保持一致。

西门子的 CBTC 系统已成功应用于我国多个城市的地铁线路，如广州地铁 4 号线和 5 号线、北京地铁 10 号线、上海地铁 10 号线和 11 号线，以及南京地铁 2 号线等项目，展现出卓越的安全性能与高效的运营效能。

2. 西门子 CBTC 系统的结构

西门子 CBTC 系统由 VICOSOC、SICAS、Trainguard MT 三个子系统组成，分为中央层、轨旁层、通信层和车载层四个层次，分级实现 ATC 功能。

中央层分为中央级和车站级。在中央级，集中实现对线路上的列车进行控制；在车站级，为车站控制和后备模式的功能提供车站操作员工作站（LOW）和列车进路计算机（TRC）。

轨旁层沿着线路分布，由 SICAS 计算机联锁、Trainguard MT 系统、信号机、计轴器和应答器组成，共同完成所有的联锁和轨旁 ATP 功能。

通信层在轨旁和车站设备之间提供连续式和/或点式通信。

车载层完成 Trainguard MT 的车载 ATP/ATO 功能。

(1) VICOSOC。VICOSOC 系统分为中央级的 VICOSOC501 和车站级的 VICOSOC101。来自 SICASECC、Trainguard MT 和其他外围系统的动态数据汇集在 VICOSOC501 的 COM

服务器并对其进行处理，ADM 服务器负责将中心数据存储和报告，前端服务器负责将其他外围系统接入 ATS 服务器。

联锁站配有高可靠性的冗余 PEP，用于采集来自其他外部子系统（如乘客向导系统 PIIS、发车计时器 DTR 和综合后备盘 IBP）的信息。车站 PEP 向 PIIS 提供时钟信息。车站的现场信息最终传输到 OCC 的 ATS 计算机。

（2）SICAS。西门子计算机联锁系统 SICAS 主要包括列车进路计算机 TRC 和车站操作员工作站 LOW。SICAS 使用联锁 ProfiBus 总线进行 SICASECC 的内部通信。LOW、TRC 和 S&D 系统直接与 SICASECC 和 Trainguard MT 通信。

ECC 为元件接口模块；ODI 为操作/显示接口；OPG 为速度传感器；HMI 为人—机接口；LEU 为轨旁电子单元；S&D 为检查和诊断；TSCU-V 为轨旁安全计算机单元。

SICASECC ODI 和 Trainguard MT 轨旁设备之间的通信通过 ProfiBus 总线实现。

（3）Trainguard MT。Trainguard MT 系统包括 ATP/ATO 和通信设备。ATP/ATO 设备分为轨旁设备和车载设备。轨旁设备与联锁系统、ATS 子系统、车载设备以及相邻的 ATP 系统有双向接口。轨旁设备到车载单元之间的通信通过车地之间的通信网络（Train Wayside Communication，TWC）实现。

车载设备由两个相互独立的单元组成，分别安装在列车前后的驾驶室内。两个单元通过点对点的网络连接，不间断地相互通信。同时，两个单元分别连接到列车前后的列车控制系统。

3. 西门子 CBTC 系统的功能

西门子 CBTC 系统的功能包括 ATS 功能、联锁功能、ATP/ATO 功能、列车检测功能等。

（1）ATS 功能。ATS 除具有自动进路排列（ARS）、自动列车调整（ATR）、列车监督和追踪（TMT）、时刻表编辑（TIF）、监测与报警等主要功能外，还改进和增加了以下功能：在 CTC 通信级使用双向通信通道；在 ATS 后备模式下车站级可以输入车次号；适应移动闭塞的控制要求；TRC（列车进路计算机）取代 RTU 的自动进路排列功能；提供独立的冗余局域网段；在 ATS 显示列车状态信息；提供与 MCS（主控系统）的接口；提供与车辆段联锁的接口；提供操作日志（含故障信息）的归档功能；设置两个控制中心；车辆段调度员在 ATS 工作站进行出库列车自动预先通知，在规定时间无列车在车辆段转换轨时自动报警。

在正常情况下，各线的控制中心行使行车调度职权。当各线控制中心的 HMI 丧失有效的行车调度和控制功能或当运营需要时，系统应能切换至综合控制指挥中心进行调度和控制。系统的切换既能人工操作，也可以自动进行，但是自动切换时必须经过人工确认。

（2）联锁功能。联锁具有轨道空闲处理（TVP）、进路控制（RC）、道岔控制（PC）和信号机控制（SC）等主要功能，联锁设备与 ATS 相结合，可实现中央 ATS 和联锁设备的两级控制。根据运营要求，应能自动或人工进行进路控制。其中，人工控制分为中央 ATS 人工控制和联锁设备人工控制两类，自动控制分为中央 ATS 自动控制、联锁设备自动控制。人工控制进路优先级高于自动控制进路。根据需要可进行联锁与中央 ATS 两级控制权的转换。控制权的转换过程中及转换后，未经人工介入各进路的原自动控制模式不变。在特殊情况下，可不经控制权的转换操作强制进行联锁设备的控制。在车站级控制的情况下，如中央级功能完好，仍可设定或者保留中央自动功能（如 ATR、ARS）。ATP/ATO 功能将根据默认的停站时间和默认的自动列车调整值在连续式通信模式和点式通信模式下工作，联锁功能继续。

（3）ATP/ATO 功能。ATP/ATO 除具有 ATP 轨旁、通信、ATP/ATO 车载等主要功能外，还改进和增加了以下功能：不能使用 PTI 的信息交换，相应的功能可以通过双向通信通道在 CTC 实现；适应线性电机系统的线路条件，满足与线性电机接口的新要求；提供 ATO 的冗余；ATO 控制列车的原理适应移动闭塞的要求。

因此，Trainguard MT 的核心功能是移动闭塞列车间隔，根据线路的空闲状态和联锁状态（道岔状态、进路状态、运行方向、防淹门状态、PSD 状态、ESB 状态）产生移动授权电码。

正线区段（包括车辆段出入段线、存车线、折返线）具有双向方向有人全自动驾驶运行功能。

列车进站停车时采取一级制动（连续制动曲线）的方式，按一级制动至目标停车点，中途不得缓解，且在进站前不会有非线路限速要求的减速台阶。

（4）列车检测功能。采用计轴器（AXC）进行列车检测。

信号系统具有完善的远程故障自诊断功能，对全线的中央设备、车站设备、轨旁设备、车载设备以及车地通信设备进行实时监督和故障报警，能准确报警到可更换单元（插拔件）等，便于及时更换，并能根据用户需要经通信传输通道在车辆段维修中心实施远程故障报警和故障诊断。

4. 通信级别

（1）连续式通信级。在连续式通信级，Trainguard MT 提供最先进的基于移动闭塞原理的列车安全运行。轨旁到列车双向通信，使用无线。列车通过检测和识别应答器来确定自己的位置。对于列车采用连续式控制。在 ATO 系统控车后（AM 模式），ATO 系统完全自动控制列车运行直至终点站。

在 SM 或 AM 驾驶模式下，列车以移动闭塞运行，保持列车间的安全间隔。列车上有一个被称为线路数据库（TDB）的铁路网络图，TDB 中包含应答器的位置数据。结合来自测速电机和雷达的位移测量，每个车载 ATP 计算本列车的位置，该位置是列车在线路上的绝对位置，而不是对一个固定闭塞分区的占用，并通过连续式通信发送位置报告给轨旁设备（ATP）。轨旁设备 ATP 追踪列车，基于本列车和前行列车的位置报告和轨旁检测的空闲信息，评估所有列车的移动条件，并通过连续式通信系统发送一个连续式通信级移动授权报文到车载 ATP。该移动授权符合移动闭塞原理的安全列车间隔，并且满足其他来自 SICAS 的联锁条件以及其他的防护点，如防淹门的状态、道岔的状态。

SICAS 联锁是底层的列车防护系统，也负责移动闭塞下的列车安全。ATP 负责列车间隔的安全，并连续监督联锁状态。在移动闭塞下，列车同样运行在联锁设定的进路上。

当联锁条件不满足时，列车的移动授权不能越过信号机。同时，列车运行时连续地监督联锁条件。

（2）点式通信级。点式通信级可以作为连续式通信级的后备模式，或在部分对于列车行车间隔有较低要求、允许使用固定闭塞的线路使用。在点式通信级，ATO 系统完全自动控制列车从一个车站运行至下一个车站（AM 模式）。

在点式通信级，使用应答器进行轨旁到列车的通信。

此时，移动授权来自信号机的显示，并通过可变数据应答器由轨旁点式地传送到列车。列车在线路的定位与在连续通信级一样，考虑 TDB 中所有的详细线路描述，自动地服从所有的线路限速。

(3) 联锁级。如果连续式或点式通信级故障，作为降级运行模式，可由 LED 信号机系统为列车提供全面的联锁防护。此时，没有轨旁列车的通信。

5.4.2 Alstom 的 CBTC 系统

阿尔斯通（Alstom）公司的 CBTC 有两种系统：基于裂缝波导管传输的 CBTC 系统和基于无线网络传输的 CBTC 系统。

1. 基于裂缝波导管传输的 CBTC 系统

(1) 基于裂缝波导管传输的 CBTC 系统结构。信号系统设备主要分布在控制中心、车站、车辆段和列车上。

信号系统的主干网络采用基于 SDH 的多业务网络，用于实现运营控制中心、车站及车辆段之间的通信，确保信号各子系统能够完全通信。列车与地面之间的通信采用裂缝波导管，以实现车地之间的双向通信。配置 SDH 设备的车站直接与核心 SDH 网络连接，没有配置 SDH 设备的车站由以太网交换机连接到最近的 SDH 设备。

1) 运营控制中心设备。运营控制中心分为行车指挥室、中心设备室、培训室和运行图编辑室。

行车指挥室设备包括 1 个调度长工作站、3 个调度员工作站和 1 个远程调度长工作站，用于行车监督与中心显示屏的接口；1 台 A3 彩色激光打印机，用于打印运行图；2 台 A3 黑白激光打印机，其中一台用于数据报表打印，另一台用于报警打印。运行图编辑室配备 1 台时刻表/运行图编辑工作站和 1 台彩色喷墨打印机。

培训室配置 1 台培训服务器、1 台培训工作站和 1 台彩色喷墨打印机。

中心设备室包括 2 台 ATS 应用服务器、2 台 ATS 的数据库服务器，1 台 ATS 的磁盘阵列柜，2 台 ATS 的通信前置机，1 台 ATS 的维护员工作站和 1 台彩色喷墨打印机，2 台网关计算机，2 个 NMS 网管工作站，1 台中央线路控制器，2 台带维护终端的轨旁 ATP/ATO 计算机，1 台 DSU（用于进路地图管理），1 台用于连接到骨干网的以太网交换机，1 台冗余 SDH 多路复用器。

2) 车站设备。集中设备站的设备包括 1 套冗余 ZLC 和相应的 SDM、继电器架和计轴器机柜、应急控制盘、PIS 盘和发车计时器、用于管理列车停车模式的欧式编码器、冗余本地 ATS、冗余 ATS 车站操作员工作站、ATS 控制器接口、连接到骨干网的交换机。

非集中设备站配置有两种，一种有 SDH 设备，另一种没有 SDH 设备。有 SDH 设备的非集中设备站的设备包括 ATS 操作员工作站、ATS 接口控制器、连接到骨干网的交换机、冗余 SDH 多路复用器、中继继电器、PIS 盘和发车表示器、站间和车站用于无线传输的接入点。

3) 车辆段设备。为了独立和人工管理车辆段，车辆段配置的设备包括 1 套冗余 ZLC（联锁系统）、继电器箱和轨道电路架、冗余本地 ATS、冗余 ATS 车辆段信号值班员工作站、连接到骨干网的交换机、冗余 SDH 多路复用器、轨旁无线设备（用于停车库线通信）。

4）车载设备。每个驾驶室都有一套完整的车载 ATP/ATO 系统、驾驶员 MMI、4 个天线（2 个用于裂缝波导传输、2 个用于自由无线传输）和 2 个调制解调器（每个调制解调器控制 2 个天线）。

（2）基于裂缝波导管传输的 CBTC 系统的移动闭塞工作原理。基于裂缝波导管传输的 CBTC 系统是由 SACEM 系统演变而来的，包括整个移动闭塞和列车控制。

1）安全保护。基于裂缝波导管传输的 CBTC 系统中的轨旁 ATP 设备为轨道上的每列列车建立了一个可跟随列车位移的变化而移动的虚拟安全范围，该虚拟安全范围称为自动防护（Automatic Protection，AP）的安全范围，也称为一个移动闭塞分区。每列列车建立一个 AP，其他列车不能进入这个 AP。

ATP 根据无线传输的列车位置信息建立 APO，此信息在位置报告消息中发送，每隔 400 ms 发送一次。发送的主要信息为列车的速度和位置，另外，还含有列车车次号、时间戳，含有时间有效性。根据信息传输的时间间隔，AP 的大小和位置每隔 400 ms 刷新一次。

2）列车间隔保护。轨旁 ATP 设备是负责列车间隔的子系统，车载 ATP 负责根据轨旁 ATP 设备给出的数据安全限制驾驶列车，即对列车的速度进行防护。

由于轨旁 ATP 设备为区域内的每列列车建立一个 AP，车载 ATP 随时可掌握每个自动防护安全范围在线路上的位置，因此可进行列车间隔防护。轨旁 ATP 根据每个 AP 的位置和联锁设备发送的轨旁设备的状态计算授权终点，此授权终点信息发送给每列列车。授权终点信息还包括有关道岔位置和信号机状态等方面的信息。

（3）车地通信。基于裂缝波导管传输的 CBTC 系统采用裂缝波导管进行车地之间的信息传输，使用 SACEM 编码策略，轨旁 ATP/ATO 与车载 ATP/ATO 进行无线连接。

1）裂缝波导管。裂缝波导管是一种内壁光洁、具有空心特征的金属导管，其主要功能是用于传送超高频电磁波，通过裂缝波导管对脉冲进行传递，能够保证在最大降低信号损耗的情况下完成信号的传递任务。采用裂缝波导管进行无线数据传输，不但具有较高的可靠性以及较低的损耗，还具有非常高的抗干扰性。

裂缝波导即在裂缝波导管平面壁开一系列的窄缝，使裂缝波导管内的电磁波能够辐射出去。每个裂缝相当于一个小天线，全部小天线组成一个天线阵，具有很好的方向性。

通常情况下，对于地下运行，裂缝波导管天线安装在隧道的顶部；对于高架或地面，裂缝波导管安装在走行轨的旁边。轨旁传输设备安装间隔为 800～1 000 m。

2）无线协议。基于裂缝波导管传输的 CBTC 系统的通信完全符合 CENELEC-50129-2 规范（欧洲标准）。对于列车与地面传输的信息，如列车向地面发送的定位信息以及地面向列车传输的授权信息等，基于裂缝波导管传输的 CBTC 系统采用 SACEM 编码策略与列车进行无线连接。

2. 基于无线网络传输的 CBTC 系统

（1）系统结构。基于无线网络传输的 CBTC 系统结构与基于裂缝波导管传输的 CBTC 系统的结构基本相同，不同点在于车地之间的无线通信系统不同，以及设置一个备用的运营控制中心设备。

1）运营控制中心设备。运营控制中心设备包括线路控制器（LC）、网络管理系统（NMS）、数据存储单元（DSU）、维护支持系统（MSS）、中央 ATS（CATS）。

后备中心设备包括线路控制器（LC）、网络管理系统（NMS）、数据存储单元（DSU）、非冗余中央（ATS）、ATS 培训模拟器。

2）车辆段/停车场。车辆段/停车场设置 1 套本地 ATS（LATS）、1 套计算机联锁设备（CBI）、1 套区域控制器（ZC）、2 套 ATS 终端。

CBI 执行联锁功能并控制轨旁设备。区域控制器对车辆段/停车场和试车线进行自动管理，执行 ATP/ATO 功能。

3）集中设备站。集中设备站设置 1 套区域控制器，管理管辖范围内所有列车按移动闭塞运行；设置 1 套计算机联锁设备，执行联锁功能并控制轨旁设备，包括相邻的非集中设备站。

各集中设备站设置 1 套冗余的本地 ATS。

4）车载设备。在每列列车上，两端各设置 1 套车载控制器（CC）和相关的输入/输出模块及传感器，能提供热备模式下的 ATP 和 ATO 功能。

5）现场设备。现场设备包括信标、欧式编码器、计轴器、转辙机、信号机等。无源信标用于列车定位，设置在正线、出入场段线、车辆段/停车场（包括试车线）；有源信标和欧式编码器用于后备模式。计轴器用于降级模式下的闭塞检测（正线、出入场段线和试车线）。

(2) 数据传输系统（DCS）。数据传输系统可分为两部分：用于实现 OCC 与各车站之间、车站和车站之间通信的骨干传输网络，以及用于实现车地之间通信的无线通信系统。

1）骨干传输网络。骨干传输网络接入所有车站信号设备室（远程或直接）、中心设备室和车辆段/停车场的设备。其中部分配有 SDH 节点和以太网交换机，其他车站只配有以太网交换机，可通过专用光纤连接至邻近站的 SDH 节点。

2）无线通信系统。无线通信系统主要实现列车和地面之间的双向大容量通信，由地面设备和车载设备组成。无线通信系统的轨旁设备由两个独立的、冗余的无线网络组成，其目的是提高传输的可靠性。轨旁网络由与轨道沿线分布的天线和与骨干网相连接的无线接入点组成，用于车载 CBTC 系统和轨旁 CBTC 系统之间的信息传输。

每列列车安装 2 个无线调制解调器，每个调制解调器与位于列车顶部以及每个驾驶室前方附近的两架天线相连。

(3) 系统的控制方式。系统提供 CBTC 模式和点式 ATP 模式两种控制模式。

1）CBTC 模式为正常模式，允许列车以移动闭塞方式运行（包括全自动驾驶）。

2）点式 ATP 模式，允许在 ATP 监督下某些降级配置的人工驾驶。

(4) 列车运行模式。基于无线通信的 CBTC 系统提供 6 种驾驶模式。正常情况下，系统完整运行时，采用自动驾驶模式，无须人工干预。人工驾驶模式用于降级模式。

1）全自动驾驶（AM）模式。AM 模式是 CBTC 系统的自动驾驶模式。在该驾驶模式下，系统实现对列车的自动驾驶，对 ATS 速度调整情况、站台定位停车、程序停车、车门关闭等由系统自动进行控制，无须人工干预，并确保列车平稳行驶。

2）带启动按钮的自动驾驶（AMC）模式。该驾驶模式属于完全自动驾驶模式。与 AM 模式不同的是，当 ATO 收到发车命令时，ATO 在 DDU 上显示一个告警信息，通知驾驶员按压驾驶台上的启动按钮。

3）CBTC 人工驾驶模式。该模式是非正常模式，需要驾驶员手动控制列车运行。当 AM 模式失效时（如设备故障等引起），必须使用该驾驶模式。该模式要求 DCS、ZC、LC 和 CC 全部可用。在该模式下，驾驶员负责驾驶列车、在车站停车并控制车门开关，但仍然受 ATP 全面防护。

4）受限制人工驾驶（RM）模式。该模式为在 ATP 监控下的人工驾驶模式，列车最大允许速度由 ATP 控制。只有 ATP 有效时才可应用该模式。

RM 模式通常在以下情况使用：降级运行；两个车载控制器（CC）均认为列车定位信息丢失；在线路的维护区。

5）非限制人工驾驶（BY）模式。当 ATP 设备故障时，驾驶员可采用该模式驾驶列车，并且该模式需要在特定和严格的操作规则下才能使用。在该模式下，列车速度不受 ATP 保护，必须严格按照轨旁信号机的指示运行，安全由驾驶员来确保。

列车只有在停车状态下才能转换到非限制人工驾驶模式。

6）蠕动模式。对于正线运行的列车，在站间运行时，如果 ATO 发生故障，可由运营控制中心行车调度员人工确认启动蠕动模式。列车以蠕动模式运行速度不能超过 20 km/h。蠕动模式需要在列车停车后才能切换，并且列车的运行受 ATP 防护。

（5）自动折返。在 AM/AMC 驾驶模式下，ATO 将驾驶列车并自动选择控制驾驶室。自动折返功能也可以根据操作人员从 ATS 发送指令到 CC 来触发。

5.4.3　USSI 的 CBTC 系统

津滨轻轨 9 号线是连接天津市区和滨海新区的轨道交通主干线路，全长 52.25 km。全线配属 38 列 4 辆编组 B 型列车。其信号系统采用美国联合道岔与信号国际公司（USSI）（现隶属于安萨尔多）的 ATC 系统，包括 ATS、ATP、ATO 子系统以及正线区段车站计算机联锁设备。津滨轻轨 9 号线信号系统自 2005 年开通 ATP 运营至今已超过 15 年的合同规定寿命年限，设备部件老化和损耗严重，部分备件停产，设备可靠性和可维护性降低。

既有车载信号设备包括：1 个车载 ATC 机架；ATP 双机热备，ATO 单套系统；2 个 ATP 接收线圈；2 个独立的速度传感器；1 个 ADU、1 个 ADU 辅助盘；1 个 TWC 接收天线（图 5-1）。

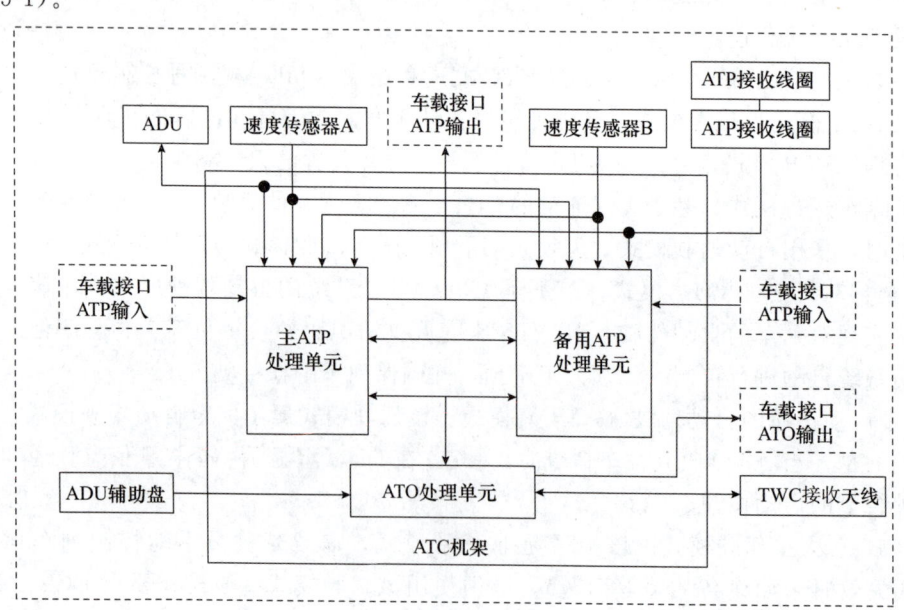

图 5-1　USSI 的 CBTC 系统

新系统车载设备主要包括车载 ATP 主机、车载 ATO 主机、BTM、应答器主机单元及天线、车载人—机 MMI、车载无线单元、速度传感器和雷达传感器。

❋ 5.4.4　LCF-300 型 CBTC 系统

LCF-300 型 CBTC 系统是由北京交通大学开发研制的，具有自主知识产权。该系统采用基于无线扩频的移动闭塞技术，通过自由空间无线传播手段来确定列车位置，从而实现列车控制的信号系统。

1. 系统描述

LCF-300 型 CBTC 系统利用开放的无线方式实现车地间的双向信息传输，该系统根据列车轮轴测速测距与地面铺设应答器实现列车的精确定位，采用 COTS 商用现货设备实现 CBTC 系统的主要结构，依据 IEEE 802.11 系列的协议构建 CBTC 系统的地面骨干网络和列车网络，并选择"二乘二取二"和"三取二"的安全冗余结构构建地面的区域控制器（ZC）、数据存储单元（DSU）和车载控制器（VOBC）。列车上的车载控制器通过探测安装在轨道上的标准应答器或 TAG 信标，查找它们在系统数据库中的位置，然后确定列车所在的位置，并且还测量从前一个探测到的应答器起已经行驶的距离。列车车载控制器通过使用列车到轨旁的双向无线通信向轨旁 CBTC 设备 ZC 系统和 ATS 系统报告本列车的位置。区域控制器根据各列车的当前位置、速度及运行方向等因素，同时考虑列车进路、道岔状态、线路限速以及其他障碍物的条件，向列车发送"移动授权 MA"信息，即列车可以走多远、多快，从而保证列车间的安全间隔。CBTC 系统以速度-距离模式曲线的原则控制列车。移动授权 MA 基于更加精确的分辨率，一般最小为 6.25 m。LCF-300 型 CBTC 系统在后备模式或初期开通时可采用点式 ATP 作为 CBTC 系统的后备模式。

2. LCF-300 型 CBTC 系统结构及组成

LCF-300 型 CBTC 系统包括列车自动监控（ATS）系统、计算机联锁（CI）系统、点式 ATP 系统、CBTC 地面系统、CBTC 车载系统等。ATS、CI、CBTC 地面系统等地面信号系统的组成部分完全连接在地面有线双重冗余骨干网络上，其依据 IEEE 802.3 协议构建地面网络；列车两端的车载 CBTC 设备互为冗余备份，其网络结构依据 IEEE 802.3 协议构建；地车采用 2.4 GHz 的无线方式，依据 IEEE 802.11 系列协议构建地车信息双向传输网络。具体设备包括中央设备、区域控制设备（设备集中站）、车站设备、轨旁设备、车载设备。

3. VOBC 子系统

（1）获得最佳的行车间隔。

（2）我国列车自主定位，基于速度—距离曲线对列车进行超速防护，在保证列车安全的情况下缩短追踪距离。

（3）具有 ATO 自动驾驶功能。

（4）正常模式下，与次级检测系统独立。

（5）使用一套驾驶台的屏幕显示，能显示列车各种运行数据，并为驾驶员提供信息。

（6）系统提供完备的数据记录和诊断故障功能。

4. CBTC 系统设备详解

移动闭塞系统由系统管理中心（SMC）；车辆控制中心（VCC）；车载控制器（VOBC）；

车站控制器（STC）；感应环线通信系统设备；车场系统设备；车站发车指示器、站台紧急停车按钮、接口等设备组成。如图 5-2 所示，系统管理中心与车辆控制中心进行双向通信，完成对所有列车的自动监控；车辆控制中心与全线的列车进行不间断的双向通信，所有的列车将其所在的精确位置和运行速度报告给车辆控制中心；车辆控制中心在完全掌握所有列车的精确位置、速度等信息的前提下，告知各列列车运行的目标停车点；列车接收车辆控制中心发来的目标停车点信息，车载计算机根据允许运行的距离、所在区段的线路条件及列车的性能等，不断地计算运行速度，自动地完成速度控制；车辆控制中心还与车站联锁装置通信，完成列车进路的排列。

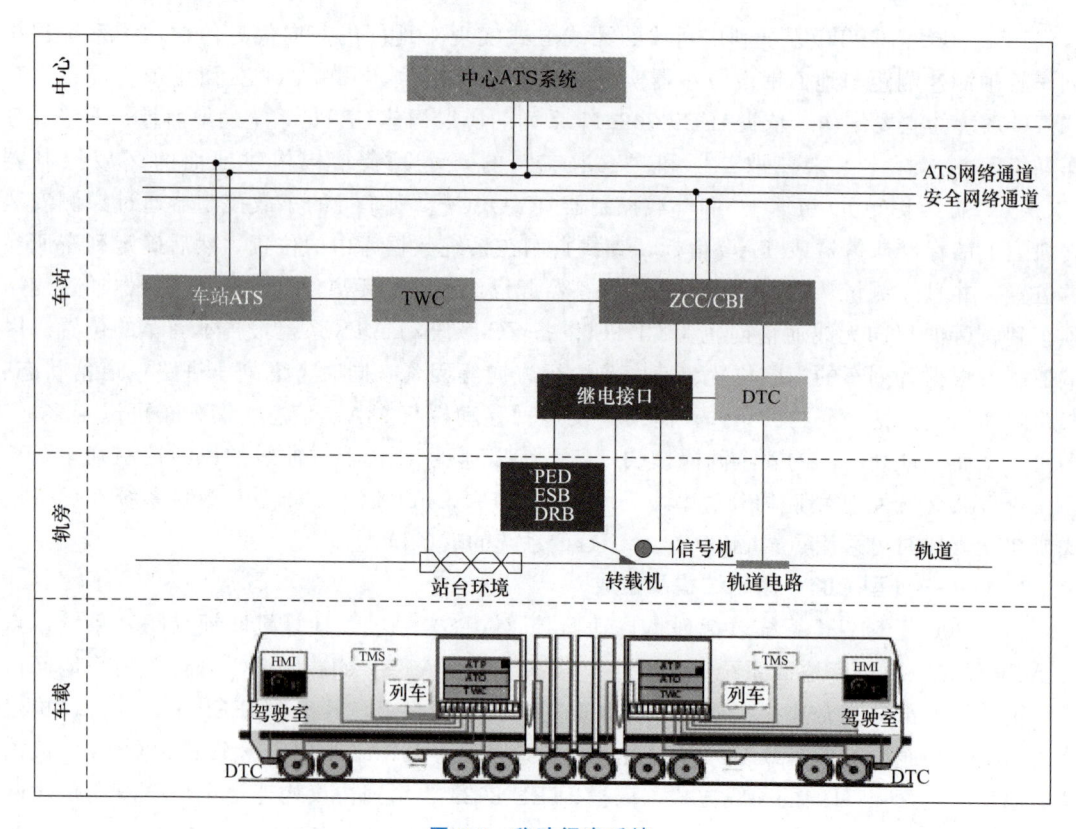

图 5-2 移动闭塞系统

5. 系统管理中心（SMC）的构成

系统管理中心对系统进行全面的协调管理，完成所有列车的自动监控功能。其设备设于运营控制中心（OCC），系统的软件/硬件都按模块化的原则设计。其主要硬件部分包括：

（1）系统管理中心工作站。除系统服务器外，还配置调度员工作站、调度长工作站、模拟显示工作站、系统维护工作站、运行图编辑工作站及车场监视工作站。

（2）运行图调整服务器（SRS）。冗余的运行图调整服务器，通过系统管理中心 I/O 与车辆控制中心相连，以实现运行图调整服务器与车辆控制中心的通信，运行图调整服务器还存在与 SCADA、时钟、无线等系统的接口。

（3）数据日志服务器。冗余配置，它可以保留两个月以上的运行数据。

（4）网络通信设施。网络通信设施包括系统管理中心的双局域网、冗余交换机、与光纤传输通道的冗余接入设施、与培训中心及综合维修基地连接的通信设施等。

（5）车站控制器紧急通路（SCEG）。当车辆控制中心出现故障，不能对系统进行控制时，管理中心通过车站控制紧急通路，直接与车站控制器（STC）进行通信连接，实现对在线列车和轨旁设备的监控。车站控制器紧急通路由紧急通路切换开关设备、协议转换单元（PCU）组成，每个协议转换单元均可与两台车站控制器进行通信连接。

（6）系统管理中心 I/O 机架。

（7）投影模拟显示系统。投影模拟显示系统包括模拟显示控制工作站及背投模拟显示屏。

另外，还有车场系统管理中心工作站、综合维修基地监测工作站、仿真及培训远程终端设备等。

6. 车辆控制中心（VCC）的构成

车辆控制中心位于运营控制中心，它由以下主要部分构成：

（1）车辆控制中心的中央计算机。中央计算机采取三取二的配置，它包括 3 台工业级计算机，以及相关的输入/输出接口；3 个中央处理单元通过显示/键盘选择开关，来共享 1 个显示和键盘；还有通用接口盒、电缆分线盒等。

（2）车辆控制中心的 I/O 机架。主要设备有多路复用输入设备、中央同步设备、电源、定时器、熔丝等。

（3）车辆控制中心的数据传输架。

（4）车辆控制中心的调度员终端。

（5）中央紧急停车按钮（CESB）。它与车辆控制中心接口，当调度员按下该按钮时，将封锁所有的轨道，而且所有的列车立即停车；当紧急停车按钮中插入钥匙后，才可以解除。

另外，车辆控制中心还设有数据记录计算机、打印机等其他设备。

5.4.5 CITYFLO650 型 CBTC 系统

在城市轨道交通信号系统中，GOA4 无人值守 UTO 运行模式的信号系统需求已在国内外得到了迅速的发展。上海轨道交通浦江线为国内首条 APM300 胶轮路轨系统与 CITYFLO650 型 CBTC 系统相结合的上海申通地铁路网内营运线路。浦江线正线全长约 6.689 km，有 6 个车站、1 个车辆基地，全线共 46 组道岔，浦江线列车 11 列，列车最大编组 4 节贯通，不设驾驶室，实现自动化等级 GOA4 的无人值守 UTO 运行，所有 11 列列车均可以在列检线内自动唤醒、休眠，按照运行计划自动出库、回库，最高运行速度为 80 km/h，旅行速度为 35 km/h，采用等间隔运行，最小运行间隔低于 90 s，自动停站对准精度为 ±20 cm，信号系统采用基于无线通信 2.4 GHz 的移动闭塞系统。

浦江线全自动驾驶系统信号主体系统设备包括中央 ATS 设备、数据通信设备（DCS）、列车自动控制设备（RATO/RATP）、目标控制器设备（OCS）、门控柜设备（DCC）以及电源系统设备、防雷分线柜（CTR）等。底层设备包含车地通信设备（WNRA、NP）和车载信号设备（VATC）。

1. 中央 ATS 架构

CITYFLO650 型信号系统的 ATS 仅在浦江线车辆基地的 OCC 大楼进行配置，无车站

ATS 系统，中央 ATS 的架构采取了双网络措施，以实现冗余。重要的控制服务器和数据库都是容错的机器，其中包括冗余的处理器和电源。中央 ATS 是采取热备冗余配置运行的，不需要人工干预。每台列车控制操作员工作站本身都不是冗余的。但是，其可以接管其他出故障的工作站的控制和监测功能。

2. 轨旁信号系统架构

CITYFLO650 型轨旁信号系统由正线和车辆基地两个轨旁 ATC 区域构成。轨旁 RATC 包括一个主用和备用 ATC，以实现冗余。主用 ATC 和备用 ATC 各包含一个 ATO 和一个 ATP。各区域 ATP 都包括一个独立的主用系统和一个功能上冗余的后备系统。每个主用和后备的 ATP 系统通过以太网连接与区域 ATO 接口。在每个车站和车辆基地，设置目标控制器来连接轨旁信号、道岔、门控柜、洗车机等。目标控制器接收来自主用 ATP 的设备输出指令，处理分配给它的数字输入/输出任务，并返回设备状态，目标控制器通过 DCS 网络与主用 ATP 连接。线路底层轨旁包含 NP 信标与 WNRA（轨旁网络电台组件）、信号机、急停按钮、高水位检测装置，以及与道岔、站台门、洗车机的接口。

3. 车载信号系统架构

每列营运列车包括四节车辆。头尾的车辆都有独立的 VATC 设备，具备冗余功能，车底包含车载信号采集单元，如每端配置 4 个霍尔效应速度计、1 个信标阅读器、2 个车地无线 LOS 天线、1 个站台门天线。ATC 数据通过移动数据无线单元 MDR 与 VATC 往来传输。车载 ATP 负责列车运行的安全，包括列车运动的安全和占用的生成。车载 ATO 负责保持一定限度内列车乘坐舒适性，如图 5-3 所示。

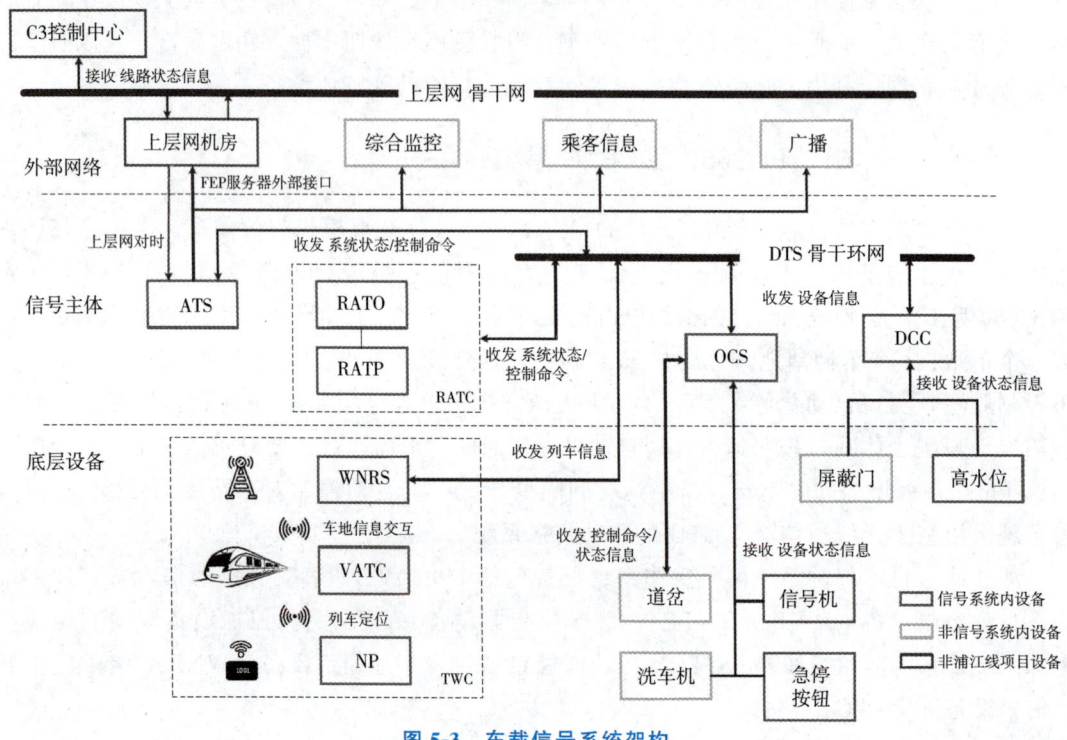

图 5-3 车载信号系统架构

4. 中央 ATS 系统功能

中央 ATS 系统提供管理列车自动控制（ATC）系统的功能，并且作为中心操作员（CCO）与 ATC 系统的接口。ATS 本质上是监督，任何从 ATS 发出到其他安全型子系统的命令都不涉及安全，其主要功能包含对列车自动运行的监控、交通控制支持功能、列车车次跟踪及进路排列自动化、停站时间和列车调整、维护与诊断功能、事件统计功能等。

5. 轨旁信号系统功能

CITYFLO650 型轨旁信号系统采用分布式系统架构。轨旁 ATP 主要实现轨旁目标控制、进路设置和锁闭、列车位置判定、列车限速、安全列车间隔、站台门使能/禁止命令的发送、零速检测、车站和车载门状态监督、列车完整性检测、临时限速、列车长度判定等功能；轨旁 ATO 主要实现车载和轨旁开关门、高级诊断功能；目标控制系统负责轨旁设备状态信息的控制和采集；门控柜设备（DCC）实现向站台发送门使能和开门命令、从站台接收门锁闭和门旁路信息、向 OCS 发送非预期开门信息、从 OCS 接收门使能信息，通过独立的 RF Modem 在车地间交互数据、通过 PLC 在 DCC 和信号系统间交换数据、检测道岔基坑水位情况等功能；数据传输系统（DCS）负责轨旁设备间和车地设备间的通信，但是由于 APM 信号系统没有后备模式，这对 DCS 系统的可靠性提出更高要求。

6. 车载信号系统功能

CITYFLO650 型车载 ATP 主要执行列车位置和速度监测、移动授权、安全制动距离防护、超速防护、列车车门监控、倒溜防护、自检功能、自动调速、精确停站、车门控制等功能。车载 ATO 主要实现车载速度曲线监测、车站精确停车、自动折返功能、车载和轨旁开关门、远程唤醒/休眠、车载节能速度控制优化、跳跃和爬行模式、停车功能、多站台停车、高级诊断等功能。

5.4.6 CBTC 系统车地无线通信

WLAN 无线局域网络技术是列车自动控制系统采用的车地无线通信技术之一，应用较多且比较成熟。采用 IEEE 802.11 系列标准的 WLAN 技术（包含 IEEE 802.11b/g/n 及 IEEE 802.11a/ac 等在内的协议簇）和基于 ISM 的 2.4 GHz 无线电开放频段，组网方便、灵活，同时具备较好的数据传输性能，在城市轨道交通行业环境下可满足多种应用需求。CBTC 系统中采用较多的是 IEEE 802.11b 协议，带宽最高达到 11 Mbit/s，相当于日常工作学习中使用的 Wi-Fi。在 CBTC 信号系统中，无线通信大多通过定向天线、漏泄同轴电缆及裂缝波导管等实现。

1. 基于无线电台的 WLAN 技术

由于列车在隧道中的运行环境复杂多样，信号反射比较严重，存在多径效应干扰，无线电台在坡道和弯道处的数据传输速率可能会发生改变。无线电台与无线路由器类似，传输距离较短，按照协议 IEEE 802.11b，标准无线电台的覆盖范围是 300~400 m。列车在高速运行下的车地数据传输要求较高，需要达到无缝切换，一般轨旁 AP 接入点部署比较密集，每隔 200~300 m 就需要设置一个 AP。为了避免车地通信中断，需要将列车运行区域全部覆盖双向网络并缩短隧道内 AP 布置距离，但这种情况又会导致列车换区切换频繁，影响车地无线通信的连续性，潜在故障点多，同时需要使用大量电缆，后期维护量较大。

2. 漏泄同轴电缆技术

漏泄同轴电缆（LCX）（漏缆）的工作原理是通过在漏缆中的槽孔向周围辐射电磁波，从导体上的槽孔感应到漏缆周围的电磁场，将感应到的电磁波从漏缆内部传输到设备端。漏缆通信是指两条漏缆用交叉环线方式进行上、下行两个方向的车地数据传输。LCX 连接地面设备，车上的天线距离 LCX 较近，当电磁波在电缆内传输时，产生电磁辐射形成漏泄场，实现车地双向通信。漏缆的抗干扰能力较强，场强分布均匀且传输性能较好，有效传输距离为 600 m。由于漏缆安装位置较高，因此不适合安装在高架线路中，适合地下区间隧道，后期维护工作量较小。

3. 裂缝波导管技术

超高频电磁波在裂缝波导管中具有较好的传播效果，无线传输切换较少，脉冲信号能量损耗较小。裂缝波导管一般使用矩形铝合金材料，其工作原理是使无线电磁波通过在波导管表面的裂缝（宽 2 mm、长 3 cm）辐射出来，一般每条裂缝间隔距离为 6 cm。波导管附近区域场强分布比较均匀，传输距离高达 1 600 m，适用于地下线路区间隧道安装。裂缝波导管的缺点是需要对应车载天线的位置进行安装，对精度要求高，波导管表面和内部要注意防尘和油污，后期维护工作较复杂。

4. WLAN 技术面临的问题

以上三种技术在进行车地无线通信时，波导管的抗干扰性能最强，但其对环境较敏感，所以日常维护较为复杂；漏泄同轴电缆需要沿区间布置，使用卡具在洞顶安装，对日常巡视和紧固要求比较严格；无线电台方式因具有灵活性和易维护特点，目前使用较多。车地无线通信系统通常采用的技术方案是将无线电台结合漏泄同轴电缆两种方式混合组网，可以解决单一组网的一些缺点，如环境适应性差、无线覆盖不均等问题。

随着各种系统不同业务的增多，WLAN 技术已经无法满足 CBTC 系统中车地无线通信的带宽需求，业务带宽受限，且没有 QOS（服务质量）保障机制，不能设置不同业务在数据传输时的优先级调度。无线局域网中使用的是 CSMA/CA 协议，可以有效避免无线传输冲突，但是其优先级随着等待时间的增长会降低。另外，由于 WLAN 技术采用 IEEE 802.11 系列标准的 2.4 GHz 无线电开放频段，同一频段内民用设备会对车地无线通信造成极大干扰，随着干扰源增多及干扰范围扩大，存在很多不可控因素，可能导致 CBTC 系统车地无线通信发生中断，对行车安全存在较大隐患。

5. LTE 技术简介

LTE 技术是建立在 3G 网络技术的基础上创新发展演变而来的，也被大多数人认为是 4G 技术，但是 LTE 技术实际上属于 3.9G 的范围。LTE 技术是实现列车运行自动化的基础，在城市轨道交通信号系统中，主要是由地面相应的信号设备对行驶的列车进行移动的命令授权行为，列车通过车载的信号接收设备来实现对命令的执行操作，在这一过程中，交通信号的传输过程一般需要依靠 LTE 技术来实现。

LTE 技术比传统 WLAN 无线局域网具有更多的优势，如低延迟、分组传送、覆盖范围广、数据传输速率高和移动支持能力强等。

LTE 是 3GPP 组织发布的第三代移动通信技术（3G）的进一步演进标准，按全双工技术分为 FDD（频分双工）和 TDD（时分双工）两种，用于成对频谱和非成对频谱。LTE-TDD（又称 TD-LTE）使用的核心技术分别是正交频分复用技术（OFDM）和多输入多输出技术（MIMO），测试数据显示在 20 Mbit/s 带宽下，上行峰值速率为 50 Mbit/s，下行峰值速率为 100 Mbit/s，并且该技术支持不同的频段带宽配置（如 1.4 MHz、3 MHz、5 MHz、15 MHz、20 MHz 等），频谱利用率有效提升，使无线通信数据传输速率和传输质量得到改善。随着移动通信技术的更新换代，传统无线通信技术已经无法满足综合承载业务需求，LTE-M 是用于综合承载业务需求的 LTE-TDD 系统，所支持的频段带宽范围是 1 785～1 805 MHz，该频段为城市轨道交通行业的专用频段，可有效避免其他用户在此频段上的干扰，保障行车安全。

6. LTE 设备配置

TD-LTE 系统由位于轨旁的 RRU、BBU、漏缆（地面为天线）、核心网 EPC，以及车载天线、车载终端 TAU 等组成。核心网 EPC 双网冗余设置，在控制中心布置两套，同时在每个集中站布置两套，与数据通信子系统的骨干网相连接。BBU 通过光纤与 RRU 相连，RRU 布置在电缆间，利用漏缆在车站及区间收发射频信号，上、下行与 TETRA800M 专用无线和 TETRA350M 警用无线共用漏缆，合路器和漏缆及其连接的馈线由专用通信系统提供。库内无线覆盖使用室分天线，出入段线隧道口至车辆段分界区域使用定向天线，试车线也使用定向天线。车顶每端安装两个车载天线，车头/车尾顶部左右各一个，两个天线最小间距 1 m。车载天线的布放原则是与轨旁信号源近，同时避免靠近强电缆，因此车载终端 TAU 分别布置在每列车的车头与车尾，利用车载交换机连接到信号车载设备。

7. LTE 技术的优势

（1）抗干扰能力强。LTE 使用的是 1.8 GHz 轨道交通行业专用频段，可有效减少同一频段民用设备对车地通信系统的干扰，弥补 WLAN 技术的不足。而且该系统使用 SFR（软频率复用）和 ICIC（小区干扰协调）干扰抑制算法，通过切换不同算法来降低同频组网间的干扰，具有很强的抗干扰能力。

（2）QOS 保障机制。LTE 具备严格的 QOS 保证，为 CBTC 信号系统业务提供了充足的网络资源，同时为 CBTC 业务与综合业务之间共享网络提供类似专用网络的服务级别。QOS 保障机制可以保证 CBTC 业务不同场景（如准入、拥塞等）下的时延、数据丢包率及传输速率等要求，可将 CBTC 信号系统业务的优先级设置为最高。

由于不同业务对车地通信的需求有差别，LTE 系统为它们分配资源的优先级不同。LTE 系统将不同无线业务的资源分配优先级次序划分为高优先级数据业务（CBTC）＞车辆状态信息（含紧急文本信息）业务＞低优先级数据业务（车载 CCTV、车载 PIS）。

（3）易维护。LTE 系统的结构比较简单，由核心网 EPC 和基站组成，基站为分布式结构，由 BBU 和 RRU 组成，BBU 通过光纤与 RRU 相连传输，后期维护比较方便。

8. 容易受到其他同频段设备的干扰

从我国城市轨道交通信号系统的应用现状来看，大多采用的是基于通信的列车自动控制（CBTC）系统。CBTC 系统主要由安全装置、对象控制装置和辅助列车检测设备等组成，利用这些装置与外部的网络系统连接，可以实现对列车的自动控制，如图 5-4 所示。CBTC 信号系统具有列车间隔短、轨道运输能力强等优势，但是在实际应用中还存在一定的缺陷，其中最为明显的一类问题是城市轨道交通信号系统非常容易受到其他同频设备的干扰，从而影响到正常的信号传输。具体的原因主要是当前列车上免费开放的无线局域网络和信号系统采用的均是 2.4 GHz 频段，这类开放频段会导致信号传输通道被外界其他同频段设备抢占，系统内部的信号传输也会因此被阻断，严重时甚至会影响到列车的正常运营。针对这种情况，想要进一步降低外界因素对轨道交通信号传输的影响，还需要额外采取应对措施，相关研究人员也就此展开了一系列的研究工作，致力于将不易被干扰的信号投入城市交通轨道信号系统中。

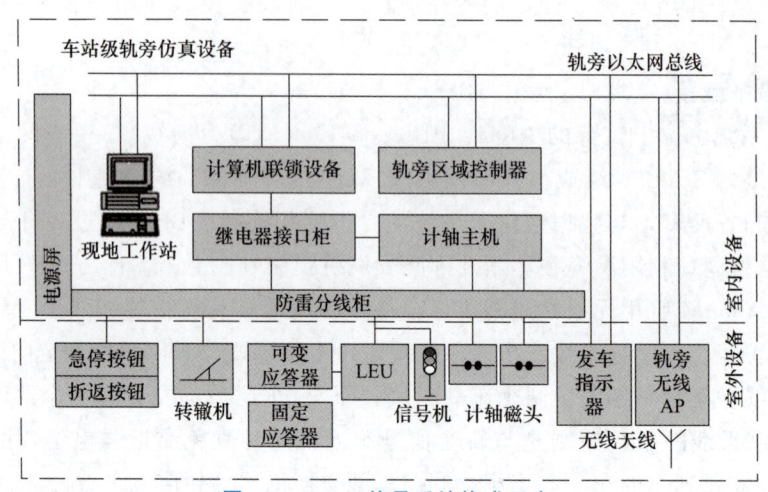

图 5-4 CBTC 信号系统构成示意

9. 不支持高速移动

通过对各个地区城市轨道交通信号系统的研究发现，大部分地区在对城市交通规划时都将列车的运行速度定位到 120 km/h，针对 120 km/h 甚至更高的列车运行速度，会对城市轨道交通信号系统的信号传输带来巨大的压力。从当前的 WLAN 技术应用标准的制定来看，最早是被定位在室内场景之间的无线宽带传输，对于运行速度较高的移动设备来说，还没有相应的信号传输优化设备能够支撑移动设备的快速运行，过高的移动速度会在很大程度上增加信号传输误码率，进而对无线信号的传输造成影响。

10. 城市交通轨道两侧的无线设备较多

从目前城市轨道交通信号系统来看，列车运行的实际速度越快，WLAN 技术设备在信号传输过程中的可靠距离就越短，以列车运行速度 80 km/h 为例，WLAN 设备的两个 AP 点之间的距离需要控制在 200 m 以内，如果一条轨道线路长达 30 km，则需要至少设置 300 个以上的 AP 设备。但是在城市交通轨道两侧设置的信号传输设备越多，不仅需要更多的资金成本投入，城市轨道交通信号系统中的安全隐患问题也会随之增多。如果轨道两侧的无线设备发生故障，技术人员往往无法及时赶到故障发生地点，对无线设备的抢修和日常维护的工作难度都相对较大。

3GPP 针对 LTE 技术的性能要求指标主要是城市轨道交通信号系统在 20 MHz 频谱的带宽条件下需要提供 100 Mbit/s 的下行以及 50 Mbit/s 的上行峰值速率。LTE 技术在城市轨道交通信号系统中具有多种优势，具体总结为以下几点：

（1）扁平化的网络。LTE 技术网络采用的是 BBU 和 RRU 以及 EPC 两层扁平的网络构架模式，这一类型的网络构架往往需要的网元节点很少，时延小，可以进一步满足网络的低时延、低复杂度及低成本的实际需求。

（2）LTE 技术在城市轨道交通信号传输系统中具有非常高的传输带宽，并且支持成对以及非成对的频段。

（3）LTE 技术在城市轨道交通信号系统中的应用表现出了较强的移动接入性能，可以通过对频率的自动校准来进一步保证无线链路的质量。

LTE 技术与 WLAN 技术的性能对比见表 5-1。

表 5-1　LTE 技术与 WLAN 技术的性能对比

项目	LTE 技术	WLAN 技术
无线干扰	LTE 技术可以通过申请专用频段的方式来最大限度地避免外部同频设备对信号传输的干扰现象	WLAN 技术大多采取的是开放频段，因此很容易受到外界因素的干扰
可维护性	LTE 技术的网元节点较少，维修工作的开展难度较小，可维护性高	信号传输可靠距离短，无线设备设置数量较多，维护工作难度较高
移动性	LTE 技术拥有较高的自动频率校正技术，可以在高速移动的情况下保证信号的稳定传输	主要适用于低速环境，对于高速移动的设备来说出现信号传输失误的概率较大
服务质量	支持优先级设置	没有绝对优先级设置

11. LTE 信号系统的应用

随着科学技术的不断发展，LTE 技术也在不断完善和优化，LTE 技术在城市轨道交通信号系统中的应用也为城市轨道交通的进一步发展起到了极大的推动作用。例如，郑州市在 2013 年年底开通运行的地铁 1 号线，其中使用的 PIS 便是对 LTE 技术在无线通信方案中的首次运用。同时，LTE 技术在深圳、温州及杭州等多地的城市轨道交通信号系统中中标。LTE 信号系统的应用主要涉及列车的行车安全系统，对于无线通信的稳定性、可靠性及安全性会有较高的要求。LTE 技术在城市轨道交通信号系统的信号传输过程中，所需要的带宽很小，并且具有较高的实效性和可靠性。由于城市轨道交通信号系统与城市轨道交通 PIS 在需求上存在一定的差异，因此在实际的 LTE 技术应用过程中，还需要根据实际的信号无线通信传输特点来进行适当的调试。

12. LTE 技术在城市轨道交通信号系统中的应用测试

LTE 技术在城市轨道交通信号系统中的应用测试主要是在 2014 年北京市交通委、北京市轨道交通建设管理有限公司、北京市轨道交通路网指挥中心，以及北京市地铁运营公司等多家公司和部门的共同支持下进行的，通过联合无线网络通信厂商及信号厂家对 LTE 技术在城市轨道交通信号系统中的应用信息进行了整合和测试工作。LTE 技术在城市轨道交通信号系统中的应用测试拓扑示意图如图 5-5 所示，其中 CBTC 业务流数据包的具体大小为 400 byte，实际的发送周期是 100 ms；信道仿真器主要采用的是 ETU 信道模型，同时按照漏缆信道衰落的特点设置信道仿真器链路衰耗，将传输频宽控制在 5 MHz 和 15 MHz。利用这个测试平台，可以对 LTE 传输时延、丢包性能，以及切换传输性能等关键性指标进行测试。参加 LTE 技术在城市轨道交通信号系统中应用测试的信号厂家有很多，如华为、中兴、普天、54 所等通信厂商，以及卡斯柯、交控科技、富欣智控、全路通等信号厂家。LTE 技术在城市轨道交通信号系统中的应用测试主要依托在与实验室测试平台搭建的基础上，各个通信厂商和信号厂家通过对城市轨道交通的模拟，进一步实现了对无线通信传输的测试。

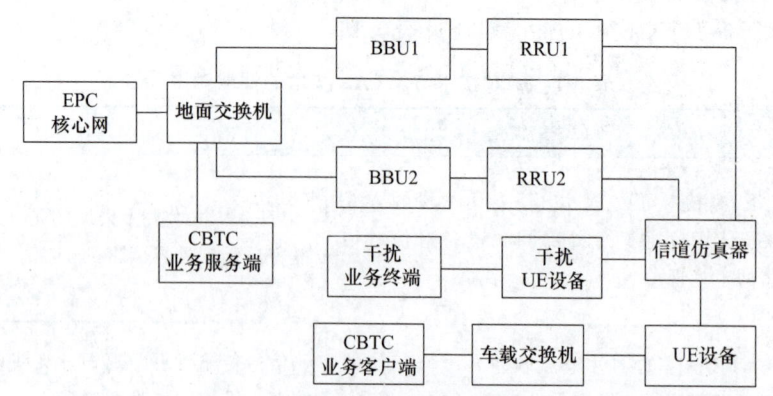

图 5-5　LTE 技术在城市轨道交通信号系统中的应用测试拓扑示意

在完成 LTE 技术在城市轨道交通信号系统中的应用测试试验之后，参与测试的各方都将 LTE 技术相关设备积极地转移到城市轨道交通环境展开实际的应用测试，测试结果也进一步表明了 LTE 技术在城市轨道交通信号系统中的巨大应用价值，标志着城市轨道交通又向前迈了一大步。LTE 技术在城市轨道交通信号系统中使用专用频率，主要是为了进一步增强 LTE 技术在城市轨道交通信号系统中的信号传输环节的抗干扰能力。2015 年年初，《工业和信息化部关于重新发布 1 785～1 805 MHz 频段无线接入系统频率使用事宜的通知》，对于城市轨道交通信号系统可以申请专用的频段进行了明确规定。这一规定的发表，也直接表示了城市轨道交通单位可以对 LTE 技术应用的专用频段进行申请，并将申请下来的频段作为商用通信运营之外的独立频段存在，避免了民用手持移动设备可能对城市轨道交通信号系统中信号传输的影响。此外，LTE 技术在城市轨道交通信号传输中的专业频段的应用，也进一步促进了 LTE 技术在城市轨道交通信号系统中应用的发展，更好地为城市轨道交通的发展提供坚实的技术支持。

13. EUHT-5G 技术及应用

EUHT-5G 是一种新兴的无线通信技术，适用高速移动环境并可提供更大数据传输带宽，相对于传统 WLAN 技术和当前主流的 LTE 技术，发展前景较好。北京地铁首都机场线 EUHT 车地无线系统由两张相互独立的网络（红网和蓝网）构成。EUHT 红网采用两种不同的频段分区域混合组网，双频分别为 1.8 GHz＋5.8 GHz，主要承载 CBTC 业务。首都机场线正线 K0＋000 至 K16＋220 采用 1.8 GHz 系统，使用 1 785～1 795 MHz（10 MHz）城市轨道交通专用频段，因机场航站楼附近区域已经使用了 1.8 GHz 频段，所以，进入机场区域后（K15＋900 至车辆段）采用 5.8 GHz 系统，使用 5 725～5 745 MHz（20 MHz）频段，在机场区域内通信数据传输切换时间小于 100 ms，符合 CBTC 信号业务承载需求，避免信号干扰问题。蓝网全线采用 5.8 GHz 系统，使用 5 770～5 850 MHz（80 MHz）开放频段，综合承载车地业务，同时对 CBTC 信号业务冗余。

首都机场线在没有使用漏缆和波导管的情况下，使用小型板状天线完成两种不同频段分区域混合组网且效果良好，为今后 EUHT-5G 技术在城市轨道交通的应用奠定了基础，可供后续车地通信系统建设参考。

14. 联锁设备的全电子化

传统的计算机联锁设备按照功能层次可划分为人—机交互层、联锁主控层、联锁执行层和轨旁设备接口层 4 个。传统的计算机联锁轨旁设备接口层大多采用继电接口，继电接口在系统的安装、调试、功能、维护、扩展等方面均存在一些不足，而计算机联锁设备的全电子化是针对以上不足，将传统计算机联锁执行层的输入/输出（I/O）处理单元和轨旁接口层的继电器组合替换为对象控制器（OCU）和全电子模块，如图 5-6 所示。

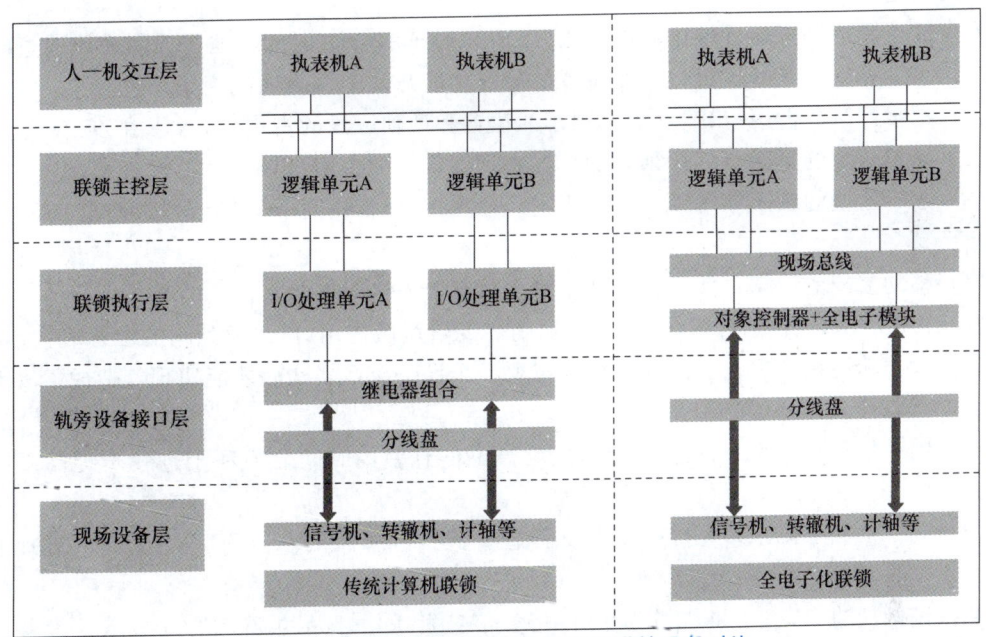

图 5-6 传统计算机联锁与全电子化联锁设备对比

15. 后备系统简化

随着系统冗余技术的广泛应用和系统可靠性的提升，系统故障以单车或单系统故障为主，发生影响系统运营的故障日益减少，导致 CBTC 系统后备设备的"存在感"越来越低，这为后备系统的简化提供了基本条件。

ITC 级别作为后备模式，在建设时，需要增加点式设备（LEU 和有源应答器），从而提高了设备的成本及安装、调试的工作量；在应用时，增加了系统维护的工作量，需要对驾驶员和使用人员进行培训；定期进行人工驾驶实操训练。

在信号设备房内取消 LEU 设备，在道旁取消有源应答器，同时减少室内与有源应答器之间的连接线缆，以及对 CI 设备的程序进行变更，即可取消 ITC 级别。ITC 级别的取消，主要有以下几个优点：

(1) 减少系统设备的种类和数量，可降低设备费用。
(2) 减少设备现场安装调试的工作量，可缩短建设工期。

（3）减少室内数据制作及验证的工作量，设备可更快地布置到现场。

（4）有效降低系统维护的工作量。

（5）使系统更加简洁，同时可减少员工培训的工作量，降低系统使用难度；降低整个生命周期的成本。

16. 联锁 ZC 一体化

既有 CBTC 的 CI 作为成熟设备，其功能相对独立并得到现场充分验证，后期开发的 CBTC 设备功能都尽可能在已有联锁功能的基础上进行功能叠加，因此增加了 ZC 系统。在 CBTC 系统发展早期，这一设计取长补短，对 CBTC 系统的推广和发展起到了非常重要的作用，但该设计也导致既有 CBTC 系统设备之间的接口和层次增多，功能相互依赖，系统耦合度高，阻碍系统向更高一步发展。下面以列车的位置确定及其关联功能为例，说明现有结构存在的问题。

列车的位置信息来自计轴区段的占用/出清和列车的自主定位，地面控制系统通过综合这两个信息计算出列车的位置，列车位置的确定功能与几个核心功能相关，包括：

（1）逻辑区段的占用/出清（综合列车的位置和计轴区段的占用/出清，由 ZC 完成）。

（2）计轴故障的判断（综合列车的位置和计轴区段的占用/出清，由 ZC 完成）。

（3）逻辑区段的锁闭和解锁（使用逻辑区段占用/出清信息和计轴区段故障信息，由 CI 完成）。

（4）移动授权的计算（使用逻辑区段锁闭信息，由 ZC 完成）。

（5）ATS 显示（包括计轴区段占用/出清、逻辑区段占用/出清及列车的位置信息）。

这些核心功能被分配在不同的系统，需要各个设备交互多次后才能实现，造成了以下几个问题：

（1）同一信息在各设备间迂回传递，延长了信息使用时间，不利于进一步提高系统的效率。

（2）同一信息来源于多个接口，不仅会造成显示上的不一致，而且会导致一些处理上的风险。

在控制区域边界，ZC 和 CI 分别要将相关信息发送给邻站的 ZC 和 CI 设备，设备之间的信息流向会更加复杂，如图 5-7 所示。

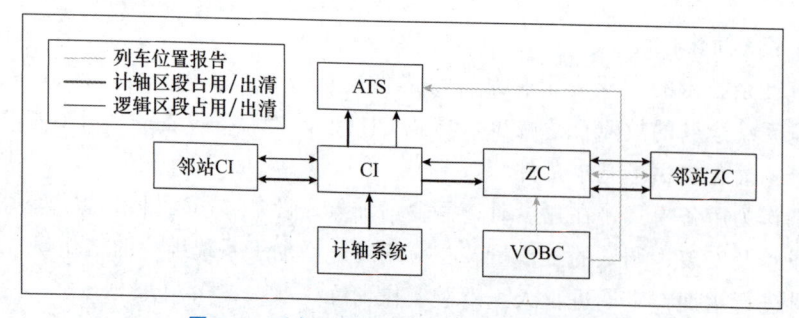

图 5-7　列车位置确定及相关功能信息流程

联锁 ZC 一体化是指 CI 系统和 ZC 系统使用同一套硬件设备，同时在软件层面进行高度融合，组成一个新的轨旁控制中心系统（WCC），这样系统间的接口数量和层次都大大减少，降低了设备间的耦合度，从而提升了系统效率，如图 5-8 所示。

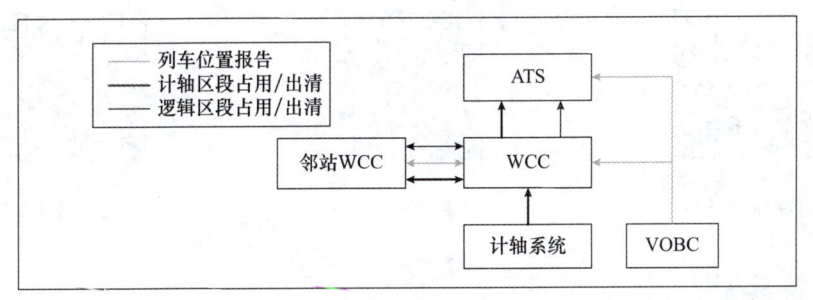

图 5-8　联锁 ZC 一体化后确定列车位置及相关功能信息流程

结合联锁设备的全电子化和 ITC 级别的取消，进行联锁 ZC 的一体化后，WCC 对外只提供以太网接口，因此其物理位置可以不再局限于设备集中站。随着系统处理能力的增强，一个 WCC 也可以控制多个 OCU，从而进一步对 CBTC 系统进行简化，如图 5-9 所示（其中虚线表示 WCC 与 OCU 之间的逻辑控制关系）。

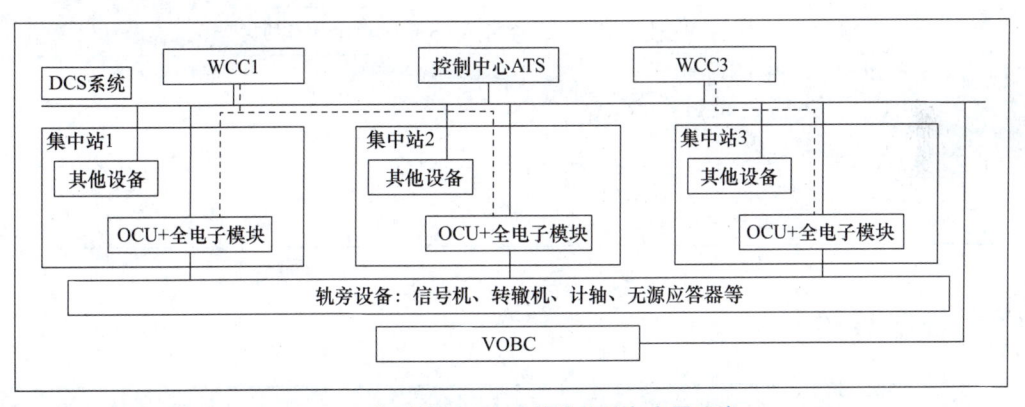

图 5-9　典型的 CBTC 系统线路设备布置示意

中泰版：CBTC 系统概述（上）

中文版：CBTC 系统概述（上）

中英版：CBTC 系统概述（上）

中泰版：CBTC 系统概述（下）

中文版：CBTC 系统概述（下）

中英版：CBTC 系统概述（下）

中泰版：全自动驾驶系统 FAO

中文版：全自动驾驶系统 FAO

中英版：全自动驾驶系统 FAO

【任务实施】

背景描述	CBTC 系统是一种基于通信技术的列车控制系统，其可以实现列车在轨道上的安全、高效运行。它的核心是利用无线通信技术，将列车的位置、速度等信息进行实时传输，实现列车与地面控制中心之间的信息交互，从而对列车进行精确的控制和调度	
任务步骤	步骤一	简述各 CBTC 系统组成
	步骤二	讨论并列举 CBTC 系统与 ATS 系统相比具有的优势
任务反思	列写对本次任务的评价	

【任务评价】

	序号	任务达成要素	分值	个人自评	小组评价	教师评价
专业能力	1	能描述某种 CBTC 系统的组成	25			
	2	能列举某种 CBTC 系统的功能	30			
	3	分析 CBTC 系统与 ATC 系统的优势	15			
职业素养	4	能综合考虑问题	15			
	5	态度积极认真	10			
	6	在任务实施中有团队协作体现	5			
	效果评估总结（对自己学习效果的评估和反思）					

模块 6

城市轨道交通通信系统介绍

引 言

  城市轨道交通通信系统是城市轨道交通运行的重要组成部分，它承担着保障列车运行安全、提供通信联络和信息传输的重要任务。随着城市轨道交通的快速发展和运营规模的不断扩大，对通信系统的可靠性、安全性和效率性要求也越来越高。因此，深入了解和认识城市轨道交通通信系统的原理、技术和特点，对于确保轨道交通运行的顺畅和安全具有重要意义。

  带着这些问题，一起进入下面的学习吧！

  在世界范围内，轨道交通工具很早就成为城市公共交通的重要部分，随着时代推进和相关技术的发展，世界各地的城市开始越来越把轨道交通作为改善城市交通现状、优化城市公共交通系统的重要选项，这也为城市的综合发展提供了重要的支撑。我国目前也处于这一席卷世界的轨道交通发展的大浪潮中，各地不断涌现的轨道交通建设项目虽然带来了蓬勃发展的机遇，但同时也蕴含着一些急需解决的问题。到目前为止，我国在城市轨道交通通信系统的建设项目上还没有完全统一可实施的施工标准和验收程序。而且不同地区、不同城市对于城市轨道交通的发展诉求各有不同，导致目前通信技术在轨道交通中的应用还在不断自我改造以适应不同项目中城市轨道交通的需求。

  城市轨道交通主要由基础设施建设和运营装备系统两大模块组成，轨道交通通信系统是运营模块的重要组成部分。然而，由于特殊的历史原因，相较于一些发达国家和先发的发展中国家而言，我国在城市轨道交通领域起步晚、技术差、观念旧，特别是对于通信系统而言，起初只要求其满足地铁建设的基本功能，一直到 20 世纪末，我国通过长期的实践和探索才形成了综合了无线通信、电子监控、公专电话、广播系统等的一整套轨道交通通信系统。轨道交通通信系统才实现基本功能齐全，也形成了未来发展的结构性框架。

  城市轨道交通通信系统的建设中涉及的内容比较多样，实际建设工作开展中要求对各环节的建设工作质量进行有效控制，从整体上提升建设的完整度和建设质量。如果在具体的轨道交通通信系统建设方面没有和实际的要求紧密结合起来,就必然会影响轨道交通建设的质量。未来的城市轨道交通通信系统的建设发展,要以实际应用需求为基础,提高系统建设的整体质量。

任务 6.1　了解城市轨道交通通信系统的发展与构成

【学习目标】

知识目标:
(1) 了解城市轨道交通通信系统的发展;
(2) 了解城市轨道交通通信系统的构成及未来发展趋势。

能力目标:
(1) 能够系统性地了解城市轨道交通通信系统的特点;
(2) 提升对城市轨道交通通信系统基础知识的理解能力。

素养目标:
(1) 增加知识储备,提高综合分析能力;
(2) 增强民族自豪感;
(3) 培养严谨的工作态度。

【任务描述】

城市轨道交通通信系统是保障列车安全、高效运行的关键。它由多个子系统组成,包括传输系统、电话系统、无线通信系统、闭路电视监控系统、广播系统和时钟系统等。随着技术的发展,城市轨道交通通信系统不断升级,例如,引入了基于 IP 的通信协议和智能移动设备等,使通信更加高效、可靠。同时,为了满足不同子系统的需求,通信系统还采用了多元化的技术手段,如光纤传输、无线 Wi-Fi 覆盖等。总之,城市轨道交通通信系统的发展与构成是保障城市轨道交通安全、高效运行的基础设施。通过学习本任务的内容,学习者应该掌握轨道交通通信系统目前状况及未来的发展方向。

【学习目标】

6.1.1　城市轨道交通通信系统的发展历程和概况

首先要了解城市轨道交通的发展历程和概况,从国内外经验的总结入手,可以更好地为我国城市轨道交通发展提供参考样本。

1. 国外城市轨道交通通信系统的发展概况

世界范围内,城市轨道交通从诞生开始已经经过了超过一个世纪的漫长历程,在世界各地的城市化发展中又展现出了不同的发展面貌。英国人在 19 世纪 60 年代建成并投入使用了人类历史上第一条地下轨道交通。该线路在投入运营时采用的还是蒸汽发动机,一直到 1890 年这条线路才改为行驶电力机车。城市轨道交通在其诞生的最初几十年里发展得比较缓慢，一直到20世纪中叶，全世界才有不到20个特大型城市修建了地上、地下结合的现代城市轨道交通线路。但是21世纪以来随着世界人口的不断增长，各国开始大规模兴建城市轨道交通，城市轨道交通的发展进入了新时代。

世界范围内，许多国家有着多年运营城市轨道交通的经验，在完善和发展城市轨道交通通信系统的实践中形成了一套完整的理念。

城市轨道交通的通信应该具有极高的可靠性，从而能保证每天运送数百万人次的城市轨道交通网线可以安全、可靠地运行。在此理念下，国外在城市轨道交通中尝试引入最新的通信控制系统，特别是在扩大通信系统的通信容量，以及保障信息能快速、准确地被传输及处理方面花费了较大精力。目前，许多发达国家都形成了集通信、控制、指挥和信息反馈为一体的综合性、高度智能化的城市轨道信息系统。该系统通过大型计算机和内联网技术，实现了为城市轨道交通提供包括运营、管理和服务在内的综合性服务，并且通过对数据、视频信号和B-ISDN等多种通信网的集成，实现了对城市轨道交通的综合性监控和管理。此外，在城市轨道交通的运营过程中，许多国家在采用先进计算机技术的同时，还通过无线通信、卫星系统、光纤网络等多种手段保证了通信的实时可靠，大大提升了通信的可靠性和轨道交通运行的安全性。

2. 国内城市轨道交通通信系统的发展概况

我国从1969年开始运营第一条地铁线路，我国的城市轨道交通从无到有、从有到成规模发展经历了以下两个历史性阶段。

（1）起步阶段。全长54 km的北京地铁一期工程从设计、施工到全部工程完工经历了11年的时间，在我国城市轨道交通发展史中迈出了第一步。

（2）探索阶段。从20世纪80年代开始，随着市场经济的发展和国内大城市的复兴，我国迫切需要建设一批轨道交通工程。这一阶段，经济发展较快的北京、上海和广州等城市在我国大规范发展城市轨道交通前都提供了可供参考的探索成果。我国城市轨道交通经过长期的实践发展形成了一套保证列车安全运行的综合通信系统。其中包括一般信息传输、公专电话处理、数据及图像传输、时钟广播等相关子系统。这些子系统共同为城市轨道交通控制中心提供信息供给，帮助完成调度决策。此外，城市轨道交通通信系统对于目前大客流量下极易发生的各类事故、暴恐和灾害事件提供了重要的安全保障。例如，闭路电视监控系统和广播系统可以在发生突发情况下为乘客疏散提供正确的指导。

6.1.2 城市轨道交通通信系统构成

城市轨道交通对改善城市交通、优化城市布局、促进国民经济发展发挥着重要作用，随着我国城市化水平的逐步提高，城市轨道交通在我国大、中城市得以迅速发展，轨道交通建设面临着前所未有的机遇。城市轨道交通通信系统是指挥列车运行、进行运营管理、公务联络和信息传递的重要手段，在保证轨道交通安全、快速、高效运营中发挥着十分重要的作用。现代城市轨道交通对安全、高效运营提出了很高的要求，这就要求必须同步建设比较先进的通信系统，以此来满足传输和处理轨道交通运营过程中的各种信息。而且在轨道交通建设中，各个城市要充分考虑对功能的需求及自身经济条件等因素，从而确定与城市发展相适应的轨道交通通信系统模式，以便充分发挥通信系统的功能优势。城市轨道交通的通信系统是由多部分构成的，如专用通信系统、公安通信系统、民用通信系统。通信系统在实际构建过程中，需要结合实际的应用需求，不同的通信系统所发挥的作用是不同的。例如，公安通信系统主要是针对地铁公安人员构建的通信系统体系，连接派出所及警务站和公安分局等管理系统。地铁公安人员通过对公安通信系统的运用，能实现信息共享，对各种突发事件的处理效率也能有效提升，能够保障地铁的正常秩序。再如，专用通信系统主要是对指挥列车运行发挥作用的系统。构建完善的通信系统，能保障地铁顺利运行，提高运营管理的效率。

其中，专用通信系统包括电源系统、传输系统、视频监控系统、无线通信系统、集中监测告警系统等十几个系统，而无线通信系统作为轨道交通专用通信系统三大基础系统之一，主要用于地铁生产网的运维人员日常工作的沟通与交流，通过组呼、单呼、派接呼、列车广播、转组、功能号呼叫、列车 ATS 位置显示等定制化的专网业务功能，为中心调度员对全线列车驾驶员、车站值班员等各部门各专业人员的统一调度提供可靠、有效的无线通信手段，满足地铁运营管理的需要，如图 6-1 所示。

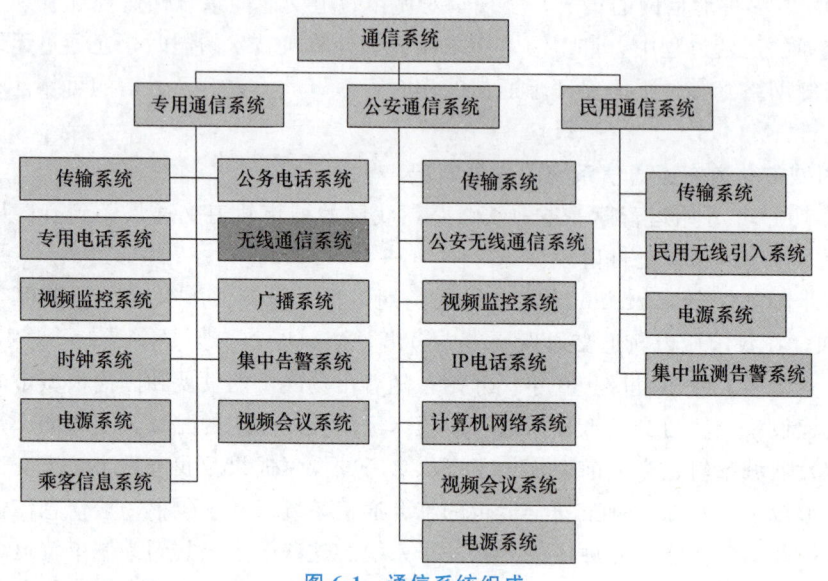

图 6-1　通信系统组成

城市轨道交通通信系统的任务是建立一个视听链路网，提高现代化管理水平和传递语音、数据、图像及文字等各种信息。为了保障轨道交通安全、高效地运营，城市轨道交通通信系统主要从两个方面做了改进：一方面，扩充及完善了一些新的功能模块，如通信综合网络管理系统；另一方面，对一些传统模块采用新的技术，使它们的性能得到改进。该系统主要由时钟系统、传输系统、通用电源系统、公务电话系统、专用电话系统、无线通信系统、广播系统、视频监控系统、乘客信息系统、电力监控系统、自动售检票系统、列车自动监控系统、防灾报警系统、机电设备监控系统、办公化自动系统等子系统组成，如图 6-2 所示。

1. 传输系统

传输系统是最重要的子系统，在进行总体方案及系统容量设计时，应考虑近期建设和远期发展的需求，确保系统性能可靠、容量可扩，系统构建相对灵活。

为了满足轨道交通信号、电力监控、防灾、环境及设备监控、自动售检票及语音等多种业务信息传输的需要，传输系统采用以光纤通信为主的传输介质。传输网络的逻辑拓扑结构采用双环结构，从而保证系统在故障情况下仍可提供更好的系统恢复能力，提高网络运行的可靠性。网络节点及用户接口模块是用户接入网络的唯一途径。用户端的信息经网络节点实现上传和下载。由于信息的多样性，系统可为用户提供丰富的接口类型。传输设备的网络管理系统采用成熟的操作系统，功能强大，界面友好，操作人员可轻松完成对网络的配置、管理及维护工作。

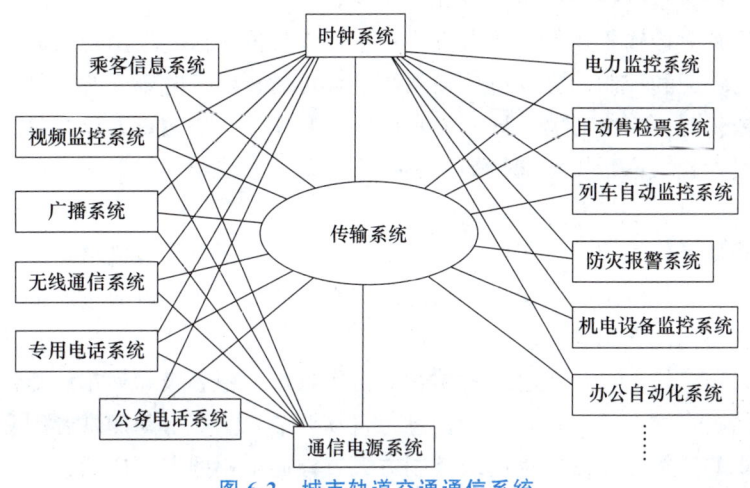

图 6-2 城市轨道交通通信系统

2. 公务电话系统

公务电话系统是作为专网进行网络构建的，由程控交换机、电话机及附属设备组成。公务电话系统与公用电话网的连接方式采用全自动呼出、呼入方式，通过 2 Mbit/s 数字中继电路工作。电话号码纳入本地公用电话网统一编号。系统功能主要包括电话交换功能、计费功能、非话业务功能（包括数据、传真等非话业务）、复原控制方式功能、号码存储和译码功能、电路选择和释放功能、新业务功能（包括缩位拨号、热线服务、呼叫限制、三方通话、呼叫转移、强拆/强插等新功能）、维护管理功能、过压和过流保护功能与抗干扰功能。

3. 专用电话系统

专用电话系统是为运营组织、电力供应、设备维护和防灾救护提供有效通信手段的重要通信系统。该系统主要由调度总机、调度台、调度分机组成，并通过传输系统连接而成。

调度总机是调度电话子系统的核心部分，由具有交换功能的交换机或交换模块组成。调度台设置在控制中心，是调度业务的操作控制台。调度分机为普通电话机，与总机通过传输系统提供的点对点专用音频话路连接。

实际应用中的系统主要功能包括通话功能、选叫功能（即调度台对分机进行单呼、组呼、全呼及分机对调度台进行一般呼叫或紧急呼叫）、会议功能、录音功能、维护管理功能。

4. 无线通信系统

无线通信系统是为控制中心调度员、车辆基地调度员、车站值班员等固定用户与列车驾驶员、防灾、维修、公安等移动用户之间提供通信手段的专用系统。无线通信系统采用有线和无线相结合的传输方式。中心无线设备通过传输系统与车站、车辆基地的无线基站连接，各基站通过天线空间波传播或经漏缆的辐射构成与移动台的通信。无线通信系统根据运营管理需要分别设置行车调度、防灾调度、综合维修、车辆基地调度等系统。该系统具有单呼、组呼、全呼、紧急呼叫、呼叫优先级权限设置等调度通信功能，并具有录音、存储、监测等功能。

5. 视频监控系统

视频监控系统为运营相关人员提供有关列车运行、防灾救灾及乘客疏导等方面的视频信息。该系统由车站本地监视系统、控制中心远程监视系统、远程多路信号传输系统及多媒体网络管理终端组成。该系统具有监视、控制优先级、循环显示、任意定格与锁闭、图像选择、实时录像、摄像范围控制、字符叠加等功能。

视频信号远距离传输采用数字传输方式，本地视频传输信号采用视频同轴电缆传输。车站与控制中心的视频和控制信号通过传输系统进行传输，同一时刻同时上传至控制中心的数字视频信号路数仅与控制中心需要同时显示的路数有关，与前端摄像机数量无关。因此，在控制中心不需要设置大容量视频交换矩阵和传输设备，系统结构简单。

6. 广播系统

广播系统是城市轨道交通行车组织的必要手段，一方面对乘客进行广播，通知相关乘车信息；另一方面是事故抢险、组织指挥的防灾广播。此外，还可以通过广播对运营人员发布有关信息，以便协同配合工作。

广播系统采用模块化设计、总线式结构，由车站级、中心级和列车广播设备组成。该系统具有中心广播、车站广播、预存广播信息、自动调节音量、自动测试音频和远程控制等功能。系统采用中心广播和车站广播两级控制方式，控制中心的智能广播台输出的音频信号和控制信号，通过高品质语音卡提供的 RS-422 通道，先经传输系统传输到各站，再通过语音卡连接到车站广播设备，从而实现控制中心的远程广播组织和指挥。

7. 乘客信息系统

乘客信息系统主要由信息管理系统和终端乘客信息显示屏组成，乘客信息通过传输系统传输。在全线各车站及车辆客室内设置乘客信息显示屏，显示列车到、发、乘车须知和时事新闻等各种乘客信息，并在发生突发事件时具有报警联动功能，显示相关报警信息。

8. 时钟系统

为保证轨道交通运营准时服务乘客、统一全线设备标准时间、提供统一定时信号，设置了时钟系统。

时钟系统采用 GPS（全球卫星定位系统）标准时间信息，由 GPS 标准时钟信号接收单元、中心一级母钟、监控设备、二级母钟及子钟组成。该系统设置数字同步设备，一级母钟接收外部 GPS 基准信号并对一级母钟进行校准，一级母钟定时向二级母钟、控制中心的子钟及其他需提供统一时间信息的各系统发送时间编码信号用以校准；二级母钟产生的时间信号提供给本站的子钟用以校准。母钟具有万年历功能并具有年、月、日、时、分、秒输出与显示。子钟能显示时、分、秒。自身时间精度，一级母钟在 7~10 以上，二级母钟在 6~10 以上。一级母钟、二级母钟配置数字式多路输出接口，以便向其他各系统提供定时信号。

9. 电源及接地系统

通信设备供电应采用一级负荷，电源系统应对通信设备提供不间断、电压及频率相对稳定的供电，并具有集中监控管理功能。

不间断电源系统（UPS）一般分为 UPS 机柜和蓄电池两部分，可采用离线式 UPS 或在线式 UPS。离线式 UPS 平时由市电直接向负载供电，市电故障时瞬时切换到由逆变器供电（适用于对供电稳定性要求不高的设备供电）；在线式 UPS 由市电经整流逆变后再向负载供电，市电故障时，改由蓄电池—逆变器方式向负载供电，这种方式较前一种方式供电更加稳定。UPS 包含正常工作模式、蓄电池工作模式、静态旁路模式和手动旁路工作模式四种工作模式。

接地系统设计应做到确保人身、通信设备安全和通信设备正常工作。通信设备采用综合接地方式，综合接地电阻值要求不大于 1 Ω，分设室外接地体的保护接地及防雷接地的电阻值要求不大于 10 Ω。

10. 通信综合网络管理系统

为实现通信各子系统的集中管理、维护和故障监测，以便实现故障的快速定位，为尽快修复故障提供可能，城市轨道交通通信系统专门构建了通信综合网络管理系统。该系统可对传输系统、无线通信系统、电话系统、广播系统、视频监控系统等进行监控管理。

通信综合网络管理系统的硬件部分主要由用于收集、处理信息的远程终端和位于控制中心的监控终端组成。可编程逻辑控制器（PLC）是构成远程终端和监控终端的核心元件，可实现数据的采集、分析和处理等功能。该系统的远程连接及数据传输仍然由传输系统来实现。软件部分包括应用于 PLC 的软件和应用于监控终端的软件。监控终端软件采用可视化图形界面，界面直观清晰、简单明了、操作简单、数据记录详细、便于查找分析。

6.1.3 我国城市轨道交通通信系统的发展趋势

我国正处在高速城市化的进程中，低碳、节能环保及创新是目前经济发展的主要形式，城市轨道交通也应在这个趋势中得到更快的发展。目前，由于各地的实际情况不同，对于城市轨道交通通信系统的要求也不尽相同，但是在总体的发展趋势上应该还是具有共同之处。

1. 各交通通信系统的特征

（1）安全性将成为首要评估标准。更多利用 RAMS（可靠性、可用性、可维修性、安全性）标准对轨道交通通信网络进行评估和管理。根据 RAMS 标准对整个轨道交通通信系统及其子系统进行设计、建设和管理。将各系统中的故障降到最低，满足整个通信系统的安全可靠性。

（2）数字集群通信系统（TETRA）将更广泛地被使用。这种技术经过了长期的发展和实践，在指挥调度、通信管理方面有着比较明显的优势，而且其技术已经非常成熟，成为我国城市轨道交通通信中的主流技术。该技术与全 PI 网络、政府应急网络及控制器和车载核心设备之间进行联通，在提供更加高效、准确的通信服务的同时，节省建设成本。目前，我国采用的 TETRA 系统大部分是从国外引进的，为了支持我国各地地铁项目的快速发展，在引进、消化的基础上，我国应该加强对 TETRA 系统自主知识产权的研发，在数字集群控制器、基站、交换机和车载台等核心部件的研发和生产上取得突破，尽早打破国外企业在数字集群通信系统方面的垄断局面。

（3）传输系统是轨道交通通信系统的骨干网，既要考虑通信发展的方向，又要考虑轨道交通的安全，还要考虑轨道交通通信业务的多样性、复杂性和对通信系统业务接口的要求，因此传输系统选用的 PloVerSHD 和综合业务接入相结合的方式也是未来地铁通信系统发展的趋势。

（4）提供更多的人性化服务。城市轨道交通系统所提供的是最基础的城市公共产品，要满足绝大多数城市居民出行的需求，也是轨道交通通信系统未来发展和优化的重要方向。目前，许多城市的轨道交通已经增设了 Wi-Fi 网络的覆盖及移动安全监控、乘客身份识别追踪系统等,既能提高乘客乘坐体验,又能增添轨道交通运行可靠性的人性化服务。在今后的发展中,随着技术的进步,通过对视频、图像、时钟和广播系统的优化等技术的广泛利用,一定能为乘客提供更多的可选择性服务,提高乘客体验,综合提高城市轨道交通的服务质量。

2. 下一代通信系统的特征

通过研究建设、运营、维护和乘客服务等方面的核心需求,下一代通信系统应至少具备精简和智能的特征。此外,友好、标准和高效也是其发展方向。

(1) 精简。下一代通信系统的首要特征应该是精简的架构,尤其是现场设备的精简。通过可靠的、可验证的实时通信技术手段,结合云边协同的计算技术,使现场设备呈现模块化。精简的架构不但减少了硬件设备的投入,而且有利于通信系统的部署、验证测试和后期的升级维护,还降低了全生命周期的成本。在精简的同时也有利于设备的自动化部署能力,设备在启动后能自动识别其 ID(标识)信息,自动下载配置文件以完成自动检测和配置,实现设备的即插即用。精简的系统架构也有利于进一步提升通信系统整体的 RAMS(可靠性、可用性、可维修性和安全性)指标,也便于信号系统的更新改造。

(2) 智能。发展智能装备是智慧城市轨道交通的主要目标之一。通信系统设备的智能化主要体现在列车控制、调度管理和监测维护等方面。

1) 列车控制的智能化:主要体现在列车自主控制方面。列车控制在现有自动化技术的基础上,利用智能传感技术和工业互联技术,与列车、周围运行环境、乘客及工作人员进行感知和交互,以实现列车控制器在正常和异常场景下的自主检测、自主识别和自主决策能力。例如,列车控制器应具备依据行车目的地距离、线路条件,以及前方列车的距离、速度、停靠站台等信息在线动态计算一条最优化运行曲线的能力,最优化的目标也应依据当前列车的早晚点情况和满载率等进行自主确定。

2) 调度管理方面的智能化:主要体现在通信系统与其他信息及控制系统的横向联动和信息集成方面,利用大数据平台,实现基于关键绩效指标、客流预测、能源消耗的智能化调度调整算法,达到列车资源和线路资源的高效利用。

3) 监测维护的智能化:应体现在加强设备状态监督能力,实现设备所有最小可维护单元自主诊断、状态预测、故障预警。最小可维护单元的替换应简便化、流程化,目标是实现设备维护替换的无人化、机房管理机器人化,以提升通信系统的可靠性和可维护性。

(3) 友好。信号系统的友好主要指对环境和人员的友好。对于操作维护人员,通信系统的人—机界面和机械设计应该直观,信息指示规范标准,并符合美学和人—机工程学要求,能够支持移动操作终端,可随时随地获取信号系统的运行状态。对于乘客,通信系统应能给出更丰富的信息指示,指示应精准、可靠、直观,并有丰富的服务内容,以提升服务个性化水平,能体验出安全准时的便利。对于环境而言,机械设计应与周围环境协调,材料选择能做到绿色环保、低碳可回收。友好还体现在通信系统功能的灵活性方面,如实现对工程车等特种车辆的管理控制,提供多重的运营操作手段,支持昼夜不间断运营等。

(4) 标准。在智慧城市轨道交通发展纲要的指引下,推动设备和接口标准化是确保线路与设备实现高效互联互通的关键所在。这一举措不仅奠定了市区城市轨道交通、市域快轨以及城际铁路"三网融合"的坚实基础,更有助于优化运输资源的配置,实现运力的精准匹配和联动调度,从而顺利融入国家现代化综合交通运输体系之中。值得一提的是,信号系统的融合，特别是支持多种信号制式的系统，正成为下一代信号系统发展的主流方向。此外，信号系统和设备的深度标准化也为未来设备的客户可配置性打开了大门。通过采用标准化的、经过安全认证的配置工具套件，客户可以根据具体工程项目的需求，由具备相应资质的技术人员自主进行设备的数据配置，并顺利进行现场的安装、测试与验证工作。

（5）高效。不断缩短运行间隔是大运量线路和有潮汐客流特征线路的迫切需求。如何通过优化调度控制算法，实现充分利用线路和列车能力，尽可能地达到并接近其物理能力是下一代信号控制技术研究的一个重要方向。例如，按照万物互联的目标，车对车的直接无线通信若能克服传输路径和可靠性的瓶颈，将为列车的灵活编组、虚拟联挂提供技术基础。

此外，通信系统还应符合弹性工程系统的要求，具备故障和干扰场景下的自恢复能力。此处的故障主要是指通信系统的设备故障，而干扰是由通信系统外的故障或事件造成的。例如，由于维护或操作等原因导致的系统功能降级，以及由于客流突变导致的晚点等，通信系统应具备从这些干扰中自动恢复的能力，以提升通信系统的可用性和安全性。

下一代通信系统架构和功能的创新，需要立足于当前及未来的客户需求，确保安全性和可靠性，平衡全生命周期成本；其技术路线应经过充分论证，以避免不必要的浪费，降低实施风险。另外，下一代通信系统的创新，不应仅局限于架构、功能方面的创新，还应涉及设计开发、工程实施、安全评估、维护保障、应用评价等多方面，通信行业应从系统工程的角度来思考创新的重点和方向。具备这些特征的下一代通信系统将能够进一步提升我国轨道交通的装备制造及建设运营水平，为我国交通强国战略提供支撑。

| 中泰版：通信系统概述 | 中文版：通信系统概述 | 中英版：通信系统概述 |
| 中泰版：通信系统组成 | 中文版：通信系统组成 | 中英版：通信系统组成 |

【任务实施】

背景描述	城市轨道交通通信系统的发展经历了手动操作、自动化、电子化和智能化的阶段。随着科技的不断进步，通信系统的控制和管理变得更加准确、高效和智能化，为城市轨道交通的安全运行提供了更好的支持		
任务步骤	步骤一	描述城市轨道交通通信系统的发展情况及趋势
	步骤二	讨论城市轨道交通通信系统的构成

续表

任务反思	评价在本次任务的表现	

【任务评价】

序号		任务达成要素	分值	个人自评	小组评价	教师评价
专业能力	1	能描述目前城市轨道交通通信系统的现状	25			
	2	能较全面地列举城市轨道交通通信系统的组成	30			
	3	能阐述未来城市轨道交通通信系统的发展方向	15			
职业素养	4	有当前和长远意识	15			
	5	态度积极认真	10			
	6	在任务实施中有团队协作体现	5			
效果评估总结（对自己学习效果的评估和反思）						

任务6.2　了解电话系统的构成与功能

【学习目标】

知识目标：
（1）了解电话系统的构成与功能；
（2）了解电话系统的应用与发展。

能力目标：
（1）能够在工作中熟练掌握电话系统的功能；
（2）能够使用电话系统解决实际问题。

素养目标：
（1）具备系统思维与创新意识；
（2）保持处变不惊的工作态度。

【任务描述】

轨道交通电话系统一般由调度电话子系统、车站电话子系统和手持电话子系统构成。调度电话子系统负责实现调度员与列车驾驶员、车站值班员等之间的通话，以便对列车进行调度指挥。车站电话子系统则允许车站值班员与其管辖范围内的列车驾驶员、车站设备维修人员等进行通话。手持电话子系统使工作人员能在移动中与调度员、车站值班员等进行通话，及时报告情况或接收指令。这些子系统共同确保了轨道交通的安全、高效运行。通过学习本任务的内容，学习者应掌握电话系统的构成及电话系统的应用，并了解电话系统的功能。

【知识链接】

轨道交通电话系统是为列车运行、调度指挥、防灾报警等提供安全可靠、迅速通信的重要系统，因此系统在功能上必须保证通信的实时、迅速、畅通、无阻塞，当发生突发事件时能迅速转换为防灾救援和事故紧急处理的指挥通信系统。

轨道交通电话系统可为控制中心指挥员如行车调度、电力调度、环控调度、维修调度及总调度等提供专用直达通信，并且具有单呼、组呼、全呼、紧急呼叫和录音等功能，同时可为站内各有关部门提供与车站值班员之间的直达通话，以及车站值班员与邻站值班员的直达通话。

6.2.1 轨道交通电话系统概述

城市轨道交通通信系统通常包含公务电话系统和专用电话系统。公务电话系统为城轨管理部门、运营部门、维修部门的工作人员提供内部、外部用户之间的公务通信联络手段；专用电话系统作为行车调度、电力调度、维护维修调度、环控（防灾）调度、票务（AFC）调度等日常运营调度管理必要的调度指挥通信手段，既能为控制（生产）中心或灾备中心的各类调度员提供专用的可靠直通通信，也能为站段内各有关部门提供与站段控制室值班员之间的紧急直达通话，具有单呼、组呼、全呼、紧急呼叫等各种呼叫功能及必要的录音功能。该系统除大部分常规的语音业务外，还能提供部分非语音通信业务。

6.2.2 轨道交通电话系统的原理与构成

轨道交通电话系统主要由控制中心的数字调度主系统（或调度交换机）及各车站、车辆基地的数字调度分系统（或调度模块）设备组成。数字调度主系统与数字调度分系统设备之间通过通信传输系统的设备及光缆连接，将调度台、数字电话机（值班台）和分机间按星形方式组网或以太网总线方式组网。

轨道交通电话系统电话类型主要有调度电话、站间行车电话、站内电话和车辆基地站场电话等。

以上海地铁某号线专用电话系统为例，其主要包括OCC调度大厅、备用OCC、各车站

（场）内的列车运营、综合设备（防灾）调度、维修调度等，提供调度电话、各站内电话、站间电话、紧急电话和电梯电话等业务。在主用控制中心和备用控制中心各配置了一套数字程控调度交换机，在各个车站配置一套数字程控调度交换机。

行车调度、综合设备（防灾）调度的通信，由 OCC 的数字程控调度交换机通过干线光传输系统的专用通道连接到各车站（场）的车站设备，实现日常的调度指挥功能。在调度电话系统出现故障时，无线列调和公务电话提供后备的调度指挥通话手段。

为实现与相邻线路的调度作业，在与相邻线路设置联络线的两个车站之间，具备相邻线路车站之间的热线通信能力，同时预留有通信的电话接口，满足直接通信的要求。

1. 公务电话系统

随着计算机、通信技术的发展，软交换技术日益成熟并得到应用推广，城轨公务电话系统普遍采用软交换技术方案组网，已逐渐取代了传统的程控交换技术方案，基本实现了公务电话系统组网的全 IP 化。根据系统设备设置位置不同，公务电话系统可分为中心级设备系统、站段级设备系统和有线网络系统。中心级设备系统主要由中心软交换核心设备（含系统软件、用户授权、中继授权等）、核心以太网交换机、网管系统、会议服务器、计费终端、话务台、中继信令网关、媒体网关、IP 电话、自动电话等设备构成。站段级设备系统主要有站段接入以太网交换机、接入网关/综合接入网关、IP 电话、自动电话等。各站段级设备系统与中心级设备系统通过传输系统的以太网通道互联成网，如图 6-3 所示。

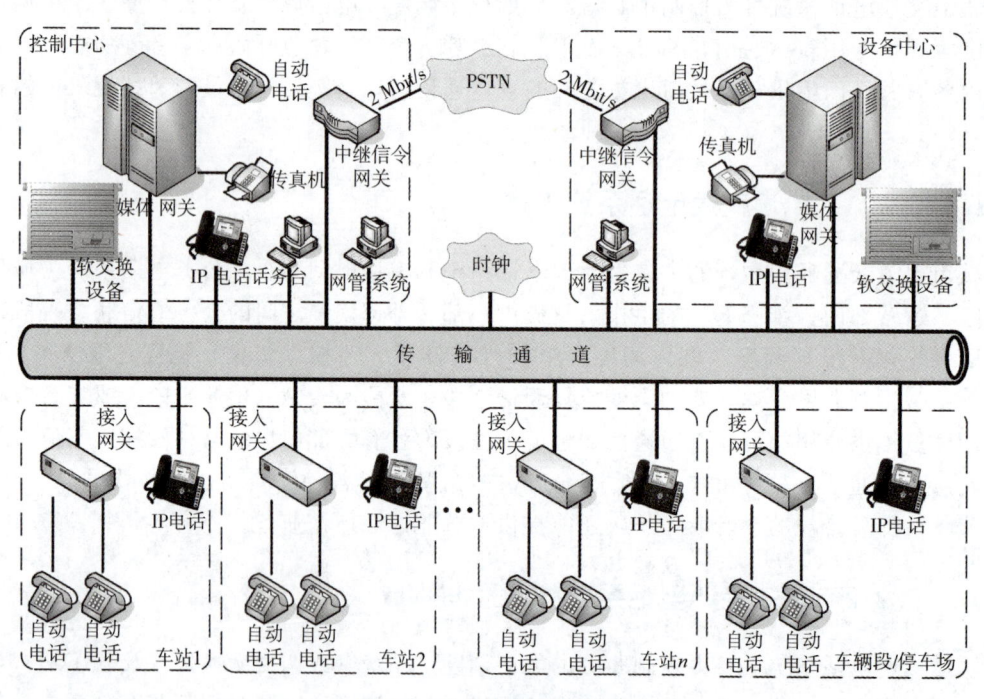

图 6-3 公务电话系统构成

公务电话系统应至少具备以下功能。

（1）能根据不同用户对其国内、国际长途呼出的权限进行设置，能对具有特定权限用户的长话呼叫进行自动计费。

（2）能自动将"119""110""120"等特种业务呼叫转接到市话网中相应特种业务呼叫，

并实现相应电话跟踪。

（3）建立电话会议。

（4）能实现线路内部不同用户间的呼叫，也能实现线路内用户与市话网用户间的出入呼叫。

（5）除具备正常语音类业务功能外，还应具有一定的非语音业务功能，如识别用户数据、用户传真等。

（6）除提供正常公务电话通信功能外，还可作为实现站间行车电话等专用通信的备用手段。

2. 专用电话系统

专用电话系统固有的服务对象、功能定位等特点直接决定了该系统的高安全等级，通常情况下，专用电话系统主要采用传统、成熟的程控交换技术组网。根据系统设备设置位置不同，专用电话系统也可分为中心级设备系统、站段级设备系统及有线网络系统。中心级设备系统主要由中心程控交换设备、网管设备、录音设备、各类调度台、直通电话等设备构成。站段级设备系统主要有站段程控交换设备、值班员控制台、各类调度电话分机、直通电话、区间电话、站间电话等。各站段级设备系统与中心级设备系统通常通过传输系统提供的 2 Mbit/s 通道组成星形/环形网络。专用电话系统构成如图 6-4 所示。

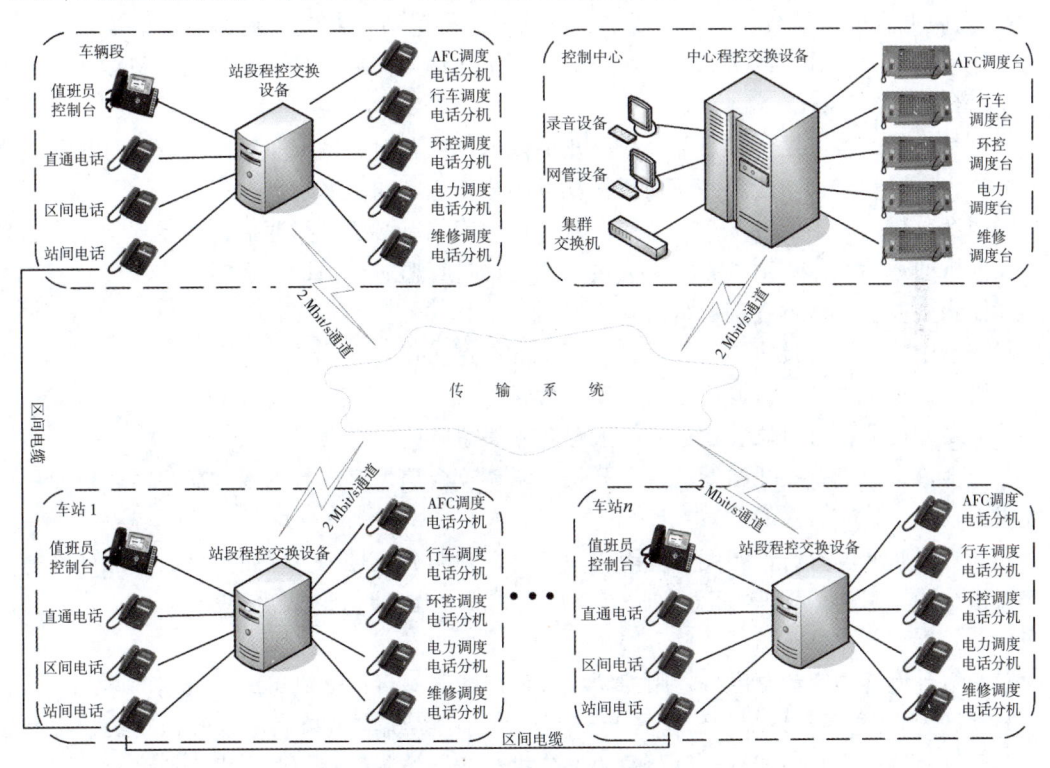

图 6-4 专用电话系统构成

根据运营业务需求和使用功能的不同，一条城轨线路的专用电话系统应包含调度电话系统、站段内局部电话系统和站间行车闭塞电话系统。

城市轨道交通专用电话系统包括调度、站内、站间和轨旁（区间）电话子系统。城轨调度电话子系统为城轨的调度人员如行车调度、电力调度、维修调度、环控调度等提供专用的单键直通电话,并具有单呼、组呼、全呼、会议、紧急呼叫、强拆、强插等特有的功能。城轨调度电话子系统主要包括调度总机、调度台和调度分机三部分,并通过城轨专用传输系统或通信电缆相连接组成调度电话网。

站内电话子系统由用户小交换机(或公务电话交换机远端模块)、车站值班台(主机)和电话分机组成。站内电话子系统的分机除提供公务电话外,主要提供站内各分机与车站值班主机(台)之间的直达通信或分机间的拨号通信服务。

站间电话可为车站值班员与相邻车站的车站值班员提供直达通信服务。

轨旁电话(即区间电话、隧道电话)为安装在隧道内或地面、高架线路旁的话机。通过站内电话子系统连接邻站的车站值班台或接入公务电话网,为隧道内、地面、高架线路旁的维修人员和紧急情况下的列车驾驶员提供通信服务。

3. 城轨调度电话子系统的构建

(1) 城轨调度电话子系统的需求。城轨调度电话子系统是控制中心调度员组织、指挥所管辖范围内车站值班员而设置的一种专用通信系统。在城轨中设置了行车、电力、环控(防灾)、维修等多个调度网,各调度网内的调度员与下属值班人员可进行直达通信,下达调度、指挥命令。在城轨建立专用调度网是城轨安全、准时、快捷的必要保障措施。因此,必须迅速、可靠地直接接续调度电话,不应该接入与本系统业务无关的电话。

1) 城轨调度电话子系统的功能需求。对城轨调度电话子系统最基本的功能需求为各调度台能快速地单独、分组或全部呼出所属分机,下达调度命令;各调度分机摘机就可呼叫对应的调度台。

①控制中心的各调度台以及部分线路车辆段的调度台对各站(车辆段)调度分机具有选呼、组呼、全呼和会议功能,并在任何情况下不应发生呼叫阻塞现象。

②调度分机之间不能直接进行通话。若分机之间确有必要进行通话,则需要由调度台转接,在分机间通话时,调度员有权对分机间的通话进行监听、插话和强拆。

③控制中心或车辆段各调度员之间的通话。

④控制中心总调度员协调和监视各调度员的控制操作。

⑤调度机或调度台可对调度通话自动进行录音。

⑥下属调度分机可对调度台进行一般呼叫和紧急呼叫。

⑦调度分机摘机直接呼叫调度台,分机呼叫调度台遇忙时应有忙音。需要时,应使用紧急呼叫手段。

⑧分机呼叫调度台时,调度台应能按顺序显示呼叫分机号码、呼叫类别,并能区分是一般呼叫还是紧急呼叫。若是紧急呼叫,调度台应具有能够引起调度员听觉、视觉注意的功能。

⑨若站台设置小容量调度机,则控制中心调度机与站台调度机组成二级调度网。

2) 城轨调度电话子系统的传输需求。调度电话子系统应由控制中心的调度机、控制中心或车辆段的调度台和站(车辆段)的调度分机组成。控制中心的调度机与调度台之间一般采用 ISDN BRI(2B+D)接口,电缆直接传输;控制中心的调度机与车辆段之间,通过城轨专用传输系统和 PCM 接口架所提供的 2B+D 用户接口传输。

控制中心调度机的 ISDN PRI(E1/DSS1 信令、30B+D)接口以用户接入网的方式,通过传输系统所提供的点对点的 PCM 一次群链路和各车站的 PCM 接口设备相连接,由各车站(车辆段)PCM 接口设备的用户接口电路连接车站(车辆段)内的各调度分机。

3) 城轨调度电话子系统的维护、管理需求。设备应具有故障管理、性能管理、配置管理、安全管理等网管功能。其主要设备应具有自动测试、自诊断、故障定位、故障告警等功能，必要时可由控制中心采集设备检测的结果。

(2) 城轨调度电话子系统的组成。城轨调度电话子系统包括调度机、调度台和调度分机三部分，并通过城轨传输系统或通信电缆连接组成。在控制中心安装调度机或交换调度机作为调度总机，为调度人员提供专用的通信服务。一般在城轨中设有行车调度、电力调度、维修调度、环控调度、公安调度、AFC调度和值班主任调度等（虚拟）调度专网。调度台配置在控制中心，调度分机配置在控制中心、车辆段及各车站。

1) 调度机。

① 调度机的硬软件。程控数字调度机的硬件部分与程控数字交换机类同。某些公司生产的程控数字交换机更换软件后全部或部分可作为调度机使用，这种设备可称为调度交换机。由于所采用的软件不同，调度机与交换机在功能方面具有很大的区别。

② 调度机的基本功能。调度机的基本功能除调度系统的基本功能外，还有以下功能：

a. 虚拟调度网。程控数字交换机具有集中交换机功能，可以在一台交换机中建立多个虚拟用户电话网，每个虚拟用户电话网中可配置一个或多个话务台。同样，程控数字调度机也具有集中调度机功能，可以在一台调度机中建立多个虚拟调度网，如行车调度网、电力调度网、环控调度网、维维调度网等虚拟调度网，每个虚拟调度网中可配置一个或多个调度台。各虚拟调度网之间通常互相隔离，即一个虚拟调度网中的调度台无权呼叫另一个虚拟调度网中的调度分机，但可以设置不同虚拟调度网调度台之间的通信。

b. 电话会议功能。调度机应具备交互式多方电话会议功能，由调度员通过调度台预置会议组成员及会议组编号召开下列会议：

(a) 群呼会议。调度员通过简单操作，一次呼出预置会议组中的所有成员，会议成员摘机即可加入会议。

(b) 预约会议。在约定的开会时间，调度台自动按照预置的会议组成员呼出召开会议；也可由会议组成员拨入参加会议。

(c) 临时会议。会议组织者通过调度台操作，将会议成员依次呼出加入会议。

电话会议可以分为全交互和半交互两种方式。在全交互方式中，所有与会成员地位平等，可随时发言、插话；在半交互会议中，由调度员指定一个或几个发言者（上会议桥的主席台成员），其他会议成员只能旁听，若某个旁听用户要求发言，需要通过申请，由调度员操作让该会议成员进入主席台，才能进行会议发言或插话；调度员有权让进入主席台的会议成员退出主席台。

c. 组网能力。数字调度系统可以具备强大的组网接口与信令系统，用以组建调度专网中的各级汇接局及端局。所提供的组网接口及信令应包括1号信令、NO.7信令、DSS1信令、QSIG信令（欧洲专网信令）、ISDN BRI（2B+D）接口、ISDN PRI（30B+D）接口、环路中继（FXO）接口、E&M中继接口等。

d. 录音功能。调度设备提供系统录音接口，调度台提供调度台录音接口。

(a) 系统录音。系统录音接口音源由用户板及数字中继板提供，连接到外接录音设备上，实现对调度员和用户通话内容的连续录音或自启动录音。系统录音接口也可以对数字话机等其他数字设备录音。

(b) 调度台录音。调度台录音接口连接到外接录音设备上，实现对调度员和用户通话内容的连续录音或自启动录音。

③调度机集中维护和网管。系统提供远端维护及通信网网管接口，使用网管系统，可以对调度通信网进行集中维护和网络管理。调度机网管系统具有告警处理、话务分析和集中维护的功能。

调度机网管系统通过网管接口，收集网内各调度机的告警和话务统计数据，并加以统计和处理；网管系统还可以实时地监测各级调度机发生的告警，以便于及时发现各种问题并做出处理和调整；网管系统具有集中维护的功能，可以在网管中心对网内调度机实行集中维护、管理。

2）调度台。调度台可分为传统的按键式调度台和基于PC（屏幕）的软调度台两类。

①按键式调度台。传统的按键式调度台能保护调度员的视力且操作方便。

a. 按键式调度台一般通过ISDN BRI（2B+D）接口接入调度机。与调度机的最远距离可达到5 km，也可利用专用传输网实现异地远端调度。

b. 有些调度台可提供互相独立的双手柄，可由两个调度员共用一个调度台进行调度。可同时与两个用户通话或召开两个调度电话会议。

c. 按键式调度台配置有液晶显示屏，用以显示时间、引导操作提示、来话信息、通话信息、保留通话、用户/中继忙闲、会议发言申请、会议状态、左右手柄通话信息、键盘自检、系统信息、查询信息等。

d. 调度台一般具有以下几类按键：

（a）热线键：一个热线键对应一个用户、一组用户或全部用户，用以实现"一键通"。

（b）拨号键：同传统电话号盘，当热线键损坏时可拨调度用户电话号码呼出用户，或用来拨外线电话号码。

（c）功能键：通话保持、重拨、取消、免提、转移（至夜服分机）、强插、强拆、会议、键权（双手柄时，左右调度员对键盘的使用权）、轮呼、翻页（热线键数量不够时翻页使用）等。

e. 按键状态显示：按键上通常可以安装不同色彩的2只发光二极管，用单亮、双亮、单闪、双闪表示对应该热线键的用户的状态；也可以使用编程键直接用色彩和字符表示用户状态。

f. 配有外接电话接口，允许外接普通电话、无绳电话等，以方便操作或临时代替故障的调度台手柄。

g. 配有实时录音接口，外接录音（模拟或数字）、录时设备。实现对调度员与分机通话内容的连续或语音启动两种录音方式。也可配置多通道数字硬盘录音系统。

h. 配有两路ISBN BRI（2B+D）接口，分别连至调度机的两路BRI接口。当两路BRI链路中任一路出现故障时，调度台的两个手柄仍可正常工作。

i. 调度台可实现直流−48 V和交流市电双路供电，切换时不影响调度台正常工作。

②基于PC（屏幕）的软调度台。在PC中加入调度台应用软件，外接微音器、扬声器和电话手柄组成软调度台。软调度台与调度机之间的接口通常采用ISBN BRI（2B+D）/USB接口。软调度台分为触摸屏调度台和鼠标调度台两种调度台。

软调度台改进软件与增加摄像头可以组成多媒体调度台，提供可视调度通话。

3）调度分机。调度分机通常采用普通话机或数字话机。也有专用的调度终端具有调度终端与会议终端的双重功能。其会议终端内置功效，配有话筒与扬声器接口，并加入防止声反馈引起啸叫的技术措施。

（3）组网方案及比较。

1）组网方案。

①单机无级调度网组网方案（方案1）。在控制中心配置一台调度机，采用用户接入网方式连接各车站（车辆段）的调度分机。局端的E1/DSS1（30B+D）接口，通过城轨专用传输网的PCM一次群链路，以点对点的方式连接各车站（车辆段）的远端PCM接口架。利用该接口架所提供的POTS或2B+D用户接口，连接各车站（车辆段）的调度分机，形成图6-5所示的单机无级调度网组网方案。

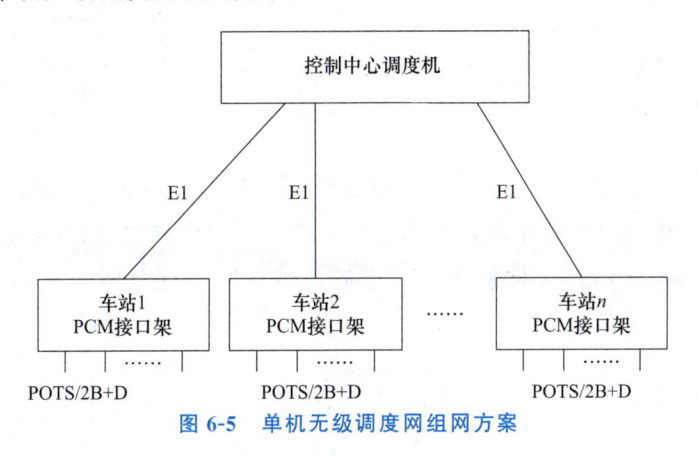

图6-5　单机无级调度网组网方案

②双机调度网组网方案（方案2）。在控制中心与车辆段各配置一台调度机，设置在控制中心的调度机为主用调度机，设置在车辆段的调度机为备用调度机，形成图6-6所示的具有冗余结构的双机调度网组网方案。

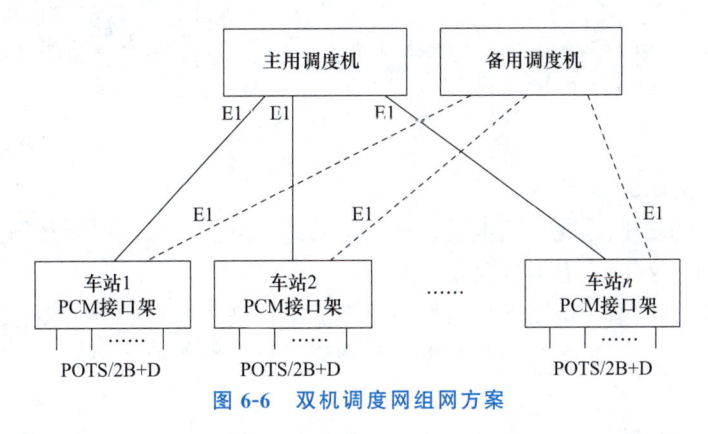

图6-6　双机调度网组网方案

③二级调度网组网方案（方案3）。在控制中心配置一台一级调度机，各车站（车辆段）均配置一台二级调度机。二级调度机的中继接口连接一级调度机的用户接口，形成图6-7所示的二级调度网组网方案。车站级调度网可配置车站值班员调度台（一般用数字话机代替），对各调度分机进行车站级调度。

④单机双网方案（方案4）。在控制中心配置一台调度交换机，该调度交换机可利用软件设置成一台虚拟交换机与一台虚拟调度机，组成一个虚拟公务电话网与多个虚拟调度网。

图 6-7 二级调度网组网方案

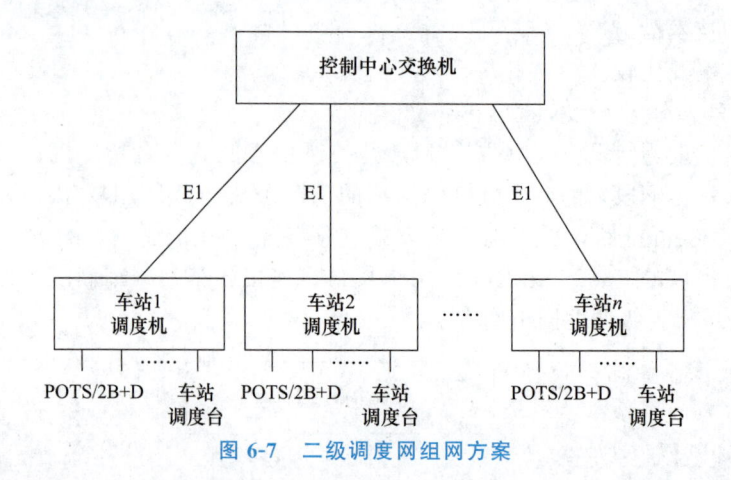

⑤两台调度交换组网方案（方案 5）。控制中心配置两台调度交换机，其中一台作为调度机使用，另一台作为交换机使用，如图 6-8 所示。若调度机故障，其调度功能转至交换机。此时，交换机的某些数字话机作为临时调度台，用以对各调度分机维持简单的调度功能。

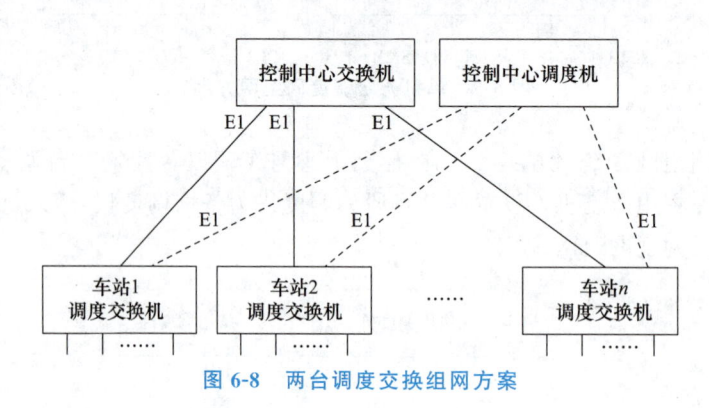

图 6-8 两台调度交换组网方案

2）组网方案比较。

①方案 1 为单机组网，建设成本低，调度网可靠性较差，可选用公共部分全冗余热备的调度机，以弥补单机组网可靠性的欠缺。

②方案 2 为双机组网，调度网可靠性高，但成本也高。双机切换时要想做到不断，具有一定的技术难度，加上用户线与中继线也需要切换，故一般在设计中已考虑冗余热备工作的调度机。

③方案 3 为二级组网，车站成为一个二级调度网，建网成本高。该方案适用于车站配置较多调度分机（20～30 台）的场合。

④方案 4 为单机双网，建设成本最低，但可靠性差。若调度交换机单机故障，公务电话网与调度网的通信全部中断。目前未在城轨中使用。

⑤方案 5 为两台调度交换组网方案，建设成本低，可靠性高，但一定要采用两台有调度功能的交换机组网运行。因调度电话比公务电话重要得多，在调度机故障时，利用公务电话交换机部分资源维持调度电话的畅通，是一个合理的方案。

目前在城轨中方案1用得最多，但方案5值得提倡。

（4）调度电话子系统的构成与设置。

1）调度电话系统构成。根据运行组织和业务管理、指挥的实际需要，一般设置以下几种类型的调度电话：

①行车调度电话。行车调度电话用于控制中心行车调度员与各车站、车辆段值班员等与行车业务直接有关的工作人员进行业务联络，通常设置两个或多个行车调度台。

②电力调度电话。电力调度电话用于控制中心电力调度员与各主变电所、牵引（含牵引降压混合）变电所、降压变电所及其他特殊需要的地点的工作人员进行业务联络。

③环控（防灾）调度电话。环控（防灾）调度电话用于控制中心防灾调度员与各车站、车辆段、主变电所防灾值班人员之间的通信联络。

④维修调度电话。维修调度电话系统用于综合维修基地维修调度员与全线各系统维修车间值班员之间的通信联络，可以在控制中心与车辆段各设置一台维修调度台。

⑤AFC调度电话。AFC调度电话用于AFC调度员与各车站现场AFC工作人员进行业务联络。

⑥票务调度电话。票务调度电话用于票务中心值班员与各车站票务工作人员的业务联络。

上述的AFC调度电话与票务调度电话，可根据各城轨线路的管理需求选择配置。

2）调度总机、分机的设置。调度总机即调度台，城轨调度电话子系统的调度台设在控制中心的调度大厅内；调度分机设在各车站与各职能部门所在地。例如，行车调度电话系统的调度分机设在各车站、信号楼的车控室和停车场的运转室内；电力调度电话的调度分机设在各变电站的值班室内。部分调度总机、分机的设置地点见表6-1。

表6-1 部分调度总机、分机设置地点

设置地点 调度电话类型		控制中心	车站	车辆段	主变电所	变电所
行车调度	总机	1				
	分机		X	X		
电力调度	总机	1				
	分机				X	X
环控（防灾）调度	总机	1				
	分机		X	1	X	
公安调度	总机	1				
	分机		X	1		
维修调度	总机			1		
	分机			X		

6.2.3 轨道交通电话系统的功能

轨道交通电话系统具备：扩容和扩网功能，有较强的呼叫处理能力，在任何情况下不发生阻塞现象；时钟同步功能，实现控制中心主系统与车站、车辆基地内分系统设备之间的同步；提供调度电话、站间行车电话、站内电话、车辆基地电话等业务；设置各种调度电话，即列车调度电话、电力调度电话、防灾兼设备监控调度电话、维修调度电话、总调度电话等。

1. 调度电话系统

调度电话系统是供控制（生产）中心或灾备中心各类调度员与各站段值班员或与办理行车业务直接有关的工作人员，进行运营生产调度通信所用的电话系统。调度电话系统作为指挥列车运行、电力保障、防灾抢险、日常维护维修等的重要通信手段，必须保证系统安全、通信可靠。通常，调度电话系统均设有行车调度电话、电力调度电话、环控（防灾）调度电话、维修调度电话。此外，根据不同地区运营需求不同，也考虑设有票务（AFC）调度电话。调度电话应至少包含以下功能：

（1）调度电话总机对相应调度电话分机的呼叫应至少包含选呼、组呼和全呼等形式，且必须保证任何情况下均无阻塞。

（2）调度电话分机对相应调度电话总机可进行一般和紧急两种呼叫。

（3）调度电话总机与调度电话分机之间允许呼叫通话，而各分机之间不允许互相呼叫通话。

（4）不同调度电话总机之间应具备跨调度业务的台间联络功能。

控制中心各调度员能与各车站、车辆基地值班员之间进行直接通话。控制中心各调度员之间可互相通话。调度台可对单个用户、1 组用户或全体用户分别进行单呼、组呼或全呼等不同的操作，同时总机侧可对通话进行自动录音。组间用户不能进行相互通话。所有用户均可对调度台进行一般呼叫和紧急呼叫，在调度台上能显示呼出（呼入）分机的号码、呼叫类别，紧急呼叫具有能引起调度员听觉、视觉注意的功能。分机摘机直接呼叫调度台时，在调度台上有振铃及热键显示灯指示；如同时有另一分机呼叫该调度台，在调度台上也有热键显示灯指示和提示音，此时分机可听到回铃音；调度台操作员可根据具体情况接听。行车调度的调度台在分机呼叫时振铃及有热键显示灯指示。任何一个调度台接听即可，未接听的调度台显示由另一个调度台接听。调度分机呼叫调度台，按热线功能连接，采用摘机即通或一键即通的方式。

系统录音功能。在设备机柜内通过独立设置的录音设备进行录音，能分别对模拟电话（a/b）线，以及数字端口、IP 端口进行录音。专用电话系统录音设备实时对调度台与调度分机之间的通话内容及通话时间、分机号等信息，以数字方式记录在多信道录音设备上。通话文件首先保存在录音设备足够容量的硬盘上，并可进行本机备份。硬盘上通话文件未进行备份则不予删除，备份文件的删除有时限和权限。硬盘上通话文件有自动溢出功能。录音设备采用数字方式记录，对所有录音可分别按日期、时间、通道号进行搜索并显示。当硬盘录音设备（含硬盘中的语音存储区的目录区部分）发生故障时，如果操作和应用程序正常，由专用电话系统向网管告警。当操作系统和应用程序因自身原因或硬盘原因发生故障时，由专用电话系统向网管告警。数字调度主系统（或调度交换机）具有会议电话功能，能同时召集各会议电话，用户数量可随意增减且不间断会议的进行。

2. 站段局部电话系统

站段局部电话系统是站段控制值班员或站长与本站段内运营业务相关人员进行无阻塞通话的联系手段，它是集中管理电话系统，通常采用一点对多点的辐射方式。根据工作性质不同，站段局部电话可分为行车指挥电话、乘务运转电话、场段内调度指挥电话和维护维修电话等。其主要功能表现为站段值班员与本站段内有关部门间通话直通且无阻塞；只允许值班员主机与分机间互相呼叫，不允许分机间通话。站间行车电话仅限于相邻车站和车辆基地的行车值班员之间的呼叫。在通话时不允许其他电话插入。站间行车电话设于各车站车控室和车辆基地行车值班室的数字话机上（或车站值班台上），在车站和停车场的数字电话机或值班台上有相应的热键及与每个热键相对应的显示灯，并能区分上下行车站。

3. 站间行车闭塞电话系统

站间行车闭塞电话系统是保证城轨安全行车的必要通信手段，以供相邻车站或场段值班员间办理有关行车业务使用。为保证相邻站段值班员间的通话无阻塞，通常在其电话回线上不得接入其他电话。车站值班员可召集多个站内用户同时通话。站内电话可采用音频电话机，站内电话用户摘机后不拨号即自动与数字电话机或值班台接通，在数字电话机或值班台上对应这些分机应有相应的热键及显示，每个热键有独立的显示。

4. 站场电话

站场电话是车辆基地内的专用电话，只限于在车辆基地内工作人员与值班人员间作业和业务联络专用。站场分机之间不能进行通话。站场电话可采用数字电话机（或值班台）与站场分机直通方式，将设于值班员所需业务联络的部门或处所的各站场电话分机设置成热线，分机用户摘机后不拨号即自动与数字电话机或值班台接通，在数字电话机（或值班台）上对应这些分机有相应的热键及显示，每个热键应有独立的显示。

6.2.4 专用电话调度系统的应用

专用电话调度系统是确保城市轨道交通安全运营的一个重要手段。在上海城市轨道交通超大规模网络的运行环境下，专用电话调度系统现阶段重点关注的问题之一是如何将不同的软交换专用电话调度系统融合在一起，做到调度台的界面呈现及使用习惯一致，并使主要调度功能保持完整。在此基础上，开展了上海城市轨道交通专用电话调度系统"十四五"规划研究，形成了该系统的顶层设计方案。对专用电话调度业务从既有的软交换系统迁移接至新设的软交换系统的规划过程进行阐述，提出线路迁移的具体要求和做法，以尽可能降低大修过程中出现故障的影响面，确保专用电话调度系统安全、高效、平稳运行。

城市轨道交通专用电话调度系统是运营控制中心（OCC）调度员、车站/车辆段值班员指挥列车运行和下达调度命令的重要通信工具，是为列车运行、电力供应、防灾报警等提供安全可靠、迅速通信的重要系统，也是对突发事件进行快速防灾救援和事故紧急处理的指挥通信系统。调度系统通信的实时、迅速、畅通、无阻塞，是保证整个城市轨道交通系统安全、顺利运行的关键。

随着上海城市轨道交通超大规模网络化的发展，线网的联合调度指挥管理显得越发重要。紧密围绕上海申通地铁集团有限公司（以下简称"申通地铁集团"）"国内领先，国际一流"的战略目标，上海地铁维护保障有限公司通号分公司开展了对专用电话调度系统大修改造规划的研究，基于上海城市轨道交通目前专用电话调度系统的现状及申通地铁集团的总体建设规划，形成了"十四五"期间专用电话调度系统的规划方案。

目前，上海城市轨道交通线网专用电话调度系统分为两种设备制式：以程控交换为平台的专用电话调度系统和以软交换为平台的专用电话调度系统。对其架构进行划分，可分为线网级统一软交换（以下简称"模式一"）、单条线程控交换接入线网级统一软交换（以下简称"模式二"）和单条线独立使用程控交换（以下简称"模式三"）三种模式。上海城市轨道交通线网的专用电话调度系统架构现状如图6-9所示。其中，1号线、2号线、3号线、4号线、6号线、7号线、8号线、12号线、14号线、15号线、18号线采用模式一，图6-9中以1号线为例予以说明；5号线、9号线、17号线采用模式二，图6-9中以5号线为例予以说明；11号线、13号线、16号线采用模式三，图6-9中以11号线为例予以说明。

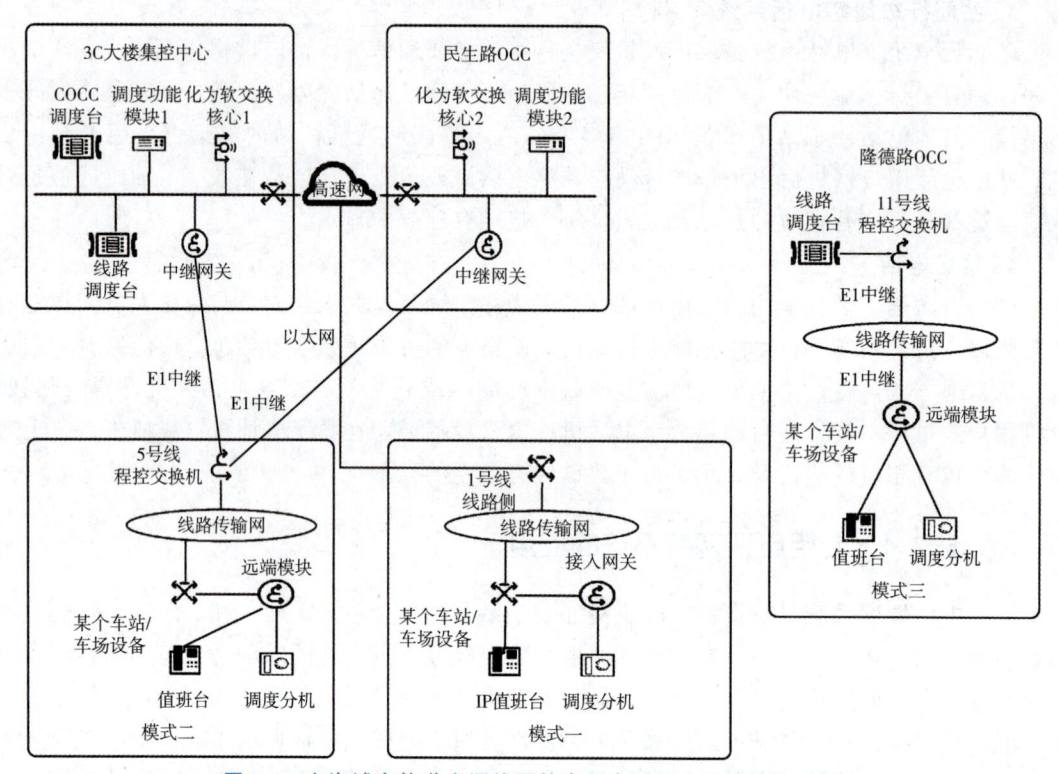

图6-9 上海城市轨道交通线网的专用电话调度系统架构现状

COCC—网络运营协调中心；IP—互联网协议；3C大楼—上海轨道交通网络运营调度指挥大楼；
E1—欧洲30路脉码调制标准的简称

1. 模式一

2019年，3C大楼集控中心正式投入使用。该集控中心是由华为软交换平台加上调度功能模块共同组成的线网级专用电话调度系统，负责1号线、6号线、7号线、8号线、12号线、14号线、15号线、18号线8条城市轨道交通线路的专用电话调度指挥任务。该线网级专用电话调度系统有两个核心，一处设在3C大楼集控中心，另一处设在民生路OCC，采用A/A（双活）工作模式，具有异地冗余灾备的作用。3C大楼集控中心调度大厅内上述8条线路的行调调度台、电调调度台、环调调度台和调度值班长台，以及在各车站/车场中的调度分机，均属于华为软交换的管辖范畴，由华为软交换专用电话调度系统进行呼叫控制。此外，2 号线、3 号线、4 号线也将在合适的时间接入华为软交换专用电话调度系统中。

2. 模式二

5 号线（厂家是优力飞）、9 号线（厂家是优力飞）、17 号线（厂家是远东通信）以单条线路程控交换方式接入华为线网级软交换专用电话调度系统。这三条线路在 3C 大楼集控中心调度大厅内的各业务调度台座席由华为软交换提供并管辖，线路侧的调度分机属于相应的程控交换机设备，华为软交换与程控交换机通过系统之间的 E1 中继模块进行语音链路连接。

3. 模式三

11 号线（厂家是佳讯飞鸿）、13 号线（厂家是佳讯飞鸿）、16 号线（厂家是远东通信）的专用电话系统均设于隆德路 OCC 内，且均为单条线路独立使用的程控交换专用电话调度系统，即 OCC 各业务调度台及线路侧的调度分机是各线路独立运行的，与 3C 大楼集控中心的华为软交换没有关联。

中泰版：电话系统　　中文版：电话系统　　中英版：电话系统

【任务实施】

背景描述	城市轨道交通电话系统包括公务电话系统和专用电话系统。公务电话系统为轨道交通运营提供办公电话、传真等业务，同时在控制中心、车站、段厂等也设置公务电话，既可作为办公电话使用，也可以作为有线调度电话的备份。专用电话系统主要为轨道交通运营及维修服务，是行车调度员和车站（车辆段）值班员指挥列车运行和维护人员指导使用人员操作设备的重要通信工具
任务步骤	步骤一　列举公务电话系统功能与作用
	步骤二　讨论公务电话系统与专用电话系统的区别
任务反思	评价在本次任务中的表现

【任务评价】

	序号	任务达成要素	分值	个人自评	小组评价	教师评价
专业能力	1	知道公务电话与专用电话的区别	25			
	2	能较全面地列举公务电话系统的功能	30			
	3	能阐述不同电话系统的作用	15			

续表

序号		任务达成要素	分值	个人自评	小组评价	教师评价
职业素养	4	有当前和长远意识	15			
	5	态度积极认真	10			
	6	在任务实施中有团队协作体现	5			
效果评估总结（对自己学习效果的评估和反思）						

任务 6.3　了解广播系统的构成与功能

【学习目标】

知识目标：
（1）了解广播系统的构成与功能；
（2）了解广播系统的应用与发展。

能力目标：
（1）能够在工作中熟练掌握广播系统的功能；
（2）能够使用广播系统解决实际问题。

素养目标：
（1）具备严谨、细致的工作态度；
（2）保持创新精神、奋斗精神。

【任务描述】

轨道交通广播系统主要由控制中心广播系统、车站广播系统和隧道扬声器系统构成。控制中心广播系统可对全线广播，如列车进出站、火灾事故、设备故障等情况的进行紧急通知。车站广播系统则负责本站范围内的各种信息广播，如乘客导向、列车到发时间等。隧道扬声器系统设置在隧道口附近，用于列车进出隧道时的安全提示和紧急情况下的信息传播。通过学习本任务的内容，学习者应了解广播系统的构成与功能，并了解未来发展的方向。

【知识链接】

6.3.1　广播系统概述

城市轨道交通车站是一个空间相对封闭、人流量大、人员密集程度高的公共场所。广播系统是城市轨道交通运营行车组织的必要手段，它的主要作用是对乘客广播，通知列车到站、离站、线路换乘、列车误点、安全状况、播放背景音乐、改善候车环境等；在突发紧急情况时进行防灾广播组织指挥事故抢险，提高应急响应能力；对运营人员广播，发布有关通知信息，协同配合工作；能够及时、准确、清晰地通过车站广播系统向乘客通告当前的运营情况，正确引导乘客搭乘列车，特别是在发生火灾、车辆事故等紧急情况时，能够通过车站广播系统安全、有效、快速地疏导乘客，具有十分重要的意义。

6.3.2 广播系统的功能

（1）操作功能。控制中心行车调度员通过中心广播控制盒、控制终端可对全线、任意一个车站或多个车站、任意车站的任意选区或多个选区进行话筒、语音、线路等广播。车站值班员可通过车站广播控制终端向站内的任一区域、多个区域、全部区域进行话筒、背景音乐等广播。

（2）编组广播功能。向已设定的固定组合的广播区域进行广播。站内任意广播区域的组合，均可通过编程灵活设定。

（3）人工编程功能。广播系统可人工对广播区域进行编组设定、语音合成信息键位与内容设定。

（4）车站监听功能。车站值班员可通过车站广播控制终端监听对本站各广播区域的广播内容。

（5）广播预示音功能。在广播开始前均有预示音发出。广播预示音的开启和关闭可通过车站控制终端进行控制。

（6）应急广播功能。车站控制台设有应急按钮，当车站广播控制台出现故障时，可按下应急广播按钮，可将车站广播控制台的话筒广播音频通过应急通道直接送至功率放大器，对所有广播区域进行应急广播。

（7）平行广播功能。广播系统可以实现多信源、多信道、多负载区域的平行广播，各信源可经由不同的播音通道播向不同的负载区域。

（8）无线广播功能。控制中心调度员使用广播控制终端对指定列车进行广播，车站值班员可通过无线移动台对站内进行广播。

6.3.3 广播系统的原理

城市轨道交通中的广播系统主要用于控制中心调度人员、车站值班员向旅客通告地铁列车运行及安全、向导等服务信息，并向地铁工作人员发布作业通知；当车站发生火灾等灾难时，广播系统可以兼作消防广播。近年来，随着数字音频传输技术的飞速发展，数字广播技术已经非常成熟。CobraNet是集硬件、软件和通信协议为一体的网络音频实时传输技术，并已成为众多网络音频供应商的理想选择。

1. CobraNet 技术的应用

CobraNet以其良好的互通性、低成本的造价、可靠性、稳定性、可预见的发展速度和良好的商业运作机制迅速地占领了以太网音频传输市场。

CobraNet很好地利用以太网解决了音频信号远距离传输难题，利用一条五类线，可以把多达64路的音频信号传至远端。

2. CobraNet 网络硬件设施要求

由于 CobraNet 是建立在标准以太网架构下的网络传输协议，因此与上层网络层的 IP 以及更高级的 TCP 无关，不能穿过路由器进入 Internet（互联网），只能在局域网中通过网络交换机传递。目前能传输 CobraNet 的物理介质只有双绞线和光纤。

3. CobraNet 网络搭建时注意的问题

CobraNet 是不压缩的音频数据流。CobraNet 的音频 PCM 数据量在一个通道时是 48 kHz×24 bit＝1.152 Mbit/s，再加上通道的控制数据和其他公共数据，使每个 Bundle（包含 8 个音频通道）的实际数据流接近 10 Mbit/s，这只是单向，所以至少使用 100 Mbit/s 以太网交换机。

采用 CobraNet 音频传输技术，利用以太网传输多路无压缩音频，系统中的所有输入、输出音频信号（48 kHz，24 bit）均通过网络接口发送和接收，音频信号、控制信号采用一个 100 Mbit/s 以太网接口传输，实现多路音频信号的自由交换和监测，组成一个功能强大的网络音频矩阵。

中心广播设备通过传输网与车站广播设备构成一个多站址的网络化广播系统，可实现中心对全线各站广播设备的监控和管理。

4. 数字广播系统构成

广播系统由中心广播设备、车站广播设备及系统网管服务器等组成。

(1) 中心广播设备。中心广播设备包括中心广播机柜、中心广播控制终端、中心广播操作台等。

1) 中心广播控制终端及中心广播操作台。

①中心广播控制终端：采用工业级控制计算机，配有 CobraNet 专用网卡。

②中心广播操作台：主要由麦克风、监听扬声器、操作控制键盘、液晶显示屏、网络处理单元（D/A-A/D）及 CM-Express 接口板组成。

2) 中心广播机柜。中心广播机柜设置于控制中心中央设备室内，包括以下设备。

①CM-Express 接口板：应用 CobraNet 技术，将控制信号与数字音频信号打包，接入 100 Mbit/s 以太网；接收 100 Mbit/s 以太网的数据流，将音频数据包与控制数据包区分开，接入音频交换矩阵。

②音频交换矩阵：采用 DSP 处理技术，完成广播系统内部控制信号的处理，具有 8 路数字音频输入与输出，将控制信号数据与音频信号数据接入 CM-Express 接口板。

③接口模块：主要用于广播设备与其他系统（如时钟系统、集群无线通信系统）进行通信。

④电源模块：主要用于对中心广播操作台及机柜内其他模块进行供电。

(2) 车站广播设备。每个车站设置一套车站广播设备，包括车站值班员广播操作终端及广播操作台、广播机柜等。

1) 车站值班员广播操作终端及广播操作台。

①车站值班员广播操作终端：采用工业级控制计算机，配有 CobraNet 专用网卡。

②广播操作台：在各车站控制室内配置广播操作台，广播操作台包括麦克风、监听扬声器、线路输入插口（背景音乐输入端口）、液晶显示屏、紧急广播按键、其他操作按键、网络处理单元（D/A-A/D）及 CM-Express 接口板等。

2）广播机柜。广播机柜设于车站的通信设备室内，主要包括 CM-Express 接口板、接口模块、音频交换矩阵、功率放大器和电源模块等。

（3）系统网管服务器。网管服务器采用工业级控制计算机，配有专用 CobraNet 网卡。通过数据传输通道，实现对控制中心及各车站广播设备的统一监控和管理。

6.3.4 广播系统的应用

兰州地区结合实际地形设计出一条从西柳沟至东岗镇的轻轨铁路，经过实地观察后设置了 16 个站点，分别是西柳沟、西固城、兰炼医院、石油站、崔家大滩、秀川新村、土门墩、西站、小西湖、西关什字、南关什字、东方红广场、盘旋路、五里铺、兰东建材批发市场、东岗镇，如图 6-10 所示。经过对各站的分析，由于西站作为兰州市重要的交通枢纽且该地区客流量大、人口密集，故将控制中心设在西站。同时，将维修站（停车场）设在崔家大滩，因为那里人口相对较少、可利用空间大，增加了以后对维修站（停车场）进行扩建的可行性。

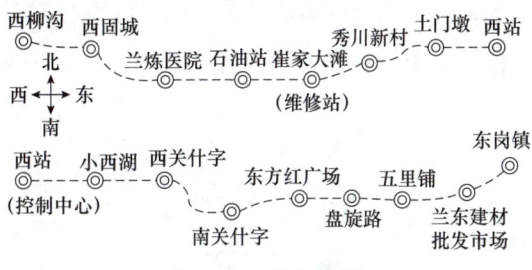

图 6-10 站点设置

根据城市轻轨广播系统的两级广播，设置了中心级广播系统和车站级广播系统。中心级与车站级广播连接时（其信道由传输系统广播信道提供），每站占用两路信道（一路传输语音，另一路传输数据）。控制中心播音控制台上输出的语音信号和控制信息，经过光传输系统传到各个车站，由车站广播控制设备接收。车站广播控制设备根据中心发来的指令，控制启动车站广播执行装置，语音经放大均衡后播送到指定的广播区域。同时车站广播控制设备也将本站执行的状态反馈传送到控制中心，并在控制中心播音控制盒上显示，来完成中心调度对车站的选路、选站、选区遥控操作和指挥。当控制中心不操作时，各车站广播均能独立、自主地实现自控操作。控制中心网管终端通过数据通道检测各车站设备的运行状态信息，如电源状态、播音区域选择指示，了解各站广播动态，出现故障时发出声光报警。控制中心广播系统由中心广播控制台、CD 播放机、网管终端、网络控制器、网管接口装置、多信源转换矩阵、数字录音装置、语音合成器、报警单元、电源装置、中心广播机柜及线缆等组成。各车站广播系统分设在各车站，系统包括车站值班广播控制台、站台广播控制盒、CD 播放机、网管接口装置、多路信源转换矩阵、网络控制器、功放检测倒机装置、广播区域输出切换控制器、负载检测控制器、功率放大器、智能化集中电源、噪声检测控制器、噪声传感器、避雷装置、语音合成器、频率均衡器、音量自动调节器、电源装置、广播机柜。车站广播系统由中心级广播系统和车站级广播系统两级方式设置，中心级的调度员通过中心广播控制台可对各车站进行广播，车站级的值班员可通过车站值班广播控制台对本站的各广播区域选择广播。各车站每侧站台监控厅内设置播音台一个，供站台值班员在必要时插入广播系统对该站台进行定向人工广播。控制台内部设有自动压限电路，当使用话筒广播或播放语音合成的内容时，将自动压限外部线路输入的信号，实现插播功能。语音合成器可存入128条以上的语音信息，总的录音时间大于 60 min（64 MB 储存卡）。系统中的网络控制器可控制各广播的优先级，优先级可由网管进行修改。中心配备两套数字录音装置，可对控制中心的环控调度和行车调度广播内容进行录音。该录音装置对语音信号采取 MP3 实时压缩处理，以数字形式进行存储，并记录广播的日期、起始时间、结束时间、控制台编号、广播对象及语音内容。在存储器起始端制作查询目录，方便管理人员查询。同时在电路设计中设有防修改电路，保证记录内容真实可靠，录音方式为 24 h 循环录音。在各车站的站台及站厅等旅客公共区域处设置噪声传感器，由噪声传感器将检测到的噪声信号传送到噪声检测控制器，实现噪声检测功能。在控制中心配置有一台网管微机，该网管微机与中心的网管控制器连接，随时接收网管控制器发来的车站信息，将信息处理后在监视器上显示出来，能监测系统中各设备的运行状态。各车站的输出切换控制器可将本站的任意广播区域接到任意一台功放。当有广播操作时，输出切换控制器将收到的信息进行处理，检查各广播区域和功放的开关情况，根据预先设定的功率进行核算，在同一广播信源的情况下，如广播区域的负载没有超过一台功放的功率，即启动一台功放工作，当广播区域的负载超过一台功放的功率时，即自动启动另一台功放工作，依次类推，达到最佳的功率匹配，提高设备的利用率。为增加系统的可维护性及可靠性，在设备维护期间，不使广播出现中断，除车站广播控制系统的主播通道外，在广播控制台上另设置了内置话筒的应急广播设备，当正常的控制通道、语音通道或部分设备故障时，广播员可通过应急系统进行直接口播。

中泰版：广播系统　　　　中文版：广播系统　　　　中英版：广播系统

【任务实施】

背景描述	广播系统是城市轨道交通运营行车组织的必要手段，它的主要作用是对乘客进行广播，通知列车到站、离站、线路换乘、列车误点、安全状况、播放背景音乐、改善候车环境等；在突发紧急情况时进行防灾广播组织指挥事故抢险，提高应急响应能力；对运营人员广播，发布有关通知信息，协同配合工作；能够及时、准确、清晰地通过车站广播系统向乘客通告当前的运营情况，正确引导乘客搭乘列车，特别是在发生火灾、车辆事故等紧急情况时，能够通过车站广播系统安全、有效、快速地疏导乘客，具有十分重要的意义	
任务步骤	步骤一	列举广播系统的主要组成部分
	步骤二	简述广播系统在实际应用中是如何工作的
任务反思	评价本次任务中的表现	

【任务评价】

序号		任务达成要素	分值	个人自评	小组评价	教师评价
专业能力	1	知道广播系统的组成	25			
	2	能流畅地阐述广播系统在实际中的应用	30			
	3	知道广播系统的功能	15			
职业素养	4	有安全意识	15			
	5	态度积极认真	10			
	6	在任务实施中有团队协作体现	5			
		效果评估总结（对自己学习效果的评估和反思）				

任务 6.4 了解时钟系统的构成与运用

【学习目标】

知识目标：
(1) 了解时钟系统的构成与原理；
(2) 了解时钟系统的应用。

能力目标：
(1) 能够掌握时钟系统的工作原理；
(2) 提升在工作中对时钟系统统一时间的认知。

素养目标：
(1) 具备分析与解决问题的能力；
(2) 保持创新精神、奋斗精神。
(3) 提升安全和风险意识。

【任务描述】

时钟系统主要由时钟源、时钟同步信号发生器和接收器构成。时钟源产生精确的时钟信号，通过传输介质将时钟信号传递给接收器。接收器接收到时钟信号后，将其转换成时间信息，以便计算机等设备使用。其原理是基于原子钟或 GPS 等精确时间源，通过分发网络将时间信息传递给需要同步的设备。通过学习本任务的内容，学习者需了解时钟系统的构成及工作原理，并能够在实际工作中运用。

【知识链接】

6.4.1 时钟系统概述

时钟系统是地铁运行的重要组成部分之一，其主要作用是为地铁控制中心调度员、车站值班员、各部门工作人员及乘客提供统一的标准时间信息，并为本工程其他系统提供统一的时间信号，使各系统与本系统时间同步，从而实现轨道交通全线统一的标准时间。它在地铁站为乘客提供准确的时间信息，同时时钟系统要为其他信号系统、无线系统等弱电子系统提供统一的时钟源，使各系统的时间保持一致，向其他地铁通信子系统提供的时钟信息为地铁运行提供了标准的时间，在整个地铁系统中使用相同的时间标准。在控制中心大厅，时钟可以为指挥调度人员提供准确的时间，地铁站厅及站台位置的时钟显示可以为乘客提供准确的时间信息；各办公室内及其他段场内的时钟可以为工作人员提供准确的时间信息，保证了地铁系统运行的准时安全。时钟系统可向多个系统发送标准时间信号，包括地铁通信系统内部的传输系统、无线通信系统、专用电话系统、公务电话系统、闭路电视监控（CCTV）系统、广播系统等，以及外部其他系统，包括信号系统、数据采集与监控（SCADA）系统、自动售检票（AFC）系统、火灾自动报警系统（FAS）、环境与设备监控系统（BAS）和列车自动控制（ATC）系统等。通过对时钟系统的设置，可以使地铁各系统的定时设备与本系统同步，从而实现地铁全线统一的时间信号，这对保证地铁运行计时准确、提高运营效率起到至关重要的作用。

6.4.2 地铁时钟系统构成

地铁时钟系统一般为两级组网方式，即控制中心及车站/车辆段的两级组网，控制中心设备与车辆段、各车站间的信息传递由光传输系统提供的数据通道实现。以北京地铁某线为例，时钟系统由一级母钟（含信号接收单元、网络接口箱、RS-422接口箱、NTP接口箱等）、二级母钟（含网络接口箱、RS-422接口箱、NTP接口箱等）、子钟、网管设备和传输通道五部分组成。

控制中心设置标准时间信号接收机，接收来自北斗、GPS卫星时间信号和上层网TCC（城市轨道交通路网管理中心）的标准时间，经处理比较后每秒发送时间数据给一级母钟实现无累积误差运行，一级母钟具有高精度守时功能，当接收外部标准时间信号出现故障时，一级母钟利用自身的高稳定度恒温晶振产生的时间信号仍可输出时间数据同步二级母钟进行正常工作，同时时钟系统网管设备发出告警。

一级母钟为了保证安全可靠，采用主、备母钟组成，具有冗余热备份功能，主母钟出现故障系统可自动检测并切换到备母钟工作，保证时钟系统的连续稳定工作性。一级母钟通过传输系统骨干网提供的以太网共享通道，采用NTP（Network Time Protocol，网络时间协议）将标准时间信号发送至车站/车辆段/停车场二级母钟，二级母钟也采用主、备母钟组成，具备热备份功能，每秒接收一级母钟发送的同步时间信号，一级母钟与二级母钟之间的同步授时精度达到1 m/s。

一级母钟/二级母钟采用RS-422低速总线型接口或NTP网络式结构通信方式每秒同步

站内子钟，为轨道交通其他系统定时设备提供 NTP 以太网接口、RS-422 接口、IEEE 1588V2 接口，发送高精度时钟信号实现全网设备时间同步。时钟系统在控制中心网管室设置一套网管计算机接入一级母钟，实现对全部时钟设备进行点对点的监控，可以查看本系统任何子设备的运行状况，检测全线时钟重要设备模块的运行状态，监视一级母钟、二级母钟、子钟、标准时间信号接收机等设备的运行数据、工作状态。

软件界面可以显示系统的网络拓扑结构和时钟传输通道的工作状态。管理软件具有多级密码设定和权限限定功能，设置不少于三种管理权限，即管理员级、操作员级和用户级，对不同级别的操作人员，可分别赋予不同的操作控制功能，分级别对系统进行管理，各控制级别不能越级操作，保证了系统的安全和工作可靠。

时钟系统要满足实际使用需求则要具备以下功能：

（1）易管理性：时钟系统的一级母钟、二级母钟都可在控制中心大屏上实现点对点控制。

（2）可扩充性：时钟系统在施工前期要预留后续场调或其他子系统的接口，整体硬件仅需要扩充对应模块或板卡即可实现有效的扩容，如增加 NTP 服务器或 RS-422 模块。

（3）可维护性：时钟系统在实施时对关键部位预留维护和检测点，发生故障时能及时、准确地提供故障代码和位置代码。一、二级母钟的外围板卡和控制模块要支持热插拔功能，使系统维护简单化，对常规故障实现简易处理。

（4）准确性：时钟系统一级母钟与外部同步时钟信号误差在 10 ms 内，并且二级母钟与一级母钟之间的同步误差小于 1 ms，而子钟与二级母钟或一级母钟的同步误差小于 10 ms。

（5）高可靠性：对高速铁路而言，时钟系统要求长时间可靠、稳定地输出时间信号。时钟系统中设置的一级、二级母钟及子钟的 MTBF 指标不小于 80 000 h，实现 7×24 h 内持续运行。

❄ 6.4.3　时钟系统工作原理

20 世纪 90 年代，国内轨道交通时钟系统实现国产，一级母钟在控制中心通过每个站点 1 路点对点 RS-422 接口（平衡电压数字接口电路的电气特性）的数据接口速率为 9 600 bit/s，经传输系统提供的 RS-422 通道向各车站二级母钟发送标准时间信号，统一校准各站点二级母钟时间，同时二级母钟通过此通道回送二级母钟各工作模块及本站子钟的运行状态信息到一级母钟和网管设备，达到同步并管理全线时钟系统设备的目的。

轨道交通通信时钟系统主、备双通道架构如图 6-11 所示。为保证连续、稳定运行和安全可靠，控制中心一级母钟和车站二级母钟升级为 1+1 冗余保护通道接口，各站点时钟系统母钟提供主、备两路独立 IP 以太网接口，每路数据带宽为 10 Mbit/s，正常情况一级母钟主用 IP 以太网接口通过连接传输通道向各站二级母钟发送 NTP 校时信号并接收设备状态信息，另一路备用 IP 以太网接口作为热备。系统由原来两个独立通道运行单独的校时信号和设备状态信息，合并为一个通道实现数据整合，另一路作为热备份保证链路通道的安全性。

设置在控制中心的一级母钟接收来自 TCC 同步信号的标准时间信号，作为控制中心时钟系统的主标准时间外部时钟源信号，中心一级母钟在控制中心通过传输系统，以以太网接口与沿线车辆段（备用控制中心）、各车站、停车场的二级母钟通信，发送一级母钟的标准时间信号，并在控制中心采用以太网接口和 RS-422 接口两种接口方式为其他通信各系统提供统一的时间信号,使各子系统设备与时钟系统同步,从而实现轨道交通全线执行统一的时间标准。

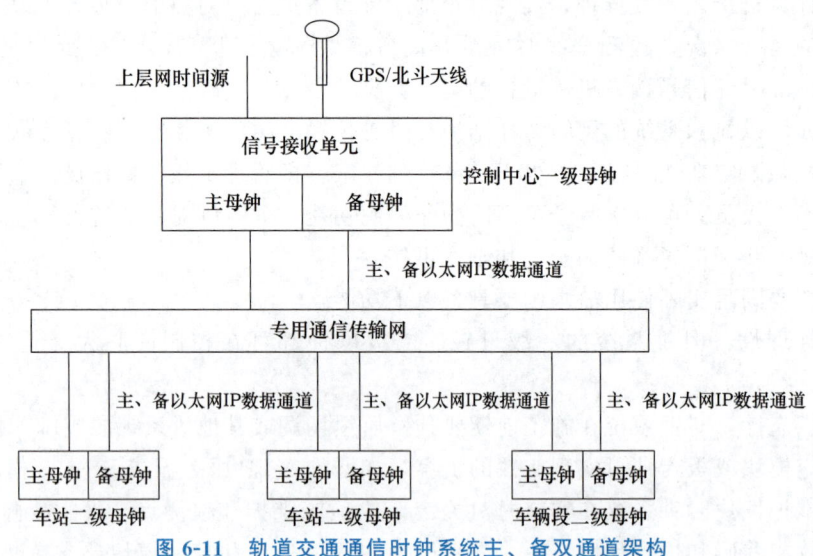

图 6-11 轨道交通通信时钟系统主、备双通道架构

控制中心设备与车辆段(备用控制中心)、各车站、停车场的二级母钟通过传输子系统连接,接口形式采用标准以太网接口(共线)。控制中心的子钟通过通信电缆(低烟、无卤、阻燃超五类屏蔽双绞线)直接与一级母钟连接,各车站、停车场、车辆段(备用控制中心)的子钟通过通信电缆(低烟、无卤、阻燃超五类屏蔽双绞线)连接至各自的二级母钟。

一级母钟定时(每秒或自定时间)向各二级母钟发送校时信号,并负责向包括控制中心在内的所有子钟提供标准时间信号。一级母钟通过传输子系统将校准标准时间信号传递给各二级母钟,再由二级母钟按标准时间信号指挥子钟统一显示标准时间,为各车站运行管理及各车站站厅等主要工作场所的工作人员提供统一标准的时间信息,为广大乘客提供统一的标准时间,同时为其他系统提供统一的标准时间信号,使全线其他通信系统与时钟系统同步,从而实现全线统一的时间标准。

时钟系统早期采用的 RS-422 点对点传输通道,此种架构在控制中心一级母钟要提供多路 RS-422 接口与传输数据通道连接,物理连接线缆较多,由此产生的系统分界点配线架端子模块较多,传输系统相应需要提供较多的 RS-422 通道,设备成本较高、故障点多、安全性低。如其中 1 路 RS-422 接口故障,此站点将失去同步校时和车站二级母钟设备状态信息数据。

时钟系统采用主、备双通道架构,一级母钟利用主用 IP 以太网接口通过传输通道向各站二级母钟主用 IP 以太网接口发送 NTP 校时信号并接收全线设备状态信息,一级母钟备用 IP 通道接口处于工作检测状态,当主用 IP 以太网接口故障或传输系统通道故障,系统将自动切换到一级母钟备用接口发送同步校时数据并接收设备状态信息,切换时间为 1 s,同理,二级母钟主用以太网接口接收一级母钟 NTP 校时数据并发送自身状态数据,备用接口处于工作检测状态,若主用以太网接口或本站传输通道发生故障,将自动切换到备用接口工作。数据通道接口 IP 自动检测识别切换过程,一级母钟、二级母钟时间不受影响。同时,网管终端将产生告警提示运营维护人员更换故障通道模块板卡,更换模块板卡不需要断电操作,支持热插拔。由此保证了时钟系统连续、安全、稳定运行。

地铁中设置主用、备用控制中心各 1 个，多座车站、一个停车场、一个车辆段。为满足主用控制中心和备用控制中心实现主备热备份，采取如下方案：

(1) 时钟系统部署架构如图 6-12 所示。

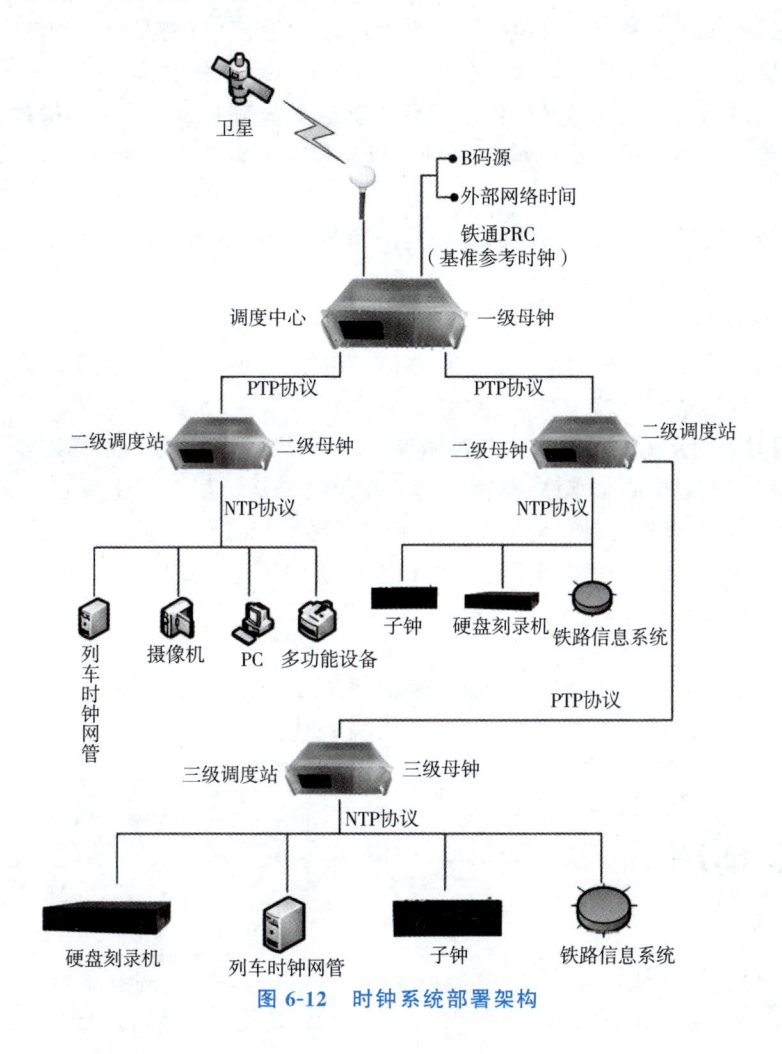

图 6-12　时钟系统部署架构

(2) 实施步骤如下：

1) 将主用控制中心母钟设备与备用控制中心、停车场和车辆段、各车站二级母钟设备纳入同一个传输环网内。

2) 备用控制中心母钟的接收接口设为两个，一个是主用控制中心一级母钟接口，另一个是 GPS 信号接收单元的接口。

在保证主用控制中心一级母钟正常工作前提下，备用控制中心一级母钟将作为二级母钟接收主用控制中心一级母钟时间信号，对自身精度进行校准；当主用控制中心一级母钟设备出现故障时，自动切换为接收 GPS 信号接收转换单元提供的标准时间，同时，作为一级母钟设备对外发送标准时间信号。

3) 各车站、停车场、车辆段二级母钟的接收接口设为两个，一个是主用控制中心一级母钟的接收端口，另一个是备用控制中心母钟的接收端口。

6.4.4 时钟系统的应用

以长沙地铁 4 号线全网统一时钟系统建设项目为研究与实践背景，分析城市轨道交通行车组织与客运服务对时钟系统的需求。在线网级，时钟系统统一范围包括向各线路统一授时以及提供时间核对功能，以支撑网络化运营和紧急运营状态下的统一协调指挥。在线路级，时钟系统为其他有关系统提供全网统一时钟，以支撑中心调度集中指挥和各机电系统协同运行。

通过分析城市轨道交通时钟系统的统一范围和各专业、各系统对时钟系统的要求，同步时钟系统应具备下列功能。

1. 全网时间同步功能

全网时间同步功能包括单向授时、双向授时、网络时间同步、频率同步等。

全网时间同步的精度要求一般为毫秒级。

2. 在全网时间同步的前提下，实现高精度 PTP（精密时间协议）时间同步

时钟系统采用控制中心与车站/车辆段的两级组网架构，精心构建而成。这一架构涵盖了中心母钟、车站/车辆段母钟、时间显示单元（子钟）以及传输通道和时钟系统网管设备等关键组件。长沙地铁 4 号线采用了这种时钟系统组网结构，如图 6-13 所示，确保了全线时钟系统的精准同步与高效运行。

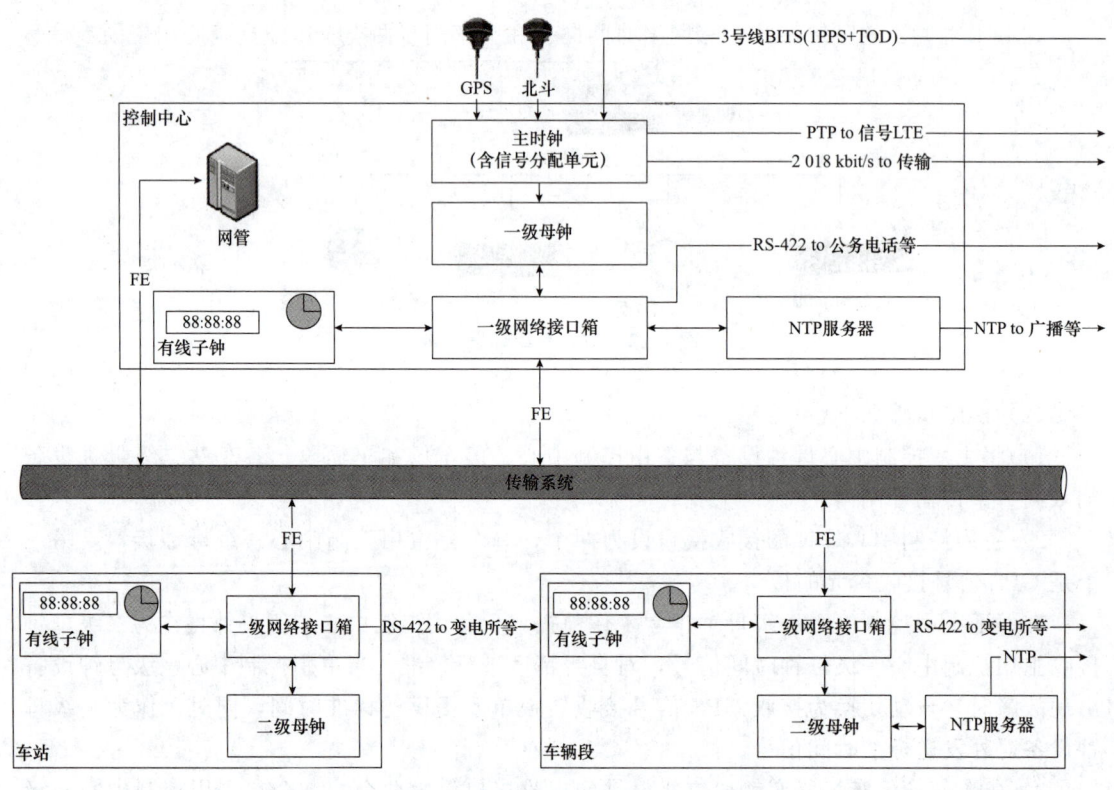

图 6-13 长沙地铁 4 号线的时钟系统组网结构

在整个时钟系统中，采用了多种时间同步原理相结合的方式，保证了每个层次的精度要求和工程实施的可行性。

（1）单向授时。GPS、北斗等外部时源与主时钟之间、主时钟与一级母钟之间、母钟与子钟之间，以及母钟与其他 RS-422 授时之间一般采用单向授时。

（2）双向授时。一级母钟与二级母钟间由于中间介入了传输通道，传输过程中延时和抖动不可测。为提高授时精度，一级母钟与二级母钟一般采用双向授时。

（3）网络时间同步。网络时间同步特指在计算机网络内的服务器与客户端之间利用网络报文交换实现的时间同步。

（4）频率同步。频率同步指的是主从时钟的频率误差保持在一定范围内，频率同步有两种类型。

1）直接传递模拟频率信号，如用电缆或光缆传递 10 MHz、5 MHz、2 048 kHz 等标准频率，或者传递位（bit）宽脉冲，或者同步以太 Sync-E 等。

2）通过测量得到主从时钟的时差，通过锁定主从时差实现频率锁定（PLL），或者间接计算频率偏差，完成频率修正。LTE 子系统使用的频率同步为第二种类型。

目前 4 号线主时钟提供 2 048 kHz 等标准频率和 Sync-E 同步方式。

3. PTP 的应用

目前城市轨道交通的时钟系统一般采用 NTP 协议，NTP 的精度可达 5 ms 以内，能满足一般的应用。若有更高时间精度要求，可以使用 PTP 协议来实现。

在城市轨道交通时钟系统中有网络时间同步和频率同步两类应用。高精度相位同步信号一般采用 PTP 或 1PPS+TOD 协议，其同步精度达到 200 ns，PTP 服务器使用 IEEE 1588V2 协议规范。高精度频率同步信号一般为 Sync-E 或者 2M（2 048 kHz、2 048 kbit/s）协议，其同步精度达到 5×10^{-8} s。

由于 LTE 子系统需要高精度时钟信号实现同步，长沙地铁 4 号线采用了 PTP（IEEE 1588V2）协议来实现，且 LTE 子系统所在网络的中间传输设备（如交换机、通信传输设备等）和终端（如服务器、工作站等）等均支持 PTP 协议。

4. 基本时钟节点的选择

PTP 域中的节点称为时钟节点，城市轨道交通时钟系统的基本时钟节点包括普通时钟（Ordinary Clock，OC）、边界时钟（Boundary Clock，BC）和透明时钟（Transparent Clock，TC）三类。

普通时钟节点在同一个 PTP 域内只有一个 PTP 端口参与时间同步，并通过该端口从上游时钟节点同步时间。

边界时钟节点在同一个 PTP 域内拥有多个 PTP 端口参与时间同步。

透明时钟节点与 BC/OC 相比，BC/OC 需要与其他时钟节点保持时间同步，而 TC 不需要与其他时钟节点保持时间同步。透明时钟节点包括 E2ETC 端到端透明时钟和 P2PTC 点到点透明时钟两种节点类型。E2ETC 直接转发网络中非 P2P 类型的协议报文，并参与计算整条链路的延时。P2PTC 只直接转发 Sync 报文、Follow_Up 报文和 Announce 报文，而终结其他 PTP 协议报文，并参与计算整条链路上每一段链路的延时。

【任务实施】

背景描述	时钟系统是地铁运行的重要组成部分之一，其主要作用是为地铁控制中心调度员、车站值班员、各部门工作人员及乘客提供统一的标准时间信息，并为其他系统提供统一的时间信号，使各系统与本系统时间同步，从而实现轨道交通全线统一的标准时间		
任务步骤	步骤一	列举时钟系统的构成部分	
	步骤二	阐述时钟系统统一时间的原理	
	步骤三	讨论时钟系统在线路运行中的意义	
任务反思	评价在本次任务中的表现		

【任务评价】

序号		任务达成要素	分值	个人自评	小组评价	教师评价
专业能力	1	知道时钟系统的构成	20			
	2	较熟悉时钟统一时间的原理	30			
	3	了解时钟系统的作用	20			
职业素养	4	有创新意识	15			
	5	态度积极认真	10			
	6	在任务实施中有团队协作体现	5			
效果评估总结（对自己学习效果的评估和反思）						

任务 6.5　了解闭路电视监控系统

【学习目标】

知识目标：

（1）了解闭路电视监控系统集成要求；

（2）了解闭路电视监控系统的应用。

能力目标：
(1) 能够掌握闭路电视监控系统的实际应用；
(2) 提升在工作中对闭路电视监控系统应用的认知。

素养目标：
(1) 具备分析与解决问题的能力；
(2) 提升安全和风险意识。

【任务描述】

闭路电视监控系统是一种安全系统，它通过安装摄像头和监视器，对特定区域进行实时监控。该系统可以捕捉和记录视频图像，并可以通过硬盘存储或远程传输。同时，它还可以通过与门禁系统、报警系统等其他安全系统联动，实现更全面的安全防护。通过学习本任务的内容，学习者应了解闭路电视监控系统集成的要求，并且能够在工作中应用该系统。

【知识链接】

城市轨道交通综合监控系统（ISCS）通过系统化方法将各个分散的自动化系统集成为一个有机的综合自动化系统，通过搭建统一的监控层硬件平台和运行平台，实现城市轨道交通各个专业系统之间的信息互通、资源共享，提高各系统的协调配合能力，高效实现系统间的联动，提高城市轨道交通全线的整体自动化水平。综合自动化系统从技术层面上提供切实、可靠、高效的技术手段，增强对各种突发事件的应变能力，提高反应速度，增强灾害事故的抵御能力，从而提高城市轨道交通的运营管理水平及城市轨道交通服务质量和服务水平，更好地为广大乘客服务。

城市轨道交通综合监控系统（ISCS）需要集成或互联的具有代表性的子系统包括电力监控（PSCADA）系统、环境与设备监控系统（BAS）、火灾自动报警系统（FAS）、列车自动监控（ATS）系统、门禁系统（ACS）、自动售检票（AFC）系统、广播（PA）系统、乘客信息系统（PIS）、屏蔽门（PSD）系统、闭路电视监控（CCTV）系统、时钟（CLK）系统等。各个专业的设备多种多样，通过 ISCS 可对这些系统设备进行统一、高效的管理和监控。CCTV 系统作为互联系统之一，可以为城市轨道交通维护管理的各级运营和调度人员提供必要的可视化信息，便于运营、管理人员对现场情况的确认，提高对问题的响应和处理能力。

6.5.1 CCTV 系统概述

CCTV 系统是城市轨道交通运行、管理、调度的配套设备，是 ISCS 中相对独立的一个互联子系统，担负着城市轨道交通运营中的安防重任，同时为事故追查提供视频资料。CCTV 系统能够为城市轨道交通中各级运行、管理人员提供现场真实、实时、直观的可视化监视信息，是城市轨道交通运营管理的有效手段。作为车站值班人员和控制中心各级调度员监视列车运行和站台情况、掌握客流大小和流向的重要工具，CCTV 系统对高效组织、指挥列车运营，对保障运营安全和加强车站管理，提高城市轨道交通运营能力具有重要意义。CCTV 系统一般会在各个车站的站台、站厅、换乘通道、出入口、设备机房、隧道、列车车厢等处设置摄像头，视频服务器将这些摄像头捕捉到的视频进行存储，方便事后查询。车站的运营人员或控制中心的调度人员根据权限可以完成对这些摄像头实时监视、PTZ（云台全方位移动及镜头变倍、变焦）控制等操作。一般车站值班人员只能查看本车站的视频信息，而控制中心调度人员可以查看所有车站的视频信息。

6.5.2 监视范围及功能

车站视频图像的监视范围包括站厅层、站台层、出入口、自动扶梯、变电所变压器室及 10 kV 开关柜室等，在这些处所设置固定摄像机或一体化球形摄像机。覆盖范围还应该包括售票机、闸机、票亭、安检处、垂直电梯轿厢等。在车辆段、停车场，视频图像监视范围为出入场线、平交道口、有人和无人分界区、轨行区、停车列检库内、综合楼出入口及其他重要区域等。

CCTV 系统还需要在各个区间设置区间摄像机，区间摄像机在轨道专用桥监视轨行区、桥墩，以及容易发生人员翻越、跨越区域。在非轨道专用桥应监控轨行区以及容易发生人员翻越、跨越区域。在隧道口，按照 2 个固定摄像机设置，监控隧道口出入 2 个方向。

CCTV 系统采用中心远程监控和车站本地监控两级监视网络，各个车站视频信息，除用于本地监视外，还可通过视频交换机后送到车站的视频网络传输设备，并通过视频传输网络系统传送至控制中心。在控制中心，各级调度员可根据各自授权访问全线实时视频图像信息或者历史图像信息。

6.5.3 综合监控集成要求

目前，正在建设的城市轨道交通工程都要求 CCTV 系统通过与 ISCS 互联进行界面整合。在控制中心总调度、行车调度、环控调度和车站值班等综合监控工作站能够对 CCTV 系统所管辖的区域进行视频图像监视。

1. 集成功能

ISCS 集成 CCTV 系统需要实现以下功能：

（1）对 CCTV 系统的设备工作状态、故障状态，以及通信链路状态和相关报警进行监视。可以绘制 CCTV 系统各个监控点的平面布局图，这些布局图能够清晰地反映当前 CCTV 系统各个设备的工作状态。

（2）NMS（网络管理系统）管理。CCTV 系统的各个设备要接受 NMS 的管理和监视。

（3）视频图像查看。为了简化车站值班人员或控制中心各级调度人员的操作，一般要求在 ISCS 工作站能够直接对授权的摄像头进行视频监视。

（4）视频控制。提供对全线可控摄像头的控制，包括水平移动、垂直移动、画面缩放控制，以及对焦距、光圈、预置位控制等。

（5）画面分割功能。在综合监控的工作站上能够通过画面分割的方式同时对多个 CCTV 系统监视点进行监控。

（6）自动轮巡功能。能够对多组预定义的摄像头分组进行轮流循环监视，减少工作人员的操作次数，提高巡检监视的便利性。轮巡功能可分为自由选择模式和预定模式两种。在自由选择模式中，ISCS 按照程序设定的时间和选定的摄像机，把这些特定的选择信息发送指令给 CCTV 系统。预定模式是 ISCS 向 CCTV 系统发送 CCTV 系统预先设定好的模式号，

CCTV 系统根据模式号执行特定的轮巡模式。

2. 联动功能

(1) 在综合监控工作站，通过配置可以使某摄像机（具有智能视频技术监视功能）与 1 个或 1 组事件进行关联，当该事件出现时，自动选择该摄像机。例如，某自动扶梯运行停止，ISCS 通知 CCTV 系统，并将视频信号切换到该扶梯处的摄像机，且在 ISCS 操作员工作站显示。

(2) 在典型地下车站，由 CCTV 系统提供站台及站厅层的视频信号进入视频图像处理服务器，通过 ISCS 软件平台进行视频图像识别，实现人流密度统计、人流密度异常检测和出入口人数统计等基本功能。通过人流管理控制，联动车站 BAS 系统，进行站内通风空调系统调节，以达到舒适和节能的目的。

3. 集成模式

根据是否在综合监控工作站接收 CCTV 系统视频流并解码显示视频图像，ISCS 与 CCTV 系统的集成方案可以采用以下 3 种模式。

(1) 控制式。ISCS 工作站只从 CCTV 系统获取设备配置组态信息，但是不接收 CCTV 系统的视频流。ISCS 工作站向 CCTV 系统工作站发送控制命令，控制 CCTV 系统工作站显示器上显示的视频通道信息。CCTV 系统工作站上的应用服务程序接收到 ISCS 发送过来的视频通道切换指令后，根据在该指令中包含的显示窗口信息在指定窗口上显示指定视频通道图像内容。根据系统集成联动需要，ISCS 也可以向 CCTV 系统发送推送视频指令、轮巡监视指令等控制指令。这种方式的优点在于，可以充分利用 CCTV 系统的监视器，避免占用 ISCS 工作站的显示资源、CPU 资源，同时也降低了 ISCS 进行界面集成的难度。

(2) 嵌入式。ISCS 工作站接收 CCTV 系统发送过来的视频流，并根据需要解码显示网络视频信号。ISCS 系统集成商根据 CCTV 系统厂家提供的开发包进行界面集成。这种方式的优点在于，提高了 ISCS 的集成自动化水平，操作员可以根据需要在 ISCS 工作站上完成所有视频监视功能。在发生联动时，可以直接在 ISCS 工作站本机推送视频窗口。

(3) 混合式。综合了控制式和嵌入式的功能，既能够向 CCTV 系统发送控制指令，也可以根据需要向 CCTV 系统发送视频流请求，接收这些视频流并解码显示视频图像信息。这种方式的优点在于，提高 ISCS 集成自动化水平的同时，可以根据需要调整，以充分利用 CCTV 系统和 ISCS 的显示资源。

4. 互联接口分析

目前，新建和在建的城市轨道交通 CCTV 系统均采用 IP 数字高清系统，ISCS 与 CCTV 系统直接、单纯的串口通信已经不能够满足业务增长的需要。根据 ISCS 与 CCTV 系统之间的信息交互需求，2 个系统网络的互联接口可采用 ISCS 交换机接入和 ISCS 工作站接入 2 种方式。

(1) ISCS 交换机接入方式。在车站或控制中心，ISCS 交换机直接接入 CCTV 系统交换机，如图 6-14 所示。

在 ISCS 交换机接入方式中，CCTV 系统视频流数据会进入 ISCS 数据网络，在 ISCS 网络带宽受限或者 ISCS 数据量大的情况下，有可能造成 ISCS 运行出错。与此同时，也有可能对 CCTV 系统视频流数据获取不够流畅，导致视频画面出现丢帧、画面不连续的情况发生。一旦发生问题，由于两个网络相互影响，对问题的定位和处理也不容易。

(2) ISCS 工作站接入方式。图 6-15 所示为 ISCS 工作站接入 CCTV 系统。

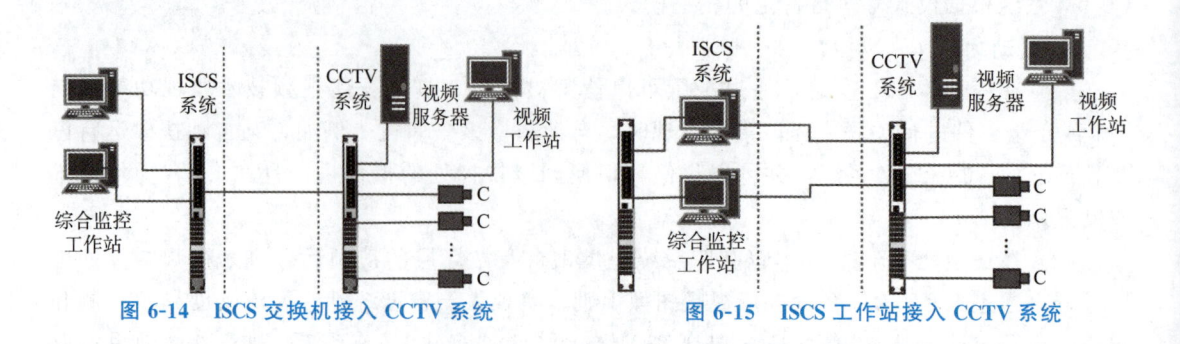

图 6-14 ISCS 交换机接入 CCTV 系统

图 6-15 ISCS 工作站接入 CCTV 系统

在 ISCS 工作站接入方式中，需要对 ISCS 工作站增加和配置独立的网卡并接入 CCTV 系统网络交换机。对于那些没有单独配置网卡并接入 CCTV 系统网络的工作站，是不能够完成综合监控画面上 CCTV 系统应用功能的。

这种接入方式的显著优点在于，保持了 ISCS 和 CCTV 系统网络结构相对独立，CCTV 系统大量的视频数据流不会进入 ISCS 网络交换机。因此，ISCS 和 CCTV 系统的网络数据不会相互影响，不会增加网络负担，为网络带宽提供了更大的裕度。

这种接入方式是目前城市轨道交通 ISCS 和 CCTV 系统进行互联采用得比较多的网络接口方式。

5. 接口互联协议

在车站端，ISCS 与 CCTV 系统的网络接口分界示意如图 6-16 所示。

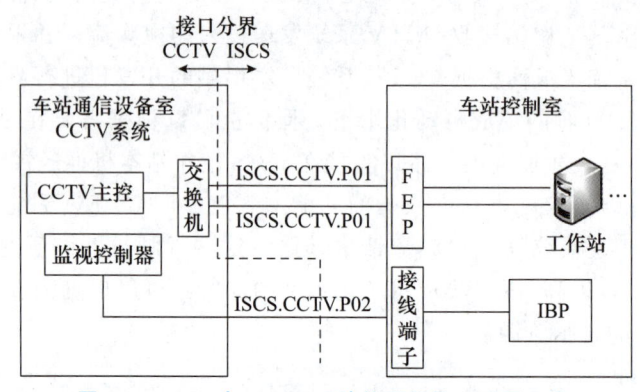

图 6-16 ISCS 与 CCTV 系统的网络接口分界示意

IBP—综合后备盘

中泰版：闭路电视监控系统

中文版：闭路电视监控系统

中英版：闭路电视监控系统

随着信息技术、网络技术、视频编解码技术的不断发展，ISCS 与 CCTV 系统之间进行互联集成的自动化水平也在不断提升。本书根据工程实践经验，总结了城市轨道交通 ISCS

与 CCTV 系统进行集成的功能需求，并对多种集成方案进行了对比分析。此外，本书还对两个系统之间的网络接口进行了分析比较，给出了符合工程实施的建议。

6.5.4 闭路电视监控系统应用

CCTV 系统是轨道交通运营及管理现代化的配套设备，是维护城市轨道交通运行和保证运输安全的重要辅助手段。采用高清视频监控技术可以实现更精确、更高效的视频监控，这不仅是实现高清实时监控与录像存储的需要，也是智能监控的需求。

石家庄地铁 3 号线 CCTV 系统从图像的采集、传送、存储、显示全部达到高清，符合 HDTV 标准的分辨率 1 920 像素×1 080 像素全实时图像画质，编码格式采用国际标准的 H.264。

1. 石家庄地铁 3 号线 CCTV 系统

该系统具有的功能包括高清视频图像采集、显示、存储与共享功能；报警联动功能；云台控制及图像选择功能；远程监控管理、多级权限分配管理功能等。

2. 监视范围

车站的图像摄取范围为每站的站台、站厅、自动扶梯、票务室、变电所变压器室及开关柜室等处，以及自动售检票（Automatic Fare Collection，AFC）系统的售票机和闸机、垂直电梯口及轿厢（轿厢内摄像机由电梯专业人员负责设置，本系统负责接入）、安检区域、售票亭、设备区走廊、银行 ATM、通道出入口（含地面出入口外）及卫生间通道与地铁物业连接通道等位置。

石家庄地铁 3 号线 CCTV 系统由控制中心监控系统、车站监控系统组成，两者均可对系统内的图像进行监视和控制，监视功能相互独立，互不影响。全线闭路电视监控系统采用分布式架构，全网无单一故障失效点，不会因某单个设备故障造成全网瘫痪，用户可在任何一个站点根据授权访问实时图像和历史图像。

3. 车站系统

各车站视频处理设备输出的高清视频信号，通过光纤传送至车站交换机及存储设备，车站再传送至控制中心视频处理设备。为了方便运营维护，闭路电视监控系统设置了网管系统，可对闭路电视监控系统设备进行参数设置、编程及故障告警，以及统一拓扑管理等综合管理。

【任务实施】

背景描述	闭路电视监控系统是城市轨道交通行车组织和安全的重要手段。调度员和车站值班员可以利用该系统监视列车的运行情况、客流情况、变电所设备室设备运行情况等，提高行车指挥的透明度。此外，在车站发生灾情时，闭路电视监控系统也可以作为防灾调度员指挥抢险的指挥工具	
任务步骤	步骤一	简述闭路电视监控系统集成的要求
	步骤二	讨论闭路电视监控系统实际应用案例

续表

任务反思	评价在本次任务中的表现

【任务评价】

序号		任务达成要素	分值	个人自评	小组评价	教师评价
专业能力	1	知道闭路电视监控系统集成的主要要求	25			
	2	能列举一个闭路电视监控系统实际应用案例并简单说明	30			
	3	能列举1~2个闭路电视监控系统接入方式	15			
职业素养	4	有安全意识	15			
	5	态度积极认真	10			
	6	在任务实施中有团队协作体现	5			
效果评估总结（对自己学习效果的评估和反思）						

任务 6.6　了解无线调度通信系统

【学习目标】

知识目标：

（1）了解无线调度通信系统的原理；

（2）了解无线调度通信系统的功能。

能力目标：

（1）能够掌握无线调度通信系统的原理；

（2）提升对无线调度通信系统应用的理解。

素养目标：

（1）具备严谨的工作态度；

（2）提升实际工作中解决问题的能力。

【任务描述】

无线调度通信系统是一种利用无线电波进行通信的调度系统，适用于调度指挥、应急通信和日常工作通信。该系统由调度台、控制台、基地台和移动台等组成，通过无线电波传输语音、数据等信息，实现调度指挥和通信联络。无线调度通信系统具有灵活性和便携性，可以根据需要进行移动和调整，其广泛应用于铁路、电力、石油等领域。通过学习本任务的内容，学习者应了解无线调度通信系统的原理和功能，在掌握无线调度通信系统的基本原理的基础上，提升对无线调度通信系统应用的理解。

【知识链接】

我国城市轨道交通发展了40多年，经历了起步探索的生成期、交通疏解的成长期、规划引导的成熟期三个阶段。自21世纪以来，特别是近十年，我国城市轨道交通建设进入一个高峰时期。同时，对城市各方面发展产生的影响都较为显著。随着城市建设规模和运营线路的快速增长，我国城市轨道交通出现网络化发展的新趋势。我国许多特大城市如上海、北京、深圳等已经逐步形成轨道交通网络。还有许多城市如武汉、成都、重庆等，建设规模巨大，轨道交通正在往区域化、网络化、立体化发展。城市轨道交通网络化发展，要求由传统的线路调度系统向网络化、智能化、集成化方向发展。

6.6.1 无线调度通信系统功能

现阶段，我国各城市轨道交通建设从单一线路向多线路并行建设，初步形成线网状格局，具备了线网间信息联通联运的基础条件。

随着大城市的轨道线路逐渐成网，采用传统"一线一中心"的调度指挥，无法对整个线网进行全局性调度指挥。线网指挥中心由此孕育而生。线网指挥中心统筹负责线网运营管理的工作，将全线路集中管理，直接负责多线路的指挥和运营协调，同时具有综合监控、应急指挥、信息共享、辅助决策等功能。线网指挥中心是以应急调度指挥为核心，同时作为后备区域的运营控制中心，涉及通信、信号、供电、环控等业务系统的综合调度、管理、控制、信息反馈系统。其首要目的是保证日常运输工作的安全、高效、可靠。线网指挥中心调度系统需要将各线调度系统全部汇聚到指挥中心，建立一个统一的调度平台，简化系统设备，减少系统投资和维护成本，提高工作效率。

无线调度通信系统是一个集成系统，主要由无线通道网络系统和二次开发系统组成（图6-17）。无线通道网络是控制中心、车站、车辆段及列车调度通信的通道网络，其由集群交换中心服务器、基站设备（含无线拉远单元）、室分天馈系统等组成。其中，集群交换中心服务器主要部署在控制中心，基站设备部署在中心、各车站区间及车辆段，室分天馈系统基于基站设备信号铺设室内无线网络，提供中心、各车站及车辆段室内的无线覆盖信号。二次开发系统是实现本系统所有功能的应用层系统，基于通道网络进行定制化的二次开发，主要包括CAD服务器、调度台、网管、车载台、固定台等二次开发系统设备，实现组呼、点呼、选呼、广播呼等语音类呼叫、短信收发、转组等业务功能。随着通信技术的不断发展,应用于轨道交通的专网通道从窄带逐渐变成了宽带,系统业务配置更加灵活,在原传统业务的基础上新增了视频回传、视频点呼、视频分发等宽带视频调度集群业务功能。

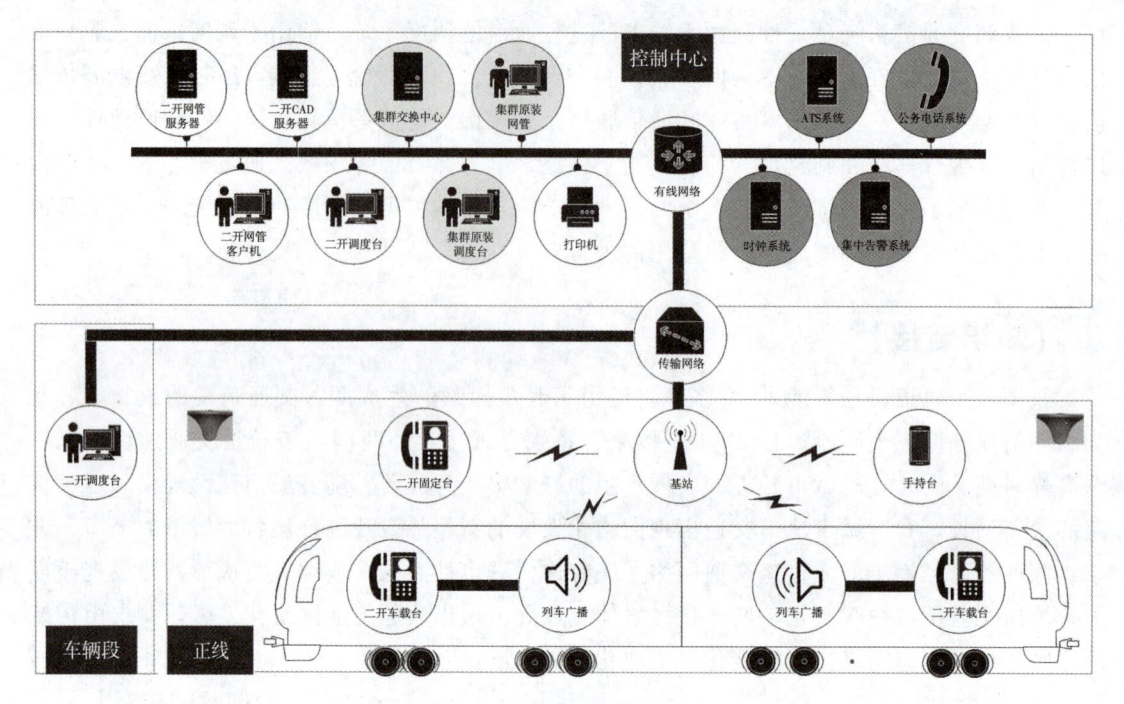

图 6-17 无线调度通信系统

6.6.2 城市轨道交通无线调度系统原理

无线调度系统是为调度用户与已开通或正在建设的线路各调度台、固定台、车载台和手持台等集群用户之间提供语音通信服务和数据服务,在应急时可以对全市任何一条轨道交通线路的紧急或异常情况进行现场调查和协调指挥的无线通信系统。

线网广播系统主要有正常状态下对各线控制中心中央控制室、车站进行广播、插放通告、安全等服务信息的作用。紧急情况下,兼有救灾广播、插放通告、指挥疏导信息的作用。

目前,线网调度系统只是将各种调度系统简单地堆砌在一起,没有形成一个统一的整体,调度人员面前有计算机屏幕,经常需要在各系统中切换,影响工作效率。

线网指挥中心调度员按职能分为总调度员、行车调度员、维修调度员、电力调度员、环控调度员等,每一位调度员都有无线调度台、有线调度台和广播控制盒三种调度工具。无线调度台实现调度员和移动人员(如驾驶员、运营人员、流动维修人员)的通话,有线调度台是调度员和重要固定用户(如各线调度员、车站值班员等)直接通话的专用通话设备,无线和有线调度台实现功能基本一致,只是服务对象不同。广播控制盒对各线控制中心、车站等进行广播服务。虽有三种调度手段,但一个调度员一个时刻只能使用一个系统。

统一调度系统可以将各线的无线、有线调度及广播系统融为一体,直接监听各线路无线、有线通话组(包括列车通话组)的活动,同时也可以直接与各线无线用户(包括手持台和车载台）和有线用户组进行调度通信，还可以不通过广播控制盒，直接进行广播作业。

如图 6-18 所示，统一调度系统包括统一调度服务器、中心调度台（总调度台、行车调度台、维修调度台、电力调度台、环控调度台等）、调度接口服务器、网络交换机、录音服务器、无线系统接口控制器、调度电话接口控制器、广播系统接口控制器、ATS 网关、ISCS 接口、视频分析系统接口等设备。

（1）统一调度服务器：通过标准 SIP 协议，实现对各个调度终端的调度控制业务。其主要包括单呼、组呼，以及群组、预建立等会话管理；会话状态订阅、优先级和应答模式等管理；用户管理、支持即时用户通知、支持大容量会话管理。

（2）中心调度台：根据工作内容，分为总调度台、行车调度台、维修调度台、电力调度台、环控调度台五种，提供多功能的调度使用界面，调度员可以高效地发送各种调度命令，以便完成各种调度业务。

（3）录音服务器：提供录音文件管理功能。其包括存储管理、查询管理、备份管理等。

（4）无线系统接口控制器：每条线路一个，实现不同制式无线集群系统的接口接入与控制，包括不同厂家的 TETRA 系统或 TD-LTE 系统。

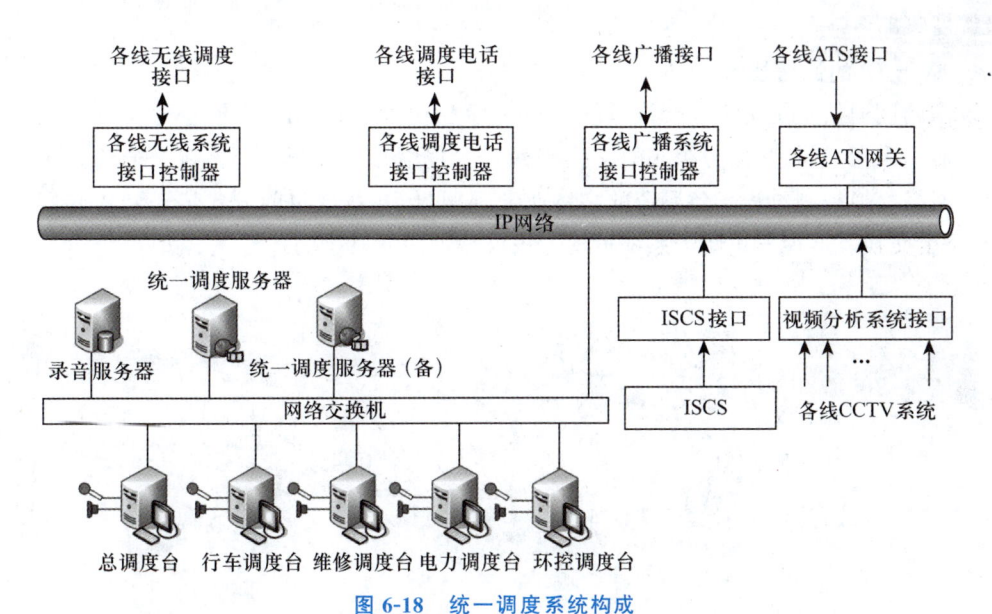

图 6-18 统一调度系统构成

（5）调度电话接口控制器：每条线路一个，实现不同线路的调度电话系统接入。

（6）广播系统接口控制器：每条线路一个，与广播系统互联，实现统一调度台的广播功能。

（7）ATS 网关：每条线路一个，接收各线路 ATS 信息，实现无线系统基于列车车次号呼叫。

采用统一调度可以为城市轨道交通运营带来诸多改善，主要表现在以下方面：

（1）调度手段多样化：可采用视频、语音、广播、指令等多种调度方式，通过多媒体的信息传递，提高调度的效率。与此同时，平台可以对产生的通话进行录音、对现场进行实时录像，不仅可以根据现场情况做行动指导，还可以作为证据对突发事情明确责任，对车站治安维护也提供了一定的帮助。

（2）实现管理集中化：在线网运营指挥中心可以集中显示各通信终端的状态，包括上线、占用、位置等。调度人员在调度指挥中心就能集中监控并操纵整个网络的相关工作，根据调度等级分配相应权限，实现灵活控制调度。

（3）扩展性强：调度平台可以逐步规范各种 API（应用程度接口），并与其他应用服务结合，融合车站的无线、有线网络及车站的业务系统。例如，与车站视频会议系统对接，可实现在通话的同时进行视频会议；与视频监控系统对接，实现控制监控摄像头，实时监控现场情况。

统一调度系统可以解决在传统通信设备之间无法实现的互联互通问题，快速应对突发事件，避免错过最佳的处理时机。应用统一调度系统，工作人员可利用便携的智能终端进行拍摄，利用无线通信系统进行实时上传，指挥中心根据图像，通过语音通话，快速、准确地判断厂家的 TETRA 系统或 TD-LTE 系统。

统一调度系统的核心部分是基于 IP 的网络调度平台，以全 IP 方式实现各系统互联。其关键技术包括基于 IP 的通信技术、精简 SIP 消息机制、基于 IP 组播通信的 SIP 组呼叫、优先级调度策略。

1. 基于 IP 的通信技术

统一调度通信系统基于软交换系统，通过标准化协议和 API 实现互通互联的融合统一调度功能。采用 IP 软交换为核心的交换平台，实现语音、视频、数据融合通信，采用统一的核心网络交换控制过程，各系统的多种业务都通过 IP 数据包的方式传送到核心网络并进行 IP 路由交换。这种方式便于系统扩展。该模型如图 6-19 所示。

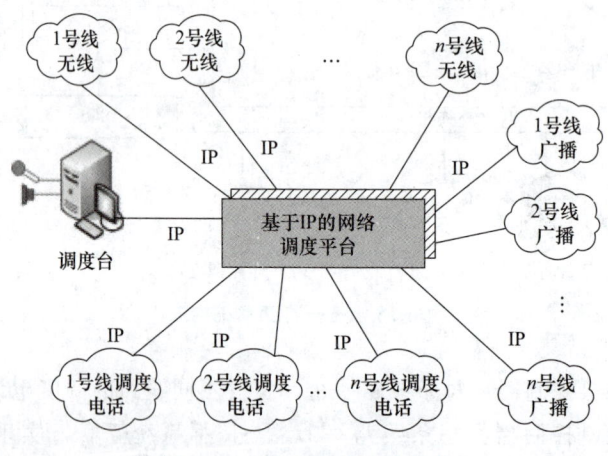

图 6-19 基于 IP 的通信技术

其与传统 IP 交换系统相比，具备如下特点：网络时延是影响实时互联成功与否的关键指标之一，需要在语音编码上采用速度快、延时小的算法。从媒体发送端、接收端来分析，媒体数据的编码解码处理速度是造成延迟的重要原因；从传输层面来分析，突发流量、网络拥塞是造成延迟的最主要原因，其可能导致数据包丢失、延时到达、乱序等问题。

解决这一难题的最重要手段之一是拥塞控制，它在缓解网络拥塞、减少网络延迟、平滑数据传输等质量保证方面发挥重要作用,拥塞控制可分为发送端基于丢包率的码率控制和接收端基于延迟的码率控制。发送端基于丢包率估算当前可用带宽,接收端基于语音包到达时间计算可用带宽,接收端发送反馈给发送端,然后基于发送端的带宽估算和接收端的带宽估算决定最终的发生速率,该模型如图6-19所示。

针对IP语音包的网络时延抖动,采取有效语音缓冲算法,提高较好的语音质量。如通过估算网络平均时延和学习语音包经过网络路径上的状态,确定需要控制端到端时延大小和语音包的丢包率,动态调整Jitter Buffer队列的最小深度和最大深度,可以尽量减少语音裂缝(gap)的出现,并使语音包在接收端的调度时延与丢包率得到一定的平衡。

传统IP交换系统不具备识别PPT信号的功能,统一调度系统为实现无线系统手持台跨线互通,PPT信号识别和释放是重要内容之一,统一调度系统需要进行PPT信号识别和抢占判断。

2. 精简SIP消息机制

SIP(Session Initiation Protocol)是为了实现IP语音业务,由IETF提出的应用层控制协议,用来建立、调整和终止IP会话业务。SIP凭借简单、易扩展、便于实现等诸多优点成为NGN和3GPP多媒体子系统中的重要协议,同时还具有支持移动性、简洁高效、适用性好的特点。其可与现有的IP数据网络平滑对接,完成有线与无线IP网络多媒体业务的互通。但SIP采用基于文本的消息格式,消息体字节数较大,信息的有效率不高,对统一调度系统的无线传输通道是不合适的。在SIP消息的处理过程中,消息的解析过程及信令传输路由上的存储和转发延迟,会导致整个通信过程的传输延迟比较大。

SIP消息作为统一IP调度平台会话控制信令,由于过于冗长,解析过程可能成为系统时延的瓶颈。为了改进系统的性能,保证系统的稳定性,应优化消息解析过程,达到节省信道资源,降低SIP信令在无线网络中占用资源过多、传输延迟的目的。该精简机制在实际应用中将起到非常关键的作用。SIP信令压缩主要机理如下:

3GPP引入了信令压缩方式SigComp,它位于应用层与传输层之间,为应用层消息提供可靠、无损的压缩,而且能运行在TCP、UDP和SCTP层。SIP消息首先由压缩发送模块发送给压缩机进行压缩,得到压缩后的SigComp消息,由压缩发送模块发送给传输层,然后传送到终端的解压发送模块,解压发送模块将收到的SigComp消息进行解压,解压后的结果再由解压发送模块发送给应用层。一般来说,压缩方法对于别的SIP服务器并不是透明的,而是涉及服务器必须支持这些相同协议的压缩和解压缩机制,而且压缩和解压缩过程需要在终端实现,对于终端要求有较高的运行处理能力。另外,由于有多种压缩算法,因此要求在传输任何的SIP压缩消息前,增加协议协商的能力,这些都增加了终端的复杂性和成本。

3. 基于IP组播通信的SIP组呼叫

IP组播(Multicast)是一到多或多到多的多方通信形式,在IP网络中,如果源IP主机同时给多个接收者传输相同的数据,需要再复制一份相同的数据包,网络只需在用户的分支点进行复制,在分支以上的网络只要传输一个数据流。IP组播提高了数据传递效率,节约了网络的带宽及服务资源。

标准IP组播业务模型定义主机和路由器IP层应有的功能机制和上层所看到的组播业务

形状。主机组（host group）是 IP 组播概念的核心，由多个主机组成，共用一个 IP 组播地址标识，目的地址是组地址的组播数据，以 IP 数据包的 best-effort 方式发送到各主机，组播路由器承担组播数据的寻路和转发控制功能。这些路由器和链路组成一个控制组播数据传送的逻辑结构，称为组播转发结构（delivery structure），通常情况下，这种结构是树形的结构，被称为转发树，在转发树上的组播路由器可进行接收、复制、转发组播数据。在统一调度系统中，调度台对不同线路的广播，使用基于 IP 的组播通信，可以极大地减少网络流量和提升群组呼叫的效率。

4. 优先级调度策略

调度系统赋予某些用户特权，如切断已有通话和强插、强拆等功能。统一调度系统要想处理各线各类呼叫，同样要制定优先级策略，优先级是处理呼叫冲突的有效机制。优先级队列调度采用排队模型，调度系统属于抢占优先权排队系统，不同于先进先出队列。

令 S_1 为低优先级队列，S_2 为高优先级队列，$S_n=0$、1、2 分别表示为服务台空闲状态、低优先级服务和高优先级服务。在队列中只有 S_1 时，按照先进先出的规则进行调度服务，此时 $S_n=1$。如果此时更高优先级的 S_2 到达系统，系统取消对低优先级 S_1 的调度服务，使 S_1 重新进入系统队列继续排队等待，此时 $S_n=2$。只有当 $S_n=0$ 时，队列 S_1 才能进入系统。对同一优先级队列按照先进先出的规则进行调度服务。

统一调度系统使系统设备得到简化，充分利用资源，更有利于节省后期维护费用，减少设备投资，降低施工成本。调度系统更加网络化、智能化、集成化，符合未来的发展方向。

统一调度系统可以快速应对突发事件，从而解决传统通信设备之间无法实现互联互通所造成的最佳处理时机的错过问题，为保障地铁的安全运行起到了很好的支撑作用。

❄ 6.6.3 几种主流制式的无线调度通信系统比较

1. 基于 TETRA 的数字集群调度系统

基于 TETRA 的数字集群通信系统是由第一代模拟集群通信系统发展而来的。该系统是由多基站的 TETRA 数字集群形成的一个有线、无线相结合的网络，主要由设置在运营控制中心（OCC）的调度台[含二次开发行车调度台系统、设备（电力、防灾）调度台系统、维修调度台系统、车辆段/停车场调度台系统及 TETRA 原装调度台]、二次开发 CAD 服务器系统、网管系统（含二次开发网管、TETRA 原装网管）以及实现核心集群业务、通道网络的集群交换控制系统；设置在站台和站厅的基站、室内分布系统、固定台；安装在机车上的车载台，工作人员使用的手持台，以及在车辆段/停车场的调度台、基站等设备构成。

（1）集群交换控制系统包含多个业务子单元，所有终端之间的通信均需要通过集群交换控制系统进行中转调度，再转发至目的地设备，是无线系统的核心大脑。

（2）基站设备是连接终端设备和集群交换控制系统的桥梁设备，一般由基站和直放站拉远设备组成，终端设备将信号发送至基站，经由基站设备转发至集群交换控制系统，再由集群交换控制系统转发至目的地附近基站，最终由该基站将数据推送至目的设备。

（3）二次开发调度台系统由 CAD 服务器和调度台组成，CAD 服务器为后台运行设备，主要提供本系统列车组、车站组、通话组等基础数据的维护功能，同时接收信号系统 ATS 数据、时钟数据并转发给本系统其他业务子系统，进行列车位置信息显示和时间校时；二次开发调度台是二次开发系统的核心子系统，主要由控制中心行车调度人员、维修调度人员使用，行车调度人员通过该子系统实现对正线驾驶员的行驶调度，车场调度人员通过该子系统实现对车辆段区域驾驶员的统一调度，其他维修及设备行车调度人员通过该子系统与全线维修人员进行无线通话。

（4）二次开发网管主要实现本系统设备、网络等故障管理功能，当设备宕机、软件崩溃时，网管子系统通过声光提示实时报警，同时二次开发网管通过 SNMP 协议可以接收通道网络设备的故障信息，在本机上显示。

（5）车载台和固定台设备均为二次开发终端设备，通过定制化的设计，分别安装在列车驾驶室和车站车控室，实现列车驾驶员及车站值班人员和中心调度员的无线通话。

TETRA 的出现标志着集群通信从模拟时代跨越到数字时代，TETRA 是过去 20 年轨道交通行业的主流语音集群调度技术，语音集群调度功能完善，性能稳定，满足轨道交通的语音集群调度业务应用，主流通道厂家包括摩托罗拉、欧宇航、海能达等，目前部分新线路建设仍在使用 TETRA 制式的无线通信系统。

2. 基于 LTE 的宽带集群调度系统

随着 3G 到 4G 通信技术的发展，1.8 GHz 的 TD-LTE 制式的轨道交通专用无线通信系统基于行业 B-TrunC 宽带集群标准，专网频段范围为 1 785～1 805 MHz，共 20 MHz 带宽。主流通道厂家包括鼎桥、华为、中兴等，目前广州、上海、南京、宁波、哈尔滨等城市地铁均已开始应用或在建，基于 LTE 的专用无线通信系统正迎来爆发式发展增长期。

LTE 宽带传输通道彻底打破了原有至少 3 张不同网络去承载 CBTC、集群、CCTV、PIS 等车地通信系统的方式，通过同一张网络对车地通信系统进行综合承载，是车地通信系统的里程碑式的转变，大大降低了通信系统的网络复杂度、整体运营维护成本。

（1）对使用其通道的无线通信系统而言，从系统网络架构上来说，核心网到 BBU、RRU 及终端的架构方式更加扁平化；同时支持 B-TrunC 标准的不同通道厂家设备理论上可以进行互联互通，而 TETRA 在窄带网络中不同通道厂家的设备无法互联互通。

（2）从实现方式上来说，不再受限调度台实现集群语音、CAD 负责注册鉴权、网络短数据中转的传统方式，LTE 核心网侧提供了丰富的账号资源，业务系统注册鉴权不再受限，系统业务配置更加灵活。

（3）从业务应用上来说，传统的集群语音、数据等业务不变，丰富的带宽资源使系统增加了视频监控、点呼、分发等宽带视频调度业务；窄带网络对二次开发终端设备、调度台进行录音，手持台设备无法录音，而 LTE 网络通道厂家提供了丰富的录音录像二次开发接口，通过直接从 LTE 集群调度服务器侧获取音视频数据，生成 WAV、MP4 等音视频文件，实现对全网设备的录音和录像。地铁人员使用手持台频率较高，遍布全线各区域，全网录音、录像为运维故障问题的后续追踪提供了有效保障。同时，在目前全自动无人驾驶等智慧地铁的场景趋势需求下，LTE 为列车乘客在紧急情况下与中心调度视频直联的乘客调度等业务场景提供了重要的数据通道。

中泰版：无线集群调度系统　　中文版：无线集群调度系统　　中英版：无线集群调度系统

🌀 【任务实施】

背景描述	无线调度通信系统是用于指挥城市轨道交通运营的专用无线通信系统。该系统以铁路运输调度为目的，利用无线电波的传播，完成列车与调度中心之间或列车与列车之间的通信。这种通信系统不仅用于车站值班员与驾驶员（站车）之间的对讲，还为调度员、车站值班员、驾驶员之间的通信提供手段，同时也可以进行数据传输	
任务步骤	步骤一	讨论无线调度通信系统的原理
	步骤二	列举主流的无线调度通信系统
	步骤三	讨论无线调度通信系统发展方向
任务反思	评价在本次任务中的表现	

🌀 【任务评价】

	序号	任务达成要素	分值	个人自评	小组评价	教师评价
专业能力	1	较熟悉无线调度通信系统原理	30			
	2	了解一些主流的无线调度通信系统	25			
	3	能列举无线调度通信系统的一些发展方向	15			
职业素养	4	有责任心	15			
	5	态度积极认真	10			
	6	在任务实施中有团队协作体现	5			
效果评估总结（对自己学习效果的评估和反思）						

任务 6.7　了解乘客信息系统

【学习目标】

知识目标：
(1) 了解乘客信息系统的工作原理；
(2) 了解乘客信息系统的结构。

能力目标：
(1) 能够掌握乘客信息系统的基本原理；
(2) 能够加深对乘客信息系统应用的理解。

素养目标：
(1) 具备严谨的工作态度；
(2) 提升实际工作中解决问题的能力。

【任务描述】

乘客信息系统采用多种传输媒介与传输方式，将各类信号送至终端，向乘客提供各种咨询服务。其原理是利用先进的网络技术将各种信息（如文字、图像、声音等）通过网络传送至终端设备（如显示器、喇叭等），以提供给乘客。其主要由服务器、网络设备、终端设备等组成。服务器负责数据处理与存储，网络设备负责信息传输，终端设备负责信息展示。通过学习本任务的内容，学习者应了解乘客信息系统的原理和结构，在掌握乘客信息系统基本原理的同时，加深对乘客信息系统应用的理解。

【知识链接】

6.7.1　乘客信息系统概述

乘客信息系统是依托多媒体网络技术，以计算机系统为核心，通过列车的显示终端，使乘客及时、准确地了解列车运营信息和公共媒体信息的多媒体综合信息系统。乘客信息系统采用 1 000 MB 冗余环网连接方式，当任何一根网线断开时，仍能保证 100 MB 带宽的干线网络。传输延迟小于 3 ms；以多媒体播放的形式向乘客提供当前线路的车站信息和换乘信息；遇到紧急情况，乘客可以通过报警装置通知地铁工作人员进行处理；实时监控列车车厢，保存监控录像；支持灵活的时间周期广告业务，如按周、月、年等。

6.7.2　乘客信息系统结构

乘客信息系统包含驾驶室广播主机（PCU）、客室广播主机（SCU）、终点站 LED 显示屏（FDU）、客室 LED 显示屏（IDU）、驾驶室扬声器（CLS）、客室扬声器（ILS）、驾驶室全景摄像头（CAM-C）、客室全景摄像头（CAM-S）、驾驶室前视摄像头（F-CAM）、12.1 in

监控触摸屏（VWD）、21.5 in LCD 显示屏（LCD）、28 in LCD 动态地图（LCDM）、驾驶室广播控制盒（DACU）、乘客紧急对讲装置（含麦克风，PECU）和网络硬盘录像机（NVR）。乘客信息系统整车结构如图 6-20 所示。

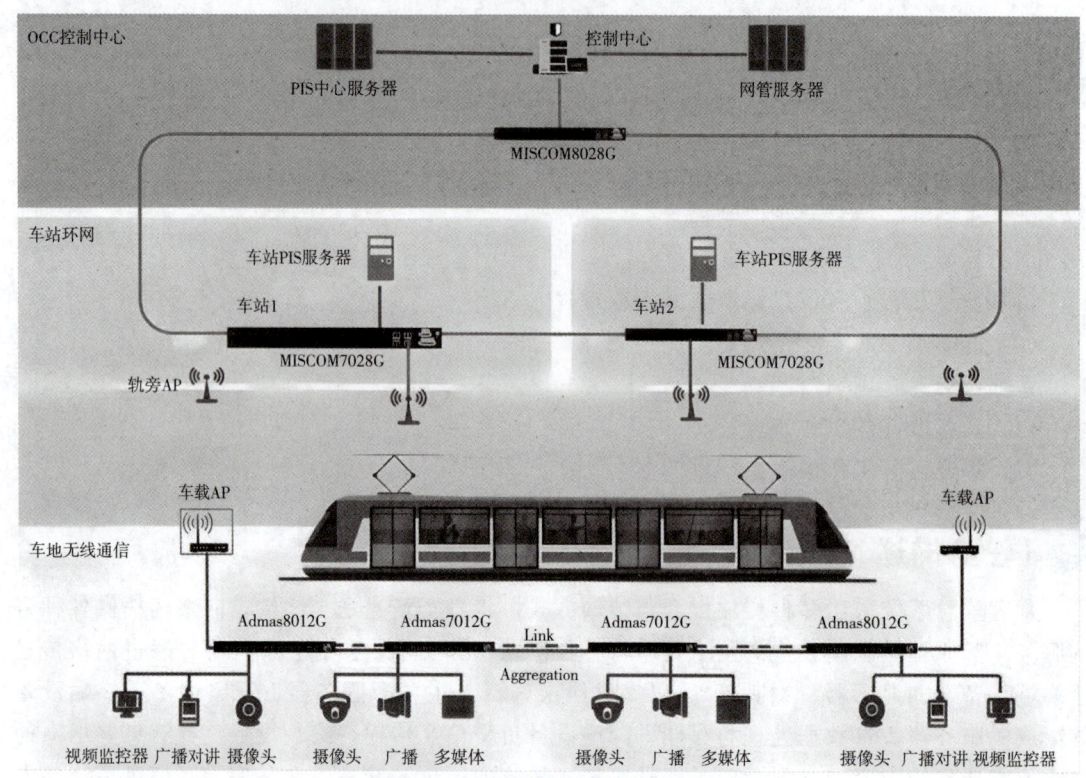

图 6-20 乘客信息系统整车结构

在系统结构图中，用不同的颜色表示不同类型的连接线，采用以太网传输的全数字列车广播系统，所有音频信息都是以数字形式通过以太网传输。其中，车辆控制总线采用 1 000 MB 冗余环网以太网进行连接，具有强大的耐故障能力，单点的线路故障不会影响整个系统的功能。车辆语音总线用于降级广播。驾驶室广播主机和列车控制单元之间采用 MVB 协议进行通信。广播控制单元与扬声器、客室广播主机与扬声器之间使用音频线进行连接。

乘客信息系统适于轨道交通应用，采用 DC110 V 电源供电，其电压波动范围为 77～137.5 V，振动与冲击执行《轨道交通 机车车辆设备冲击和振动试验》（IEC 61373—1999）标准，电磁兼容性应符合 EN 50121 标准的要求。乘客信息系统的线缆及非金属材料应满足低烟、阻燃、无卤要求。

整个系统按照模块化和集成化的原则进行设计，由列车音频信息系统、视频信息显示系统、视频监控系统及便携式测试维护系统等组成。

视频监控系统提供的功能包括：

(1) 驾驶室内的实时音视频监控。
(2) 客室内的实时视频监控。
(3) 对环网中的监视头进行实时录像。
(4) 当紧急警报触发时，视频监控系统能够自动进行联动，将指定的摄像头画面显示在驾驶室监控屏上。

(5) 提供 OCC 监控功能接口。

PA 系统由驾驶室广播主机（PCU）、驾驶室广播控制盒（DACU）、乘客紧急对讲装置（含麦克风，PECU）、驾驶室扬声器（CLS）、客室扬声器（ILS）和客室广播主机（SCU）组成。

1. OCC 广播

列车广播系统自动接收车载无线电系统发出的控制信号，并使控制中心对乘客的广播功能有效。列车广播设备打开相应广播通道播放 OCC 广播信息，并传送到驾驶室和客室。在任何驾驶模式下，OCC 都能实现对列车的广播，OCC 对列车的广播由 PIS 自动响应，不需要驾驶员的控制。列车广播系统具有相应的音频接口、控制接口。

2. 数字化自动报站系统

数字化自动报站系统支持普通话和英文两种语言。其包括全自动报站、半自动报站和手动报站等工作模式。该系统通过硬线切换接口，可以对全自动、半自动和手动报站模式进行切换。站间广播分为两次：出站广播、到站广播。

数字化自动报站系统将需要播报的有关该线路信息、车站信息、乘客注意事项、应急信息、广告、换乘信息和紧急信息等需要公开告知的语音片段和显示的相关信息事先录制好并经过数字化处理后存放于 PCU 内。当需要播放时由系统自动调用车辆内扬声器广播，并同步在客室显示器显示相应的显示信息（可设置报站广播对应的信息是否在 LCD 上显示）。

3. 信息显示系统（PIDS）

PIDS 系统由驾驶室广播主机（PCU）、终点站 LED 显示屏（FDU）、客室 LED 显示屏（IDU）、21.5 in LCD 显示屏（LCD）、28 in LCD 动态地图（LCDM）组成。

所有的 LED 屏都具有超时保护功能，如果 10 min 内没有从 PCU 收到信号，为避免乘客接收到错误信息，LED 屏会自动关闭；当重新收到信号后，自动恢复显示。LCD 显示屏具有超时保护功能，当长达 10 min（该时间可调）没有接收到信号或信号微弱时，超时保护将起作用，显示屏将显示固定图像，以避免向旅客显示任何错误信息。

LCD 屏播放内容顺畅清晰，不出现画面中断或者跳帧的现象，不同播放内容之间的画面切换显示间隔不大于 1 s；动态切换播出画面，保护 LCD 不被灼伤，切换过程平滑，无停顿，无黑屏；媒体播放内容存储于 PCU 的媒体控制卡内，采用 32 GB 存储卡，媒体播放控制器的储存能力不少于 300 min 媒体播放内容，传送速度为 8 Mbit/s；视音频压缩媒体采用 H.264 编解制式，支持多分辨率（标清 720×576、1 280×720P、1 920×1 080i、1 920×1 080P）片源的播放，当采用低于设备支持的最高分辨率时，播放不得在屏幕左右产生黑边。

6.7.3 标准地铁列车乘客信息系统工作原理

标准地铁列车乘客信息系统在设计之初综合考虑了用户、各主机厂、供应商等各层面在以往项目中暴露出来的问题，例如：

（1）运营维护中备品备件种类多、成本高；

（2）国内十几家供应商技术方案差异大，技术路线不统一；

（3）系统机械接口、电气接口、系统拓扑多样化等，最终导致产品质量不稳定、故障率高等一系列问题。

标准地铁列车乘客信息系统技术研究的总体目标为以用户需求为导向，按照整车顶层参数设计要求，在系统成熟可靠的基础上，实现功能配置化、部件模块化、设备简统化；实现不同供应商产品外形及机械接口一致,达到系统的整体互换,减少备品数量,全面降低系统及零部件的采购及运用检修成本;降低各制造企业的产品研发和生产试验成本,减少重复研发工作,缩短交货周期,并快速响应用户需求;可根据不同的需求进行功能配置,满足不同用户的个性化需求。以下就几个设计过程中的关键点进行详细阐述。

1. 总线形式

目前国内地铁列车主要采用以下几种总线方式:

(1) RS-485 总线、模拟音频总线、以太网总线;

(2) CAN 总线、模拟音频总线、以太网总线;

(3) MVB 总线和以太网总线;

(4) 以太网总线和模拟音频总线。

2. RS-485/CAN 总线、模拟音频总线和以太网总线

图 6-21 所示的总线架构中,报站广播和人工广播通过模拟音频总线中的广播音频总线传输,驾驶与驾驶对讲、驾驶与乘客对讲通过模拟音频总线中的对讲音频总线传输。上述两种通信控制由 RS-485 总线或 CAN 总线实现。以太网总线用于传输乘客信息显示和视频监控系统的视频流及控制信号。

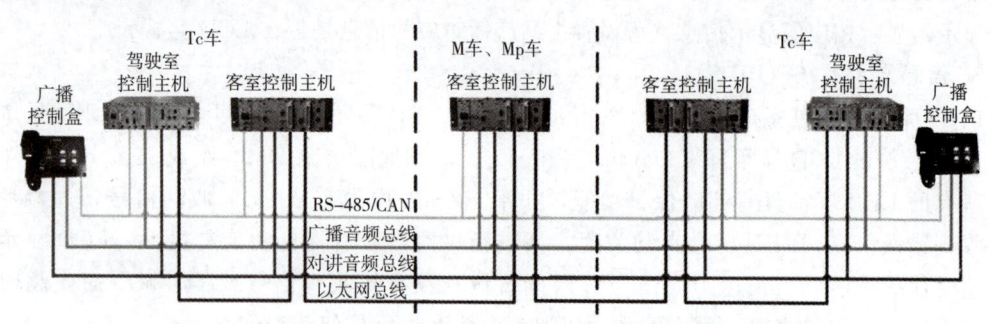

图 6-21 RS-485/CAN 总线、模拟音频总线和以太网总线组网方式

3. MVB 总线和以太网总线

部分列车的广播系统采用了 MVB 总线、以太网总线组网方式,如图 6-22 所示,报站广播、人工广播、驾驶与驾驶对讲、驾驶与乘客对讲均通过 MVB 总线传输。以太网总线用于传输乘客信息显示和视频监控系统的视频流及控制信号。

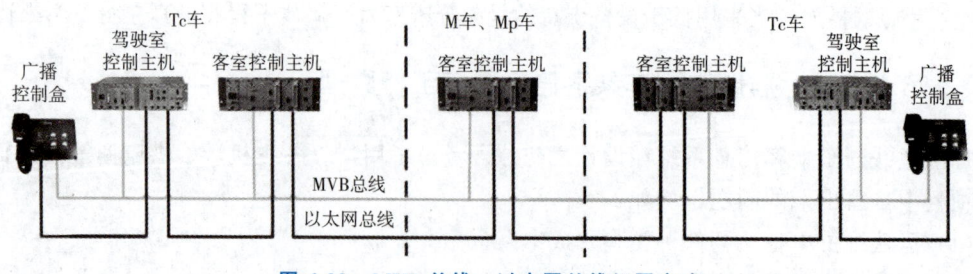

图 6-22 MVB 总线、以太网总线组网方式

4. 以太网总线和模拟音频总线

图 6-23 所示的总线构架中,以太网总线一般采用冗余方式(聚合或环网等)。正常情况下,系统的所有信息通过以太网总线进行传输,即全数字化。当列车级以太网出现完全故

障，导致客室车厢不能正常通过以太网传输数据时，驾驶员可以使用话筒，通过模拟音频总线直接发送模拟音频到客室的功率放大器，实现人工广播。

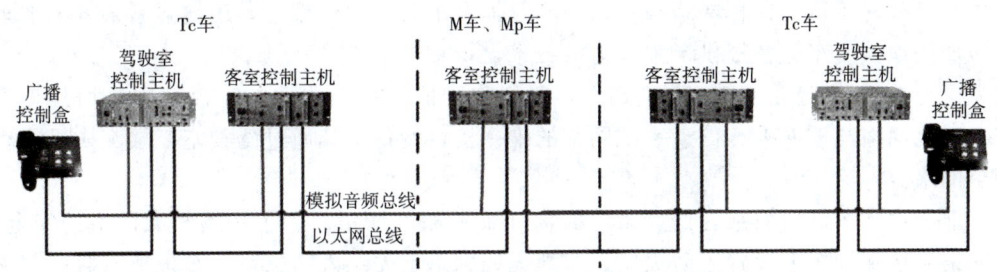

图 6-23　以太网总线和模拟音频总线组网方式

5. 标准地铁列车总线方案

随着通信技术的快速发展，以及经过近几年不断研究、探索及积累的经验，现在的以太网总线和模拟音频总线架构的乘客信息系统已日趋成熟，故障率也随着设计经验的丰富和技术的进步而逐年下降。同时，以太网全数字传输方式也符合世界发展趋势，符合系列标准IEC 62580 的要求。因此，标准地铁乘客信息系统采用以太网总线和模拟音频总线形式。

6. 系统拓扑

随着城市轨道交通对车辆可靠性及安全性要求的不断提升，对网络系统的冗余性和稳定性提出了更高的要求。目前，乘客信息系统常用的以太网网络拓扑形式有聚合线性网、跨接环网和双交换机环网三种，如图 6-24 所示，双交换机环网是环网的一种拓扑形式，相邻客室交换机之间两两连接，最后组成环状网络拓扑。由于每节车厢配置了两台交换机，为了节约空间，将两台交换机集成在一个 3U 机箱中，每节车厢同一类型的终端可以分别接入两台交换机，系统冗余性更高。

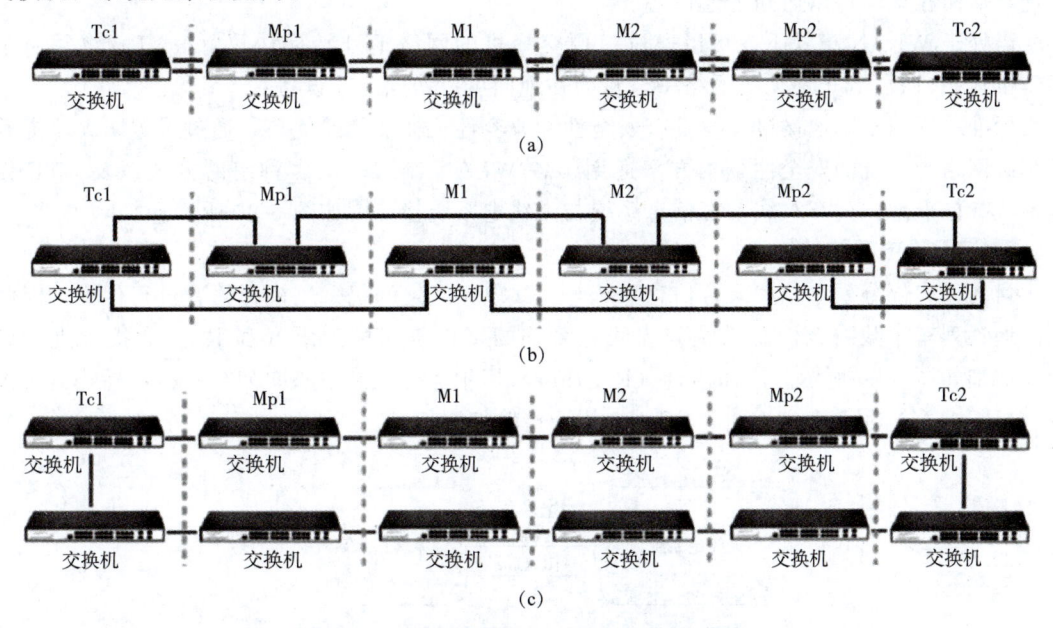

图 6-24　以太网的三种网络系统简易拓扑图
（a）聚合线性网；（b）跨接环网；（c）双交换机环网

标准地铁列车乘客信息系统经过优化升级，现采用先进的双交换机环形以太网架构，确保数据传输的高效稳定。同时，系统还配备了应急模拟音频总线，以应对突发情况，保障乘客信息及时准确传达。这种网络拓扑结构不仅提升了系统的可靠性，还增强了乘客的乘车体验，为现代地铁列车运营提供了强有力的技术支持。

无论是在 LTE 还是 WLAN 模式下，车载乘客信息系统的驾驶室控制主机均是车载乘客信息系统网络与地面乘客信息系统网络的唯一接口设备，其通过驾驶室三层交换机隔离车地两个网络。

标准地铁列车对地面乘客信息系统的接口如图 6-25 所示。为了提高车载网络的安全性，车载网络系统在列车上设置了防火墙，车地无线网络首先接入防火墙，车地所有数据都需要经过防火墙进行安全策略防护。网络防火墙只作数据安全策略防护，设备的内外网地址映射等由各子系统完成。驾驶室交换机应为三层交换机，用于车地网络的隔离。

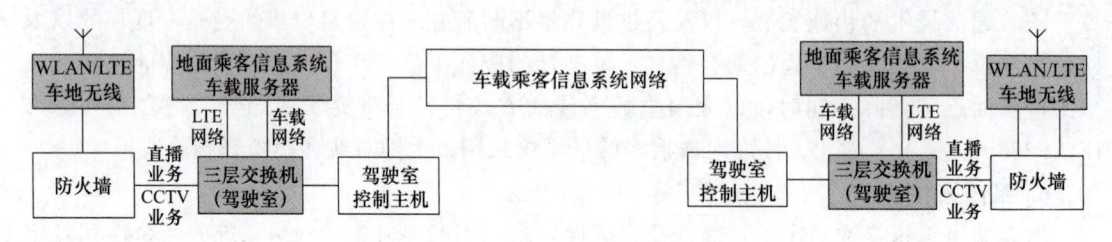

图 6-25 系统接口图

当处于 LTE 模式下，列车两端的列车接入单元（TAU）可通过车载乘客信息系统通道来实现虚拟路由器冗余协议（VRRP）功能。TAU 同时工作时，驾驶室交换机通过 VRRP 虚拟一个网关，可以将每一个网络摄像机（IPC）和网络硬盘录像机（NVR）设置不同的 IP 地址，从而在地面可以访问上述设备。

当处于 WLAN 模式下，可以通过三层交换机的网络地址转换协议（NAT）将每一个 IPC 和 NVR 映射到车地无线网络中，从而在地面可以访问上述设备。

标准地铁列车车地接口方案具有安全性、兼容性、标准化的优势，通过设置防火墙提升了车载网络与系统的安全性。本方案适用于各 WLAN 制式下的多种组网方式以及 LTE 无线系统。标准地铁列车车载乘客信息系统与无线电系统接口图如图 6-26 所示。

7. 与无线电系统的接口

目前，大部分列车车载乘客信息系统与无线电系统之间仍采用模拟语音进行传输，因此标准地铁列车车载乘客信息系统与无线电系统的接口按照模拟语音和 RS-422 接口进行设计，详细如图 6-26 所示。广播语音（RA Line）用于运行控制中心向列车进行广播，对讲语音（MIC Line）用于车地对讲，RS-422 用于传输控制信号。

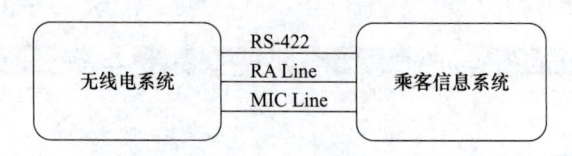

图 6-26 标准地铁列车车载乘客信息系统与无线电系统接口

（1）为了减少重复研发工作，标准地铁列车乘客信息系统对设备外形及安装尺寸、设备的电气接口及通信协议等进行了标准化设计，实现了系统的整体互换。

（2）标准地铁列车乘客信息系统对系统功能也进行了标准化设计，同时采用菜单式配置方式，供用户进行选择，在29项基本功能基础上，推出了7项选配功能，用户可根据需求进行个性化定制。

（3）在标准地铁列车技术平台下，乘客信息系统搭建了两种系列化产品平台，即A型车和B型车平台，两种平台只是终端设备数量不同，系统整体结构一致。

标准地铁列车乘客信息系统的设计充分吸收了以往项目积累的经验，同时也满足了未来技术的发展趋势。在标准化、模块化设计的基础上，增加选配项，以满足不同用户的个性需求，受到了各个地区用户的一致认可。标准地铁列车乘客信息系统的研制和示范应用，将推动我国地铁列车乘客信息系统标准体系的进一步完善，引领我国城轨装备标准化发展，降低乘客信息系统全寿命周期成本，增强我国城市轨道交通装备技术核心竞争力，为实现城市轨道交通高质量可持续发展，助力交通强国战略提供重要的装备支撑。

【任务实施】

背景描述	乘客信息系统是一种多媒体信息发布、播控与管理的平台，旨在为乘坐地铁、轻轨等轨道交通工具的乘客提供各类资讯服务	
任务步骤	步骤一	讨论乘客信息系统的原理
	步骤二	讨论乘客信息系统的结构
任务反思	评价在本次任务中的表现	

【任务评价】

	序号	任务达成要素	分值	个人自评	小组评价	教师评价
专业能力	1	较熟悉乘客信息系统的原理	30			
	2	能够列举乘客信息系统的结构	25			
	3	熟悉乘客信息系统的作用	15			
职业素养	4	有服务意识	15			
	5	态度积极认真	10			
	6	在任务实施中有团队协作体现	5			

续表

序号	任务达成要素	分值	个人自评	小组评价	教师评价
效果评估总结（对自己学习效果的评估和反思）					

中泰版：课程总结　　　　中文版：课程总结　　　　中英版：课程总结

后　　记

  在全面解析城市轨道交通信号系统及其相关设备的原理、功能与应用之后，我们不难发现，这一领域的发展不仅是技术层面的迭代升级，更是现代交通理念和智能科技深度融合的具体体现。从传统的机械联锁到先进的计算机联锁，从固定闭塞到移动闭塞，再到集成了通信技术的 CBTC 系统，每一项技术创新都极大地提升了城市轨道交通系统的运行效率、安全性和可靠性。

  回望整个探讨过程，我们关注了基础设备如信号机、转辙机等在保障列车安全行驶中的关键作用，并深入探讨了信号系统如何通过智能化手段优化资源分配、提升运输效能。同时，通过对闭塞方式演变历程的回顾及对 ATC 系统、通信系统的分析，我们得以窥见未来城市轨道交通发展的无限可能。

  值得注意的是，在科技进步的同时，我们也应认识到城市轨道交通信号系统建设所面临的挑战，如软件变更带来的维护复杂性、新旧系统兼容问题及信息安全风险等。因此，在推动技术创新的过程中，我们必须同步强化标准制定、规范管理、人才培养及安全保障等方面的工作，以确保轨道交通行业的健康发展。

  总体来说，本书旨在提供一个对城市轨道交通信号系统及相关设备的全方位认识框架，揭示其在实现高效、安全、绿色出行目标中的核心地位。展望未来，随着 5G、物联网、人工智能等新一代信息技术的不断融合，城市轨道交通信号系统必将迈入更加智能化、自动化的新时代，为构建智慧城市的交通脉络贡献力量。而作为读者，我们期待并鼓励更多专业人士投入其中，共同书写城市轨道交通事业新篇章。

专业术语规范表

ATC：列车自动控制（Automatic Train Control）
ATO：列车自动驾驶（Automatic Train Operation）
ATP：列车自动防护（Automatic Train Protection）
ATS：列车自动监控（Automatic Train Supervision）
BTM：应答器传输模块（Balise Transmission Module）
CBTC：基于通信的列车控制（Communication Based Train Control）
CI：计算机联锁（Computer Interlocking）
DCS：数据传输系统（Data Communication System）
LEU：轨旁电子单元（Lineside Electronic Unit）
MSS：维护支持系统（Maintenance Support System）
MTBF：平均故障间隔时间（Mean Time Between Failure）
MTR：多列车进路（Multiplied Train Route）
MTTR：平均故障恢复时间（Mean Time To Restoration）
PIS：乘客信息系统（Passenger Information System）
PSD：屏蔽门（Platform Screen Door）
RAMS：可靠性、可用性、可维修性和安全性（Reliability、Availability、Maintainability、Safety）
SIL：安全完整性等级（Safety Integrity Level）
TSR：临时限速（Temporary Speed Restriction）
UPS：不间断电源系统（Uninterruptible Power System）
WCS：无线通信系统（Wireless Communication System）
ZC：区域控制器（Zone Controller）
AM：列车自动驾驶模式（Automatic Train Operating Mode）
CM：受控人工驾驶模式（Code Train Operating Mode）
MA：移动授权（Movement Authority）
MMI：人—机交互界面（Man Machine Interface）
RM：限制人工驾驶模式（Restricted Train Operating Mode）
TMS：列车管理系统（Train Management System）

参考文献

[1] 电气和电子工程师协会. IEEE Std 1474.1－2004 基于通信的列车控制（CBTC）系统性能和功能需求的标准［S］. 美国：IEEE 出版社，2004.

[2] 电气和电子工程师协会. IEEE Std 1474.2－2003 基于通信的列车自动控制系统用户接口需求［S］. 美国：IEEE 出版社，2003.

[3] 电气和电子工程师协会. IEEE Std 1474.3－2008 基于通信的列车自动控制系统设计和功能分配［S］. 美国：IEEE 出版社，2008.

[4] 电气和电子工程师协会. IEEE Std 1483－2000 有轨车辆运输控制用处理机系统主要功能的验证标准［S］. 美国：IEEE 出版社，2000.

[5] 电气和电子工程师协会. IEEE Std 1478－2001 铁路运行车辆电子设备的环境条件标准［S］. 美国：IEEE 出版社，2001.

[6] 国际电工委员会. IEC 62278 铁路应用 可靠性、可用性、可维护性和安全性技术条件和验证［S］. 日内瓦：IEC 中央办公室，2002.

[7] 国际电工委员会. IEC 62279 铁路应用 通信、信号和处理系统-铁路控制和防护系统软件［S］. 日内瓦：IEC 中央办公室，2002.

[8] 国家市场监督管理总局，国家标准化管理委员会. GB/T 9254.2－2021 信息技术设备、多媒体设备和接收机 电磁兼容 第 2 部分：抗扰度要求［S］. 北京：中国标准出版社，2021.

[9] 国家市场监督管理总局，国家标准化管理委员会. GB/T 9254.1－2021 信息技术设备、多媒体设备和接收机 电磁兼容 第 1 部分：发射要求［S］. 北京：中国标准出版社，2021.